Wir bitten die Leser um Verständnis, dass wir in diesem Buch zugunsten des Leseflusses durchgehend die männliche Sprachform (z. B. Leser statt Leserinnen) verwendet haben. Selbstverständlich sind stets Leserinnen und Leser gemeint.

Gedruckt auf 100-Prozent Recycling-Papier

Redaktion: Alexander Kurz
Umschlaggestaltung: Tobias Deml
Herstellung und Satz: Andreas Weise, pws Print und Werbeservice Stuttgart GmbH
Druck: Offizin Chr. Scheufele, Stuttgart

ISBN: 978-3-942561-12-9

Printed in Germany

Über weitere Bücher des Verlags können Sie sich informieren unter:
www.hamppverlag.de

Max Deml/Holger Blisse

Grünes Geld

Handbuch für ethisch-ökologische Geldanlagen 2012/2013

Hampp Verlag Stuttgart

Vorwort

Als 1990 die erste Auflage des Handbuchs »Grünes Geld« erschien, waren ökologische Geldanlagen noch kaum jemandem ein Begriff. Inzwischen hat sich aus der anfänglichen Nische nicht nur ein Milliardenmarkt entwickelt, sondern auch eine sehr breite Produktpalette mit marktüblichen, teilweise sogar überdurchschnittlichen Renditen. Zu fast jedem Geldanlageprodukt gibt es heutzutage eine »grüne« Variante, beispielsweise Öko-Sparbücher, Umweltaktien, Windkraftwerksbeteiligungen, Öko-Beteiligungsgesellschaften, ethische und nachhaltige Investmentfonds oder Öko-Lebens- und Pensionsversicherungen. Immer mehr Menschen wollen sichergehen, dass mit ihren Ersparnissen nicht gerade Atomkraftwerke oder Rüstungsgüter finanziert werden, sondern ein sinnstiftender Beitrag geleistet wird.

Doch unabhängige Informationen über sinnvolle und rentable Öko-Investmentmöglichkeiten sind rar, auch wenn die Zahl der Publikationen zum Thema stark gestiegen ist. Das seit mehr als 20 Jahren erscheinende Handbuch »Grünes Geld« ist inzwischen zum Klassiker geworden. Auch die aktuelle Auflage gibt wieder einen möglichst umfassenden Überblick über nahezu alle Öko-Investmentmöglichkeiten, darunter auch den Photon Photovoltaik-Aktienindex (PPVX). Dieser internationale Solar-Aktienindex hat in den letzten acht Jahren (2003–2010) mit einem Plus von 726 Prozent den Erdöl-Aktien-Index NYSE Arca Oil (+115 %) mehr als 600 Prozentpunkte hinter sich gelassen.

Neben Banken, Aktien- und Renten-Investmentfonds, einzelnen – auch nicht börsennotierten – Aktien, Ratingorganisationen, kommentierten Internetadressen und Warnungen vor Unternehmen auf der »Graugrünen Liste« werden auch kleine und große Öko-Finanzdienstleister vorgestellt, die Wind- und Solarparkfonds, Öko-Policen oder außerbörsliche Aktien anbieten. Eine Reihe neuer Produkte – aber auch manche Probleme – gibt es in den Bereichen Mikrokredite und Genussrechte. Ausgebaut haben wir – nicht nur angesichts der aktuellen Börsenturbulenzen und der Schuldenkrise – auch die Kapitel mit festverzinslichen bzw. sachwertbezogenen Investments wie Plantagen und Immobilien. Das Literaturverzeichnis sowie ein ausführliches Namens- und Stichwortregister sollten kaum eine Frage offen lassen. Falls doch, freuen wir uns über eine Rückmeldung per E-Mail (oeko-invest@teleweb.at).

Wir bedanken uns beim Verlagslektor Alexander Kurz und wünschen viel Freude beim Lesen und viel Erfolg beim Investieren.

Max Deml und Holger Blisse, Wien, im September 2011

Inhaltsverzeichnis

1 Einleitung

1.1 Wurzeln des grünen Geldes

Als wir 1990 diesem Handbuch den Titel »Grünes Geld« gaben, konnten mit diesem Begriff nur wenige Insider etwas anfangen. Bei »Grünanlagen« dachten die meisten wohl eher an Gärten und Parks. Doch das hat sich seither stark geändert. Nicht erst seit der »Lehman-Brothers«-Pleite 2008 und den Staatsfinanzkrisen von Griechenland bis Portugal berichten immer mehr Medien von »ethischem Investment« und grünen Geldanlagen. Aus einer kleinen Nische am Kapitalmarkt ist innerhalb von 20 Jahren ein Markt geworden, in dem Hunderte Milliarden Euro investiert werden - und die auch etwas bewegen. Damals wurden an der deutschen Nordseeküste die ersten (noch sehr kleinen) Windräder aufgestellt - von Idealisten konzipiert und finanziert. Heute gibt es in Deutschland und Österreich etwa 20 000 Windkraftstandorte. Windpark- und Solarfonds sind nichts Exotisches mehr, sondern für viele attraktiver als Immobilien- oder Schiffsfonds. 1990 lag der Anteil von Wind- und Solarenergie an der deutschen Stromproduktion bei null Prozent, inzwischen hat er die 10-Prozent-Marke erreicht. Und zum Frühlingsbeginn 2011 am 21. März hatte um die Mittagszeit die Leistung der Solarkraftwerke in Deutschland mit 12,1 Gigawatt die der Atomkraftwerke (12,0 Gigawatt) erstmals übertroffen (nach der Abschaltung von insgesamt acht Atomkraftwerken im Zuge der Fukushima-Atom-Havarie waren noch neun in Betrieb).

Im deutschsprachigen Bereich gehen die Anfänge der ökologisch motivierten Geldanlagen auf die 1980er-Jahre zurück. Der immer gefährlicher erscheinende Rüstungswettlauf zwischen Ost und West und die Atom-Katastrophe von Tschernobyl haben Massendemonstrationen nach sich gezogen. Und auf dem Höhepunkt der Anti-AKW- bzw. Umwelt- und Friedensbewegung kamen innerhalb weniger Jahre die nötigen Millionen (DM) zusammen, mit denen in Frankfurt am Main die Ökobank gegründet werden konnte.

Die meisten Ideen und Konzepte ethisch-ökologischer Geldanlage haben ihre Wurzeln in der Umwelt-, Friedens- und Bürgerrechtsbewegung. Die Aktivisten waren es einfach leid, gegen Umweltzerstörung, Aufrüstung und Rassendiskriminierung zu demonstrieren und dies gleichzeitig mit dem eigenen Sparbuch zu finanzieren. Alternativen waren gefragt, bei denen das angelegte Geld sozial und ökologisch sinnvoll investiert wurde - ohne dabei auf eine marktübliche Rendite zu verzichten. Denn Ökologie lässt sich durchaus mit ökonomischem Nutzen verbinden: Unternehmen, die bereits heute umweltfreundlich wirtschaften und deren Schadstoffausstoß weit unter den gesetzlichen Richtwerten liegt, haben es in Zukunft leichter als die Konkurrenz, die z.B. bei gesetzlichen Grenzwertverschärfungen erst teure Investitionen vornehmen muss, die ihren Gewinn schmälern. Ganz zu schweigen von dem Vorteil, den ein »umweltfreundliches« Firmenimage für den Produktabsatz bringt. Durch eine gesteigerte Nachfrage nach »umweltfreundlichen« Aktien könnte zusätzlich zum öffentlichen Druck der Umweltbewegung ein finanzieller Druck für Unternehmen entstehen, sich stärker an ökologischen Richtlinien auszurichten.

Aber nicht nur Umweltschützer werden sensibler im Umgang mit Geld und wollen – analog zum Kauf oder Boykott bestimmter Waren oder Unternehmen – ihre Marktmacht im Geldanlagebereich demonstrieren. Auch Politiker und die Chefs von Weltbank & Co. schließen sich zunehmend dem Leitspruch »Ökologie ist langfristige Ökonomie« an und verweisen – getreu der Umweltkonferenz von Rio 1992 – immer häufiger auf das Konzept der »Sustainability«/Nachhaltigkeit. Denn als gute Haushalter (griechisch: oikonomoi) müssen die ökonomisch Denkenden auch Ökologie und soziale Aspekte beachten, wenn sie langfristig und dauerhaft, sprich »nachhaltig« wirtschaften wollen.

1.2 Ethik und Nachhaltigkeit als Anlagekriterien

Der Begriff Nachhaltigkeit (englisch: sustainability), der in der Forstwirtschaft schon vor 200 Jahren bekannt war, hat nun auch Einzug in die Finanzwelt gehalten. Finanzprodukte werden nicht mehr nur nach Rendite- und Risikoaspekten, sondern zunehmend auch nach ökologischen und sozialen Kriterien bewertet. Inzwischen wurden in manchen Ländern – allen voran Großbritannien – auch gesetzliche Vorschriften zur Deklarationspflicht erlassen. In Deutschland müssen seit 2001 die Anbieter von Riester-Rentenprodukten und Pensionsfonds darüber berichten, ob und gegebenenfalls wie sie ökologische und soziale Kriterien bei der Kapitalanlage berücksichtigen. Seit einer Novelle des Versicherungsaufsichtsgesetzes 2005 gilt diese Transparenzregelung auch für Pensionskassen und betriebliche Direktversicherungen. In Österreich haben sich bis dato neun der zehn Vorsorgekassen freiwillig ethische Anlagekriterien auferlegt.

Folgten Anbieter »grüner« Kapitalmarktprodukte früher einem langen Katalog »absoluter« ethischer Ausschlusskriterien, z. B. keine Atomkraft- oder Rüstungsgeschäfte, wenden die meisten heute ein relatives Verfahren an: Aus jeder Branche werden die »saubersten« Unternehmen herausgesucht oder »Spielräume« bei der Anwendung der Ausschlusskriterien gewährt, sodass in manchen »grünen« Portfolios ein geringer Umsatzanteil im Rüstungsbereich zulässig ist. Diese Best-in-Class-Philosophie führt zwar zu einer Verwässerung des ethischen Investmentgedankens, zieht aber neue Investorenkreise an, die zugunsten einer breiteren Branchenstreuung auch Kompromisse eingehen. Andererseits ist nicht überall »Öko« drin, wo »Öko« draufsteht. Eine böse Überraschung erlebten viele Investoren nach der Öl-Plattform-Katastrophe 2010 im Golf von Mexiko oder nach der Atom-Katastrophe 2011 in Fukushima, als sie sahen, dass ihr »Klima«-Investmentfonds auch Aktien von BP oder Tepco enthielt. Einige der Fondsmanager haben danach ihre Meinung zur Atomenergie geändert, die sie vorher als »klimafreundlich« – weil ohne CO_2-Ausstoß – eingestuft hatten.

Die in diesem Buch angeführten »grünen« Anlagemöglichkeiten dürfen deshalb auf keinen Fall so verstanden werden, dass man sich guten Gewissens auf seinen erworbenen Beteiligungen ausruhen darf. Im Gegenteil: Wer den Anspruch erhebt, nach ethisch-ökologischen Kriterien zu investieren, muss sich laufend mit den aktuellen Entwicklungen auseinandersetzen und bereit sein, einmal getroffene Anlageentscheidungen zu revidieren. Auch die Anlagekriterien müssen ständig überprüft werden: So haben z. B. Investoren, die sich früher weigerten, Geld in südafrikanischen Wertpapieren anzulegen, weil dort Bürgerrechte von der Hautfarbe abhängig waren, Südafrika umgehend von der Boykottliste gestrichen, nachdem das Apartheidsystem überwunden war. Ethisch-ökologisch motivierte Investoren haben zwar mit der Auswahl ihrer Anlageobjekte einen wirkungsvollen Hebel in der Hand, denn jedes Projekt braucht zur Realisierung eine mehr oder weniger gesicherte Finanzierung. Allerdings sind die noch relativ kleinen Finanzströme nur ein Tropfen auf den heißen Stein, und »grüne« Geldanlagen sollten nicht zu einem Feigenblatt werden, das den Blick auf die Realitäten der globalen Geldwirtschaft verstellt.

1.3 Teufelskreis Zinseszins

Täglich werden mehrere Milliarden Dollar und Euro als »Anlage suchendes« Kapital elektronisch rund um den Globus transferiert. Dessen Verzinsung führt zur exponentiellen Vervielfachungen der irgendwo verbuchten Guthaben und Schulden. Die Verschuldung treibt hunderttausende Menschen ins Elend; nicht selten müssen Länder zur Zinszahlung Nahrung exportieren, während die eigene Bevölkerung hungert. Die Finanzkrisen häufen sich nicht nur in Asien und Afrika, sondern treffen auch ehemals reiche Länder wie Argentinien – und inzwischen auch EU-Länder wie Griechenland, Island oder Portugal.

Eine der Hauptursachen dieser Probleme ist der Zins auf Geld. Durch das Zinseszinssystem findet jeden Tag eine Umverteilung des Vermögens von den 80 Prozent ärmeren zu den 10 Prozent reicheren Bevölkerungsteilen statt. Die 10 Prozent dazwischen steigen dabei ohne großen Gewinn oder Verlust aus. Das ist nicht nur in der Dritten Welt der Fall, wo das Missverhältnis vielleicht sogar noch weit höher liegt, sondern auch in den entwickelten Ländern.

Wer glaubt, mit seinen Sparbuchzinsen zu den Gewinnern des Systems zu zählen, täuscht sich gewaltig. Denn auch wer keine Schulden hat, muss rund ein Drittel aller Ausgaben für Zinsen aufwenden, die in Mieten, Preisen oder Steuern (Staatsverschuldung!) mehr oder weniger versteckt enthalten sind. Der Aachener Wirtschaftspublizist Helmut Creutz hat schon vor Jahren errechnet, dass jeder Anleger etwa 150 000 Euro – sehr gut verzinst – anlegen müsste, um diese Zinsen wieder hereinzuholen. Jeder, der weniger (verzinstes) Geldvermögen hat, zahlt täglich drauf. Und jeder, der über dieser Grenze liegt, profitiert von unserem Geldsystem, weil er – bei durchschnittlichem privatem Konsum – mehr Zinsen erhält, als er selber über die Mieten, Preise und Steuern zahlt. Das Ausmaß dieser automatischen Umverteilung bewegt sich im Bereich von Milliarden – täglich.

Aus diesem Geldsystem gibt es kaum ein Entrinnen, es sei denn, man macht es wie Franz von Assisi, der überhaupt kein Geld anrührte. Oder man wartet, bis die Schwellensumme von 150 000 Euro angespart ist und man

Abschalten?
Die Sonnenenergie, die in jeder Stunde auf der Erde eintrifft, kann den jährlichen Strombedarf der ganzen Welt decken. Grund genug, einfach mal abzuschalten.
Investieren Sie jetzt in Ihre sichere Stromversorgung. Informationen unter 0800/44 50 800 und ichsetzaufsonne.de
SCHOTT solar

dann den Ruhepunkt innerhalb des Systems gefunden hat. Eine Alternative zu diesem Problem bieten einige der in diesem Buch vorgestellten Anlagemöglichkeiten – durch freiwilligen gänzlichen oder teilweisen Zinsverzicht.

Globalisierung und Monetarisierung

Möglichst niedrige Zinsen forderte schon vor fast 100 Jahren der wirtschaftswissenschaftliche Autodidakt, Schriftsteller und kurzzeitige Finanzberater der Räterepublik Bayern, Silvio Gesell. Sein 1916 erschienenes Buch »Die natürliche Wirtschaftsordnung durch Freiland und Freigeld« gilt als eines der Hauptwerke der Freiwirtschaftslehre. Gesell entwarf darin ein Zukunftsmodell für eine Wirtschaft, die die Schere zwischen Reichen und Habenichtsen langsam schließen statt weiter öffnen sollte. Das mit einer Art Negativzins belastete »Freigeld« sollte nicht mehr gehortet werden, sondern im Umlauf bleiben. Das nicht mehr in Privatbesitz befindliche, sondern zugunsten der Allgemeinheit zu verpachtende »Freiland« sollte Bodenspekulationen vorbeugen, und schließlich sollte ein nicht mehr von Zöllen und Beschränkungen behinderter »Freihandel« dazu beitragen, mehr Gerechtigkeit zu erreichen.

John Maynard Keynes sah in Gesell einen »antimarxistischen Sozialisten« und in gewissem Sinn auch einen Vorläufer seiner eigenen Lehre. Auch Albert Einstein fand Gefallen an den Theorien seines Kartenspielpartners Silvio Gesell und meinte, die Schaffung eines Geldes, das sich nicht horten lässt, würde zur Bildung von Eigentum in anderer wesentlicherer Form führen.

Wem Silvio Gesells Ausführungen zu altmodisch klingen, der sollte sich mit den Ideen des »Super-Spekulanten« George Soros auseinandersetzen. Soros, der in den letzten Jahrzehnten selbst kräftig auf den internationalen Finanzmärkten mitmischte, hat in seinem Buch »Die Krise des globalen Kapitalismus« »pathologische und unhaltbare« Zustände diagnostiziert: »Die Finanzmärkte sind ihrem Wesen nach instabil; und bestimmte gesellschaftliche Bedürfnisse lassen sich nicht befriedigen, indem man den Marktkräften freies Spiel gewährt.«

Doch wie sollen die Globalisierung des Geldes, die Monetarisierung der Welt und die Steuerflucht eingedämmt werden? Kapitalverkehrskontrollen oder Steuern auf Kapitalströme wie die sogenannte »Tobin-Tax« auf Devisentransaktionen könnten neue Rahmenbedingungen für eine gerechtere Finanzordnung schaffen. Auch die »Tauschkreise« oder Regionalwährungen, die sich in den letzten Jahren in einigen Regionen der Welt entwickelt haben, sind Versuche, sich von den internationalen Finanzströmen abzukoppeln und die regionale Wirtschaft zu fördern. Allein die nähere Erläuterung dieses Themas wäre allerdings schon ein eigenes Buch wert.

Anregungen zu Veränderungen gibt es von vielen Seiten. An dieser Stelle deshalb nur ein Hinweis auf zwei Institutionen: die »Initiative für natürliche Wirtschaftsordnung« (INWO), die sich den Ideen von Gesell verpflichtet fühlt, und Attac, eine internationale Bewegung, die – ebenfalls parteiunabhängig – vehement und kompetent gegen die negativen Auswirkungen der Globalisierung protestiert. Von Attac gibt es auch Diskussionspapiere zu Themen wie »Regulierung der internationalen Finanzmärkte für eine sozial gerechte und ökologisch tragfähige Entwicklung«.

Kontakt:

- Attac
  Münchener Straße 48, D-60329 Frankfurt, Tel.: 069/90 02 81-10,
  E-Mail: info@attac.de, www.attac.de
- INWO – Initiative für natürliche Wirtschaftsordnung
  Sekretariat INWO Schweiz, Postfach 3161, CH-5430 Wettingen 3,
  Tel.: 00 41/56/426 60 90, E-Mail: buero@inwo.ch, www.inwo.ch
- INWO Deutschland e. V.
  Wüstefeld 6, D-36199 Rotenburg an der Fulda, Tel.: 066 23/412 28,
  E-Mail: inwo@inwo.de, www.inwo.de
- Stiftung für Reform der Geld- und Bodenordnung
  Dhauner Straße 180, D-55606 Kirn/Nahe, Tel. 067 52/24 27,
  E-Mail: mail@gauke.net, www.stiftung-geld-boden.de

2 Grün anlegen

2.1 Grüne Banken

Grüne Geldanlagen gehören zum Angebot von immer mehr Banken. Doch das Hauptgeschäft liegt nach wie vor bei konventionellen Produkten. Grüne Banken haben sich dagegen das Ziel gesetzt, ihr gesamtes Geschäftsmodell nach ethisch-ökologischen Kriterien auszurichten. Wer hier ein Girokonto eröffnet oder einen Sparbrief erwirbt, kann sicher sein, dass sein Geld in soziale Projekte, Kultur und Bildung, umweltfreundliches Bauen, ökologische Landwirtschaft oder erneuerbare Energien investiert wird. Denn grüne Banken geben einen Großteil der Kundeneinlagen in Form von Krediten an diese Branchen weiter. Oft können Anleger selbst festlegen, in welchem Bereich ihr Geld verliehen werden soll. Wer möchte, kann über eine Beteiligung am Eigenkapital der Bank oder durch teilweisen Zinsverzicht für günstigere Kreditkonditionen sorgen. Anders als bei herkömmlichen Banken erhalten die Kunden hier Informationen über einzelne Kredite: Übersichten mit allen Kreditnehmern veröffentlichen die GLS Gemeinschaftsbank in ihrer Mitgliederzeitschrift (»Bankspiegel«) und die Alternative Bank Schweiz bzw. die Freie Gemeinschaftsbank im Geschäftsbericht. Die Einhaltung der selbst gesetzten Ziele wird von verschiedenen Gremien überwacht. Die UmweltBank hat beispielsweise fast zwei Dutzend Personen in den Umweltrat bzw. Umweltbeirat berufen, der den ökologischen Rahmen des Bankgeschäfts eng mit dem Vorstand abstimmt und eine Art »ökologischer Aufsichtsrat« ist. Bei der Alternativen Bank Schweiz agiert eine unabhängige »Ethik-Kontrollstelle«.

Alle diese Banken maximieren nicht an erster Stelle den Gewinn, sondern fördern Bankgeschäfte zugunsten von Menschen, Gesellschaft und Umwelt. Das heißt aber nicht, dass die Banken kein Wachstum anstreben würden. Gerade seit Beginn der Finanzkrise 2008/09 sind viele neue Kunden angezogen worden, und die Banken haben die Zahl der Mitarbeiter erhöht. Allerdings stellt sich hier die Frage nach den Grenzen des Wachstums, wenn die Banken Gefahr laufen, dadurch ihr Profil zu verlieren. Möglicherweise liegt darin aber auch eine Chance für Neugründungen.

2.1.1 GLS Gemeinschaftsbank eG

Die älteste grüne Bank Europas hat ihren Sitz in Bochum. 1974 wurde die »Gemeinschaftsbank für Leihen und Schenken« (GLS) als eingetragene Genossenschaft gegründet, die heutige GLS Gemeinschaftsbank eG. Die über 91 000 Kunden können mitbestimmen, in welche Bereiche ihr Geld als Kredit gegeben werden soll: in regenerative Energien, Gesundheit, Kultur, Bildung oder ökologischen Landbau. Neben dem Einlagen- und Kreditgeschäft (mit mehr als 11 500 Kreditprojekten) platziert und verwaltet die GLS Bank über ihre Tochtergesellschaft GLS Beteiligungs AG seit 1995 geschlossene Wind- und Solarenergie-Fonds und -Beteiligungen. Außer diesen Fonds hat die GLS Beteiligungs AG auch solche zur Finanzierung von Unternehmen wie z.B. der Weleda AG (1998, 2006) aufgelegt.

Um Spielraum für neues Geschäft zu gewinnen, hatte die GLS Bank Ende 2001 eine Aktion zur Eigenkapitalerhöhung gestartet und mehrere Millionen Euro Eigenkapital einwerben können. Mitglieder erhalten bei der auf gegenseitige Hilfe und nicht auf Gewinnerzielung ausgerichteten Bank keinerlei Ausschüttung auf ihr Eigenkapital. Ein Genossenschaftsanteil beträgt 100 Euro, ab drei Anteilen lohnt sich für die Bank der organisatorische Aufwand; juristische Personen sollten mindestens 25 Anteile erwerben. Das auf die Anteile eingezahlte Kapital ähnelt mit der langen Kündigungsfrist von fünf Jahren einer Stiftungseinlage. Wirkliche Stiftergelder werden von der GLS Treuhand e.V. verwaltet. Diese 1961 ins Leben gerufene Vorläuferorganisation hat eine Bilanzsumme von 73 Mio. Euro (2010). Neben individuellen Stiftungsfonds, treuhänderisch verwalteten und selbstständigen Stiftungen führt die GLS Treuhand fünf Zukunftsstiftungen (Bildung, Entwicklungshilfe, Gesundheit, Landwirtschaft und soziales Leben).

Die GLS Bank erreichte Ende 2008 eine Bilanzsumme von einer Mrd. Euro, Ende 2010 waren es bereits 1,85 Mrd. Euro. 2003 ist das – von Problemkrediten befreite – Geschäft der Ökobank an die GLS Bank übertragen worden. Die verbliebene Ökobank-Genossenschaftshülle (mit einigen Mio. Euro Rücklagen) wurde auf OekoGeno eG umbenannt und ist als Beratungs- und Finanzierungsgenossenschaft für den ökologischen und sozialen Bereich tätig. 2008 wurde die IntegraBank eG, eine katholische Kreditgenossenschaft mit Sitz in München, integriert. Als weiterer Standort kam im April 2008 eine Filiale in Berlin hinzu, 2010/11 sollte eine erste Auslandsniederlassung in Wien eingerichtet werden, was man angesichts des starken Inlandsgeschäftes zunächst zurückgestellt hat. 2010 hatte die GLS Bank 313 Beschäftigte und 17 557 Mitglieder und erzielte einen Jahresüberschuss von 0,25 Mio. Euro. Die GLS Bank wurde schon mehrfach für ihr überzeugendes Geschäftsmodell ausgezeichnet und arbeitet auch im Mikrokreditgeschäft (siehe Kap. 2.2).

Angebote im Überblick:

- Anlage- und Vermögensberatung, Giro-, Tagesgeld- und Sparkonto, Sparbriefe, Altersvorsorgekonten, Festgelder, eigene Beteiligungsfonds; Bankbeteiligung ab 100 Euro; Verwaltung von Stiftungsvermögen und Spendenfonds

Kontakt:

- GLS Gemeinschaftsbank, Christstraße 9, D-44789 Bochum, Tel.: 02 34/57 97-100, Fax: 5797-222, E-Mail: kundendialog@gls.de, www.gls.de, Filialen: Berlin, Frankfurt am Main, Freiburg, Hamburg, München, Stuttgart

2.1.2 UmweltBank AG

Der Vorstandsvorsitzende der UmweltBank, Horst P. Popp, verließ Anfang der 1990er-Jahre als Vorstandsmitglied die Ökobank und gründete selbst eine Bank, nachdem er die für die Zulassung nötigen Millionen mittels Aktienausgabe und stillen Beteiligungen einsammeln konnte. Die im Frühjahr 1997 als Direktbank gestartete UmweltBank hat keine Filialen, sondern arbeitet ausschließlich von Nürnberg aus. Inzwischen werden 86 116 Kunden betreut, die Bilanzsumme stieg auf 1,76 Mrd. Euro, der Jahresüberschuss auf 10 Mio. Euro (Stand Ende 2010). Die seit Juni 2001 börsennotierte Bank beschäftigt 142 Mitarbeiter. Mit einer auf 0,98 Euro erhöhten Dividende ergibt sich für die rund 6800 Aktionäre bei einem Kurs von etwa 22 Euro (April 2011) eine Dividendenrendite von über 4,4 Prozent.

Wo das Geld angelegt werden soll, können Anleger nicht individuell entscheiden. Dafür gibt die UmweltBank aber eine »Umweltgarantie«, dass alle Sparbeträge in ein rein ökologisches Kreditportfolio fließen – Ende 2010 bestand dieses aus 13 700 Kreditprojekten. Dafür gelten die von einem beratenden Gremium, dem Umweltrat, aufgestellten Positiv- und Ausschlusskriterien. Zu letzteren zählen: Großkraftwerke, Waffen und Militärgüter, umweltschädliche oder sozial unverträgliche Projekte, Gentechnik in der Landwirtschaft. Positiv bewertet werden z. B. erneuerbare Energien, umweltfreundliches Bauen und ökologische Landwirtschaft. Der Umweltrat tritt zusammen, um die Anlage- und Kreditangebote und die Betriebsökologie der Bank zu überprüfen.

Neben den klassischen Sparangeboten bietet die UmweltBank auch Windpark-Beteiligungen verschiedener Projektentwickler oder Solarfonds an und vertreibt ökologische Aktienfonds und Versicherungspolicen. Das Wertpapierdepot ist seit 2006 gebührenfrei. Schwerpunkte im Kreditgeschäft mit einem

Volumen von fast 1,4 Mrd. Euro (Stand 2010) sind Sonnenenergie (47,9 %), ökologisches und soziales Bauen (30,9 %), Wind- und Wasserkraft (14,5 %) und Biomasse, Biogas, ökologische Landwirtschaft u. a. (6,7 %). Das UmweltBank-Darlehen mit Ökobonus berücksichtigt die ökologische Qualität eines Hauses und den Beleihungswert.

Neben der UmweltBank-Aktie hat die UmweltBank seit 2004 schon zehn Tranchen von eigenen Genussscheinen zur Eigenkapitalstärkung aufgelegt (zuletzt im November 2010 mit 4,65 % Zins fest bis Ende 2017 und einer unbefristeten Laufzeit bei einem Volumen von 5,5 Mio. Euro), die über die Bank handelbar sind.

Angebote im Überblick:

- Anlage- und Vermögensberatung, Tagesgeldkonto, Sparkonto, Sparbriefe, Vertrieb von geschlossenen Fonds, Aktien- und Rentenfonds sowie Versicherungen; Handel mit ausgewählten Aktien; Bankbeteiligung über Aktienkauf an der Börse, Genussscheine

Kontakt:

- UmweltBank, Laufertorgraben 6, D-90489 Nürnberg, Tel.: 09 11/53 08-123, Fax: 53 08-129, E-Mail: service@umweltbank.de, www.umweltbank.de
  Keine Filialen (Direktbank)

2.1.3 Alternative Bank Schweiz AG

Mit einer Bilanzsumme von 1,01 Mrd. Schweizer Franken (CHF) und 80 Beschäftigten war die Alternative Bank Schweiz (ABS) im Jahr 2010 die drittgrößte grüne Bank im deutschsprachigen Raum und verzeichnete einen Zuwachs bei Ausleihungen und Einlagen von jeweils über zehn Prozent. Die Zahl der Kunden stieg auf 25 212. Vor ihrer Gründung bildete sich bereits 1987 die Arbeitsgruppe für eine alternative Bank in der Schweiz, der zahlreiche Personen und Organisationen aus der Umweltbewegung und Entwicklungspolitik angehörten. Am 29. Oktober 1990 nahm die Bank ihre Geschäfte auf. Über die Einhaltung der schon 1989 formulierten Leitlinien wachte der Ethische Rat, an dessen Stelle 2005 die unabhängige Ethik-Kontrollstelle getreten ist. Diese wird von der Generalversammlung auf Antrag des Verwaltungsrates für drei Jahre gewählt, sie prüft die Umsetzung der ethischen Grundsätze der Bank.

Die Angebotspalette der ABS ist kontinuierlich ausgeweitet worden. Mittlerweile reicht sie vom Girokonto über Sparbriefe bis zur Vermittlung von Anleihen, Beteiligungen und seit 2002 auch von Investmentfonds.

Durch das Girokonto inklusive Maestro-Karte bietet die ABS eine komplette Alternative zu herkömmlichen Banken. Eine Besonderheit sind die Förder-Kassenobligationen (mit einer Auswahl von neun Förderbereichen, in die Mittel aus der Obligation investiert werden dürfen) sowie die ABS Econova Hypothek für nachhaltiges Bauen und die ABS Ecosana Hypothek für nachhaltiges Renovieren, bei denen auf Basis des ABS-Immobilien-Ratings ein Zinsabschlag von bis zu 0,625 Prozentpunkten entstehen kann. Bei den Krediten überwiegen Immobilien, die von energiesparenden Einfamilienhäusern bis zu Großprojekten reichen, darunter ein hoher Anteil an vermieteten Objekten. Perspektivisch strebt die ABS eine Drittelstruktur in ihrem Kreditportfolio an: je ein Drittel für Firmen, für größere Immobilienprojekte und für selbstgenutztes Wohneigentum.

Die ABS ist eine Aktiengesellschaft mit breit gestreutem Aktienbesitz (2010: 4381 Aktionäre), ein Aktionär darf nicht mehr als drei Prozent aller Stimmrechte halten. Es gibt zwei Kategorien von Aktien: Die Stimmrechtsnamenaktien der Kategorie A sind juristischen Personen und öffentlich-rechtlichen Institutionen vorbehalten, welche die ideellen Ziele der ABS unterstützen, direkt oder indirekt mindestens zehn Personen vertreten und mindestens 20 Aktien der Kategorie A im eigenen Namen übernehmen (Nennwert 100 CHF). Aktien der Kategorie B haben einen Nennwert von 1000 CHF und können von jedermann bei Kapitalerhöhungen oder von Altaktionären erworben werden (der sog. »Steuerwert« lag Ende 2010 bei 1270 CHF). Die ABS zahlte im Jahr 2000 die erste Dividende. Für das Geschäftsjahr 2010 wird wie im Vorjahr vorsorglich keine Dividendenausschüttung geplant. Der Gewinn von 0,48 Mio. Euro wird mit Blick auf das starke Wachstum und die weiterhin schwierige Zinssituation einbehalten. Die Bank setzt einen steuerbefreiten Innovationsfonds (auf Vereinsbasis) zur Eigenkapitalstärkung von finanziell schwachen, aber kreditwürdigen Projekte und Betrieben ein, die soziale bzw. ökologische Ziele verfolgen. Im Jahr 2011 ist eine Reflexion des eigenen Leitbildes geplant.

Angebote im Überblick:

- Anlage- und Vermögensberatung, Girokonto (inkl. Maestro-Karte), Tagesgeld-, Spar- und Altersvorsorgekonten, Kassenobligationen, Festgelder, Vertrieb von Aktienfonds, Vermittlung von Anleihen und Treuhanddarlehen; Bankbeteiligung über Aktienkauf (Nennwert 1000 CHF)

Kontakt:

- Alternative Bank Schweiz, Amthausquai 21, CH-4601 Olten, Tel.: 0041/62/206-1616, Fax: 206-1617, E-Mail: contact@abs.ch, www.abs.ch
  Beratungszentrum: Zürich, Vertretung: Lausanne, Kontaktstelle: Genf

2.1.4 Freie Gemeinschaftsbank Genossenschaft

Die 1984 im schweizerischen Dornach gegründete Genossenschaft beruft sich deutlicher als die deutsche GLS Bank auf die anthroposophischen Ideen Rudolf Steiners. Geld soll nicht als Ware oder Spekulationsobjekt eingesetzt werden, sondern die Bank will Menschen, Initiativen und Unternehmen fördern, die sich in den Dienst von Mensch und Umwelt stellen, und sie will Menschen begleiten, den Umgang mit Geld bewusst und in eigener Verantwortung zu gestalten und Geldprozesse zu durchschauen. Ein Großteil der fast ausschließlich hypothekarisch gedeckten Kredite (Kreditvolumen 168,9 Mio. CHF im Jahr 2010) wird deshalb für die Bereiche gemeinschaftliches Wohnen (38,8 %), überprüfte biologische Landwirtschaft (12,4 %), Heilpädagogik und Sozialtherapie (12,3 %) sowie freie Schulen und Kindergärten (10,6 %) vergeben. Erneuerbare Energien sind noch gering vertreten.

Um günstige Kreditkonditionen zu gewährleisten, können Anleger den Zinssatz bei ihren Sparanlagen selbst bestimmen bzw. auf Zinsen verzichten: 16 Prozent der Einlagen in Höhe von 183,7 Mio. CHF sind unverzinst (inkl. Girokontoguthaben) und fast 50 Prozent ohne besonderen Verwendungswunsch seitens der Sparer überlassen worden. Die Bank betreute 4147 Einlagen- und 377 Kreditkunden.

Mit einer Bilanzsumme von 204,6 Mio. CHF (2010) und vermittelten Treuhanddarlehen in Höhe von rund 48 Mio. CHF steht die Freie Gemeinschaftsbank auf einer soliden Basis. Die jährlich ausgewiesenen Gewinne (28823 CHF für 2010) werden vollständig als Eigenkapital in die Reserven eingestellt. Den Grundstock für das Eigenkapital stellen 2035 Genossenschaftsmitglieder bereit. Sie haben Anteilscheine von 300, 500, 1000, 5000 oder 10000 CHF übernommen, die nicht verzinst und nicht zurückgezahlt werden, aber übertragbar sind. Die Stiftung Freie Gemeinschaftsbank verwaltet – ähnlich der Bochumer GLS Treuhand – Kapital aus Schenkungen und stellt es geeigneten Projekten zur Verfügung.

Angebote im Überblick:

- Anlage- und Vermögensberatung, Vermögensverwaltung, Tagesgeldkonto, Sparkonten, Festgeld, Vermittlung von Lebensversicherungen und Treuhanddarlehen; Bankbeteiligung ab 300 CHF

Kontakt:

- Freie Gemeinschaftsbank, Gerbergasse 30, CH-4001 Basel,
  Tel.: 00 41/61/269-81 00, Fax: 269-81 49,
  E-Mail: info@gemeinschaftsbank.ch, www.gemeinschaftsbank.ch
  Keine Filialen

2.1.5 Steyler Bank GmbH

Die 1964 als erste deutsche Privatbank einer Ordensgemeinschaft gegründete Steyler Bank »gibt ihre Erlöse an die Bedürftigen dieser Erde weiter und nicht an Aktionäre oder Genossenschaftsmitglieder. Die Gewinne fließen in die soziale und pastorale Arbeit der Steyler Missionare in aller Welt.« 2010 waren dies – inkl. Spenden und Stiftungserträgen – 2,52 Mio. Euro für zahlreiche Hilfsprojekte. Gesellschafter der Bank sind die Steyler Mission, Gemeinnützige Gesellschaft für auswärtige Missionen mbH (98 %) und das Bankhaus M. M. Warburg, Hamburg (2 %). Mit 15 846 Kunden erzielte die Bank 2010 ein Bilanzvolumen von 291,5 Mio. Euro, der Jahresüberschuss betrug rund 0,7 Mio. Euro (nach 0,38 Mio. Euro im Jahr zuvor). Die Summe des verwalteten Kundenvolumens wuchs um 6,3 Prozent auf 350,4 Mio. Euro (inkl. 79,7 Mio. Euro Depotvermögen). Schwerpunkt bei der Mittelanlage sind Schuldverschreibungen und andere festverzinsliche Wertpapiere, das Kreditgeschäft mit Kunden wird nur »reaktiv« – im Bedarfsfalle – betrieben. In der Selbstdarstellung der von Norbert Wolf und Jürgen Knieps als Geschäftsführern geleiteten Missionsbank werden drei Säulen genannt, auf denen die Ethik der Bank basiert:

Erstens legt die Steyler Bank ihr eigenes Geld nach ethischen Kriterien an (seit 2004). Zweitens werden die erwirtschafteten Bankgewinne ethisch verwendet, und zwar ausschließlich zur Unterstützung von Hilfsprojekten der weltweit über 10 000 Steyler Missionare. Und drittens wird bei der Beratung Wert auf Offenheit und Ehrlichkeit gelegt. Die 2002 in Österreich eröffnete Repräsentanz verwaltete 2010 ein Einlagenvolumen von 34,4 Mio. Euro und arbeitete auch 2010 mit Gewinn (ca. 0,1 Mio. Euro vor Steuern), 2100 Kunden der Bank kommen aus Österreich.

Angebote im Überblick:

- Giro- und Sparkonten, Sparbriefe, Festgeld, Vermittlung von Pfandbriefen und anderen Wertpapieren, Vermögensberatung und -verwaltung

Kontakt:

- Steyler Bank, Arnold-Janssen-Straße 22, D-53757 Sankt Augustin, Tel.: 022 41/120-50, Fax: 120-5123, E-Mail: info@steyler-bank.de, www.steyler-bank.de
  Niederlassung Österreich, Gabrielerstraße 171, A-2340 Maria Enzersdorf, Tel.: 00 43/22 36/80 31 34, Fax: 80 31 63, E-Mail: info@steyler-bank.at, www.steyler-bank.at

2.1.6 EthikBank, Gründungsinitiativen und weitere Banken

Ein kleiner, aber stetig wachsender Konkurrent für die vorher erwähnten Banken ist in Thüringen entstanden. Die Volksbank Eisenberg eG mit eigenem Direktbankangebot bietet seit Ende 2002 über ihre Zweigniederlassung »EthikBank« – es handelt sich dabei nicht um eine eigenständige Bank – nachhaltige Geldanlagen an. Dabei kann der Anleger auch aus drei Förder-Varianten wählen: 0,25 Prozentpunkte des Zinssatz fließen an ein Ethik-, Frauen- oder ein Umweltprojekt. Fünf Prozent der Kunden haben sich für eine dieser Varianten entschieden (4,35 Mio. der insgesamt 111 Mio. Euro Einlagenvolumen im Jahr 2010). Die übrigen Kunden erhalten ihre Zinsen komplett gutgeschrieben. Die Volksbank Eisenberg hatte nur Sparkonten mit Spendenanteil im Angebot. Die EthikBank führt dagegen auch Girokonten für Privat- und Geschäftskunden, darunter auch Angebote für Kunden in Österreich. Seit Mai 2005 gibt es das »MikroKonto« vor allem für Insolvenzschuldner, die anderswo kein Girokonto mehr eröffnen können. Das Kundeneinlagenvolumen wird vor allem in festverzinslichen Wertpapieren veranlagt, aber seit Mitte 2006 vergibt die EthikBank auch ÖkoKredite, 2009 kam der ÖkoBaukredit hinzu. Die Kredite erreichen inzwischen ein Volumen von über vier Mio. Euro. Über die Verwendung der Einlagen berichtet die Bank im Internet (»gläserne Bank«), dies hat inzwischen auch die Volksbank Eisenberg übernommen. Der Ergebnisbeitrag der EthikBank lag 2010 bei 0,57 Mio. Euro, es wurden 6678 Konten als kurz- bis langfristige Anlage- und Sparkonten, 3689 Girokonten sowie 234 Kreditkonten geführt.

Gemeinsam mit den Volksbanken Raiffeisenbanken hat die EthikBank den Förderpreis »Nachhaltiger Mittelstand« gestiftet. Damit sollen mittelständische Unternehmen ausgezeichnet werden, »die in ihrer täglichen Arbeit die Elemente Ökologie, Ökonomie und soziales Engagement langfristig in Einklang bringen«.

Angebote im Überblick:

- Giro-, Tagesgeld-, Festgeld- und Sparkonten, Sparbriefe; Vermittlung von Sarasin-Investmentfonds; Geschäftsanteil der Volksbank Eisenberg eG (max. 100 Euro)

Kontakt:

- EthikBank, Zweigniederlassung der Volksbank Eisenberg, Martin-Luther-Straße 2, D-07607 Eisenberg, Tel.: 03 66 91/86 23 45, Fax: 86 23 47, E-Mail: hallo@ethikbank.de, www.ethikbank.de
  Keine Filialen

Schon vor rund 10 Jahren gab es Vorbereitungen für eine »zukünftige« Frauenbank in München. Mangels ausreichenden Eigenkapitals konnte aber kein Zulassungsantrag gestellt werden. Statt als Bank firmiert das Unternehmen, dessen Aufbau mittels Ausgabe von Genussscheinen finanziert worden ist, bis auf Weiteres als Frauenvermögensverwaltung AG (nähere Informationen im Kap. 2.9.2 bzw. Kap. 4).

Kontakt:

- Frauenvermögensverwaltung AG, Bothmerstraße 11, D-80634 München, Tel.: 089/20 20 88 66-0, Fax: 20 20 88 66-9, E-Mail: info@frauenvermoegen.de, www.frauenvermoegen.de

In Österreich bietet Hermes-Österreich Möglichkeiten zu solidarischem Umgang mit Geld. Gelder können als Nachrangdarlehen zur Besicherung von Krediten zur Verfügung gestellt werden. Diese werden durch das Bankhaus Carl Spängler & Co. AG in Salzburg oder die GLS Bank in Bochum vergeben.

Kontakt:

- Hermes-Österreich, Geistgemäße Geldgebarung, Wiener Bundesstraße 63a, A-5300 Salzburg-Hallwang, E-Mail: hermes@hermes-oesterreich.at, www.hermes-oesterreich.at

Das Modell einer »demokratischen Bank« geht auf eine Diskussion innerhalb von Attac Österreich zurück, soll aber von einer interessierten Öffentlichkeit und nicht im Namen von Attac weiter verfolgt werden. Daher wurde ein Koordinierungsteam gebildet. Am 3. Oktober 2010 fand ein »Kick-off-Event« mit dem Koordinierungsteam und über 100 Personen aus fast allen österreichischen Bundesländern statt. Derzeit werden die auf verschiedene Arbeitskreise verteilten Arbeiten von einem Verein koordiniert. Wenn alles plangemäß verläuft, soll die genossenschaftlich gestaltete Bank für Privat- und Firmenkunden sowie soziale Unternehmen im Jahr 2013 eröffnen.

Kontakt:

- Verein zur Förderung und Gründung einer Demokratischen Bank, E-Mail: info@demokratische-bank.at, www.demokratische-bank.at

Natürlich wird ethisch-ökologisches Investment nicht nur von den hier beschriebenen Instituten realisiert. Vor allem verschiedene Kirchenbanken sind seit vielen Jahren sehr aktiv in diesem Geschäftsfeld. Dazu zählen in Deutschland die evangelischen und katholischen Kreditgenossenschaften und die Bank für Sozialwirtschaft AG in Köln sowie das mehrheitlich im Besitz von Institutionen der römisch-katholischen Kirche Österreichs stehende Bankhaus Schelhammer & Schattera AG in Wien. Sie haben auch verschiedene ethisch-ökologische Investmentfonds initiiert und für große institutionelle Anleger umfassende Anlagekonzepte erarbeitet. Da ihr Kundenkreis oft auf Kirchenmitarbeiter und kirchliche Institutionen beschränkt ist und ein Gutteil des Geschäfts konventionelle Geldanlagen umfasst, werden sie hier nicht ausführlicher vorgestellt.

In den Bereichen Umweltschutz und erneuerbare Energien spielt die Kreditanstalt für Wiederaufbau (KfW-Gruppe) in Frankfurt am Main eine wichtige Rolle. Außerdem finden sich spezielle Angebote bei den Förderbanken der Bundesländer und z. B. bei der Landwirtschaftlichen Rentenbank, Frankfurt am Main, die wie die KfW eine Anstalt öffentlichen Rechts ist. Mit zinsgünstigen Darlehen hat die KfW auch zahlreiche Investitionen von Kommunen und Betrieben ermöglicht. In Österreich hat die im Zuge der Finanzkrise verstaatlichte Kommunalkredit Austria AG, Wien (siehe Kap. 2.4.1), eine ähnliche Funktion. Dass das Geschäftsmodell einer »grünen Bank« immer noch Erfolg versprechend sein kann, belegt die mit zwei Jahren Vorlauf 2011 gegründete Globalance Bank AG in Zürich, deren nachhaltiges Konzept im Private Banking angesiedelt ist. Das von einer Gruppe um Reto Ringer – dem Gründer der 2008 an die Robeco-Gruppe verkauften SAM Group – eingerichtete Bankhaus befindet sich im Eigentum der Gründer und Beschäftigten.

2.1.7 Triodos Bank N.V. in Europa

Mit einer Bilanzsumme von 3,5 Mrd. Euro und 285 000 Kunden (2010) ist die niederländische Triodos Bank die größte ethisch-ökologisch orientierte Bank Europas, sie hat 2010 ein starkes Wachstum erlebt. Die Triodos Bank-Gruppe mit Triodos Bank, Triodos Investment Management (TIM) und Triodos Private

Banking kommt sogar auf ein Geschäftsvolumen von rund 5,6 Mrd. Euro. 1980 in den Niederlanden gegründet, hat die Bank ihre Geschäftsaktivitäten seit den 1990er-Jahren mit Niederlassungen in Belgien, Großbritannien, Spanien und zuletzt Deutschland ausgeweitet. Triodos bietet umfassende Sparangebote für Privatanleger ebenso wie für Geschäftskunden und legt seit vielen Jahren eigene Beteiligungsfonds auf, auch als Venture Capital. In der Entwicklungshilfe (Kleinkredite, fairer Handel) ist Triodos ebenfalls aktiv. Mit 636 Beschäftigten wurde 2010 ein Gewinn von 11,5 Mio. Euro erwirtschaftet. An der Börse in Amsterdam ist der Triodos Groenfonds gelistet, welcher der Finanzierung von Öko-Energie- und Bio-Landwirtschaftsprojekten dient. Eigentümer der Bank ist die Foundation for the Administration of Triodos Bank Shares (SAAT), die registrierte und nicht übertragbare Hinterlegungsscheine (depository receipts) ausgibt, über die sich Privatpersonen und Institutionen beteiligen können.

Im Dezember 2009 hat die Bank ihre deutsche Niederlassung eröffnet. Als Direktbank hat sie seitdem ihr Angebot für Privatkunden, Unternehmen, Institutionen und Projekte aus den Bereichen Ökologie, Soziales und Kultur, Stiftungen und gemeinnützige Organisationen kontinuierlich ausgebaut. Erleichtert wurde der Start durch die seit 2005 bestehende Triodos Finanz GmbH, die als Repräsentanz Kredite in Deutschland an die niederländische Mutter vermittelte und die in die Niederlassung eingebracht worden ist. So konnte man im Bereich der Kreditfinanzierung bereits ein Portfolio von 60 Mio. Euro vorweisen. 2010 konnte das Kreditvolumen in Deutschland auf rund 87 Mio. Euro gesteigert werden. Das Einlagenvolumen lag bei rund 20 Mio. Euro. Mehr als 1000 Kunden werden von 31 Mitarbeiter betreut.

Angebote im Überblick:

- Tages-, Festgeldkonto, Sparplan, Vermittlung von TIM-Investmentfonds (ab Sommer 2011)

Kontakt:

- Triodos Bank N. V. Deutschland: Mainzer Landstraße 211, D-60326 Frankfurt am Main, Tel.: 069/71 71-91 00, Fax: 71 71-92 22, E-Mail: info@triodos.de, www.triodos.de

2.1.8 Internationale Interessenvertretung und Kooperation sowie weitere europäische Banken

Trotz aller Erfolge: Im Vergleich zur konventionellen Konkurrenz sind die meisten grünen Banken immer noch Zwerge. Ihre Überschaubarkeit macht aber auch ihren Charme aus und erhöht die Transparenz und die Glaubwürdigkeit ihrer Konzeption. Um ihre Interessen in den zahlreichen Gremien auf europäischer und auf internationaler Ebene besser vertreten zu können, wurde 1989 die »International Association of Investors in the Social Economy«, kurz INAISE, gegründet: Derzeit sind rund 50 Banken und Finanzinstitute Mitglied, bis hin zum australischen *»Community Sector Banking«* oder zu *»Stromme Microfinance«* in Uganda. INAISE – früher mit Sitz in Brüssel, jetzt in Bochum – erarbeitet Grundlagenpapiere für politische und fachliche Diskussionen, dient als Informations- und Anlaufstelle und bietet Seminare an.

GLS Bank und Triodos Bank, die beide auch Mitglied bei INAISE sind, befanden sich im März 2009 unter den elf der weltweit führenden nachhaltigen Banken, die in den Niederlanden die »Global Alliance of Banking on Values« gebildet haben. Inzwischen sind zwei weitere Institute hinzugekommen. Gemeinsam will die Allianz eine sozial, ökologisch und ökonomisch nachhaltige und erfolgreichere Alternative zum krisenbehafteten globalen Finanzmarkt in der gegenwärtigen Form entwickeln.

Kontakt:

- INAISE: Christstraße 9, D-44789 Bochum, Tel.: 02 34/60 60 01 38, E-Mail: inaise@inaise.org, www.inaise.org
- Banca Popolare Etica: Via Niccolò Tommaseo, 7, I-35131 Padova, Tel.: 00 39/49/877 11 11, Fax: 7399799, E-Mail: post@bancaetica.com, www.bancaetica.com
- Cultura Sparebank: Postboks 6800, St. Olavs plass, N-0130 Oslo, Tel.: 00 47/22/99 51 99, Fax: 36 17 95, E-Mail: cultura@cultura.no, www.cultura.no
- Ekobanken: Box 64, SE-153 22 Järna, Tel.: 00 46/08/551-714 70, Fax: 551-749 90, E-Mail: info@ekobanken.se, www.ekobanken.se
- Ethical Banking, c/o Raiffeisenkasse Bozen: Dr. Markus Nöckler, Romstraße 61, I-39100 Bozen, Tel.: 00 39/471/50 18 52, Fax: 50 19 18, E-Mail: markus.noeckler@raiffeisen.it, www.ethicalbanking.it
- Global Alliance for Banking on Values: P.O. Box 55, NL-3700 AB Zeist, E-Mail: info@gabv.org, www.gabv.org
- JAK Medlemsbank: Box 216, SE-541 25 Skövde, Tel.: 00 46/500-46 45 00, www.jak.se und www.jak.se/german/warum-zinslos
- Merkur Andelskasse: Vesterbrogade 40, DK-1620 København V, Tel.: 00 45/70/27 27 06, Fax: 275706, E-Mail: merkur@merkur.dk, www.merkur.dk

2.2 Mikrokredite

Die UNO hatte das Jahr 2005 zum »Internationalen Jahr der Mikrofinanzierung« erklärt. Im folgenden Jahr erhielten Muhammad Yunus und »seine« Grameen Bank den Friedensnobelpreis. Damit wurde die weltweite Vorbildfunktion dieser Bank in Bangladesch für die Linderung der Armut durch den Zugang zu Mikrokrediten gewürdigt. Denn vielen Menschen bleibt ein möglicher Ausweg aus der Armut verschlossen – nämlich die Chance, als selbstständiger Kleinunternehmer Geld zu verdienen. Gelingt es diesen Menschen trotzdem, einen Kredit zu erhalten, so sind die Kreditzinsen oft so hoch, dass ihnen zu wenig für ihren Lebensunterhalt übrig bleibt und sie weitere Kredite aufnehmen müssen – mit der Folge, dass sie dadurch in immer größere finanzielle Abhängigkeit geraten (Schuldknechtschaft). Mit Mikrokrediten sollen diese Menschen die Möglichkeit erhalten, an das erforderliche Kapital zu kommen, um z.B. Rohstoffe oder Saatgut zu kaufen. Damit soll für sie eine echte und faire Alternative geschaffen werden.

Diese Situation ähnelt den Verhältnissen in vielen Ländern im Europa des 19. Jahrhunderts. Die damals als »institutioneller Ausweg« entstandenen Einrichtungen, Sparkassen und Kreditgenossenschaften, kann man als historische Vorbilder der heutigen Mikrofinanzinstitutionen ansehen. So war anlässlich der Verleihung des Friedensnobelpreises zu lesen, dass damit in gewisser Weise auch die Idee der Begründer der neuzeitlichen Genossenschaften, allen voran Hermann Schulze-Delitzsch und Friedrich Wilhelm Raiffeisen, geehrt worden sei. Damals wurden viele Menschen erst durch diese neuen Institutionen kredit- und bankfähig. Heute sollen Mikrofinanzinstitute ärmeren Menschen den Zugang zu Finanzdienstleistungen eröffnen, vor allem zu Krediten, zum allgemeinen Zahlungsverkehr, zum Sparen und zu (Kranken-)Versicherungsleistungen.

Wie funktionieren Mikrokredite?

»Kleiner Betrag – große Wirkung«, so könnte kurz gefasst die Funktionsweise von Mikrokrediten beschrieben werden. Welche betragliche Höhe sich im Einzelfall hinter diesen Klein- oder Kleinstkrediten verbirgt, hängt von den wirtschaftlichen Rahmenbedingungen des Landes ab, in dem die Kredite vergeben werden. Was auf den ersten Blick nur mit Entwicklungs- und Schwellenländern in Verbindung gebracht wird, wo der Gegenwert der Kredite umgerechnet oft nur wenige Hundert US-Dollar beträgt, findet mittlerweile auch immer mehr in Industrieländern Verbreitung. So hatte die inzwischen in der KfW-Bankengruppe aufgegangene Deutsche Ausgleichsbank im Oktober 2002 begonnen,

Mikrodarlehen zu vergeben, die Existenzgründer über ihre Hausbanken beantragen konnten. Das Mindestvolumen lag mit 25 000 Euro schon relativ hoch. Die KfW hatte das Programm noch eine Weile fortgeführt und später in den KfW-Gründerkredit StartGeld integriert. Das StartGeld können Unternehmer, die nicht länger als drei Jahre selbstständig tätig sind, über ihre Hausbank bis zu einer Höhe von 100 000 Euro beantragen. Daneben gibt es regionale Förderprogramme in vielen anderen Ländern, so auch in den USA, wo die Bedingungen der Microloan-Programme von Bundesstaat zu Bundesstaat variieren. Die GLS Bank hat inzwischen mit staatlicher Unterstützung ihr weiter unten näher beschriebenes Mikrokreditprogramm ausgebaut (siehe Kap. 2.2.5), das auch die Entstehung von Mikrofinanzinstituten in Deutschland anregt. In Österreich wurde im Mai 2011 aufgrund der großen Nachfrage in allen Bundesländern das vor einem Jahr als Pilotprojekt des Bundesministeriums für Arbeit, Soziales und Konsumentenschutz gestartete Mikrokredit-Programm für Wien, Niederösterreich, das Burgenland und die Steiermark auf ganz Österreich ausgeweitet. Die Erste Bank der österreichischen Sparkassen finanziert und organisiert – unterstützt durch namhafte österreichische Privatstiftungen und die Wiener Städtische Versicherung – dieses Projekt gemeinsam mit dem Ministerium und künftig auch den Bundesländern.

In allen Fällen ebnet für den Kreditnehmer die Tatsache, dass überhaupt ein Kredit – und zwar zu einem risikogerechten und nicht zu einem »Wucherzins« – vergeben wird, den Weg in eine selbstständige wirtschaftliche Existenz oder befreit aus einer finanziellen Abhängigkeit, mit der oftmals weitere Einschränkungen verbunden sind. Zumeist werden die Mittel durch ein Mikrofinanzinstitut vergeben, das zusätzlich zu den Mitteln seiner Sparer oftmals weitere Beträge von Dritten erhalten hat. Den Mikrokrediten liegen Vereinbarungen zugrunde, die einen sehr kurzfristigen Kreditbedarf meistens innerhalb eines Zeitraumes von wenigen Wochen bis etwa einem Jahr decken helfen sollen. Beispielsweise gelingt es so einem Mikrokreditnehmer, nicht mehr auf den Kredit seiner Lieferanten angewiesen zu sein. Diese sind vielfach zugleich wichtigste Abnehmer der Erzeugnisse und können so von beiden Seiten des Marktes die Preise vorgeben, wenn es aufgrund der finanziellen Abhängigkeit an einer Alternative fehlt. Einen Ausweg bieten hier Kooperationen: In einem Mikrofinanzinstitut werden viele kleine Ersparnisse zusammengeführt, aus diesem Kapital können dann in der Gruppe reihum nacheinander Kredite vergeben werden. Die Chance für ein Gruppenmitglied, einen Kredit zu erhalten, hängt damit maßgeblich von der Rückzahlungsfähigkeit und -willigkeit des vorhergehenden Teilnehmers ab – dies verstärkt die Tendenz, den anderen in seinem Tun zu unterstützen. Die Rückzahlungsquote war in der Vergangenheit im Weltmaßstab mit oft 98 Prozent und mehr überaus hoch. Das ist auf das Miteinander in den Peergroups zurückzuführen, vor allem aber auch darauf, dass oft über 90 Prozent der Kreditkunden Frauen sind.

Auch die Anfänge von bei uns heute fest institutionalisierten Einrichtungen wie Bausparsparkassen, Kreditgenossenschaften sowie Versicherungsvereinen auf Gegenseitigkeit beruhen auf diesem Grundsatz der Selbsthilfe. Diese Gründungen gehen oft auf einen Anstoß von außen zurück und entwickeln sich besonders gut, wenn sie verantwortungsbewusst begleitet werden.

Mikrokredit: Ein gesättigter Markt?

Die Weltbank schätzt die Zahl der weltweit tätigen Mikrofinanzinstitutionen (MFI) auf über 10 000, andere sprechen sogar von bis zu 70 000. Das Mikrokreditvolumen dürfte 2010 bei 68 Mrd. US-Dollar gelegen haben, die an etwa 150 Mio. Menschen weltweit vergeben worden sind. Das Potenzial wird auf 500 Mio. bis zu einer Mrd. Menschen geschätzt. Sehr unterschiedlich ist die Herkunft der Mittel, die zur Mikrokreditvergabe bereitstehen. Zum einen verleihen die Institute eingelegte Spargelder. Zum anderen erhalten sie größere Beträge von nationalen und internationalen Spenden- und Hilfsorganisationen oder auch von auf Renditeerzielung ausgerichteten Investoren wie z. B. Fonds. Diese externen Geldmittel haben allein ein Volumen von etwa 13 Mrd. US-Dollar bereitgestellt, wovon 7,5 Mrd. US-Dollar von öffentlichen Geldgebern stammen, 3,5 Mrd. entfallen auf institutionelle und 1,9 Mrd. auf private Anleger (2010, CGAP). Die Gruppe der MFI ist sehr heterogen zusammengesetzt. Dazu gehören Institute, deren Ziel von kostendeckender Profitabilität bis hin zu regelrechtem Profitstreben geht. Demzufolge reicht auch das Engagement der Anleger von einem Beitrag in der Entwicklungszusammenarbeit bis hin zu einer hoch profitablen Kapitalanlage. Ob dieses Profitstreben noch vereinbar ist mit der Idee der Mikrokredite, das wird vielfach und besonders auch von Yunus bezweifelt. Anfang 2011 haben sich daher 41 internationale Investoren in der Entwicklungsfinanzierung zu den – zusammen mit der UNO – erstellten »Principles for Investors in Inclusive Finance« bekannt. Sie grenzen sich ab von den negativen Entwicklungen und wollen transparente Vergabebedingungen, einen fairen Umgang mit den Kunden und Beratung gewährleisten. Jährlich soll überprüft werden, ob die Richtlinien auch eingehalten werden.

Denn mit der fortschreitenden Professionalisierung sind neue Finanzierungsquellen aufgetan worden, in manchen Regionen besteht sogar schon ein Engpass an Kreditnehmern, sodass einige Mikrofinanzinstitute nach weniger strengen Kriterien Kredite vergeben. Dies hat zu einer Überschuldung vieler Kreditnehmer geführt, die ihre Kredite nicht mehr zurückzahlen können. Mit zum Teil fatalen Folgen: Weil sie keinen Ausweg mehr sahen, nahmen sich Kreditnehmer in Indien das Leben. Dies hat in Indien Ende 2010 zu einer »Krise« des Mikrokredits geführt, wo vom Bundesstaat Andhra Pradesh gesetzlich niedrigere Kreditzinsen, monatliche statt wöchentlicher Ratenzahlungen und die Unzulässigkeit von Mehrfachdarlehen vorgeschrieben worden sind. Von einem Rückgang der Mikrokreditgeschäfte in Indien abgesehen beschreibt eine auf dem Urteil von Mikrofinanz-Branchenkennern beruhende Studie der Schweizer responsAbility Social Investments AG (2010) das Jahr 2010 »als Jahr des Übergangs und der Konsolidierung« und erwartet für 2011 ein moderates Wachstum bei den zur Verfügung stehenden Mitteln und der Nachfrage nach Mikrofinanzierungen. Auf regionaler Ebene rechnet man in Zentralasien und den meisten Teilen Süd- und Ostasiens mit einer besonders dynamischen Entwicklung, gefolgt von Südamerika, in Afrika besteht noch Nachholbedarf. Die Märkte in Mittelamerika und Osteuropa gelten als noch nicht vollständig von der Finanz- und Wirtschaftskrise erholt.

Streitfrage: Für welche Zielgruppe sind Mikrokredite geeignet?

Traditionell zielen Mikrokredite auf die arme und weibliche Bevölkerung – in Asien liegt der Frauenanteil bei über 90 Prozent. In den 1980er-Jahren wurde mit Mikrokrediten auch die Strategie verfolgt, langfristig die Position der Frauen in der Gesellschaft zu stärken. Auch wenn es viele Erfolgsgeschichten von Frauen gibt – Mikrokredite allein führen nicht zum Ziel. Selbst in Bangladesch, wo die größten MFI der Welt agieren, sind flankierende Aufklärungsmaßnahmen unerlässlich, um wirkliche Fortschritte für die Frauenrechte zu erzielen.

Deutlich konträrer sind die Positionen bei der Frage, ob Mikrokredite das geeignete Mittel sind, um die Ärmsten der Armen zu erreichen. Ja, sagte beispielsweise die Grameen Bank. Eine Studie habe gezeigt, dass jährlich fünf Prozent der Mitglieder dank Mikrokrediten ihre Armut überwinden können. Ja, sagten auch die Vertreter der Microcredit Summit Campaign (www.microcreditsummit.org). Andere kritisieren die Kooperation mit kommerziellen Partnern, hohe Ertragserwartungen und neue Abhängigkeiten schaffende Angebote. Zusammengefasst gilt wohl auch heute, was bereits 1998 der Bericht des Generalsekretärs der Vereinten Nationen (»Die Rolle von Mikrokrediten im Kampf gegen die Armut«) vermerkt: »Die Vergabe von informellen Kleinkrediten hat Tradition und ist vor allem im ländlichen Raum erfolgreich. (...) In einer Zeit, in der die Regierungsausgaben sinken, bietet die Mikrofinanzierung für arme Menschen, insbesondere für Frauen, eine Möglichkeit, mit bescheidenem Kostenaufwand und einem Minimum an Bürokratie unternehmerische Fähigkeiten zu entwickeln.« Jedoch, fährt der Bericht fort, seien »der Verwendung von Krediten als Instrument der Armutsbekämpfung Grenzen gesetzt (...), insbesondere wenn man (...) berücksichtigt, dass viele arme Menschen, vor allem die Ärmsten der Armen, nicht in der Lage sind, wirtschaftliche Tätigkeiten zu übernehmen – manchmal auch weil es ihnen an entsprechenden Fertigkeiten und an der Motivation für das Geschäft mangelt.«

2.2.1 Mikrofinanzinstitute (MFI) weltweit

Besonders weit verbreitet sind MFI in Asien. In Indonesien ist dies z.B. das System der genossenschaftlichen Bank Rakyat (seit 1954, www.bankrakyat.com.my), in Thailand die staatliche Bank for Agriculture and Agricultural Cooperatives (seit 1966, www.baac.or.th), in Vietnam People's Credit Funds (Volkskredit-Fonds) oder in Bangladesch die Association for Social Advancement (Vereinigung für den sozialen Fortschritt, seit 1978, www.asa.org.bd) und die vor allem im ländlichen Raum Kredite vergebende Grameen Bank.

In Asien sind zwar die meisten MFI beheimatet, aber unter wirtschaftlichen Gesichtspunkten sind die Organisationen in Mittel- und Südamerika erfolgreicher. Deshalb sind sie in den Fondsportfolios auch stärker vertreten – an erster Stelle steht Peru vor Bosnien und Herzegowina, Serbien, Kambodscha und Bolivien. Ein Beispiel für viele ist die Acción International (www.accion.org), die 1961 in Caracas (Venezuela) entstand und mittlerweile in 15 Ländern Lateinamerikas und der Karibik, vier afrikanischen Ländern südlich der Sahara, in Indien, China und in den USA arbeitet. Acción verfügte 2009 über ein Bilanzvolumen von 346 Mio. US-Dollar, von dem 271 Mio. US-Dollar in kurz- und langfristigen Beteiligungen investiert waren. Auf das Jahr 1984 zurück geht die Idee, Kleinunternehmer in Bolivien zu fördern, aus der 1992 die erste auf Mikrokredite spezialisierte Geschäftsbank in Bolivien entstand: Banco Solidario S.A., an der auch Acción und deren Tochtergesellschaften beteiligt sind. 2003 ist auf den Cayman Islands mit einem Startkapital von 18 Mio. US-Dollar die im Sektor Mikrofinanzierung aktive Acción Investments neu gegründet worden.

Shared Interest (www.shared-interest.com), »the world's only 100% fair trade lender« unterstützt mit den von ihren Kunden eingezahlten und derzeit unverzinsten Beträgen seit 20 Jahren mit jährlich über 33 Mio. Pfund (GBP) Projekte in weltweit 36 Ländern. Neben der Zentrale in Newcastle upon Tyne gibt es Büros in Kenia und Peru.

Potenzial für Mikrofinanzierungen besteht vor allem noch in (West-)Afrika, wo sie erst am Anfang stehen. Allerdings arbeiten von der Weltbank als äußerst positiv eingestufte Institutionen schon in Guinea, Senegal, Burkina Faso oder Mali. In Ghana, Kenia, Malawi oder Nigeria besteht traditionell ein System der informellen Kleinkreditvergabe. Im Haus der Weltbank in Washington, D.C., befindet sich die Consultative Group to Assist the Poor (CGAP), ein unabhängiges Politik- und Forschungszentrum, das die Informationsplattform www.microfinancegateway.org betreut und zusammen mit der Weltbank 2010 zum zweiten Mal den Financial Access Report veröffentlicht hat, der über die Zugangsmöglichkeiten zu Finanzdienstleistungen weltweit informiert.

In Europa liegt der Fokus auf Osteuropa und den Balkanstaaten. Hier ist zum einen zu beobachten, dass sich Credit Unions gebildet haben, die auch im Bereich der Finanzdienstleistungen für Kleinkunden, zumeist unselbstständig Erwerbstätige, arbeiten, zum anderen sind die Europäische Union und ihre Institutionen aber auch bestehende Kreditinstitute engagiert. Die »European Progress Microfinance Facility« wurde von der EU-Kommission zusammen mit der Europäischen Investitionsbank im März 2010 mit einem Volumen von 200 Mio. Euro ausgestaltet. In allen EU-Mitgliedstaaten können Arbeitsuchende oder Menschen, die Schwierigkeiten am Arbeitsmarkt haben und sich selbstständig machen wollen, aber auch kleine Unternehmen mit weniger als 10 Beschäftigten über die teilnehmenden MFI einen Kredit von bis zu 25 000 Euro beantragen. Derzeit bestehen Kooperationen mit MFI in Belgien, Bulgarien, den Niederlanden, Polen (FM Bank) und Rumänien. Der European Fund for Southeast Europe S.A. erhält seine Mittel von der EU-Kommission, einzelnen europäischen Staaten, Förderbanken (zusammen 35 %) und privaten Banken und Fonds (65 %) (www.efse.lu), das Gesamtvolumen von fast 760 Mio. Euro wird von Oppenheim Asset Management Services verwaltet.

In Österreich ist das Joint Venture good.bee zwischen der Erste Stiftung und der Erste Group entstanden, das Mikrokredite an Landwirte und Kleinstunternehmen in Rumänien vergibt. Die Erste Bank hatte 2007 eine Mikrofinanz-Anleihe mit einer Mindestzeichnung von 3000 Euro ausgegeben, die im April 2011 zurückgezahlt worden ist; der Tilgungsbetrag richtete sich nach der Wertentwicklung des Dual Return Fund - Vision Microfinance.

Grameen Bank

Die Gründung der Grameen Bank (www.grameen-info.org), in der Landessprache Bangladeschs steht der Name für »dörfliche Bank«, geht auf ein 1976 in Jobra gestartetes Projekt des Ökonomieprofessors Muhammad Yunus zurück. Unterstützt durch die Zentralbank des Landes konnte 1979 das Geschäftsgebiet erweitert werden. 1983 wurde aus dem Projekt eine Bank nach staatlichem

Recht. Die Kunden sind zumeist in Kreditnehmergruppen eingebunden (»peer-group monitoring«): Dadurch entsteht eine breitere Haftungsbasis und die Mittelverwendung bleibt für die Gruppenmitglieder transparent. Gegenseitige Hilfestellungen erhöhen die Rückzahlungswahrscheinlichkeit. In jedem Dorf soll sich eine begrenzte Anzahl von Gruppen mit jeweils einer Höchstzahl von Kreditnehmern gegenseitig unterstützen. Die Kreditnehmer erklären sich mit den »16 decisions« einverstanden, die sich auf die verschiedensten Lebensbereiche beziehen wie Hausbau, sanitäre Einrichtungen, Hygiene, Ernährung, Geburtenkontrolle, Erziehung und Grundsätze zum Miteinander in der Familie und (Dorf-)Gemeinschaft. Über die finanziellen Dienste hinaus unterstützt die Grameen Bank ihre Kunden bei der Schaffung von Absatzmärkten für deren Einzelhandelsprodukte. Grameen Telecom hat Mobilfunk-Netze aufgebaut.

Die Bank unterhielt im Geschäftsjahr 2009, aus dem die aktuellsten Daten stammen, 2562 Filialen und beschäftigte 23283 Mitarbeiter (einschließlich in Ausbildung befindlicher), die 83458 Ortschaften des Landes erreichen. Die Einlagen erreichten Ende 2009 den Betrag von 1,2 Mrd. US-Dollar, wovon 54 Prozent von den fast 8 Mio. Mitgliedern stammen, die zu rund 97 Prozent Frauen sind. Diesen Frauen gehört die Bank, sie stellen auch einen wesentlichen Teil der Einlagen. Dazu sagte Muhammad Yunus, dass dies gar nicht geplant gewesen sei, sondern aus Erfahrung wuchs. Denn die Frauen wollten anfangs gar keinen Kredit, um eheliche Konflikte zu vermeiden und aus fehlendem Zutrauen in den Umgang mit Geld. Dabei sind Frauen fähig, mit dem Geld viel produktiver umzugehen. Sie denken an die Zukunft ihrer Kinder und geben das Geld nicht wie die Männer vor allem für Statussymbole aus.

2009 waren fast 0,8 Mrd. US-Dollar an Krediten vergeben. Seit 1976 wurden Kredite im Volumen von 8,7 Mrd. US-Dollar vergeben, wovon z.B. rund 680000 Häuser finanziert worden sind. Der Jahresgewinn lag 2009 bei 5,38 Mio. US-Dollar, 2006 wurde mit 20 Mio. US-Dollar der bislang höchste Gewinn erzielt, die Jahre 1983, 1991 und 1992 wurden mit einem kleinen Verlust abgeschlossen.

Von politischer Seite wird die Arbeit von Yunus erschwert. So wurde er als Direktor der Grameen Bank abberufen mit dem Hinweis auf die in seinem Fall überschrittene Altersgrenze für Bankleiter, und er musste sich mit dem Vorwurf auseinandersetzten, in den 1990er-Jahren für die Bank erhaltene Hilfsgelder aus Norwegen veruntreut zu haben, wovon die Grameen Bank jedoch eine norwegische Untersuchungskommission freigesprochen hat. Diese Angriffe könnten damit zusammenhängen, dass Yunus sich in der Vergangenheit kritisch gegenüber der Politik seines Landes geäußert hat.

Inzwischen hat das Grameen-Modell nicht nur weltweite Nachahmung gefunden, sondern auch selbst die Grenzen des Landes überschritten. So gibt es Grameen America seit Januar 2008 in New York, wo zwei Jahre später zwei weitere Filialen eröffnet wurden, und seit Sommer 2009 gibt es auch eine Filiale in Omaha, Nebraska, weitere Standorte sind geplant. Zusammen mit Partnern entwickelt Yunus seine Vision eines „social business" weiter, so etwa mit der Firma Danone in Entwicklungsländern und der österreichischen Erste Bank in Osteuropa.

BRAC

Die 1972 in Bangladesch für heimkehrende Befreiungskriegsflüchtlinge gegründete Hilfsorganisation (www.brac.net) ist heute eine der größten Nichtregierungsorganisationen der Welt. Über 60 000 Mitarbeiter und ebenso viele selbstständige Freiwillige erreichen allein in Bangladesch 80 Mio. Menschen – mehr als die Hälfte der Gesamtbevölkerung – mit Hilfsangeboten in den Bereichen Bildung, Gesundheit mit Schwangerenfürsorge und Impfungen, Wasserversorgung, Menschenrechte, Unternehmensgründung. So stellt BRAC Schulkapazitäten für fast zwei Mio. Kinder bereit, unterhält Ausbildungszentren und eine eigene Universität. Zur Finanzierung wurden große Agrarbetriebe und eine Kunsthandwerkskooperative aufgebaut. BRAC verfügt über ein Budget von 535 Mio. US-Dollar und ist seit 2002 auch außerhalb Bangladeschs in neun Ländern Asiens und Afrikas tätig. Die im regulierten Status arbeitende BRAC Bank ist zu 43,77 Prozent im Eigentum von BRAC. Die Bank finanziert überwiegend kleine und mittelgroße Unternehmen, bietet aber auch Privat- und größeren Firmenkunden Bankleistungen an.

Im Rahmen seines Entwicklungsprogramms vergibt BRAC Mikrokredite an 9,14 Mio. Mitglieder, fast ausschließlich Frauen. Ähnlich wie Grameen arbeitet BRAC mit »Village Organisations« (mit je ca. 30 bis 40 Mitgliedern). 2009 wurden 1,1 Mrd. US-Dollar neue Kredite bewilligt, der Kreditbestand am Jahresende betrug 643 Mio. US-Dollar, die Rückzahlungsquote lag bei 99,29 Prozent. Rund 270 Mio. US-Dollar haben die Kund(inn)en auf Sparkonten eingezahlt. Damit verfügt BRAC über eines der größten Mikrokredit-Programme weltweit, das seit 2001 kostendeckend arbeitet. Ein weiterer Fortschritt: Nach Erhebungen von BRAC hat sich der Anteil der Frauen, die selbstständig über ihr Einkommen verfügen können, seit dem Programmstart von 30 Prozent auf über 60 Prozent erhöht.

Frauenbanken

Bei den meisten MFI kommt den Kreditnehmerinnen eine Schlüsselrolle zu. Spezielle Einrichtungen, die über eine verbesserte finanzielle Situation das Selbstvertrauen der Frauen und ihre Stellung in der Gesellschaft insgesamt stärken, leisten einen wichtigen Beitrag zu einer gleichberechtigten Partnerschaft.

Diese Bewegung wird von einzelnen Gründungen getragen wie der First Women Bank Ltd., Karachi (Pakistan), die 1989 entstand (www.fwbl.com.pk). Das Eigenkapital haben fünf große öffentlich-rechtliche Kreditinstitute (90 %) und der Staat (10 %) aufgebracht. Die Bank verfolgt das Ziel, insbesondere Frauen mit einem niedrigen bis mittleren Einkommen den Zugang zu Bankgeschäften jeder Art zu ermöglichen und so ihre Lage zu verbessern, z. B. indem sie eigenes Einkommen erzielen und Vermögen aufbauen.

Die Anfänge des Women's World Banking (WWB), das heute von New York aus koordiniert wird, gehen schon auf das Jahr 1979 zurück (www.swwb.org). Seitdem hat sich ein weltweites WWB-Netzwerk von inzwischen 39 MFI in 27 Staaten aus fast allen Kontinenten entwickelt; Europa ist mit einem MFI aus Bosnien und Herzegowina sowie Russland vertreten. 2001 wurde das WWB Global Network for Banking Innovation in Microfinance gebildet. Die Geldgeber und Förderer des WWB sind neben öffentlichen Einrichtungen wie der International Labour Organization (ILO) oder dem United Nations Capital Development Fund (UNCDF) z.B. die Triodos Bank (siehe Kap. 2.1.7), aber auch große Unternehmen wie BP, ExxonMobil, Pfizer, Stiftungen von Deutsche Bank America, Goldman Sachs oder Moody's sowie Investmentbanken.

An der Mitwirkungsbereitschaft dieser Institutionen mit einem durchaus kommerziellen Hintergrund lässt sich ablesen, dass Mikrofinanz eine Ertrag bringende und imagebildende Geschäftstätigkeit darstellen kann.

Fundusz Mikro

Seit fast 20 Jahren arbeitet in Polen Fundusz Mikro (www.funduszmikro.com.pl). Das 1994 vom Polish American Enterprise Fund (PAEF) gegründete Unternehmen wurde mit anfänglich 20 Mio. US-Dollar ausgestattet, um Kleinunternehmen in Polen zu fördern, und ist an 38 Standorten im ganzen Land vertreten. Im März 2008 ist der Private Equity-Fonds, FM Holdings S.a.r.l., Luxemburg, neuer Eigentümer geworden. Dahinter steht der Private Equity-Fonds Abris Capital Partners, Warschau, der in die Entwicklung von Unternehmen in Zentral- und Osteuropa investiert und die auf Klein- und Kleinstunternehmen mit bis zu umgerechnet 2,5 Mio. Euro Umsatz spezialisierte FM Bank gegründet hat (zusammen mit der zur Weltbank gehörenden International Finance Corporation (IFC) und einem privaten Investor).

2.2.2 Mikrokreditfonds

Zunächst konzentrierten sich Investitionen und Investmentangebote im Bereich Mikrofinanzierung auf institutionelle Investoren, sehr oft auch ohne ausdrückliches Renditeziel. Schon seit Ende der 1990er-Jahre beteiligt sich die heute als ProCredit Holding AG firmierende IMI AG am Eigenkapital von Mikrofinanz-Banken in Schwellen- und Entwicklungsländern. Der Microcredit Development Fund der Deutschen Bank in den USA hat ebenfalls die Kapitalverstärkung von MFI zum Ziel. Hieraus erhalten Organisationen Kredite mit einem niedrigen Zinssatz über eine Laufzeit von ein bis fünf Jahren. Der Fonds arbeitet auf Non-Profit-Basis und hat ein Volumen von rund vier Mio. US-Dollar.

Der erste (Publikums-)Mikrokreditfonds wurde 1998 in Luxemburg aufgelegt, wo heute die weltweit größten Mikrokreditfonds mit drei Mrd. US-Dollar Fondsvolumen verwaltet werden, was schätzungsweise 45 Prozent des weltweit verwalteten Mikrokredit-Fondsvolumens entspricht. Jedoch sind nicht alle diese Fonds auch zum Vertrieb in Deutschland, Österreich oder der Schweiz zugelassen. In Deutschland dürfen Kapitalanlagegesellschaften seit Ende 2007 Investmentfonds auflegen, die in unverbriefte Darlehensforderungen und Wertpapiere von regulierten Mikrofinanzinstituten investieren (§ 90h Abs. 7 und 8 Investmentgesetz).

Eine Besonderheit bei vielen (Publikums-)Investmentfonds besteht darin, dass die Fondsanteile monatlich ausgegeben und bewertet werden. Zeichnungsschluss ist einige Bankgeschäftstage vor dem Bewertungstag. Die Rücknahme von Fondsanteilen ist oft auch nur zu Stichtagen möglich, eine eventuelle Kündigungsfrist ist zu beachten.

Das Good Growth Institut in Hennef (www.goodgrowthfund.com) hat in Europa fast 30 Mikrofinanzfonds identifiziert, von denen sich 14 für Anleger eignen. Darunter befinden sich mit dem eigenen BN&P Good Growth Fund, der auch zum Vertrieb in Deutschland zugelassen ist, aber mit einem Mikrofinanzanteil von 30 Prozent kein »reiner« Mikrokreditfonds ist, und dem Espa Vinis Microfinance auch zwei Dachfonds (siehe Kap. 2.6.2.4), die in Mikrokreditfonds investieren und deren Anteile schon ab 50 bzw. 100 Euro erworben werden können. Die Hälfte der für Anleger in Frage kommenden Fonds spricht mit hohen Mindestanlagebeträgen vor allem institutionelle Anleger an wie z.B. der EMF Microfinance Fund oder der responsAbility Microfinance Leaders mit Beträgen ab 125 000 bis 5 Mio. Euro. Im Folgenden konzentrieren wir uns auf für private Anleger erschwinglichere Angebote.

Dual Return Fund – Vision Microfinance

Dieser Luxemburger Fonds (SICAV II) besteht seit 2006 – inzwischen mit fünf verschiedenen Klassen, für Privatanleger ist eine Beteiligung ab 1000 Euro möglich, seit 2011 auch in einer ausschüttenden Klasse. In Deutschland ist für den Fonds nur eine Privatplatzierung vorgesehen, in Österreich ist der Fonds zum öffentlichen Vertrieb zugelassen. Aus den Fondsmitteln werden vor allem festverzinsliche Direktdarlehen an derzeit 56 Mikrofinanzinstitute in 24 Schwellenländern weltweit vergeben. Das Volumen liegt bei über 84 Mio. Euro (April 2011). Die Klasse für Privatanleger schloss mit 2,72 Prozent Rendite 2010 nicht ganz so erfolgreich ab wie die Klasse für institutionelle Anleger mit 3,35 Prozent. Als Anlageberater fungieren Symbiotics SA und die Bank im Bistum Essen eG (www.bibessen.de).

Kontakt:

- Axxion S.A., 1B, rue Gabriel Lippmann, L-5365 Munsbach, Tel.: 003 52/769 49 41, E-Mail: info@axxion.lu, www.axxion.lu
- Für Österreich: Absolute Portfolio Management GmbH, Wallnerstraße 3/17, A-1010 Wien, Tel.: 00 43/1/533 59 76, E-Mail: info@absolutepm.at, www.visionmicrofinance.com

Symbiotics Investment Management S.A.

Als Spezialist im Bereich Mikrofinanz ist Symbiotics Ende 2004 in der Schweiz gegründet worden. Drei Schwerpunkte bilden das Geschäftsmodell: als Co-Manager in der Vermögensverwaltung von Mikrokreditfonds, als Broker, um Kapital gebende und Kapital suchende Institutionen zusammenzuführen und mit einem eigenen Research. Außerdem wird die Informationsplattform www.syminvest.com betrieben und der Symbiotics Microfinance Index (SMX) berechnet, der vielen Investoren und Kapitalanlagegesellschaften als Benchmark dient.

Kontakt:

- Symbiotics SA Information, Consulting & Services, 75, rue de Lyon, CH-1203 Genf, Tel.: 0041/22/3381540, E-Mail: info@symbioticsgroup.com, www.symbioticsgroup.com

responsAbility Global Microfinance Fund
resonsAbility Mikrofinanz-Fonds

Eine weitere Besonderheit aus der Schweiz ist die 2003 gegründete responsAbility Social Investments AG, ein mit 900 Mio. US-Dollar verwaltetem Vermögen weltweit führendes Unternehmen im Bereich der Social Investments mit den Anlageschwerpunkten Mikrofinanz, KMU-Finanzierung, Fair Trade und unabhängige Medien. Zu den Aktionären der Gesellschaft gehören die Schweizer Finanzdienstleister Baumann & Cie., Banquiers, Credit Suisse AG, Raiffeisen Schweiz Genossenschaft, Swiss Re, Bank Vontobel AG sowie die Social-Venture-Capital-Firma George Avenue C. V., die für die niederländische Noaber-Stiftung tätig ist.

Mit dem responsAbility Global Microfinance Fund startete im November 2003 der erste Mikrofinanz-Anlagefonds des Unternehmens mit einem Startvolumen von 5,6 Mio. US-Dollar, bereitgestellt von Baumann & Cie, Raiffeisen-Gruppe, Staatssekretariat für Wirtschaft seco, Swiss Re, Sammelstiftungen Ethos und NEST und Hilfswerk Swissaid. Im April 2004 wurde der Fonds als erster Mikrofinanzfonds auf dem Finanzplatz Schweiz zum öffentlichen Vertrieb zugelassen. Der Fonds ist zum Vertrieb auch in Luxemburg, Liechtenstein, den Niederlanden und Singapur zugelassen. Die Mindestanlage beträgt 1000; neben dem US-Dollar gibt es zwei abgesicherte Klassen in Schweizer Franken und Euro. Inzwischen verfügt der Fonds über ein Volumen von 513,6 Mio. US-Dollar. Größte Länderpositionen sind Peru (8,3%), Kambodscha (6,2%) und Georgien (4,9%). Der Fonds strebt eine Rendite über dem Geldmarktniveau an, schüttet keine Erträge aus und berechnet bis zu 2,6% Verwaltungsgebühr. Seit Auflegung hat sich der Preis um 33,5 Prozent erhöht (April 2011).

Mit dem responsAbility SICAV (Lux) Mikrofinanz-Fonds ist eine in Luxemburg bewilligte kollektive Kapitalanlage entstanden. Dieses Produkt ist in der Schweiz nicht zum öffentlichen Vertrieb zugelassen. SICAV (Société d'investissement à capital variable) bezeichnet eine Kapitalanlagegesellschaft mit variablem Grundkapital, die als sogenannter Umbrellafund mehrere Unterfonds haben kann. Mit der Zusatzbezeichnung KCD bietet die im Mikrofinanzbereich sehr engagierte genossenschaftliche Bank im Bistum Essen den KCD resonsAbility Mikrofinanz-Fonds seit 2007 an, der Privatanlegern ab einer Beteiligungshöhe von 1000 Euro offen steht.

Kontakt:

- responsAbility Social Investments AG, Josefstraße 59, CH-8005 Zürich, Tel.: 0041/44/2509930, E-Mail: info@responsability.com, www.responsability.ch

Triodos Fair Share Fund

Nach zwei Mikrofinanzfonds, die 1994 für institutionelle Investoren aufgelegt worden waren (Triodos-Doen-Fund, Hivos-Triodos Fund), legte die niederländische Triodos Bank im Dezember 2002 mit dem Fair Share Fund ihren ersten Publikumsfonds auf. Der Fonds beteiligt sich an MFI in Entwicklungsländern, in Osteuropa und Zentralasien.

Das Triodos-Engagement im Bereich Mikrofinanzierung wurde 2008 erweitert um den Triodos SICAV II – Triodos Microfinance Fund. Dieser richtet sich an institutionelle Investoren, vermögende Privatpersonen und Kunden von Triodos Private Banking aus ganz Europa und konnte zuletzt neue Investoren aus Österreich, Australien, Belgien, Deutschland, Irland, den Niederlanden, Norwegen und Großbritannien erreichen, womit sich 2010 das Nettovermögen auf 61,7 Mio. Euro erhöhte, wovon 50,8 Mio. Euro in 23 Mikrofinanzinstituten in 20 Ländern in Lateinamerika, Asien, Afrika und Osteuropa investiert waren. Ende 2010 umfasste das Triodos Engagement im Bereich Mikrofinanzierung insgesamt ein Volumen von 277 Mio. Euro.

Derzeit wird der Triodos Fair Share Fund ausschließlich in den Niederlanden angeboten. Der starke Mittelzufluss bei diesem Fonds 2009 bis Anfang 2010 überstieg dessen Investitionsmöglichkeiten. Damit drohte eine Unterschreitung der gesetzlich vorgeschriebenen Mindestanlage von 70 Prozent des Fondsvermögens. Aus diesem Grund konnte man ab Januar 2010 vorübergehend keine Anteile erwerben. Im Oktober wurde der Fonds wieder geöffnet, das Vermögen wuchs danach um 15,6 Prozent von 83 Mio. Euro auf 95,4 Mio. Euro bis Ende 2010. Die Wertentwicklung des Fonds belief sich auf 4,8 Prozent ohne Berücksichtigung des Steuervorteils für niederländische Privatanleger.

Deutsche Kunden können leider von der Expertise der Triodos Bank im Bereich Mikrofinanzierung derzeit nicht profitieren. Allerdings werden hierzulande ab Herbst 2011 Socially Responsible Investment (SRI)-Fonds (Aktien-, Renten- und Mischfonds nach dem Best-in-Class-Ansatz) angeboten.

Kontakt:

- Triodos Investment Management, Nieuweroordweg 1, P.O. Box 55, NL-3700 AB Zeist, Tel.: 00 31/30/693 65 00, E-Mail: microfinance@triodos.com, www.triodos.com

Dexia Micro-Credit Fund

Dieser 1998 gegründete Investmentfonds war der erste kommerzielle, explizit auch auf Gewinnerzielung ausgerichtete Mikrokreditfonds. Aufgelegt wurde der Fonds von der Dexia-Gruppe. Der Investmentfonds ist in Luxemburg (als

SICAV) angesiedelt und kann nur indirekt über eine Transaktionsbank gekauft werden, der Anteilspreis wird einmal im Monat festgestellt. Mit rund 10 000 Euro (bzw. 10 000 US-Dollar oder 15 000 Schweizer Franken in den beiden anderen Klassen) liegt die Mindestbeteiligung ziemlich hoch. Ende März 2011 hatte der Fonds insgesamt ein Volumen von 557 Mio. US-Dollar Euro erreicht, aus dem Kredite mit einer durchschnittlichen Laufzeit von 18 Monaten an rund 106 Mikrofinanzinstitute in 39 Ländern vergeben worden sind, die wiederum über eine halbe Mio. Kleinunternehmer(innen) erreicht haben. Anfangs konzentrierte sich der Fonds fast ausschließlich auf Zentral- und Lateinamerika – dort ist die größte Dichte an rentablen MFI zu finden – inzwischen wird aber auch in Osteuropa, Afrika und Asien investiert. Den größten Anteil am Fondsvermögen haben MFI in Peru (über 8 %), Kambodscha und Indien (je rd. 5 %). Die *ProCredit-Gruppe* hat über zehn Prozent des Fondsvolumens erhalten. Der Fonds erzielt eine positive Rendite, die gegenüber 2000 mit 7,8 Prozent für 2010 bei 1,4 Prozent lag (auf US-Dollar-Basis), seit Auflegung ist der Anteilspreis bis März 2011 um 72,6 Prozent gestiegen.

Kontakt:

- BlueOrchard Finance S.A., 32 rue de Malatrex, CH-1201 Genf, Tel.: 0041/22/5964777, E-Mail: info@blueorchard.com, www.blueorchard.ch

BlueOrchard Finance S.A.

Diese 2001 gegründete Schweizer Gesellschaft konzentriert sich auf die Verwaltung von Mikrokreditfonds, die Mikrofinanzinstituten Fremdkapital für deren Geschäft zur Verfügung stellen. Zu den verwalteten Fonds gehören auch der *Dexia Micro-Credit Fund* und der BBVA Codespa Microfinance Hedge Fund für den spanischen Banco Bilbao Viscaya Argentaria. Die Idee strukturierter Produkte (forderungengesicherter Wertpapiere, CDO: Collateralized Debt Obligations) hat BlueOrchard erstmalig auf Mikrokredite mit inzwischen drei Fonds (zusammen rd. 265 Mio. US-Dollar Volumen, Stand: Juni 2010) übertragen. Insgesamt wurde Ende 2009 ein Volumen von über einer Mrd. US-Dollar verwaltet (Assets under Management). 2007 ist die BlueOrchard Investments Sàrl gegründet worden, die sich mit Eigenkapital an MFI und Netwerk-Fonds beteiligt.

Kontakt:

- BlueOrchard Finance S.A., 32 rue de Malatrex, CH-1201 Genf, Tel.: 00 41/22/596 47 77, E-Mail: info@blueorchard.com, www.blueorchard.ch

ProCredit Holding AG

Unter dem Dach der Holding, die 1998 als IMI – Internationale Micro Investitionen AG gegründet worden ist, sind (Mehrheits-)Beteiligungen an 21 Banken zusammengefasst. Diese als ProCredit Bank firmierenden Institute beschäftigen 15 600 Personen und haben insgesamt 740 Filialen in Ländern Osteuropas (10), Afrikas (3), Asiens (1) und Lateinamerikas (7). Ende 2010 wurden allein fast 350 000 Kredite neu vergeben, insgesamt wurden mehr als 640 000 Kredite verwaltet mit einem Volumen von über 3,6 Mrd. Euro. Der Schwerpunkt liegt mit 3,3 Mrd. Euro auf Krediten für Klein- und Kleinstunternehmen und die Landwirtschaft. Kredite, die länger als 30 Tage nicht vertragsgemäß bedient wurden, machten 3,7 % des Kreditvolumens aus. Das Kreditvolumen ist nicht vollständig durch Einlagen, die auf über 3,7 Mio. Konten bereitgestellt werden, gedeckt, sodass ergänzend Mittel von internationalen Finanzdienstleistern und über die Ausgabe von Anleihen herangezogen werden (Fitch Rating für die Holding: BBB-).

Das Eigenkapital von ca. 225 Mio. Euro besteht aus Stammaktien (194 Mio. Euro) und Vorzugsaktien. Zu den stimmberechtigten Stammaktionären zählen neben der IPC GmbH (21,2 %) u.a. auch die KfW-Bankengruppe (16,3 %), die Stiftung DOEN der niederländischen Wohltätigkeitslotterien (15,9 %) und die zur Weltbank gehörende International Finance Corporation (IFC) (12,3 %). Außerdem sind Mikrokreditfonds mit Stamm- (4,4 %) und Vorzugsaktien beteiligt (Omidyar-Tufts Microfinance Fund und drei responsAbility-Fonds) sowie über eine Beteiligungsgesellschaft die meisten Beschäftigten der ProCredit Holding und viele Beschäftigte aus den ProCredit Banken, insbesondere Personen in Führungspositionen (9 %). Die Vorzugsaktien wurden erstmals 2006 ausgegeben und tragen eine garantierte Dividende – soweit im Gewinn gedeckt – von vier Prozent auf den Nennwert. Die Eigentümer sind zusätzlich z. T. auch direkt an einzelnen ProCredit Banken beteiligt. Lag die Eigenkapitalrendite für den ersten Konzernabschluss 2003 bei 12 Prozent, so konnten 2010 rund 3 Prozent nach Steuern ausgewiesen werden (12,5 Mio. Euro). Der für 2007 geplante Gang an die Börse wurde nicht realisiert.

Kontakt:

- ProCredit Holding AG, Rohmerplatz 33-37, D-60486 Frankfurt am Main, Tel.: 069/95 14 37-0, E-Mail: info@procredit-holding.com, www.procredit-holding.com

IPC – Internationale Projekt Consult GmbH

Das im November 1980 gegründete Frankfurter Beratungs- und Management-Consulting-Unternehmen erzielte im Bereich der internationalen Entwicklungszusammenarbeit Umsätze von 12,2 Mio. Euro (2009). IPC hatte 2004/2005 zwei Inhaber-Teilschuldverschreibungen im Volumen von sechs Mio. Euro emittiert, die der Refinanzierung der IPC-Beteiligungsaufstockung an der von ihr gegründeten und geführten Beteiligungsgesellschaft IMI – Internationale Micro Investitionen AG (jetzt: *ProCredit Holding AG*) dienten. Das IPC-Eigenkapital beträgt inzwischen 33 Mio. Euro und die Bilanzsumme 56,5 Mio. Euro. Größter Bilanzposten ist die Beteiligung an der ProCredit Holding AG (Anteil am stimmberechtigten Kapital: 21,2 %). Aus der Beteiligung an der ProCredit Holding floss 2009 eine Dividende in Höhe von 1,4 Mio. Euro zu. Dr. Claus-Peter Zeitinger, der Gründer der IPC GmbH, ist Aufsichtsratsvorsitzender der ProCredit Holding.

Kontakt:
- IPC – Internationale Projekt Consult GmbH, Kirschwaldstraße 19, D-60435 Frankfurt am Main, Tel.: 069/95 14 37-0, www.ipcgmbh.com

2.2.3 Entwicklungsgenossenschaft Oikocredit

Oikocredit, ältester und weltweit größter Investor für Mikrofinanzinstitute, ist eine Genossenschaft ohne Haftung nach niederländischem Recht mit Sitz in Amersfoort. Sie entstand 1975 auf Initiative des Ökumenischen Rats der Kirchen unter dem Namen EDCS (Ecumenical Development Cooperative Society U.A.). Ihr Ziel ist die Vergabe zinsgünstiger Darlehen zur Entwicklungsförderung oder anderer Formen der »Finanzierung (Kapitalbeteiligungen, Quasikapital oder Bürgschaften) für den Aufbau tragfähiger Geschäftsbetriebe von Gruppen benachteiligter Menschen, denen der Zugang zu Finanzdienstleistungen meist verwehrt wird.« 2010 wurden neue Darlehen über 87 Mio. Euro vergeben. Die Mittel von insgesamt 481 Mio. Euro sind zu mehr als zwei Dritteln als Darlehen vergeben, der übrige Teil ist in Anleihen investiert. Direktkredite gehen vor allem an Partnerorganisationen in der Mikrofinanzierung (81 %), Landwirtschaft (9 %) und im Handel (3 %). Die Hälfte der Partnerorganisationen sind Non-Profit-Organisationen oder Genossenschaften, 30 Prozent sind kleine Finanzinstitute, 20 Prozent größere Unternehmen, die alle nach strengen Kriterien ausgewählt und überprüft werden. Die Anleihen entsprechen dem Ethibel-»Excellence«-Siegel für Unternehmen mit besonderem Nutzen für Entwicklungsländer und dem Ethibel-Siegel für Anleihen in Entwicklungs- und Schwellenländern. Acht

Regionalstellen und 28 Büros in Ländern aller Kontinente halten den Kontakt zu den Kreditnehmern.

Die Darlehen von 50 000 bis zwei Mio. Euro haben eine Laufzeit von bis zu zehn Jahren und werden mit Zinsen zurückgezahlt, die Beträge, die Oikocredit in Anleihen investiert hat, erreichen bis zu 14,5 Mio. Euro (KfW). Finanziert werden die Darlehen aus dem Anteilskapital der 595 Mitglieder, die sich ausschließlich aus Kirchen und kirchlichen Organisationen, Förderkreisen und Projekt-Mitgliedern zusammensetzen. Einzelpersonen können sich in der Regel nur über einen der Oikocredit-Förderkreise oder die niederländische Stichting Oikocredit International Share Foundation (ISF) indirekt beteiligen. Dazu müssen sie Mitglied in einem regionalen Förderkreis werden; sie können dann Anteile von je 200 Euro zeichnen. Für die Mitgliedschaft fällt jedes Jahr eine Mitgliedsgebühr an, für die Anteilsverwaltung werden keine Kosten berechnet. Allein in Deutschland gibt es acht Förderkreise. Auf die Beteiligung wird eine jährliche Dividende von bisher maximal zwei Prozent gezahlt. Gekündigte Anteile wurden bisher immer zum vollen Nennwert zurückgezahlt, eine Mündelsicherheit besteht jedoch nicht. Weltweit gibt es etwa 43 000 Förderer, die meisten Förderer und Mittelneuzuflüsse stammen aus Deutschland, den Niederlanden, aus Österreich und der Schweiz. Ende 2010 verzeichnete Oikocredit Austria ein Anteilskapital von 24,8 Mio. Euro (9,6 Mio. Euro Neuanlagen), das 2328 Mitglieder bereitgestellt haben.

Der Gesamtertrag nach Steuern von Oikocredit International stieg von 22,9 Mio. Euro (2009) auf 24,8 Mio. Euro (2010). Die Rückstellungen für Risikokredite nahmen im gleichen Zeitraum von 8,1 Mio. Euro auf 12,1 Mio. Euro zu. Neben einer 2-prozentigen Dividendenzahlung von insgesamt 8,7 Mio. Euro auf das Genossenschaftskapital wurden aus dem Überschuss die Rücklagen gestärkt. Zum Jahresende 2010 lag das gesamte Anteilskapital bei 436 Mio. Euro (2009: 377,5 Mio. Euro).

Die Entwicklungsgenossenschaft ist ein Pionier, der sich sehr positiv weiterentwickelt. Im Mittelpunkt steht nicht die Profitmaximierung, sondern ein »Careholder Value«, durch den Menschen einen Beitrag für Menschen und deren Aktivitäten leisten. Kontinuierlich werden Risiken und Profitabilität des Projektfinanzierungsgeschäfts verbessert. Davon profitieren letztlich alle: Die Dividende bleibt stabil und der Kapitalanteil, der als Darlehen ausgegeben werden kann, nimmt zu. Auch wenn sich immer mehr neue Anbieter auf den Markt für Mikrokredite begeben haben, hat sich an der Einzigartigkeit dieser Entwicklungsgenossenschaft nichts geändert. Aus ethischer Sicht zählen Oikocredit-Anlagen für private Anleger sicher zu den effektivsten Möglichkeiten, sinnvolle Projekte und Entwicklungen zu fördern – und in Zeiten niedriger Zinsen sind sie zudem auch finanziell attraktiv.

Kontakt:

- Oikocredit International, Berkenweg 7, NL-3818 LA Amersfoort, Tel.: 00 31/33/422 40 40, E-Mail: info@oikocredit.org, www.oikocredit.org
- Oikocredit Geschäftsstelle Deutschland, Göttelmannstr. 13, D-55130 Mainz, Tel.: 061 31/329 32 22, E-Mail: deutschland@oikocredit.org, www.oikocredit.org/de
- Oikocredit Austria, Möllwaldplatz 5/1, A-1040 Wien, Tel.: 0043/1/505 48 55, E-Mail: office@oikocreditaustria.at, www.oikocredit.org/at
- Oikocredit deutsche Schweiz, Langstraße 64, Postfach, CH-8026 Zürich, Tel.: 00 41/44/240 00 62, E-Mail: deutsche.schweiz@oikocredit.org, www.oikocredit.org/ch

2.2.4 Börsennotierte Mikrofinanzinstitute

Die wachsende Nachfrage nach Mikrokrediten und eine Kommerzialisierung drücken sich auch darin aus, dass einige MFI ihr Geschäftsmodell mit einem Gang an die Börse kapitalmarktfähig gemacht haben. Ob diese Entwicklung trotz des einzelwirtschaftlichen Erfolges in die richtige Richtung geht? Kritiker wenden ein, dass zur Mikrofinanzierung auch ein sozialer Bezug gehört, der bei einem Institut verlorengehen kann, das auf die Anforderungen externer Kapitalgeber und des Kapitalmarktes Rücksicht nehmen muss. Wenn diese ertragsorientierten Institute dann nur mehr bestimmte Kunden, z. B. ausdrücklich nicht mehr die Ärmsten der Armen, annehmen, tritt ihr Beitrag zur Entwicklung deutlich in den Hintergrund. Sie berechnen zudem hohe Zinssätze, nur damit die Gewinne steigen, so der Vorwurf von Yunus.

Die Probleme in Indien haben dazu geführt, dass die Bank Share Microfin (www.sharemicrofin.com) ihren für Anfang 2011 geplanten Börsengang verschoben hat. Das Institut aus Hyderabad wollte 10 Mrd. Rupien (rd. 160 Mio. Euro) erlösen.

Banco Compartamos

Die Bank ist 1990 im Rahmen des »Income Generator Loan Program« zunächst als Nicht-Regierungsorganisation (NGO) entstanden ist. Zehn Jahre später wurde daraus eine »Sociedad Financiera de Objeto Limitado (SFOL)«, die 2001 als weltweit erster Mikrokreditgeber mit einer Anleiheemission über den Kapitalmarkt bei großen Investoren Mittel aufgenommen hat, die der Finanzierung von Krediten an Menschen mit niedrigem Einkommen dienen. Verschiedene Kreditformen kennzeichnen das Angebot der Bank: Gruppenbezogene Kreditmodelle stützen sich auf die Solidarität in der Gruppe – nur für Frauen oder auch gemischte Gruppen. Es gibt auch Bürgschaftskredite oder Kredite nur für Frauen zur Investition in Wohnraum. 2006 erhielt das Institut die Vollbanklizenz und wechselte den Namen zu Banco Compartamos, S.A., Institución de Banca Múltiple. Im April 2007 führte die Bank im Rahmen eines Initial Public Offerings (IPO) ihre Aktien an der Börse ein. Sie setzte damit die Kommerzialisierung fort und öffnete sich zu 29,9 Prozent einer Beteiligung von außen. Seit März 2008 werden die Aktien auch im Freiverkehr der Frankfurter Börse in Deutschland gehandelt.

Ende 2010 wurden fast zwei Mio. Kunden betreut (im August 2008 war bereits die Zahl von einer Mio. Kunden überschritten worden). Die Bilanzsumme betrug 2010 rund 11,2 Mrd. Pesos (678,4 Mio. Euro), das Kreditvolumen ist um 27,7 Prozent auf 9,76 Mrd. Pesos, umgerechnet 591 Mio. Euro, und der Bilanzgewinn um 26,4 Prozent auf 1,88 Mrd. Pesos (113,9 Mio. Euro) gestiegen. Vom Bilanzgewinn 2010 sind 374 Mio. Pesos (22,7 Mio. Euro), rund 20 Prozent, zur Zahlung einer Dividende vorgesehen worden. 27 neue Geschäftsstellen sind im Jahr 2010 eröffnet worden, sodass ihre Zahl zum Jahresende auf 352 anstieg; die Zahl der Beschäftigten wuchs um mehr als 2000 auf 9773. Mexikoweit ist man inzwischen in nahezu allen Bundesstaaten tätig. Trotz der großen Nachfrage ist die Ausfallrate gering und lag bei 1,98 Prozent (non performing loans).

Aus Sicht des Banco Compartamos profitiert nicht nur die Bank von einem kommerziellen Mikrokreditgeschäft, sondern die erzielten und in neues Geschäft investierten Gewinne erlauben es, viel mehr Kreditnehmer zu erreichen, als es eine von Spenden und Zuwendungen abhängige wohltätige Einrichtung jemals erhoffen könnte. Als einen Beitrag zur Aufklärung organisiert man Unterricht in finanzieller Bildung.

Kontakt:

- Compartamos, S.A.B. de C.V., Av. Insurgentes Sur 553, piso 1 de oficinas, Col. Escandón, C.P. 11800, Mexiko, Tel.: 00 52/1/80 02 20-90 00, E-Mail: relations@compartamos.com, www.compartamos.com

SKS Microfinance

1996 wurde auf private Initiative von Vikram Akula SKS in Indien gestartet und Ende 1997 als Non-Governmental Organisation (NGO) gegründet. 1998 begann das Mikrokreditgeschäft in einem Ort in der Region Andhra Pradesh. 2005 wurde SKS eine Non-Banking Financial Company und legte den Non-Profit-Status ab. SKS ist damit zwar reguliert, darf aber keine Einlagen von Kunden entgegennehmen, sondern refinanziert sich bei Banken. Der geschäftliche Erfolg und die weltweite Aufmerksamkeit für dieses MFI sind sehr stark gestiegen: Von März 2007 bis März 2011 wurden aus 276 Filialen 2379. Die Filialen sind in den 19 größten der insgesamt 28 Bundesstaaten Indiens vertreten. Die Bank beschäftigt inzwischen 22733 Personen und hat über 7 Mio. Mitglieder und 6,2 Mio. Kreditkunden; Kredite im Umfang von umgerechnet 551 Mio. Euro waren zum Bilanzstichtag vergeben. Die Bilanzsumme betrug zum Geschäftsjahresende März 2011 rund 680 Mio. Euro. Gegenüber dem Vorjahresergebnis 2009/10 war ein Ergebnisrückgang von 1,74 Mrd. Rupien auf 1,12 Mrd. Rupien (17,7 Mio. Euro) für das Geschäftsjahr 2010/11 zu verzeichnen.

Im August 2010 sind in Verbindung mit dem IPO junge Aktien mit einem Nennwert von 10 Rupien zu 935 Rupien für Privatanleger und 985 Rupien für institutionelle Anleger ausgeben worden. Zuvor hatten sich einzelne größere Investoren beteiligt. Auch Mitarbeiter haben vor und nach dem IPO an Kapitalmaßnahmen teilnehmen können, jedoch zu deutlich günstigeren Preisen von 140 und 290 Rupien. Die Aktien der indischen SKS Microfinance sind an den Börsen in Mumbai (Bombay), National Stock Exchange of India und Bombay Stock Exchange, notiert. Anfang Juni 2011 lag der Kurs der Aktie bei 370 Rupien.

Kontakt:

- SKS Microfinance Ltd, Ashoka Raghupathi Chambers, D No. 1-10-60 to 62, Opp Shoppers Stop, Begumpet, Hyderabad- 500 016(A.P), Indien. Tel.: 00 91/40/44 52 60 00, E-Mail: info@sksindia.com, www.sksindia.com

2.2.5 Mikrokreditfonds Deutschland (GLS Bank)

Die Vergabe von Mikrokrediten beruht in Deutschland, ähnlich wie in Österreich, auf einer direkten oder indirekten Beteiligung staatlicher Institutionen. Das Programm »Mikrokreditfonds Deutschland«, das 2010 gestartet worden ist, verbindet öffentliche mit privater Initiative. Dabei spielt eine Kreditgenossenschaft eine ganz wesentliche Rolle: Die GLS Bank ist von Regierungsseite mit der Durchführung des Programms beauftragt worden, nicht zuletzt, weil die Bank seit 2000 auch im Bereich Mikrokredite ein wichtiger Pionier in Deutschland ist. Innerhalb des zunächst bis 2015 befristeten Auftrages vergibt die GLS Bank aus eigenen Mitteln – also z. B. aus ihren Spareinlagen – Mikrokredite bis zu einer Höhe von anfänglich 10 000 Euro je Kreditnehmer, die in Schritten auf bis zu 20 000 Euro erhöht werden können. Geplant sind inzwischen insgesamt über 25 000 Kreditvergaben. Kreditnehmer sind Unternehmensgründer und kleine Unternehmen, die von einer der bestehenden Banken keinen Kredit erhalten würden. Diese Kreditsuchenden stellen ihren Kreditantrag bei einem lokal oder deutschlandweit tätigen Mikrofinanzinstitut (MFI), dessen Aufbau vom Deutschen Mikrofinanz Institut (DMI) begleitet wird. Mitglieder des als eingetragener Verein organisierten DMI sind Gründungsberatungszentren, Wirtschaftsförderer, Finanz- und Forschungsinstitute, öffentliche Einrichtungen und Verbände. Es sollen bundesweit Kompetenzen gebündelt werden, die für den Aufbau eines Mikrofinanzsektors nötig sind. Interessierte MFI können sich bei der GLS Bank bewerben und werden vom DMI beraten und auf eine Akkreditierung vorbereitet. Akkreditierte MFI werden mit den Abläufen der Kreditvergabe im Rahmen des Mikrokreditfonds Deutschland vertraut gemacht und arbeiten mit der GLS Bank zusammen. So entsteht ein deutschlandweites Netz von MFI. Viele dieser akkreditierten MFI kooperieren mit Banken, die potenzielle Kreditnehmer an die MFI verweisen und fallweise auch die MFI finanziell unterstützen. Derzeit arbeiten bereits 40 MFI, darunter befindet sich auch eine Volksbank.

Die MFI haben die unterschiedlichsten Rechtsformen gewählt. Ein genossenschaftliches MFI-Beispiel ist die NordHand eG, Dortmund, die auf Anregung der Wirtschaftsförderung Dortmund im März 2008 von 16 Mitgliedern gegründet worden ist. Unternehmen, die einen Mikrokredit in Anspruch nehmen wollen, müssen dort zunächst Genossenschaftsmitglied werden und eine Einlage ansparen. Sie erhalten vom Vorstand der Genossenschaft eine Grundberatung, und ihr Kreditwunsch wird vom Vorstand bewertet und mit einer Empfehlung versehen. Der Kreditvertrag wird dann – wie bei allen MFI – mit der GLS Bank abgeschlossen. Der Erstkredit kann bei der NordHand eG bis zum Vierfachen der getätigten Einlage betragen, die als Sicherheitsleistung gilt. Die Betreuung und das Rückzahlungsrisiko des Mikrokredits bis zur vollständigen Rückzahlung verantwortet das Mikrofinanzinstitut. Die GLS Bank sorgt im Hintergrund für die Kreditverwaltung. Sie hat keinen unmittelbaren Kundenkontakt.

Das Fondsvermögen im Umfang von 100 Mio. Euro haben mit 60 Mio. Euro der Europäische Sozialfonds und mit 40 Mio. Euro das Bundesministerium für Arbeit und Soziales aufgebracht. Das Fondsvermögen sowie die Erträge des treuhänderisch von der Investitions- und Förderbank Niedersachsen – NBank, Hannover, verwalteten Vermögens sichern Ausfälle und erlauben es, Provisionen und Bearbeitungsgebühren an die MFI zu zahlen. Bis Mai 2011 waren bereits 3360 Kredite im Gesamtvolumen von 20 Mio. Euro mit einer durchschnittlichen Laufzeit von 22 Monaten von der GLS Bank aus ihren Mitteln vergeben.

Mit dieser Initiative hat die GLS Bank an die Aufbauerfolge mit dem GLS Mikrofinanz Fonds (später: Mikrofinanzfonds Deutschland) in der Mikrokreditvergabe angeknüpft. Dieser Fonds wurde 2004 eingerichtet und betreut heute noch ein Kreditvolumen von 300 000 Euro. Derzeit sind keine Beteiligungen möglich. Es könnte aber sein, dass die GLS Bank den Fonds wieder öffnet bzw. ein vergleichbares Angebot aufbaut, wenn in schätzungsweise zwei bis drei Jahren zusätzlich zu den Mitteln des Bundes zum Mikrokreditfonds Deutschland weitere private Mittel erforderlich werden. Seit Auflage des Mikrofinanzfonds wurde der damals im Prospekt in Aussicht gestellte Ertrag von 1,5 Prozent jährlich an die (stillen) Gesellschafter ausgezahlt, 2014 werden die Einlagen in voller Höhe zurückbezahlt. Rückblickend war ein Risikohinweis im Prospekt formell notwendig, aber sachlich kaum nachvollziehbar. Der Fonds bildete für die GLS Bank eine Grundlage für deren äußerst erfolgreichen Beitrag zur Mikrofinanzierung in Deutschland.

Kontakt:
- Mikrokreditfonds Deutschland, c/o GLS Bank, Leitung Mikrofinanz, Falk Zientz, Christstraße 9, D-44789 Bochum, Tel.: 02 34/579 71 00, E-Mail: falk.zientz@gls.de, www.mikrokreditfonds.de

2.3 Geschlossene Fonds

Geschlossene Fonds werden aufgelegt, um bestimmte Projekte zu finanzieren bzw. mit dem nötigen Eigenkapital auszustatten. Zwar ist das Geld oft 15 bis 20 Jahre gebunden, aber die Investoren wissen genau, wo es »arbeitet«. Sie können meist eine relativ stabile jährliche Rendite erwarten, weil die Erträge – beispielsweise aufgrund von gesetzlich vorgegebenen Stromeinspeisetarifen – leicht kalkulierbar sind. Früher waren aufgrund anfänglich hoher Verlustzuweisungen meist auch noch größere Steuerspareffekte für die Wahl bestimmter Fonds entscheidend. Diese sind nun weniger interessant. Auf jeden Fall ist es zu empfehlen, die Prospekte der Fondsanbieter genau zu studieren – Renditeversprechen in zweistelliger Höhe pro Jahr sollten skeptisch stimmen (vgl. auch Kap. 7).

2.3.1 Windpark- und Solarfonds

Erst mit dem Geld von weit über 100 000 Privatanlegern konnte der Anteil der Windenergie am Stromaufkommen in Deutschland innerhalb von 20 Jahren von null auf über sieben Prozent gesteigert werden und der von Solarenergie innerhalb von weniger als zehn Jahren von null auf über zwei Prozent (2011). Wie bei Schiffs- oder Immobilienfonds werden hier Millionenprojekte von jeweils einigen Dutzend oder einigen Hundert Anlegern finanziert, jeder dieser Fondsinvestoren wird dabei Miteigentümer. Als ideale Rechtsform dieser Teilhabergesellschaften hat sich die GmbH & Co. KG erwiesen. Die GmbH führt die Geschäfte und haftet bis zur Höhe ihres Grundkapitals, die Anleger haften als Kommanditisten nur mit ihrer Einlage. Diese bewegt sich meist zwischen 3000 und 30000 Euro, liefert relativ hohe Renditen (meist zwischen 3% und 9% vor Steuern), ist dafür aber oft zwischen 10 und 25 Jahre gebunden. »Grüne« geschlossene Fonds dienen meist der Finanzierung von erneuerbaren Energieanlagen (Windkraft, Photovoltaik, Wasserkraft, Biogas, Biomasse).

Beim Kauf geschlossener Fondsanteile genügt ein unterschriebenes Formular. Ein Verkauf ist nicht so leicht möglich, auch wenn es inzwischen einige »Zweit-/Sekundärmarkt«-Handelsplattformen gibt, auf denen fallweise Anteile gelistet sind. Die dort erzielbaren Preise liegen teilweise erheblich unter der ursprünglichen Beteiligungssumme, vor allem wenn die Erträge des Fonds unter den prognostizierten Zahlen liegen. Vorsicht ist bei »Rückkaufgarantien« geboten. Denn selbst große Emittenten wie die seinerzeit börsennotierte Umweltkontor Renewable Energy AG können pleitegehen, und dann ist auch die Rückkaufgarantie nichts mehr wert.

Windenergiefonds

Das in Deutschland seit dem Jahr 2000 geltende Erneuerbare-Energien-Gesetz (EEG) garantiert den Betreiberfirmen pro Kilowattstunde Öko-Strom, der ins Netz eingespeist wird, einen fixen Tarif über 20 Jahre nach Inbetriebnahme. Das macht die Kalkulation wesentlich leichter als z.B. bei Immobilienfonds, die darauf angewiesen sind, dass die Vermietungsquote hoch ist und die Mieter auch zahlen können.

Zwar stecken in geschlossenen deutschen Wind- und Solarparkfonds inzwischen zweistellige Milliardensummen Eigenkapital, aber bezogen auf den Gesamtmarkt der geschlossenen Fonds macht das »Erneuerbare-Energien«-Segment nur wenige Prozentpunkte aus. Der Boom der Anfangsjahre wurde auch durch Novellen des Erneuerbare-Energien-Gesetzes etwas gebremst, durch die die Einspeisekonditionen für neue Anlagen stärker als geplant reduziert worden sind. Hinzu kamen manche »Underperformer« (mit Ergebnissen unter den Erwartungen), weil z.B. das Windaufkommen unter den langjährigen Durchschnittswerten lag, Windgutachten mangelhaft waren oder die Prognosen für Reparaturkosten zu gering angesetzt waren. Hilfreich für den Anleger ist hier die Broschüre »Mit einer grünen Anlage schwarze Zahlen schreiben«

des Bundesverbandes WindEnergie e.V. (BWE). In diesem Anlegerratgeber sind nicht nur einige Qualitätskriterien für eine Windfonds-Beteiligung nachzulesen, sondern er sorgte auch für eine Professionalisierung und zunehmend höhere Standards in der Branche.

Auslandsbeteiligungen und Offshore

Bei inzwischen fast 20000 Windrädern in Deutschland werden neue gute Standorte Mangelware. Die Anbieter weichen daher verstärkt ins Ausland oder auf das Meer aus. Solarparks im sonnigen Süden Europas liefern meist mehr Ertrag, auch wenn die Einspeisevergütungen etwas unter den deutschen Sätzen liegen. Einer der Pioniere, die auch Windparks in Portugal, Großbritannien und Griechenland für deutsche Anleger als geschlossene Fonds aufgelegt haben, war die Bremer Energiekontor AG. Inzwischen gibt es Dutzende weitere Anbieter, vor allem im Solarbereich. Etwas zäher sind die Angebote für Offshore-Windparks (Windparks auf offener See) angelaufen, eine gute Übersicht zu aktuell angebotenen Wind- und Sonnenfonds gibt es unter www.greenvalue.de

Kontakt:

- Bundesverband WindEnergie (BWE), Marienstraße 19/20, D-10117 Berlin, Tel.: 030/28482106, E-Mail: info@wind-energie.de, www.wind-energie.de

Solarfonds

Im Vergleich zu Windparkfonds waren Solarparkbeteiligungen in den Anfangsjahren wegen der höheren Investitionskosten wenig gefragt. Erst mit der Novelle des Erneuerbare-Energien-Gesetzes 2004, das wesentlich bessere Photovoltaik-Tarife garantierte, stieg auch die Nachfrage nach Solarfonds stark an. Zudem sind aufgrund der Leistungsgarantien der Hersteller die Erträge für die gesamte Laufzeit gut berechenbar. Nach Steuern bleibt meist eine jährliche Rendite von bis zu fünf oder sechs Prozent. Wie bei der Windbranche gibt es seit 2005 auch für die Photovoltaik-Branche Qualitätskriterien, nach denen die Investoren die Angebote einschätzen können. Sie wurden vom Bundesverband Solarwirtschaft e.V. (BSW) erstellt.

Kontakt:

- Bundesverband Solarwirtschaft (BSW), Stralauer Platz 34, D-10243 Berlin, Tel. 030/29777 88-0, E-Mail: info@bsw-solar.de, www.solarwirtschaft.de

2.3.2 Sonstige geschlossene Fonds

Biogas- und Biomassefonds

Die durch das Erneuerbare-Energien-Gesetz gesetzlich garantierte Einspeisevergütung gilt nicht nur für Wind- und Solarenergie, sondern auch für andere erneuerbare Energien. Fondsangebote im Bereich von Biogas- und Biomassekraftwerken gibt es aber wesentlich weniger. Auch sind sie untereinander – nicht nur wegen der kürzeren Erfahrungszeit und dem Einsatz unterschiedlicher Techniken – schwerer vergleichbar.

Außerdem haben sie einen entscheidenden Nachteil gegenüber Wind und Sonne, »die uns keine Rechnung schicken« (Franz Alt): Die Erträge hängen wesentlich von den jeweiligen Rohstoffkosten ab – und diese können stark schwanken. Je mehr Biomassekraftwerke es gibt, desto höher können z.B. die Altholzpreise steigen.

Im Biogas-Bereich haben sich schon manche Anbieter verkalkuliert bis hin zur börsennotierten Biogas Schmack AG (mit Biogasbeteiligungen wie z.B. der Hünxe KG), deren Aktie nach einem anfänglichen Höhenflug als Penny-Stock (eine Aktie, die nur mehr wenige Cent wert ist) endete, nachdem das Unternehmen in die Insolvenz geschlittert war. Anlegerschutzrichtlinien sind in diesem Sektor noch nicht so weit entwickelt wie bei der Wind- oder Solarenergie. Der (deutsche) Fachverband Biogas e.V. vertritt vor allem die Anlagenbauer und landwirtschaftliche bzw. industrielle Biogasanlagenbetreiber. Der österreichische Biomasse-Verband setzt sich u.a. auf politischer Ebene für einen höheren Biomasseanteil in der Energie- bzw. Wärmeerzeugung ein.

Kontakt:

- Fachverband Biogas, Angerbrunnenstraße 12, D-85356 Freising, Tel.: 081 61/98 46 60, E-Mail: info@biogas.org, www.biogas.org
- Österreichischer Biomasse-Verband, Franz Josefs-Kai 13, A-1010 Wien, Tel.: 00 43/1/533 07 97-0, E-Mail: office@biomasseverband.at, www.biomasseverband.at

Unternehmensfinanzierungsfonds

Während in den letzten zehn Jahren hunderte Wind- und Solarfonds auf den Markt kamen, die oft auch von »konventionell« orientierten Banken und Beratern angeboten worden sind, trifft man Fonds zur Finanzierung einzelner Unternehmen in anderen Sektoren oder anderen Rechtsformen als der KG relativ selten an.

Eines der wenigen Beispiele dafür ist der 2005 aufgelegte GLS Weleda Fonds II mit einem Volumen bis zu zehn Mio. Euro. Die (nicht börsennotierte) anthroposophisch orientierte Weleda AG stellt Arzneimittel und Kosmetika her und hat die Fondsgelder vor allem für einen Neubau am Stammsitz in Schwäbisch Gmünd verwendet. Der GLS Weleda Fonds II ist als sogenanntes »partiarisches Darlehen« mit Erfolgsbeteiligung konstruiert. Dabei beteiligen sich die Fondsanleger mit mindestens 2000 Euro an einer Gesellschaft bürgerlichen Rechts, die für mindestens zehn Jahre (bis Ende 2015) angelegt ist. Neben einem Grundzins von 3,5 Prozent p.a. erhalten sie einen gewinnabhängigen Zusatzertrag von bis zu 1,5 Prozent p.a. – je nach Geschäftserfolg des Unternehmens. Sie riskieren aber auch einen Totalverlust, was jedoch laut Prospekt »angesichts der soliden Wirtschaftssituation der Weleda AG unwahrscheinlich ist«.

2.3.3 Kontaktadressen der Anbieter

Im Vergleich zu der »stürmischen« Anfangszeit, in der fast monatlich neue Fondsangebote auf den Markt kamen, hat sich das Tempo neuer Windparkangebote in den letzten Jahren etwas verlangsamt. Es könnten aber bald wieder zahlreiche neue Fonds aufgelegt werden, sobald die ersten Anlagen in der Leistungsklasse unter ein Megawatt durch moderne leistungsstärkere Anlagen ersetzt werden (Stichwort »Repowering«). Neben zahlreichen nicht notierten Emissionshäusern (wie z.B. ABO Wind AG oder Wind 7 AG) gibt es inzwischen auch viele Wind- und Solarenergie-Unternehmen, die an der Börse vertreten sind, z.B. Colexon Energy AG, Conergy AG, Energiekontor AG, Nordex AG, PNE Wind AG, Payom Solar AG, Phoenix Solar AG, Renerco AG, REpower Systems SE, S.A.G. Solarstrom AG, Solar-Fabrik AG, Solarparc AG, SolarWorld AG, Solon AG, Sunways AG.

Nachfolgend eine umfassende Übersicht von Kontaktadressen für Beteiligungsmöglichkeiten im Bereich von geschlossenen Biomasse-, Solar- und Windenergie-Fonds in Deutschland und Österreich. Nicht aufgenommen wurden dabei Unternehmen, die wie z.B. die Envire Solar AG, Berlin, nur einzelne Anlagen verkaufen bzw. keine geschlossenen Fonds von Betreiberunternehmen im engeren Sinn anbieten: dazu gehört z.B. der Klima Rendite Fonds 1 der Picard Solar GmbH, Dresden, oder die Global Invest Windpark Opportunity Fonds 1 GmbH & Co. KG der Global Invest Verwaltungs GmbH, Löhne. Diese Fonds sind eher der wesentlich riskanteren Klasse der Private-Equity- bzw. Wagniskapitalbeteiligungen zuzuordnen. Vom Geld des »Windpark Opportunity Fonds« sollen der German Wind Power GmbH ein 12,5-Mio.-Euro-Darlehen gewährt sowie Anteile an der Hosea Investments sp. z o.o., einer Tochter der German Wind Power GmbH, erworben werden.

Andere Anbieter fehlen, weil sie von größeren Konzernen übernommen worden sind, z.B. die AN Windenergie GmbH, Bremen, von der Siemens Power Generation (Ende 2005), die OSB Offshore-Bürger-Windpark Butendiek GmbH & Co. KG, Husum, und die Offshore Ostsee Wind AG von der Wpd-Gruppe, die Winkra Energie GmbH, Hannover, von der Deutsche Essent GmbH und diese wiederum vom RWE-Konzern.

Wieder andere sind nicht mehr am Markt, weil sie (wie die EECH European Energy Consult Holding AG, Hamburg, oder die Perpetu Ressource GmbH, Kassel oder DonauWind GmbH & Co. KG, Klosterneuburg) Insolvenz angemeldet haben und/oder in betrügerische Machenschaften (wie die Provento AG, Koblenz) verwickelt waren.

Kontaktdaten von Anbietern in Deutschland

Name	Anschrift
Asset@Logistic AG	Rothenbaumchaussee 42, D-20148 Hamburg, Tel.: 040/41 42 44 15,www.asset-solarparks.com
Abakus Finanz GmbH / demark AG	Luise-Ullrich-Straße 2, D-82031 Grünwald, Tel.: 089/68 08 63-0, www.abakus-finanz.de, www.demark.de
ABO Wind AG	Unter den Eichen 7, D-65195 Wiesbaden, Tel.: 06 11/267 65-0, www.abo-wind.de
Agrokraft GmbH	Berliner Straße 19a, D-97616 Bad Neustadt/Saale, Tel.: 97 71/62 10-45, www.agrokraft.de
Aquila Capital Concepts GmbH	Ferdinandstraße 25-27, D-20095 Hamburg, Tel.: 040/41 16 19-100, www.aquila-capital.de
Ascon AG (Ascon Neue Energien 1, 2 & 3 GmbH & Co. KG)	Spichernstraße 22, D-50672 Köln, Tel.: 02 21/759 14 40-9, www.ascon.ag
Auda Invest GmbH & Co. KG	Norderhofenden 12-13, D-24937 Flensburg, Tel.: 04 61/430 41 70, www.auda-invest.de
Aufwind GmbH Gesellschaft zur Nutzung erneuerbarer Energien mbH	Friedrichstraße 81, D-88045 Friedrichshafen, Tel.: 075 41-37 40 40, www.aufwind.de

Kontaktdaten von Anbietern in Deutschland	
Name	**Anschrift**
BadenWind GmbH	In der Breite 44, D-71131 Jettingen, Tel.: 09 11/242 72 33, www.badenwind.com
BEC – Energie Consult GmbH	Asternplatz 03, D-12203 Berlin, Tel.: 030/61 65 76-0, www.bec-berlin.de
BGZ Beteiligungsgesellschaft Zukunftsenergien AG	Haus der Zukunftsenergien, Otto-Hahn-Straße 12-16, D-25813 Husum, Tel.: 048 41/894 41 00, www.bgz-ag.de
Boreas Energie GmbH	Moritzburger Weg 67, D-01109 Dresden, Tel.: 0351/88507-0, www.boreas.de
BVT Unternehmensgruppe	Leopoldstraße 7, D-80802 München, Tel.: 089/381 65-0, www.bvt.de
CH2 Contorhaus Hansestadt Hamburg AG	Steckelhörn 9, D-20457 Hamburg, Tel.: 040/88 14 14-900, www.ch2-ag.de
Chorus GmbH	Prof.-Messerschmitt-Straße 3, D-85579 Neubiberg/ München, Tel.: 089/442 30 60-0, www.chorus-gruppe.de
Conergy AG	Anckelmannsplatz 1, D-20537 Hamburg, Tel.: 040/237102-0, www.conergy.de
ConTrust GmbH	Kirchplatz 1, D-82041 Oberhaching, Tel.: 089/61 30 91 86, www.contrust-munich.de
Das Grüne Emissionshaus GmbH	Goethestraße 4, D-79100 Freiburg, Tel.: 0761/29656-0, www.das-gruene-emissionshaus.de
DCM Deutsche Capital Management AG	Hopfenstraße 6, D-80335 München, Tel.: 089/41 60 97-0, www.dcm-ag.de
DEG Deutsche Investitions- und Entwicklungsgesellschaft mbH (KfW-Bankengruppe)	Kämmergasse 22, D-50676 Köln, Tel.: 0221/4986-0, www.deginvest.de (die schon 1962 gegründete DEG trägt – Mitte 2011 – »zu unternehmerischen Investitionen mit einem Gesamtvolumen von rund 34 Mrd. Euro bei«, ein Bruchteil davon im Windenergiebereich).
Doric Asset Finance & Verwaltungs GmbH	Berliner Straße 114, D-63065 Offenbach am Main, Tel.: 069/24 75 59-0, www.doricassetfinance.com

Kontaktdaten von Anbietern in Deutschland	
Name	**Anschrift**
DSG Deutsche Solargesellschaft mbH	Bismarckstraße 107, D-74074 Heilbronn, Tel.: 071 31/76 11 11, www.solargesellschaft.de
Deutsche Eco AG (vormals RGE Energy AG)	Goetheplatz 4, D-60311 Frankfurt, Tel.: 069/13 39 78 67, www.deutsche-eco.de
Deutsche Immobilien Leasing GmbH (Deutsche-Bank-Gruppe)	Königsallee 106, D-40215 Düsseldorf, Tel.: 02 11/99 46-0, www.dee-gmbh.de
Deutsche Structured Finance GmbH	Feuerbachstraße 26-32, D-60325 Frankfurt, Tel.: 069/97 14 97-0, www.dsf-fra.de
Dezentrale Energie Anlagen Beteiligungs- und Verwaltungsgesellschaft mbH	Alte Feldmühle 10, D-31535 Neustadt a. Rbge., Tel.: 050 34/95 91-10, www.dezentrale-energie.de
E & K Energie und Kapital GmbH	Zeppelinstraße 1, D-12529 Schönefeld, 030/26 39 29-57, www.energieundkapital.com
Ecovision GmbH	Blumenstraße 19, D-70182 Stuttgart, Tel.: 07 61/70 72 73-0, www.ecovision-gmbh.de
Energiekontor AG	Mary-Somerville-Straße 5, D-28359 Bremen, Tel.: 04 21/33 04-0, www.energiekontor.de
Energiequelle GmbH (Gesellschaft zur Nutzung und Förderung regenerativer Energien)	Hauptstraße 44, D-15806 Zossen OT Kallinchen, Tel.: 033/76 98 71-0, www.energiequelle-gmbh.de
Energo GmbH	Kiehnlestraße 16, D-75172 Pforzheim, Tel.: 072 31/56 87 74, www.energo-solar.de
Enertrag AG	Gut Dauerthal, D-17291 Dauerthal, Tel.: 03 98 54/64 59-0, www.enertrag.de
E.n.o. energy GmbH	Straße am Zeltplatz 7, D-18230 Ostseebad Rerik, Tel.: 03 81/20 37 92-0, www.eno-energy.com
Enova Energiesysteme GmbH & Co. KG	Steinhausstraße 112, D-26831 Bunderhee, Tel.: 049 53/92 90-0, www.enova.de
Fesa GmbH/fesa Energie Geno i.G.	Wippertstraße 2, D-79100 Freiburg, Tel.: 07 61/400 15 30, www.fesa-gmbh.de

Kontaktdaten von Anbietern in Deutschland	
Name	**Anschrift**
Gamesa Energie Deutschland GmbH (früher: EBV Management Holding AG)	Staulinie 14-17, D-26121 Oldenburg, Tel.: 0441/92540-0, www.gamesacorp.com
Gedea-Ingelheim GmbH	Bahnhofstraße 21, D-55218 Ingelheim, Tel.: 06132/7100120, www.gedea-ingelheim.de
Germania Windpark GmbH & Co. KG / Winvest Finanzierungsservice GmbH & Co.	Poststraße 19-21, D-48431 Rheine, Tel.: 05971/8608-0, www.gwp-wind.de, www.winvest.de
GEWI Planungs- und Vertriebsgesellschaft mbH & Co. KG	Osterhusumer Straße 56, D-25813 Husum, Tel.: 04841/77096-0, www.gewi-husum.de
GHF Gesellschaft für Handel und Finanz mbH	Am Nesseufer 40, D-26764 Leer, Tel.: 0491/92921-0, www.ghf.de
GLS Beteiligungs AG / GLS Bank eG	Christstraße 9, D-44789 Bochum, Tel.: 0234/5797-111, www.gls.de (die 1995 gegründete Tochter der GLS Bank hat bis 2011 »rund 20 Fonds zu regenerativen Energien, Soziales, Gesundheit und ökologische Landwirtschaft platziert«)
Green City Energy Service GmbH	Goethestraße 34/Rgb., D-80336 München, Tel.: 089/890668-80, www.greencity-energy.de
GSI Fonds GmbH & Co. KG	Planegger Straße 23 b, D-82166 Gräfelfing, Tel.: 089/8583638-0, www.gsi-fonds.de
GSW Gold SolarWind Management GmbH	Bajuwarenstraße 7, D-94330 Aiterhofen, Tel.: 09421/997440, www.gold-solarwind.de
Hamburgische Energiehandlung GmbH	Neue Burg 2, D-20457 Hamburg, Tel.: 040/34842-0, www.energiehandlung.de
Hannover Leasing GmbH & Co. KG	Wolfratshauser Straße 49, D-82049 Pullach, Tel.: 089/21104-170, www.hannover-leasing.de
HCI Hanseatische Capitalberatungsgesellschaft mbH	Burchardstraße 8, D-20095 Hamburg, Tel.: 040/88881-0, www.hci-capital.de
HEP Kapital GmbH	Neckargartacher Straße 90, D-74080 Heilbronn, Tel.: 07131/797979-90, www.hep-kaptal.de

Kontaktdaten von Anbietern in Deutschland	
Name	**Anschrift**
IFE Eriksen AG	Rosenstraße 41, D-26122 Oldenburg, Tel.: 0441/92561-0, www.ife-eriksen.de
Juwi Holding AG	Energie-Allee 1, D-55286 Wörrstadt, Tel.: 06732/9657-0, www.juwi.de
KG Allgemeine Leasing GmbH & Co. (KGAL) (mit Solar-Dachfonds »InfraClass Energie 5 Europa«)	Tölzer Straße 15, D-82031 Grünwald, Tel.: 089/64143-0, www.kgal.de
König & Cie. GmbH & Co. KG	Axel-Springer-Platz 3, D-20355 Hamburg, Tel.: 040/369757-0, www.emissionshaus.com
K&P Invest (Bürgersolarpark Rhein-Main)	Sontraer Straße 17, D-60386 Frankfurt, Tel.: 069/942158-0, www.kpinvest.de
KvH Projekt GmbH & Co. KG	Osterstraße 58, D-20259 Hamburg, Tel.: 040/37501372, www.k-vh.de
KWA Contracting AG	Flößerstraße 60, D-74321 Bietigheim-Bissingen, Tel.: 07142/9363-90, www.kwa-ag.de
Leonidas Associates GmbH	Laufer Straße 10, D-90542 Eckental, Tel.: 09126/29498-0, www.leonid-as.com
LHI Leasing GmbH	Emil-Riedl-Weg 6, D-82049 Pullach, Tel.: 089/5120-0, www.lhi.de
Lloyd Fonds AG	Amelungstraße 8-10, D-20354 Hamburg, Tel.: 040/325678-142, www.lloydfonds.de
Lompe und Vöhringer Windenergie GmbH & Co.	Weddigenstraße 36, D-26123 Oldenburg, Tel.: 0441/9338190, www.luv-windenergie.de
Low Carbon Germany GmbH	Große Theaterstraße 42, D-20354 Hamburg, Tel.: 040/35750-118, www.lowcarbongermany.de
Luana Capital New Energy Concepts GmbH	Warburgstraße 16, D-20354 Hamburg, Tel.: 040/320352-35, www.luana-capital.com
Makana Anlage GmbH	Maria-Probst-Straße 19, D-80939 München, Tel.: 089/31903-250, www.makana-anlage.de

Kontaktdaten von Anbietern in Deutschland	
Name	**Anschrift**
Maxxim Invest Gesellschaft für Sachwertanlagen mbH	Habichtstraße 41, D-22305 Hamburg, Tel.: 040/375 03 69-0, www.maxxim-invest.com
MFS GmbH	Tiergartenstaße 4c, D-97209 Veitshöchheim, Tel.: 09 31/41 79 38 98, www.mainfrankensolar.de
NBC Franken Solarfonds Verwaltungs GmbH (& SunCollect Vario Fonds Verwaltungs GmbH)	Rathausgasse 2, D-91126 Schwabach, Tel.: 091 22/18 82 53-31, www.franken-solarfonds.de
Neitzel & Cie. Gesellschaft für Beteiligungen mbH & Co. KG	Große Bleichen 8, D-20354 Hamburg, Tel.: 040/413 66 19-0, www.neitzel-cie.de
Nordcapital GmbH	Hohe Bleichen 12, D-20354 Hamburg, Tel.: 040/30 08-0, www.nordcapital.com
OekoGeno eG	Herrenstraße 45, D-79098 Freiburg, Tel.: 07 61/40 112 06, www.oekogeno.de
Ökorenta AG	Kornkamp 2, D-26605 Aurich, Tel.: 049 41/604 97-0, www.oekorenta.de
Ostwind-Gruppe	Gesandtenstraße 3, D-93047 Regensburg, Tel.: 09 41/555-16, www.ostwind.de
Payom Solar AG	Energiepark 10-14, D-91732 Merkendorf, Tel.: 098 26/65 99 45, www.payom-solar.de
Phoenix Solar AG	Hirschbergstraße 8, D-85254 Sulzemoos, Tel.: 081 35/938-000, www.phoenixsolar.de
PI Pro Investor GmbH & Co. KG	Am Gewerbepark 4, D-90552 Röthenbach an der Pegnitz, Tel.: 09 11/91 99 60, www.proinvestorfonds.de
PlusPower GmbH	Horber Straße 14, D-72108 Rottenburg-Ergenzingen, Tel.: 074 57/73 16 56, www.ppower.de
PNE Wind AG	Peter-Henlein-Straße 2-4, D-27472 Cuxhaven, Tel.: 047 21/718-06, www.pne.de
Prime Energy Invest AG	Im Kränzliacker 9, D-79576 Weil am Rhein, Tel.: 076 21/162 76 13, www.prime-energy-invest.de

Kontaktdaten von Anbietern in Deutschland	
Name	**Anschrift**
Primus Valor AG (Solar Invest Deutschland)	Harrlachweg 1, D-68163 Mannheim, Tel.: 079 51/964 58 38, www.primusvalor.de
Projektierungsgesellschaft für regenerative Energiesysteme mbH (Projekt GmbH)	Alexanderstraße 416c, D-26127 Oldenburg, Tel.: 04 41/961 70-0, www.projekt-gmbh.de (Windenergie On- und Offshore)
Prokon Unternehmensgruppe	Kirchhoffstraße 3, 25524 Itzehoe, Tel.: 048 21/68 55-300, www.prokon.net
PT Erneuerbare Energien	Steinkirchring 12, D-78056 Villingen-Schwenningen, Tel.: 07721/991 23 70, www.pt-energie.de
Q-Cells SE	Sonnenallee 17-19, D-06766 Bitterfeld-Wolfen OT Thalheim, Tel.: 034 94/66 99-0, www.q-cells.com
Reconcept GmbH	Cuxhavener Straße 36, D-21149 Hamburg, Tel.: 040/325 21 65-10, www.reconcept.de
Renerco Renewable Energy Concepts AG (BayWa-Gruppe)	Herzog-Heinrich-Straße 9, D-80336 München, Tel.: 089/38 39 32-0, www.renerco.com
REpower Systems SE	Überseering 10, D-22297 Hamburg, Tel.: 040/555 50 90–0, www.repower.de
Rübsamen Windenergie GmbH	Brödermannsallee 11, D-25469 Halstenbek, Tel.: 04101/404058, www.ruebsamen-windenergie.de
S.A.G. Solarstrom AG	Sasbacher Straße 5, D-79111 Freiburg, Tel.: 0761/4770-0, www.solarstromag.de
SachsenFonds Holding GmbH	Max-Planck-Straße 3, D-85609 Aschheim, Tel.: 089/456 66-0, www.sachsenfonds.de
Saxovent Ökologische Investments GmbH & Co. KG	Katharinenstraße 9, D-10711 Berlin, Tel.: 030/797 42 83-0, www.windkraft.de
SeeBA Energy Farming GmbH	Tielger Allee 60, D-32351 Stemwede, Tel.: 02 08/37 73 97-0, www.seebaenergyfarming.de
SL Windenergie	Voßbrinkstraße 124, D-45964 Gladbeck, Tel.: 020 43/20 65-0, www.sl-windenergie.de

Kontaktdaten von Anbietern in Deutschland	
Name	**Anschrift**
So Wi Was – Sonne Wind und Wasser GmbH	Evessener Straße 8, D-38173 Erkerode, Tel.: 05305/9019222, www.sowiwas.de
SoLaR GmbH (Bürgersolarkraftwerken nur im Raum Landshut)	Am Rathaus 7, D-84095 Furth, Tel.: 08704/929200, www.solar-gmbh.de
Solar Millennium AG	Nägelsbachstraße 33, D-91052 Erlangen, Tel.: 09131/9409-0, www.solarmillennium.de
SolarArt GmbH & Co. KG	Würzburger Straße 99, D-97922 Lauda-Königshofen, Tel.: 09343/62769-0, www.solarart.de
Solarcomplex AG	Ekkehardstraße 10, D-78224 Singen, Tel.: 07731/8274-0, www.solarcomplex.de
Solardachinvest GmbH	Zimmermannstraße 12, D-35091 Cölbe, Tel.: 06421/8007-0, www.solardach-invest.de (Darlehens- und Eigentumsmodell)
Solarparc AG	Poppelsdorfer Allee 64, D-53113 Bonn, Tel.: 0228/55920-600, www.solarparc.de
Solverde Bürgerkraftwerke GmbH	Alt-Moabit 35, D-10555 Berlin, Tel.: 030/7478614-70, www.solverde-buergerkraftwerke.de
Steiner & Company GmbH & Co. KG	Fuhlentwiete 14, D-20355 Hamburg, Tel.: 040/600908-0, www.steiner-company.de
Strasser Capital GmbH	Lehrer-Wirth-Straße 4, D-81829 München, Tel.: 089/12477220, www.strassercapital.com
SunMedia Energieanlagen GmbH	Zum Süntel 19, D-31848 Bad Münder, Tel.: 05042/507112, www.sunmedia-energie.de
Tandem Investitions- und Beteiligungsges. für ökologische Projekte mbH	Am Dobben 39, D-28203 Bremen, Tel.: 0421/704411, www.tandem-gmbh.de
Tnp Mitteldeutsche Fonds Beteiligungs GmbH (Tochter der tnp Mitteldeutsche Anlagen Leasing AG)	Neumarkt 31, D-04109 Leipzig, Tel.: 0341/308599-0, www.tnpneueenergien.de

Kontaktdaten von Anbietern in Deutschland	
Name	**Anschrift**
Trend Capital AG	Weißliliengasse 5, D-55116 Mainz, Tel.: 06131/55399-0, www.trendcapital.com
UDI UmweltDirektInvest-Beratungs GmbH	Lina-Ammon-Straße 30, D-90329 Nürnberg, Tel.: 0911/929055-0, www.udi.de
Umwelt Management AG UMaAG	Alter Weg 23, D-27478 Cuxhaven, Tel.: 04722/91090, www.umwelt-management.de
UmweltBank AG	Laufertorgraben 6, D-90489 Nürnberg, Tel.: 0911/5308-123, www.umweltbank.de
UWW Windstrom Wedel GmbH & Co KG (Wind-, Wasserkraft, BHKW-Anlagen)	Gaußstraße 17, D-22765 Hamburg, Tel.: 040/3906613, www.uww-hamburg.de
VenSol Neue Energien GmbH	Fürst-Fugger-Straße 3, D-87727 Babenhausen, Tel.: 08333/92676-50, www.vensol.de
Voigt & Coll. GmbH	Kaistraße 18, D-40221 Düsseldorf, Tel.: 0211/30206040, www.voigtundcollegen.de
Wattner AG	Düppelstraße 9-11, D-50679 Köln, Tel.: 0221/355006-0, www.wattner.de
WEAG Future Energies AG	Dhrontalstraße, Luymühle, D-54347 Neumagen-Dhron, Tel.: 06507/93897-50, www.weag-ag.de
Wealth Management Capital Holding GmbH	Arabellastraße 14, D-81925 München, Tel.: 089/6782055 00, www.wealthcap.com
WEL Fonds Verwaltungs GmbH	Am Kaiserkai 1, D-20457 Hamburg, Tel.: 040/808074-720, www.wel-fonds.de
White Owl Capital AG	Friedrichstraße 171, D-10117 Berlin, Tel.: 030/2060917-0, www.whiteowl.de
Wind 7 AG	Carlshöhe 36, D-24340 Eckernförde, Tel.: 04351/4775-10, www.wind7.de
Windfang eG (Windpark-»Genossinnenschaft« für Frauen)	c/o Stefanie Usbeck, Dobbenstraße 13, D-26122 Oldenburg, Tel.: 0441/502042, www.windfang.net

Kontaktdaten von Anbietern in Deutschland	
Name	**Anschrift**
Windfang GmbH (Windkraftanlagen-Betreibergemeinschaft)	Ahornstraße 12, D-01097 Dresden, Tel.: 0351/4963928, www.windfang-sachsen.de
Windkraftwerke Obere Nahe Verwaltungs-GmbH	Trauntalstraße 34, D-55767 Brücken, Tel.: 06782/981400, www.windkraftwerke.de
Windpark Saar GmbH & Co. KG	Triererstraße 22, D-66663 Merzig, Tel.: 06861/78805, www.windpark-saar.de
Wind-Rad Radolfshausen Verwaltungs-GmbH	Falkenhagen 8, D-37136 Landolfshausen, Tel.: 05508/8067, www.windradolfshausen.de
Windwärts Energie GmbH	Hanomaghof 1, D-30449 Hannover, Tel.: 0511/123573-0, www.windwaerts.de
WKN Windkraft Nord AG	Haus der Zukunftsenergien, Otto-Hahn-Straße 12–16, D-25813 Husum, Tel.: 04841/8944-100, www.wkn-ag.de
Wpd think energy GmbH & Co. KG	Kurfürstenallee 23a, D-28211 Bremen, Tel.: 0421/1686610, www.wpd.de
WSB Neue Energien GmbH	Schweizer Straße 3a, D-01069 Dresden, Tel.: 0351/21183-0, www.wsb.de

Kontaktdaten von Anbietern in Österreich	
Name	**Anschrift**
Alpen Adria Energy AG	Kötschach 66, A-9640 Kötschach Mauthen, Tel.: 04715/222, www.aae.at
Fotobalearic Solar S.L.	Johann Strauß-Gasse 32/5A, A-1040 Wien, Tel.: 0043/664/3951999, www.fotobalearic.com
Inex GmbH	Wernersdorf 111, A-8551 Wies, Tel.: 03466/43228, www.inex-energy.com
Oekostrom AG für Energieerzeugung und -handel	Mariahilferstraße 89, A-1060 Wien, Tel.: 01/9610561-0, www.oekostrom.at

ÖkoEnergie GmbH	Mariengasse 4, A-2120 Obersdorf, Tel.: 022 45/820 75, www.oekoenergie.com (Beteiligungsmöglichkeit an der ÖkoEnergie Windkraft Wolkersdorf GesmbH & Co KG nur als stiller Gesellschafter und »Öko-Darlehensgeber«)
Vienna Equity c.t. GmbH	Handelskai 94-96, A-1200 Wien, Tel.: 01/236 38 38-0, www.v-e.at
WEB Windenergie AG	Davidstraße 1, A-3834 Pfaffenschlag, Tel.: 028 48/63 36, www.windkraft.at
Weinviertler Energie GmbH & Co KEG	Ferdinand Hanuschg. 22, A-2000 Stockerau, Tel.: 022 66/668 17, www.weinviertler-energie.at (treuhändische Kommanditbeteiligung ab 1000 Euro)
Windkraft Simonsfeld AG	Simonsfeld 57a, A-2115 Ernstbrunn, Tel.: 025 76/33 24, www.wksimonsfeld.at

2.3.4 Zweitmarkt

Allein in Deutschland waren Ende 2010 in geschlossenen Fonds 96,4 Mrd. Euro Eigenkapital investiert, darunter befanden sich als größte Segmente Immobilien (36,1 Mrd. Euro) und Schiffsbeteiligungen (20,9), aber auch Lebensversicherungen (5,6), Private Equity (6,8) und Energie (2,5) (Quelle: Verband Geschlossene Fonds). Aufgrund einer oft bis zu 20 Jahre langen Fondslaufzeit ist es verständlich, dass sich manche Anleger von ihrer am Erstmarkt erworbenen Beteiligung (zumeist einem Kommanditanteil) vor dem Laufzeitende trennen wollen. Finden sie selbst keinen Käufer für ihren Anteil und ist auch der Emittent beim Verkauf nicht behilflich, bieten sogenannte Zweit- oder Sekundärmärkte eine Alternative. Mit steigenden Preisen ziehen auch die Umsatzzahlen am Zweitmarkt wieder an. Die Finanzkrise hatte bei den Preisen für Anteile geschlossener Fonds den Wertverfall beschleunigt. So ist z.B. der Deutsche Zweitmarktindex für Schiffsfonds von 1289,79 (Ende Januar 2008) fast kontinuierlich auf 806 Punkte (Ende April 2010) gefallen, hat sich aber bis Mitte Mai 2011 auf 1014 Punkte erholt. 2010 wurden über 300 Mio. Euro Volumen Fondsanteile am Zweitmarkt gehandelt, größte Segmente waren Immobilienfonds mit 153,6 Mio. Euro Umsatz (2009: 98,2 Mio.) und Schiffsfonds mit 145,9 Mio. Euro (56 Mio.). Der Anteilsverkauf ist über Handelsplattformen (institutionalisierte Zweitmärkte) oder direkt an Emissionshäuser von Zweitmarktfonds möglich. Emittenten von Zweitmarktfonds zählen zu den größten Nachfragern. Ein Zweitmarktfonds verfügt gegenüber einem Erstfonds über ein diversifiziertes

Portfolio von Anteilen an vielen Erstfonds. Deren Vorhaben lassen sich besser beurteilen, weil sie bereits eine Weile laufen, z. T. schon entschuldet sind und Erfolgszahlen vorliegen.

Bestimmte Emittenten unterhalten Plattformen für den Handel mit Anteilen ihrer eigenen geschlossenen Fonds. Außerdem gibt es – anders als in Österreich und der Schweiz – in Deutschland mehrere Zweitmärkte für geschlossene Fonds. Freie Finanzvertriebe und Vermögensberatungen bieten eine börsenähnlich organisierte Vermittlung auch von älteren Fondsanteilen an, oder aber es bestehen, wie beispielsweise bei efonds24.de, Kooperationen mit anderen Zweitmarktbörsen, zu denen Interessenten direkt weitergeleitet werden. Auch Wertpapierbörsen haben Zweitmärkte eingerichtet: Während die Angebote Gefox (Börse Düsseldorf und Ratingagentur Scope) und Zweitmarkt Plus AG (Berliner Börse und Quorum Treuhandgesellschaft mbH) 2006 bzw. 2008 den Betrieb eingestellt haben, werden an der Fondsbörse Deutschland Beteiligungsmakler AG, Hamburg, (Börsen Hamburg und Hannover und – seit 2008 – auch München), erfolgreich etwa 4000 geschlossene Fonds (Immobilien-, Schiffs-, Lebensversicherungs-, Private Equity- und andere Spezialfonds wie Windkraftfonds) gehandelt.

Kontakt:
- Fondsbörse Deutschland Beteiligungsmakler AG, Kleine Johannisstraße 4, D-20457 Hamburg, Tel.: 040/480 92 00, E-Mail: info@zweitmarkt.de, www.zweitmarkt.de

Zweitmärkte von Emissionshäusern für eigene Anteile

Kontakt:
- Jamestown US-Immobilien GmbH, Marienburger Straße 17, D-50968 Köln, Tel.: 02 21/30 98-0, E-Mail: info@jamestown.de, www.jamestown.de
- Lloyd Zweitmarkt GmbH, Amelungstraße 8-10, D-20354 Hamburg, Tel.: 040/32 56 78-320, E-Mail: info@lloyd-zweitmarkt.de, www.zweitmarkt.lloydfonds.de
- Meridian 10 Asset Management GmbH, Domstraße 17, D-20095 Hamburg, Tel.: 040/334 75 34-0, E-Mail: info@meridian10.com, www.meridian10.com

Offene Zweitmärkte von Emissionshäusern

Kontakt:

- Deutsche Zweitmarkt AG, Steckelhörn 5-9, D-20457 Hamburg, Tel.: 040/30 70 26 00, E-Mail: info@deutsche-zweitmarkt.de, www.deutsche-zweitmarkt.de
- DSM (Deutsche Sekundärmarkt GmbH), Hohe Bleichen 12, D-20354 Hamburg, Tel.: 040/30 08-24 00, E-Mail: info@dsm.de, www.sekundaermarkt.de
- Norddeutsche Zweitmarkt GmbH, Ballastkai 9, D-24937 Flensburg, Tel.: 04 61/150 44 80, E-Mail: info@nzm-zweitmarkt.de, www.nzm-zweitmarkt.de

Zweitmarktfonds-Emittenten haben sich oft auf eine Anlageklasse spezialisiert und können einen Informationsvorsprung, eine allgemeine Nachfrageschwäche und das Fehlen anderer Verkaufsalternativen zum Nachteil der Verkäufer ausnutzen, was zu Abschlägen von durchaus zwischen 30 und 40 Prozent geführt hat. Emissionshäuser von Zweitmarktfonds im Bereich der erneuerbaren Energien sind z. B. Ökorenta oder Wpd.

Ihren fünften Zweitmarktfonds legt die Ökorenta AG derzeit auf. Ökorenta wurde 1999 gegründet, steht im Eigentum von SG-Finanz GmbH, Aurich (75,1 %) und Versiko AG, Hilden (24,9 %) und gilt mit inzwischen 48,6 Mio. Euro platziertem Eigenkapital als der einzige Anbieter von Zweitmarktfonds in der Branche der erneuerbaren Energien mit Marktbedeutung.

Für den aktuellen Ökorenta Neue Energien VI GmbH & Co. KG ist ein Volumen (inkl. Aufgeld) von 16,8 Mio. Euro geplant. Die Zusammensetzung ist noch offen, es soll jedoch nur in Gesellschaften investiert werden, deren Energieanlagen (Wind-, Bioenergie, Photovoltaik) bereits in Betrieb sind und die ihren Sitz in Deutschland haben, wobei die Standorte der Energieanlagen auch im europäischen Ausland sein können. Die Laufzeit reicht bis 31.12.2022, eine Kündigung ist bis zum Laufzeitende nicht möglich. Die Mindestbeteiligung liegt bei 10 000 Euro, das Aufgeld beträgt 5 Prozent, insgesamt fallen fondsbedingte Kosten von 17 Prozent an. Prognostiziert wird eine Gesamtauszahlung von 201 Prozent (inkl. Rückführung der Einlage). Auszahlungen beginnen ab dem dritten Jahr der Fondslaufzeit und gehen von 6 Prozent p.a. (2014) bis zu 35 Prozent p.a. (2022), angenommen wird eine Veräußerung zu 36 Prozent. Unter www.oekorenta-zweitmarkt.de wird auch ein Zweitmarkt betrieben.

Ein Angebot im Bereich der Windkraft ist der Wind Invest 4 der Wpd Think Energy GmbH & Co. KG, einer Tochtergesellschaft der Wpd AG, die seit 1996 Windparks in Deutschland projektiert, zunehmend auch im Ausland (Südamerika bis Asien), und 600 Beschäftigte zählt. Der Zweitmarktfonds (Anteile ab 5000 Euro) wird zu mindestens 75 Prozent in Erstfonds der Wpd investiert sein. Er hat eine Laufzeit von 10 Jahren. Es werden 108 Prozent laufende Ausschüttung (inkl. Kapitalrückzahlung) prognostiziert und 100 Prozent einmalige Ausschüttung nach zehn Jahren durch Ausübung der Kaufoption der Wpd AG angekündigt. Die Beratung von Investoren und Anlegern erfolgt durch die Tochtergesellschaft Wpd Energie Invest GmbH & Co. KG.

Kontakt:
- Ökorenta AG, Kornkamp 2, D-26605 Aurich, Tel: 049 41/604 97-0, E-Mail: info@oekorenta.de, www.oekorenta.de
- wpd Energie Invest GmbH & Co. KG, Universitätsallee 18 (Haus 1), D-28359 Bremen, Tel.: 04 21/168 66-50, E-Mail: energie-invest@wpd.de, www.wpd.de

2.4 Anleihen

Als Anleihen, Bonds oder auch Rentenpapiere werden verzinste Schuldverschreibungen öffentlicher oder privater Emittenten bezeichnet, die eine Laufzeit von mehreren Jahren haben. Im Unterschied zu den Direktschuldverschreibungen der grünen Banken sind sie in der Regel über die Börse handelbar. Es gibt Anleihen mit festem Zinssatz und solche, deren Zinsniveau an die allgemeine Marktentwicklung angepasst wird. Ihr Kurswert schwankt um die 100-Prozent-Marke. Nur bei den sogenannten Null-Kupon-Anleihen oder Zerobonds erhöht sich der Rückzahlungskurs, da während der Laufzeit keine Zinsen gezahlt werden.

Neben nicht börsennotierten Anleihen und Schuldverschreibungen (von teilweise sehr kleinen Öko-Unternehmen mit wenig Eigenkapital) gibt es inzwischen auch sehr viele Papiere, die an den Börsen gehandelt werden. Zwar sind Anleihen prinzipiell weniger risikoreich als Aktien, aber bei der Beurteilung der Rückzahlungsfähigkeit können unterschiedliche Kriterien relevant sein, nicht nur, was den Geschäftsbereich selbst angeht, sondern – wenn kein externes Bonitätsrating vorliegt – auch bezüglich der Eigenkapitalausstattung des Emittenten. Anleger sollten sich also deren Bilanzen genauer ansehen.

Börsennotierte Anleihen kann man jederzeit über seine Hausbank kaufen und auch (zum aktuellen Kurs) verkaufen, wenn man nicht bis zur Endfälligkeit warten will. Bei ethisch orientierten Rentenfonds sind auch Staatsanleihen sehr beliebt, weil es relativ wenige Unternehmensanleihen mit guter Bonität (»investment grade«) gibt. Bei Staatsanleihen kann meist aber nicht ausgeschlossen werden, dass mit den Geldern auch Militär- und Kriegsausgaben finanziert werden. Weniger problematisch sind im Vergleich dazu Bundesländer- und Kommunalanleihen oder Investitionen in Bahn und Infrastruktur. Auch supranationale Emittenten oder Spezialbanken wie die Kreditanstalt für Wiederaufbau (KfW), die African Development Bank oder die Europäische Bank für Wiederaufbau und Entwicklung (EBRD) kommen häufiger in Ethik- bzw. Umweltrentenfonds vor. Mit den Krediten der Entwicklungsbank des Europarats (Europäische Investitionsbank) werden vor allem die Bereiche soziale Integration, Bildung und Gesundheit sowie Umwelt gefördert, fallweise in Kooperation mit der Weltbank, der UNO oder UNICEF.

Im Folgenden zwei Beispiele aus dem kommunalen bzw. Bahnverkehrsbereich.

2.4.1 Kommunalkredit Austria AG

Österreich hat zwar noch keine grüne (Publikums-)Bank, mit der Kommunalkredit Austria AG aber einen sehr interessanten Emittenten für grüne Anleihen in Europa. Kerngeschäft der 1958 gegründeten Spezialbank ist nach wie vor die Vergabe günstiger Kredite an österreichische Kommunen. Die Kredite haben oft eine Laufzeit von bis zu 25 Jahren bei meist festem Zinssatz. Finanziert werden damit Infrastrukturmaßnahmen. Inzwischen vergibt die Kommunalkredit auch Kredite an die österreichischen Bundesländer und Regionen und ist über die Landesgrenzen hinaus aktiv – vor allem in Osteuropa, aber auch in der Schweiz.

Ein Großteil der Kredite wird für Projekte eingesetzt, die zur Verbesserung des Umweltschutzes beitragen. In den Genuss der zinsgünstigen Darlehen kommen nur solche Projekte, die die gesetzlichen Umweltschutzauflagen (z.B. zum Schadstoffausstoß) übertreffen. Schwerpunkte sind dabei seit Jahrzehnten Abwasserentsorgung und Altlastensanierung. Zu deren Refinanzierung gibt die Kommunalkredit Austria Anleihen heraus. Diese Umweltanleihen oder Environmental Bonds sind unter institutionellen Anlegern sehr begehrt, auch weil die Kommunalkredit über ihr »Debt-Issuance-Programm« jährlich oft ein Volumen von mehreren Milliarden Euro platziert hat – mit für eine Geschäftsbank besten Bonitätsnoten. Im Zuge der Lehman-Finanzkrise im Herbst 2008 wurden jedoch einige Risiken schlagend, und die Bank musste, um einer Insolvenz zu entgehen, kurzfristig verstaatlicht werden. Die beiden Großaktionäre (die Dexia-Gruppe mit 49 % und die österreichische Volksbankengruppe mit 50,8 %) mussten ihre Anteile – für jeweils einen Euro – an die Republik abgeben, um nicht selbst weiter größeren Haftungen ausgesetzt zu sein. Dabei wurde eine »bad bank« (KA Finanz AG) mit den Problempapieren abgespalten, die verbleibende Kommunalkredit Austria AG liefert inzwischen wieder Gewinne und soll bald wieder »reprivatisiert« werden. Auch bei der KA Finanz AG konnten inzwischen die Haftungen bzw. Risiken stark abgebaut werden, nachdem einige »faule« Papiere, für die es in der Krise plötzlich keinen Markt mehr gab, verkauft werden konnten.

Trotz des Imageschadens, von dem auch zahlreiche andere Banken seit Herbst 2008 betroffen sind, zählt die Kommunalkredit auch heute noch zu den ökologischen Vorreitern unter den Finanzdienstleistern. Als erste europäische Bank wurde ihr internes Umweltmanagement bereits 1997 nach den EMAS-Kriterien zertifiziert. Nach mehreren Umweltberichten wurde 2005 auch der erste Nachhaltigkeitsbericht erstellt.

Kontakt:

- Kommunalkredit Austria, Türkenstraße 9, A-1092 Wien, Tel.: 0043/1/31631-0, E-Mail: kommunal@kommunalkredit.at, www.kommunalkredit.at

2.4.2 Eurofima

Wer in einem modernen Zug durch die Gegend rollt, kann sich nicht nur über den gestiegenen Komfort freuen, sondern daran auch noch verdienen, indem er Anleihen von Eurofima ersteht. Die »Europäische Gesellschaft für die Finanzierung von Eisenbahnmaterial« (Eurofima) ist eine 1956 gegründete Aktiengesellschaft im Besitz von derzeit 25 europäischen Eisenbahngesellschaften. Mit jeweils knapp 23 Prozent halten die Deutsche Bahn und die französische SNCF den Löwenanteil des Kapitals. In den vergangenen Jahren kamen neue Eigner aus dem ehemaligen Jugoslawien, der Slowakei und Tschechien hinzu, die jedoch jeweils nur marginale Anteile unter einem Prozent halten.

Eurofima sorgt dafür, dass den Aktionären nicht die Züge ausgehen, und gibt zur Finanzierung neuer Lokomotiven und Wagen auch Anleihen heraus. Für die langfristigen Anleihen vergeben Standard & Poor's und Moody's meist die Bestwerte (AAA/Aaa). Das ist nicht nur unter grünen Geldanlagen ein Traumwert.

Der Grund für diese gute Noten: Die finanzierten Lokomotiven und Wagen bleiben bis zur vollständigen Rückzahlung Eigentum von Eurofima. Die Gesellschaft verfügt so ständig über wertvolle Sicherheiten in Form von mehreren Tausend Lokomotiven und Wagen. Alle Verpflichtungen der Bahnen aus den Verträgen mit Eurofima besitzen zudem eine Garantie seitens der jeweiligen Regierungen.

Im Geschäftsjahr 2010 lag die Bilanzsumme bei über 34 Mrd. Franken, die Eigenkapitalquote bei knapp zwölf Prozent. Der Gewinn sank um rund 9 Prozent auf gut 45 Mio. Franken. Die Anleihenkäufer rührt das wenig. Für sicherheitsorientierte Anleger sind Euro-Anleihen der Eurofima nach wie vor eine attraktive Alternative zum klassischen Sparbuch. Am Ende der Laufzeit erhält man 100 Prozent zurück. Wer das Geld vorher braucht, kann die Anleihe jederzeit verkaufen. Eurofima-Papiere sind wegen des großen Marktvolumens, den Wahlmöglichkeiten unter verschiedenen Währungen (z. B. Euro, Dollar, Franken oder Yen) und Laufzeiten und – last but not least – wegen der ausgezeichneten Bonität auch bei »konventionellen« Investoren sehr beliebt.

Kontakt:

- Eurofima, Rittergasse 20, CH-4001 Basel, Tel.: 00 41/61/287-33 40, www.eurofima.org

Anleihen nationaler Bahnen (z. B. Deutsche Bahn oder Österreichische Bundesbahnen, ÖBB) sind etwas riskanter, obwohl diese Unternehmen meist zu 100 Prozent in Staatsbesitz sind. Das zeigt sich auch daran, dass der Zinssatz ein wenig höher liegt als der bei der Eurofima. Im Gegensatz zu deren relativ stetigen (und positiven) Ertragszahlen haben z. B. die ÖBB im Jahr 2010 – trotz eines um gut sechs Prozent auf 6,08 Mrd. Euro gestiegen Konzernumsatzes – knapp 330 Mio. Euro Verlust eingefahren. Das lag vor allem am defizitär gewordenen Güterverkehr (Rail Cargo Austria, RCA), der 353 Mio. Euro Verlust zu verbuchen hatte. Der neue Bahnchef Christian Kern will das Ergebnis »bis zum Jahr 2015 um 500 Mio. Euro verbessern«– trotz einiger »Altlasten« wie z. B. den hohen Kosten aufgrund des niedrigen Pensionsantrittsalters von durchschnittlich nur 53,5 Jahren (2010).

2.4.3 Solaranleihen

Während es im Windenergiebereich kaum börsennotierte Anleihen gibt (Energiekontor AG ist einer der wenigen Anbieter), kam es bei Solaranleihen 2010/11 zu einem regelrechten Boom. Inzwischen gibt es mehr als ein Dutzend Solaranleihen auf dem Markt (siehe Auswahl in unten stehender Tabelle, Werte in Euro, wenn nicht anders vermerkt). Die Emittenten solcher Anleihen sind nicht alle selbst börsennotiert. Aber die Papiere sind auch für Kleinanleger interessant, weil die Stückelung meist nur 1000 Euro beträgt.

Zins (%)	Unternehmen	fällig am	Kurs (6/11)	Volumen (Mio.)	ISIN	Stückelung
8,25	Carpevigo AG	09.07.13	100,90 %	15	DE000A0N3X28	1000
7,00	Centrosolar Group AG	14.02.16	101,00 %	50	DE000A1E85T1	1000
7,50	Payom Solar AG	07.04.16	98,00 %	50	DE000A1H3M96	1000
7,00	Rena GmbH	15.12.15	97,95 %	75	DE000A1E8W96	1000
6,25	S.A.G. Solarstrom AG	14.12.15	98,00 %	25	DE000A1E84A4	1000
7,125	SiC Processing GmbH	01.03.16	102,65 %	100	DE000A1H3HQ1	1000
6,50	Solar Millennium AG	15.07.15	100,00 %	50	DE000A1C94H2	1000
6,00	Solar Millennium AG	06.03.16	100,00 %	100	DE000A1H3K23	1000
9,25	Solar8 Energy AG	06.04.16	102,40 %	10	DE000A1H3F87	1000
7,00	Solarwatt AG	01.11.15	100,00 %	25	DE000A1EWPU8	1000
6,125	SolarWorld AG	21.01.17	100,00 %	400	XS0478864225	1000
7,00	Sonnen-invest AG	15.09.19	100,00 %	10	AT0000A0EU88	50 000

Doch das Volumen und die Börsenumsätze dieser Anleihen sind sehr unterschiedlich. Während z. B. die seit Anfang März 2011 gelistete Anleihe der SiC Processing GmbH mit einem täglichen Handelsvolumen von meist mehreren Hunderttausend Euro (vor allem an der Stuttgarter Börse) eine hohe Liquidität hat, wird die der Solar Millennium AG (2010–2015) an vielen Tagen gar nicht handelt. Die Entwicklung der einzelnen Unternehmen beschreiben zu wollen, würde den Rahmen dieses Buches sprengen (dazu gibt es z. B. die mehr als 100 Seiten umfassende jährliche Öko-Invest-Solaraktienstudie). Deshalb hier nur ein ausführlicheres Beispiel dazu:

Die Payom Solar AG konnte bei ihrer ersten Solaranleihe schon in der ersten Woche der Zeichnungsfrist (ab 28.3.11) rund die Hälfte des Volumens (bis zu 50 Mio. Euro) platzieren. Das Unternehmen (www.payom-solar.de) plant, errichtet und verkauft Photovoltaik-Anlagen, von Hausdachflächen bis zur industriellen Großanlage. 2006 wurde die SD Solardach GmbH, später weitere Unternehmen wie die Solare AG und deren Bulgarien-Aktivitäten eingebracht, Anfang 2011 wurde auch der US-amerikanische Projektentwickler Amsolar Holdings LLC mehrheitlich übernommen. Als Kaufpreis für einen Anteil von 52,6 Prozent am Unternehmen dienten 2,25 Mio. Payom-Aktien, wodurch sich die Gesamtzahl der Aktien auf rund 6,8 Mio. erhöht hat. Amsolar – dessen bisheriger Chef Joshua Weinstein in den Payom-Solar-Vorstand aufgerückt ist – erwartet in den nächsten zwei Jahren ein mit Investoren vereinbartes Finanzierungsvolumen für rund 100 MW Leistung. Umgekehrt hat sich der taiwanesische Dünnschichtlieferant Lite-On Tech bei Payom als weiterer Großaktionär eingekauft. 2009 konnte der Umsatz – bei einem auf 35 MW (+150%) gesteigerten Modulabsatz – um rund 94 Prozent auf 71,6 Mio. Euro gesteigert werden, der Gewinn stieg von 0,7 Mio. Euro auf 3,9 Mio. Euro. 2010 wuchs der Umsatz um gut 115 Prozent auf 154,3 Mio. Euro, der Konzerngewinn um 93 Prozent auf 7,7 Mio. Euro. Bei einem Aktienkurs von rund 4,00 Euro (Ende Juni 2011) ergibt sich ein Börsenwert von 21 Mio. Euro, was einem Kurs-Gewinn-Verhältnis (KGV) von weniger als 3 entspricht, sodass Payom Solar sehr günstig bewertet erscheint – zumal Ende 2010 keinerlei Bankverbindlichkeiten sowie liquide Mittel von über 15 Mio. Euro in der Bilanz standen. Im ersten Quartal 2011 fiel jedoch der Umsatz sehr stark und es entstand ein hoher Verlust, der die Zuversicht von Vorstand Daniel Grosch, »dass auch das laufende Geschäftsjahr neue Rekordwerte hervorbringen wird«, getrübt hat. Zur Finanzierung des künftigen Wachstums, vor allem aber für den »Bestandsaufbau von Photovoltaik-Kraftwerken für den Eigenbetrieb«, hat die Payom Solar AG 2011 mit dem »Energy Bond« eine Unternehmensanleihe (5 Jahre Laufzeit, Zinssatz 7,50% p.a.) ausgegeben. Die Inhaberschuldverschreibung (ISIN DE000A1H3M96) hat mit der Creditreform-Rating-Note »BBB« Investmentgrade-Status. Im Vergleich zum Börsenwert der Aktien ist das Anleihenvolumen von 50 Mio. Euro also mehr als doppelt so hoch. Der Handel der Anleihe im »Bondm«-Mittelstandssegment der Börse Stuttgart ist relativ liquide, meist mit mehr als 100 000 Euro pro Tag.

Die meisten Solaranleihen werden in Stuttgart, aber auch im Freiverkehr anderer Börsen wie Frankfurt am Main oder Düsseldorf gehandelt. Die meisten dieser Papiere haben Stückelungen von 1000 Euro, manche – mit 50 000 oder 100 000 Euro – sind eher Großanlegern vorbehalten.

Mit den an der Wiener Börse gelisteten 200 Stück Anleihen (à 50 000 Euro, Volumen 10 Mio. Euro, aufstockbar) finanziert die private österreichische Sonneninvest AG (200 000 Euro Stammkapital) Photovoltaik-Anlagen vor allem in Deutschland und Italien. Während die Wiener kein Rating haben, verweist die deutsche SAG Solarstrom AG für ihre Papiere auf eine Einstufung der Creditreform von BBB+ (»stark befriedigende Bonität« bzw. ein »geringes bis mittleres Insolvenzrisiko«), was als »Investmentgrade«-Siegel dient.

Es gibt auch eine Reihe nicht notierter Solaranleihen von Emittenten wie z.B. Solar Millennium AG, SolarWorld AG, Novatec Biosol AG, Murphy&Spitz Green Energy AG oder der erst 2010 gegründeten Photon Power AG, die drei Anleihen mit unterschiedlichen Zinssätzen (3/5/7,4%) und Laufzeiten (5/10/20 Jahre) herausgebracht hat.

2.4.4 Wandelanleihen

Wandelanleihen sind festverzinsliche Wertpapiere mit bestimmter Laufzeit, die allerdings den Investoren ein Recht auf Umwandlung in Aktien des ausgebenden Unternehmens einräumen – zu einem bestimmten Bezugskurs, der bei Ausgabe der Anleihe fixiert wird. Dieser liegt meist nicht allzu weit vom aktuellen Kurs entfernt, sodass sich bei Kurssteigerungen der Aktie interessante »Wandelprämien« ergeben können. Umgekehrt kann der Kurs der Anleihe auch fallen, wenn der Wert der zugrunde liegenden Aktie sinkt oder das Unternehmen Liquiditätsprobleme bekommt. Während es lange Zeit nur sehr wenige Wandelanleihen von Unternehmen aus dem Öko-Investmentbereich gab (2004 brachte z.B. die PNE Wind AG eine Wandelanleihe auf den Markt, im Solarbereich waren dies Sunways und Colexon), hat sich die Szene in den letzten Jahren stark gewandelt. Und zwar nicht nur von der Anzahl her, sondern auch von den Möglichkeiten, die nun auch Kleinanleger haben – mit allen Chancen und Risiken (so sank die Solon-Anleihe z.B. im Kurs von 100% auf 30%, bevor es wieder Richtung 70% hochging).

Während die beiden früher emittierten Wandelanleihen der Q-Cells SE noch eine Stückelung von 100 000 Euro hatten, kamen im Oktober 2010 rund 29,4 Mio. Stück zu 6,75 Prozent verzinste Wandelanleihen zum Stückpreis von 4,38 Euro heraus. Zu diesem Preis kann man das Papier – in den 5 Jahren Laufzeit bis 2015 – auch in eine Q-Cells-Aktie wandeln. Der Kurs der Aktie fiel bis Mitte 2011 auf 1,30 Euro, der der Wandelanleihe auf rund 2,50 Euro. Die Emittentin besitzt ein »Issuer Call«-Recht, die Stücke zum Preis von 150 Prozent (6,57 Euro) zurückzukaufen. Hier eine Tabelle mit Solarwandelanleihen, die in Euro bzw. Dollar begeben worden sind.

Zins (%)	Unternehmen	fällig am	Kurs (6/11)	Volumen (Mio.)	ISIN	Stückelung
1,375	Q-Cells SE	28.02.12	80,0%	492	DE000A0LMY64	100 000
5,75	Q-Cells SE	28.02.14	50,00%	225	DE000A1AGZ06	100 000
6,75	Q-Cells SE	21.10.15	2,51	129	DE000A1E8HF6	4,38
		(Rückzahlungskurs = Wandelpreis pro Aktie: 4,38 Euro)				
6,5	REC	04.06.14	92,00	320	NO0010543457	50 000
		(Wandelpreis 6,4938 Euro)				
1,375	Solon SE	06.12.12	37,00%	200	DE000A0S9JG3	1000
		(Rückzahlungskurs 108,63%)				
4,75 ($)	Sunpower	15.04.15	101,00	230	US867652AC33	1000
4,50 ($)	Sunpower	15.03.15	100,00	250	US867652AD16	1000
1,25 ($)	Sunpower	15.02.27	98,00	200	US867652AA76	1000
0,75 ($)	Sunpower	01.08.27	n.a.	225	US867652AB59	1000
0,25 ($)	SunTech Power	15.02.12	96,40	425	US86800CAC82	1000
3,00 ($)	SunTech Power	15.03.13	79,50	575	US86800CAD65	1000

2.4.5 Anleihen-Ratings

Bei der Anlageauswahl spielt neben Laufzeit und Höhe der Zinssätze die Bonität des Emittenten eine zentrale Rolle. Das Maß der Dinge sind hierbei die Beurteilungen der Rating-Agenturen Standard & Poor's und Moody's oder auch Fitch Ratings. Zu den ethisch-ökologischen Qualitäten des Kreditnehmers sagen sie allerdings nichts aus. Bei der Beurteilung von Unternehmensanleihen können Anleger und Investoren zum Teil auf vorhandene Nachhaltigkeits-Ratings zurückgreifen. Für Staatsanleihen hat die Oekom Research AG (siehe Kap. 6.3.1) Anfang 2002 erstmals eine Untersuchung aller 30 OECD-Staaten und Russlands unter Nachhaltigkeitskriterien vorgelegt. Die Spitzenplätze belegen vier skandinavische Staaten, allen voran Norwegen. Deutschland kam aufgrund seiner

Defizite in den Bereichen Bildung und Arbeitsmarkt nur auf Platz 12, die USA lagen wegen Schwächen bei der Menschenrechtspolitik und ihrer Versäumnisse in Klimaschutz und Entwicklungspolitik nur auf Platz 17. Ähnliche ethisch-ökologische Staatsanleihen-Ratings stellen inzwischen mehrere Research-Agenturen oder z.B. die Zürcher Kantonalbank kostengünstig zur Verfügung.

2.5 Aktien

Es würde den Rahmen dieses Buches sprengen, einen Überblick über Hunderte von »grünen« Aktien geben zu wollen. Die folgenden Seiten können aber schon mittels einiger Beispiele einen kleinen Einblick in beliebte »grüne« Branchen geben. Aber Achtung: Das sind keine Kaufempfehlungen!

Wir stellen einige börsennotierte und nicht börsennotierte Aktien vor und behandeln anschließend auch die Möglichkeiten, die Investoren sonst im Aktienbereich haben: entweder sich bei Hauptversammlungen (kritisch) zu Wort zu melden oder sich zu Investmentklubs zusammenzuschließen und gemeinsam Aktien zu kaufen.

2.5.1 Börsennotierte Aktien

Von den vielen Tausend Aktien, die weltweit notieren, sind für Öko-Investoren rund tausend Wertpapiere interessant, insbesondere einige Hundert Aktien aus dem Bereich der erneuerbaren Energien.

2.5.1.1 Solar-, Wind- und Wasserkraft

Zu den erfolgreichsten Börsengängen seit dem Jahr 2000 gehörten zahlreiche Unternehmen aus dem Bereich der erneuerbaren Energien. Für diesen Erfolg gibt es mehrere Gründe. Zum Schutz der Erdatmosphäre müssen Alternativen für eine Energieversorgung jenseits der fossilen Brennstoffe gefunden werden. Die Vorräte sind begrenzt, die Abhängigkeit von politisch instabilen Förderländern steigt und der Energiehunger aufstrebender Nationen wie Indien oder China sorgt für zusätzlichen Druck. Die Erdölvorräte gehen unweigerlich zur Neige, nach Schätzungen von Fachleuten wurde bereits 2007 der Scheitelpunkt der Ölförderung erreicht. Auch das für Atomkraftwerke nötige Uran ist ein begrenzt vorhandener Rohstoff, dessen Einsatz zudem mit unbeherrschbaren Risiken verbunden ist.

Vor allem in Europa gibt es einen breiten politischen Konsens, dass erneuerbare Energien ausgebaut werden müssen - auch aus Gründen des Klimaschutzes. Die 2001 in Kraft getretene europäische Förderrichtlinie für erneuerbare Energien legt für jedes Mitgliedsland verbindliche Zielquoten fest. Deutschland hatte sich schon zuvor das Ziel gesetzt, den Anteil erneuerbarer Energien an der Stromerzeugung von sechs Prozent im Jahr 1998 bis zum Jahr 2010 zu verdoppeln, was dann auch - vor allem durch den Ausbau von Wind- und Solarenergieanlagen - gelungen ist. Um den Ausbau zu fördern, einen wirtschaftlichen Anlagenbetrieb zu gewährleisten und einer zukunftsfähigen Wirtschaftsbranche zum Durchbruch zu verhelfen, trat zum 1.4.2000 in Deutschland erstmals ein *Erneuerbare-Energien-Gesetz* in Kraft. Es schreibt verbindliche Vergütungssätze für jede erzeugte Kilowattstunde Strom vor. Inzwischen ist die Mehrzahl der europäischen Länder dem Beispiel Deutschlands gefolgt und hat ähnliche Vergütungssysteme aufgelegt. In anderen Ländern wie China und USA sind es weniger die Einspeisetarife, die die Stromkonsumenten bezahlen, sondern Investitionszuschüsse oder Steuervorteile, die als Förderinstrumente ihre Wirkung tun.

Der Erfolg erneuerbarer Energien wird sich fortsetzen. Dafür steht allein in Deutschland eine Branche mit inzwischen mehreren Hunderttausend Arbeitsplätzen. Neben kleinen innovativen Unternehmen und vielen Mittelständlern sind längst »die Großen« im Spiel. Konzerne wie Bosch haben deutsche Solarfirmen übernommen, Öl-Giganten wie Total beteiligen sich an US-Photovoltaik (PV)-Unternehmen wie Sunpower. Der Mischkonzern General Electric (GE), weltweit Spitze in der Energieanlagentechnik und zu den Top Ten der Windturbinenhersteller zählend, hat den ehemals größten unabhängigen PV-Hersteller Astropower übernommen sowie den Hersteller von Blockheizkraftwerken Jenbacher. BayWa hat sich bei Solarfirmen eingekauft und mehr als 90 Prozent der Renerco AG übernommen. Auch der Siemens-Konzern will mittelfristig rund ein Viertel seines Umsatzes mit »grünen Technologien« machen, sei es durch weitere Übernahmen oder durch Wachstum in den eigenen Sparten.

Im Wasserkraftbereich hat sich die österreichische Verbundgesellschaft als einer der wenigen börsennotierten fast »reinen« Wasserkraftbetreiber herauskristallisiert, bei dem mehr als 90 Prozent der Stromerzeugung aus Wasserkraftwerken stammt, die meist an der Donau liegen.

Solarenergie

Die potenziell nutzbare Energie der Sonneneinstrahlung übersteigt alle anderen erneuerbaren Energieträger um ein Vielfaches. Während die Nutzung von Sonnenenergie zur Wärmeerzeugung schon lange die Wirtschaftlichkeitsgrenze erreicht hat, ist die Verstromung von Sonnenenergie – die sogenannte Photovoltaik – auch nicht mehr weit davon entfernt, zumal durch die Massenproduktion die Zellen und Module immer preisgünstiger werden. In wenigen Jahren wird die sogenannte »grid parity« für Solarstrom erreicht sein, d.h., die Kosten zu dessen Erzeugung werden nicht mehr höher liegen als die auf Basis fossiler Energieträger.

Waren vor zehn Jahren noch Japan, Deutschland und die USA die führenden Nationen, sind inzwischen auch andere europäische Märkte wie Spanien und Italien stark gewachsen.

Um die Erzeugungsmöglichkeiten in den sonnenreichen Ländern des Südens besser nutzen zu können, wurde die Industrie-Initiative »Desertec« gegründet. Wenn die Rahmenbedingungen passen und die Finanzierung gesichert werden kann, sollen in einigen Jahren solarthermische Großanlagen in nordafrikanischen Ländern Strom nach Europa liefern.

Bei den Herstellern von Wafern, Zellen und Modulen hat innerhalb weniger Jahre China eine führende Rolle eingenommen und damit japanische und deutsche Unternehmen überholt. Und auch an den Börsen zeigt sich die enorme Expansion der letzten 10 Jahre: Gab es im Jahr 2000 nicht einmal ein Dutzend börsennotierte Solarunternehmen, sind es inzwischen schon fast 200. Hier ein kurzer Überblick über die 30 (nach Börsenwert) größten Unternehmen, nach Ländern bzw. alphabetisch geordnet, dahinter die übrigen Unternehmen. Alle zusammen haben derzeit (Mitte 2011) einen Börsenwert von fast 60 Mrd. Euro und über 160000 Beschäftigte (davon haben die 30 größten einen Wert von über 40 Mrd. Euro und über 120000 Beschäftigte).

China:	
Apollo Solar Energy Technology Holdings	LDK Solar
Comtec Solar Systems	Renesola
GCL Poly Energy Holdings	SunTech Power
HanwhaSolar One	Trina Solar
JA Solar	Trony Solar
Jinkosolar	Yingli Green Energy
Taiwan:	
Gintech Energy	Neo Solar Power
Green Energy Technology	Sino-American Silicon Products
Motech Industries	

USA:	
First Solar	Power-One
GT Advanced Technologies	STR Holdings
MEMC Electronic Materials	Sunpower
Deutschland:	
Centrotherm Photovoltaics AG	SMA Solar Technology AG
	SolarWorld AG
Korea:	
Woongjin Energy	
Norwegen:	
Renewable Energy Corporation (REC)	
Schweiz:	
Meyer Burger Technology AG	
Sonstige Solaraktien an der Börse:	
3 Power Energy (ehem. Prime Sun Power)	China Solar Energy
Acro Energy Technologies	China Sunergy
AgriSolar Solutions	China Technology Development Group
Aleo Solar AG	Clear Skies Solar
Apollo Solar	CNPV Solar Power SA
Applied Solar	Colexon Energy AG
Arise Technologies	Conergy AG
Ascent Solar Technologies	Coronus Solar
Atlantic Wind & Solar	Danen Technology Corp
Auria Solar	Daqo New Energy Holdings
Big Sun Energy	Day4 Energy
BioSolar	Daystar Technologies
Canadian Solar	DelSolar
Carmanah Technologies	Dyesol Ltd.
Centrosolar Group AG	Edisun Power Europe AG
China Nuvo Solar Energy	Electron Solar Energy
China Solar & Clean Energy Solutions	Energy Conversion Devices

Entech Solar	Powerbags AG
Envision Solar International	Powerfilm
EPOD Solar	Premier Power Renewable Energy
E-Ton Solar	PV Crystalox Solar plc
Euro Solar Parks	PV Enterprise Sweden AB
Evergreen Solar	Quantum Solar Power
Evolution Solar	Ralos New Energies AG
Giga Solar Materials	Real Goods Solar
Genesis Energy Investment AG	Risen Energy
GiraSolar	Roth & Rau AG
Global Ecopower	S.A.G. Solarstrom AG
ICP Solar Technologies	Satcon Technology
International Solar Systems plc	SES Solar Inc.
IX Energy Holding	Shanghai Chaori Solar Energy Science & Technology Co.
Jetion Solar	Shenzhen Topray Solar
Kender Energy	Solar 18 Corp.
Kerself	Solar Applied Materials Technology
Leipziger Solarpark AG	Solar Energy Initiative
Lichtenergiewerke AG	Solar Enertech
Ligitek Photovoltaic	Solar-Fabrik AG
Magnolia Solar	Solar Millennium AG
Manz Automation AG	Solar Night Industries
New Energy Technologies	Solar Park Initiatives
NPC Inc.	Solar Power
Opel Solar International	Solar Thin Films
P2 Solar	Solar2 AG i.K.
Payom Solar AG	Solargen Energy
Perfectenergy International	Solargiga Energy Holdings
Phoenix Solar AG	Solargy Systems
Photon Energy	Solarhybrid AG
Photovoltaic Solar Cells	Solaria Energia y Medio Ambiente

Solarparc AG	Sunseeker Energy Holding AG
Solarpraxis AG	Sunvalley Solar
Solarpro Holding AD	Sunways AG
Solartech Energy	Systaic AG i.K.
Solartron plc	TerniEnergia SpA
Solarvalue AG	TGI Solar Power Group
Solartera Energy AG	Universal Solar Technology
Solco Ltd.	VioSolar
Solon SE	Wafer Works
Solutronic AG	Websol Energy Systems Ltd.
SonnenEnergy	Westinghouse Solar (ehem. Akeena Solar)
Spire	Win Win Precision Technology
Strategeco Solar	Worldwide Energy & Manufacturing USA
Sunline AG i.K. (ehem. Sunline-Solar AG)	Wuhan Linuo Solar Energy Group
Sunovia	Xiamen Changelight Co., Ltd
Sunrise Global Solar Energy	XsunX
Sunrise Solar	Zhejiang Sunflower Light Energy Science & Technology Co

Seit 2006 gibt der Öko-Invest-Verlag eine jährliche »Solaraktienstudie« heraus, in der alle diese Unternehmen analysiert bzw. kurz beschrieben werden. Zwar weisen die meisten dieser Firmen noch zwei- oder dreistellige Wachstumsraten auf, die Gewinnmargen sind aber bei vielen nicht mehr so hoch wie noch vor Jahren. Die Branche »normalisiert« sich also, auch Insolvenzen und Übernahmen häufen sich. Und wie so oft kommt es an der Börse auf den richtigen Zeitpunkt für den Ein- und Ausstieg an, wie auch das folgende Beispiel zeigt.

SolarWorld AG

Die 1999 von Frank Asbeck – er hält als Vorstands-Chef noch 25 Prozent der Aktion – in Bonn gegründete Firma hat inzwischen mehr als 3300 Mitarbeiter und konnte den Umsatz von 2 Mio. Euro auf zuletzt rund 1,3 Mrd. Euro (2010) steigern. Manche Jahre haben dabei dreistellige Millionengewinne abgeworfen und der Aktienkurs stieg in der heißesten Phase (von 2002 bis Mitte 2008) um mehr als 19 000 Prozent (von 0,25 Euro auf über 48 Euro). Nach der »Lehmann«-Börsenkrise 2008/09 sank der Kurs aber wieder (um mehr als 80 Prozent) auf ein Niveau von 10 Euro, was nun eine Börsenbewertung unter einem Jahresumsatzes ergibt.

Die SolarWorld AG produziert auf allen Stufen der Wertschöpfungskette: Wafer, Module und Zellen. Auch für das Recycling von Modulen und Silizium-Abfällen hat die Firma als erstes Unternehmen überhaupt eine Fabrik gebaut.

Windenergie

Von den installierten Kapazitäten her gesehen hat die Windenergie noch einen relativ großen Vorsprung gegenüber der Solarenergie, in Deutschland trugen 2010 der Wind z. B. über sieben Prozent und die Sonne rund zwei Prozent (doppelt so viel wie 2009) zum Stromaufkommen bei. Waren lange Zeit europäische Turbinenhersteller wie Vestas Wind Systems weltweit führend, haben inzwischen weit jüngere Unternehmen aus China die Nase vorn. Denn dort ist man nicht mehr allein auf Exporte angewiesen, sondern auch der Heimmarkt wächst sehr schnell, um den stark gestiegenen Energiebedarf befriedigen zu können, wozu auch der Ausbau von Atom- und Kohlekraftwerken beiträgt.

Neben dem »Repowering«, bei dem ältere und kleine Anlagen z. B. nach 20 Jahren durch moderne große ersetzt werden, machen manche Hersteller auch ein zusätzliches Geschäft mit sogenannten *Offshore*-Windparks, die einige Kilometer von der Küste entfernt im Meer gebaut werden. Bereits vor einigen Jahren wurden die ersten dieser Parks vor den Küsten von Dänemark, Großbritannien und Irland gebaut. Seit 2011 drehen sich auch die ersten deutschen Offshore-Rotoren in der Ostsee. An der Börse notieren rund drei Dutzend Windenergie-Aktien sowohl von Turbinen-Herstellern als auch Windparkentwicklern.

In Europa sind als Hersteller neben der privaten deutschen Enercon vor allem die dänische Vestas und die spanische Gamesa bekannt, daneben auch die deutsche REpower Systems SE, die Nordex AG sowie Energiekontor AG, PNE Wind AG und die Renerco AG als Projektierer bzw. Betreiber. In Asien gehören u. a. die indische Suzlon Energy, die an Repower beteiligt ist, sowie China WindPower und Sinovel Wind Group zu den börsennotierten Windkonzernen. Neben »reinen« Windenergieaktien gibt es auch einige von ihren Energieversorger-Mutterkonzernen abgespaltene »grüne« Töchter wie EDF Energies Nouvelles S.A. (Frankreich), Enel Green Power (Italien), Iberdrola Renovables (Spanien) oder EDP Renovaveis (Portugal), die meist ausschließlich Wind-, Wasser- und Solarkraftwerke betreiben.

2.5.1.2 Wasser

Nach zahlreichen Übernahmen im letzten Jahrzehnt (die Wedeco AG ging an ITT, Trojan Technologies an Danaher, Ionics an GE, Cuno an 3M, Thames Water und American Water Works an die RWE AG, Millipore an Merck usw.) dominieren heute große Mischkonzerne wie Suez Environnement und Veolia Environement den Markt. Daneben findet der Investor nur mehr wenige eigenständige Wasserversorger wie die britische Severnt Trent, Abwasseraufbereitungs- bzw. Rohrleitungs-Unternehmen wie die SW Umwelttechnik AG, Sanitärunternehmen wie die Schweizer Geberit AG oder Wasseraufbereiter wie die österreichische BWT AG.

2.5.1.3 Geothermie

Auch ohne Wind und Sonne lässt sich – frei von radioaktiven oder CO_2-Emissionen – Strom gewinnen, nämlich über Erdwärme. Diese wird in Tiefen bis 200 Meter (Oberflächen-Geothermie) oder zwischen 2500 bis über 4000 Meter (Tiefen-Geothermie) über Bohrlöcher »angezapft«. Dabei wird z.B. kaltes Wasser (»Hot-Dry-Rock-Verfahren«) in das oft 130 bis über 200 Grad Celsius heiße Felsgestein gepumpt und kommt erhitzt bzw. als Dampf wieder nach oben, wo mittels Turbinen Strom erzeugt wird.

Zwar ist so eine Turbine schon seit 1913 im weltweit ersten Erdwärmekraftwerk in Larderello (Italien) im Einsatz, aber neue Projekte – vor allem rund um den Pazifik in den USA, Mexiko, Indonesien und auf den Philippinen – sind um ein Vielfaches größer und erfordern von den Entwicklern bzw. Betreibern viel Zeit und Kapital. Für den Investor gibt es nach der Übernahme des großen Geothermiebetreibers Magma Power durch einen US-Stromversorger nur mehr wenig Alternativen an der Börse. Neben einem halben Dutzend meist sehr kleiner Gesellschaften in den USA oder Australien wie Nevada Geothermal Power, Rampower oder Geodynamics, denen wie Western Geopower schnell das Geld für Bohrungen ausgehen kann, ist hier der Marktführer Ormat Technologies (www.ormat.com) zu nennen. Die 1994 in Israel gegründete und seit 2004 in den USA börsennotierte Gesellschaft macht mit dem Bau und den Betrieb von Geothermiekraftwerken in mehreren Ländern jährlich Hunderte Millionen Dollar Umsatz, allerdings bei schwankenden Gewinnen.

2.5.1.4 Bio-Lebensmittel

Ähnlich wie im Geothermiebereich sind auch im Bio-Lebensmittelbereich noch relativ wenig »reinrassige« Aktien auf dem Markt. Abseits der Börse gibt es die 2007 gegründete BioArt AG aus Salzburg-Seeham, die mit eigenen Marken oder unter fremden (Supermarkt-)Marken diverse Lebensmittel von Schokolade bis zu Gewürzen in Verkehr bringt, die zu 100 Prozent »bio« und »fair gehandelt« sind. Die meisten börsennotieren Unternehmen weisen jedoch nur einen mehr oder weniger großen Anteil des Umsatzes im Bio-Bereich auf, wie z.B. die niederländische Wessanen-Gruppe, die kanadische SunOpta (www.sunopta.com) oder das US-Kaffeeröster-Unternehmen Green Mountain Coffee Roasters (www.greenmountaincoffee.com). Ein steigender Anteil des verkauften Kaffees stammt bei Green Mountain Coffee von »Fair-Trade«- und Bio-Lieferanten. Seit diese Aktie im letzten Handbuch Grünes Geld an dieser Stelle erwähnt worden ist, ist der Kurs extrem stark – um mehrere Tausend Prozent – auf inzwischen rund 100 Dollar gestiegen. Nicht ganz so stark, aber auch um einige Hundert Prozent gestiegen ist der Kurs der führenden US-Naturkost-Supermarktkette Whole Foods Market (www.wholefoodsmarket.com), die mit Hunderten großen Filialen inzwischen pro Quartal Milliardenumsätze macht.

2.5.2 Außerbörsliche Aktien

Von den weit über 5000 Aktiengesellschaften in Deutschland ist nur ein Bruchteil auch börsennotiert. Die meisten anderen sind beispielsweise im Besitz einer Familie oder eine 100-prozentige Konzerntochter ohne sogenannte »freie Aktionäre« bzw. Streubesitz.

Deren Aktien werden kaum weiterverkauft. Es gibt allerdings einige Hundert Unternehmen, für deren Aktien es einen nicht börslichen Handelsplatz gibt, auch wenn dort manchmal nur wenige Stücke pro Monat oder gar pro Jahr umgesetzt werden. Unter diesen außerbörslichen Aktien sind wiederum einige Dutzend, die aus ökologischen oder sozialen Gründen interessant erscheinen. Einige davon, wie die UmweltBank AG (siehe Kap. 2.1.2), die Phoenix Solar AG oder die Renerco AG, sind später an die Börse gegangen, andere gingen vorher unter oder wurden, wie die bekannte Rapunzel Naturkost AG, jahrelang nur in diesem »Segment« gehandelt, weil die Hauptaktionäre und/oder die Unternehmensleitung gar nicht an einem Börsengang mit den damit verbundenen Kosten und Publizitätsvorschriften interessiert waren.

Manchmal werden solche außerbörslichen Aktien hoffnungsvoll auch als »vorbörslich« bezeichnet, auch wenn es später nie zu einem Börsengang kommt. Der außerbörsliche Handel ist in verschiedenen Formen üblich:

- über etablierte (externe) Händler,
- über das Unternehmen selbst, das Kauf- und Verkaufswünsche vermittelt,
- über Depotgemeinschaften, deren Mitglieder untereinander handeln,
- über private Angebote in Internetboards,
- über Kapitalerhöhungen, d.h. die Ausgabe von »jungen« Aktien.

Nur im letzten Fall fließt auch Geld in die Firmenkasse, ansonsten handelt es sich – wie beim Handel an der Börse – nur um einen Wechsel der Eigentümer. Im Unterschied zu den meisten börsennotierten Titeln ist das im außerbörslichen Handel umgesetzte Volumen sehr gering, manche Titel werden oft wochen- oder monatelang gar nicht angeboten oder nachgefragt. Auch dieses zusätzliche »Illiquiditäts-Risiko« sollte man bedenken, bevor man ein Engagement in solche Titel eingeht. Denn was nutzt es, wenn man die drohende Schieflage eines Unternehmens zwar erkennt, aber die Aktie nicht mehr rechtzeitig verkaufen kann, bevor Insolvenz angemeldet wird und die Aktien gänzlich wertlos werden?

Unabhängige Informationen über die außerbörslichen Öko-Aktien sind leider im Medienbereich dünn gesät: Neben dem Börsenbrief Öko-Invest, der seit 1997 ein »außerbörsliches Musterdepot« führt und in einer entsprechenden Rubrik darüber berichtet, gibt es fallweise Artikel im deutschen Nebenwerte-Journal bzw. Swiss-Equity-Magazin, das z.B. die Entwicklungen bei mehr als 100 Berg- und Lokalbahnen behandelt. Händler in der Schweiz sind u.a. die Kantonalbanken in Zürich und Bern.

Kaufen und Verkaufen: eine Händlerübersicht

Anders als an den verschiedenen Börsensegmenten erfolgt bei der Aufnahme des Handels außerbörslicher Titel keine große Prüfung des betreffenden Unternehmens. Allerdings liegt es im Interesse der Makler, möglichst Unternehmen auszuwählen, die auf absehbare Zeit auch noch existieren. Das ermöglicht auch in Zukunft größere Handelsumsätze und hilft, Enttäuschungen bei den Kunden zu vermeiden. Meist ist eine jährliche »Listing-Gebühr« fällig, die die Unternehmen den Händlern für die Betreuung (teilweise inkl. Meldungsübersichten) zahlen. Daneben sollte es auch mindesten 100 bis 300 Aktionäre geben, damit eine Aktie in die Liste der Händler aufgenommen wird. Diese verdienen – neben geringen Fixgebühren pro Umsatz – an der Differenz zwischen An- und Verkaufskursen (»spread«), wobei diese »Geld-« und »Brief-Kurse« meist zehn

Prozent oder mehr auseinander liegen. Wenn relativ viel Umsatz vorhanden ist, verringert sich diese Spanne auf fünf Prozent, selten darunter.

Die Anzahl der vom Aufsichtsamt zugelassenen Händler von Öko-Aktien ist in Deutschland allerdings seit dem Jahr 2001 geschrumpft. Die Future Securities GmbH (Frankfurt), die angeblich rund 8000 Kunden hatte, musste wegen Insolvenz schließen, ebenso die BAV GmbH (München) mit rund 1000 Kunden und die Merlin Broker AG, die zur insolvent gewordenen Hermerlin-Gruppe gehört hat. Schon 2002 war die selbst börsennotierte AHAG (Dortmund) trotz rund 22 000 Kunden zahlungsunfähig, u.a. weil hohe Verluste aus den Beteiligungen angefallen waren. Übrig blieb im Wesentlichen nur die Valora Effekten Handel AG, ein Händler außerbörslicher Öko-Aktien, sowie die Depot VG, die für rund 30 Titel einen kostengünstigen Handel (mit 1 % Spesen) zwischen ihren über 200 Mitgliedern organisiert. Für einen Monatsbeitrag von einigen Euro erhalten die Depot VG-Mitglieder auch einen (E-Mail-)Rundbrief mit neuesten Infos zu den von ihnen gehaltenen Aktien zugeschickt.

Der »dienstälteste« deutsche Händler im außerbörslichen Bereich ist die Valora, bei der einige Dutzend gelistete Titel mehr oder weniger flüssig gehandelt werden. Valora hat mehr als 5000 aktive Kunden und führt fallweise auch Erstplatzierungen von jungen Aktien durch. 2005 wurde für den Öko-Bereich eine eigene Homepage (www.oekoaktie.de) eingerichtet, auf der aber inzwischen nicht einmal mehr zehn Unternehmen gelistet sind. Die anderen gingen an die Börse oder pleite. Bei der Schnigge Wertpapierhandelsbank sind es noch weniger »grüne« Titel, die gehandelt werden, darunter die insolvente Antec Solar AG. Bei der »Umweltaktienbörse« der Berliner Umweltfinanz AG gibt es zwar eine längere Liste, aber kaum Angebote bzw. Nachfragen.

Auf jeden Fall empfiehlt es sich, vor einem Kauf mehrere Händler nach dem Preis zu fragen, da oft Unterschiede von zehn Prozent oder mehr auftreten können. Kaufen sollte man jedenfalls beim (inklusive Spesen) »billigsten« Händler, verkaufen kann man später auch dort, wo gerade der beste Preis geboten wird.

Kontakt:

- Depot VG, Blumhoferstraße 4, D-97980 Bad Mergentheim, Tel.: 079 31/476 89, www.depotvg.de
- Schnigge Wertpapierhandelsbank AG, Berliner Allee 10, D-40212 Düsseldorf, Tel.: 02 11/13 86 10 oder 069/15 68 40, www.schnigge.de
- Umweltaktienbörse Umweltfinanz AG, Berliner Straße 36, D-10715 Berlin, Tel.: 030/88 92 07-0, www.umweltfinanz.de

- Valora Effekten Handel AG, Postfach 912, D-76263 Ettlingen, Tel.: 07243/90001, www.valora.de, www.oekoaktie.de, www.boersenkandidaten.de

Parade-Aktie: Die Rapunzel Naturkost AG
Diese vor mehr als 25 Jahren als GmbH gegründete Allgäuer Naturkostfirma ist mit inzwischen über 120 Mio. Euro Jahresumsatz nicht nur Großhändler, sondern hat sich schon frühzeitig eigene Produktionsstätten auch im Ausland gesichert. Aufgrund der fast jährlich um mindestens zehn Prozent steigenden Umsätze gilt Rapunzel seit Beginn des Handels vor über 15 Jahren als eine »Parade-Öko-Aktie« (nur 2003 gab es einen Umsatzrückgang von 4 %).

Im Jahr 1994 wurde es manchen Aktionären jedoch ein wenig mulmig und der Kurs sank plötzlich auf die Hälfte, als eine Veruntreuung seitens des langjährigen Finanzprokuristen aufgedeckt wurde, die der AG einen Millionenverlust einbrachte. Die gesamte Finanzbuchhaltung hatte vollständig in den Händen des Prokuristen gelegen, der so jahrelang ungestört seine Manipulationen durchführen konnte, um Geld für seine Spiel- und Spekulationsabenteuer abzuzweigen. Für das entgegengebrachte Vertrauen und die Nichtbeachtung des Vieraugenprinzips mussten sich Vorstand und Aufsichtsrat herbe Kritik gefallen lassen. Der Aktienkurs sank zwar seinerzeit von 240 auf 120 Deutsche Mark (DM), hat sich aber in den Folgejahren auf einen Wert von über 300 Mark erholt, nachdem ein Großteil des Geldes wieder beigebracht werden konnte und das Geschäft mit großen Umsatz- und Gewinnzuwächsen weiterlief. Nach einer Umstellung auf nennwertlose Stückaktien (Split 26 zu 1: für eine alte 50-Mark-Aktie bekam man 26 neue Ein-Euro-Aktien) wurde die Rapunzel-Aktie 2005 bei rund acht Euro (entspricht über 400 DM nach altem Kurs) gehandelt. In den letzten Jahren hat Rapunzel-Gründer und Vorstand Joseph Wilhelm den freien Aktionären immer wieder – im Preis steigende – Rückkaufangebote gemacht, das letzte (2011) zum Preis von 27,50 Euro, weil er die AG wieder »reprivatisieren« und in eine GmbH zurückverwandeln will, nachdem das Geschäft sehr gut läuft und er die Rechtsform der AG nicht mehr für frisches Kapital benötigt.

BioArt AG
Wesentlich jünger (2007 gegründet) und mit einem Umsatz von noch unter 2 Mio. Euro (2010) auch wesentlich kleiner als die deutsche Rapunzel AG ist die ausschließlich auf »bio« und »fair trade« ausgerichteten BioArt AG (www.bioart.at) mit Sitz in Salzburg-Seeham. Anfang 2011 brachte sie als Pionierin eine laktosefreien Bio-Vollmilchschokolade auf den Markt, die sie bei der Schweizer Chocolat Bernrain AG produzieren lässt. BioArt beliefert vor allem österreichische

und deutsche Supermarktketten, die ein Bio-Sortiment haben. Der nächste wesentliche Expansionsschritt soll – neben der Entwicklung weiterer neuer Produkte wie der Heumilch-Bioschokolade – in neue außereuropäische Märkte gehen, begleitet vom deutschen Designer Mike Flache (www.mike-flache.com).

Finanziert wurde die Expansion bisher durch zwei Kapitalerhöhungen, eine 2008 zum Preis von 11,80 Euro, die zweite 2011 zum Ausgabepreis von 12,50 Euro (Emissionserlös insgesamt rund 1,5 Mio. Euro). Hauptaktionäre sind die Familie Rosenstatter (über 50 %) sowie Daimler-Vorstand Dr. Wolfgang Bernhard (über 25 %). Wenn alles nach Plan läuft, soll der Umsatz 2011 kräftig steigen und spätestens 2012 die Gewinnzone erreicht werden.

Flops und Pleiten

Die Euphorie, die das außerbörsliche Segment bei Öko-Investoren vor über zehn Jahren – anfangs durchaus auch mit steigenden Aktienpreisen – geweckt hat, ist inzwischen bei manchen Anlegern in einen Katzenjammer umgeschlagen, wie zahlreiche Beispiele zeigen. Insgesamt gab es mehrere Dutzend Insolvenzen im Bereich außerbörslicher Unternehmen, die mit ethisch-ökologischen Argumenten Anleger geworben haben. Manche Initiatoren hatten kein kaufmännisches Talent, bei anderen Unternehmen fehlte die nötige Eigenkapitalausstattung bei der Expansion, bei einigen gab es auch Fälle von Untreue und Betrug – was im Fall Wabag z. B. mit mehreren Haftstrafen bis zu acht Jahren endete.

Hier eine alphabetische Auswahl von Unternehmen, bei denen meist das gesamte Geld – in Summe mehrere Hundert Millionen Euro – verloren gegangen ist:

- Air Car AG (luftdruckbetriebenes Auto, Frankfurt)
- Antec Solar Energy International AG (Arnstadt)
- B.A.U.M. AG (Hamburg)
- B.A.U.M. EPAG AG (Hamburg)
- Bergquell Naturhöfe AG (Bio-Lebensmittel, Witten)
- Biokraftwerk Zittau AG
- Biospan AG (feuerfeste Strohplatten, Aicha vorm Wald)
- BkmU Bank AG (Bank für kleine und mittlere Unternehmen, Berlin)
- Call-a-Bike Mobilitätssysteme AG (2001 von der Deutschen Bahn übernommen)
- City Solar AG (Bad Kreuznach)
- Clean Concept Gruppe (Gersthofen)
- EBES European Bio Energy Services AG (Biomassehandel, Wien, in Liqu.)
- Econ-Air Aerosol- und Chemierecyclingtechnologie AG (Porta Westfalica)

- Ecovest AG (Beteiligungen, Frankfurt)
- EECH Group AG (Erneuerbare Energien, Hamburg)
- Elsbett AG (Pflanzenölmotoren)
- Future Energy AG (Windparks, Berlin)
- GEO Bank AG (Genf)
- Gumpp AG (Holzbau, Binswangen)
- Hanseatische AG (Kraftwerke, Hamburg-Berlin)
- Hermerlin ethic & innovation Öko-Beteiligungs AG (Langenaltheim)
- Iku intelligente Fenstersysteme AG (Gewinnwertpapier, Wien)
- Intensys Solar AG (Deutschland/Österreich)
- Isofloc ökologische Bautechnik GmbH (VC-Fonds, Hessisch Lichtenau)
- Karphosit Lehmbaustoffe AG (Peißen)
- Kompact AG (Düngemittel aus Abfällen, Malchin)
- Medipolan AG (Bandagen gegen Schmerzen, Wiesbaden)
- Mr. Evergreen AG (homöopathische Pflanzenpflegemittel, Calden)
- Nevest New Energy AG (Biodieselanlagen, Butzbach)
- Noa Bank GmbH & Co. KG (Bank, Frankfurt)
- Oekoland AG (Naturkostdiskontläden, Düsseldorf)
- Ökologik Ecovest AG & Co. Innovationsfonds VI isofloc KG (Dämmstoffe, Frankfurt)
- Oloid AG (Rührtechnologien, Basel)
- PowerPulse Holding AG (erneuerbare Energie, Basel)
- Premicon Biodiesel GmbH & Co. Lubmin KG (Lubmin)
- Prime Forestry AG (Teakplantagen, Zürich)
- PSP Papierschaum AG (Dämmstoffe, Achim)
- Reag Regenerative Energien AG (Erneuerbare-Energie-Kraftwerke, Berlin)
- RQM Raum-Quanten-Motoren AG (»Freie Energie«-Erzeugung, CH-Jona)
- Sachsenholz AG (Biomasse, Siebenlehn)
- Stoffkontor Kranz AG (Nesselstoffe, Lüchow)
- Thermo Shield Europa AG (Dämm-Farben, Berlin)
- Trentec AG (Recycling, München)
- Trentec II AG (Recycling, Berlin)
- Treuhanf AG (Hanf, Berlin)
- Umho Umweltholding AG (Augsburg)
- United Nature Beteiligungs AG (München)
- Wabag (München, Betrugsfälle bei mehreren Töchtern)
- Waschbär Umweltprodukt Versand GmbH (stille Gesellschafter betroffen)
- Windstar AG (Windkraftwerke, Augsburg)
- WRE AG (Wasser-/Windkraftwerke, Bad Homburg)
- Z.E.N.I.T.H. AG (Wertstoffrückgewinnung, Siebenlehn)

Auch bei der *Cargolifter AG,* die im Juni 2002 Insolvenz anmelden musste, ist ein großer Teil der über 70 000 Aktionäre vorbörslich in die Aktie eingestiegen, die nach dem Börsengang zum Kurs von rund 15 Euro relativ schnell zum Penny-Stock wurde. Daneben gibt es eine Reihe weiterer Unternehmen, deren ursprüngliche Planung bei weitem nicht aufgegangen ist und die teilweise erhebliche Finanzierungsprobleme hatten bzw. noch haben.

Kontaktdaten für außerbörslicher Aktien

Im Folgenden sind einige außerbörsliche (Umwelt-)Unternehmen samt Internetadresse angeführt, bei denen Interessenten Geschäftsberichte bzw. Emissionsprospekte anfordern können. Diese Auflistung stellt keinerlei Kaufempfehlung dar, sondern soll nur einen Einblick geben, wie vielfältig auch dieses Segment des Kapitalmarktes schon geworden ist.

Vorsicht: Hohes Risiko

Engagements bei handelbaren Venture-Capital-Aktien an sich sind schon eine risikoreiche Sache, umso mehr gilt dies für manche Aktien der oben gelisteten Unternehmen, für die es keinen oder noch kaum einen Handel gibt. Einige dieser Unternehmen wie z.B. die Öko-Pellets AG sind zudem stark hinter den ursprünglichen Umsatz- und Ertragsprognosen zurückgeblieben, haben schon jetzt erhebliche Liquiditätsprobleme oder ihr Geschäftsmodell hat kaum Chancen auf Erfolg. Andere, wie z.B. die ABO Wind AG, machen seit vielen Jahren hohe Umsätze und Gewinne. Die meisten solcher außerbörslichen Öko-Aktien werden in Deutschland angeboten, zum Schluss dieses Kapitels noch ein Blick auf die Szene in den Nachbarländern.

Schweiz

Relativ erfolgreich sind Schweizer Öko-Energietitel wie die seit einigen Jahren an der Börse notierte Edisun Power AG oder die ADEV Solarstrom AG, die Ende 1998 als Tochter der ADEV Energiegenossenschaft gegründet wurde (www.adev.ch) und in der Schweiz Solaranlagen erstellt und betreibt. Zweistellige Renditen darf man laut Verwaltungsrat Eric Nussbaumer aber von der ADEV-Solarstrom-Aktie nicht erwarten. Er rechnet langfristig mit drei bis sechs Prozent pro Jahr. Auch die ADEV-Töchter im Wind- und Wasserkraftbereich sind mit eher bescheidenen Gewinnen unterwegs.

Außerbörsliche Aktien	
Name	**Internetseite**
Abo Invest AG	www.buergerwindaktie.de
ABO Wind AG	www.abo-wind.de
ADEV Solarstrom AG	www.adev.ch
ADEV Wasserkraftwerk AG	www.adev.ch
ADEV Windkraft AG	www.adev.ch
Alternative Bank Schweiz AG	www.abs.ch
BEB Bioenergie AG	www.beb.at
BioArt AG	www.bioart.at
City Coaster Verkehrssysteme AG	www.citycoaster.com
Eine-Welt-Handel AG	www.eine-welt-handel.com
Envire Solar AG	www.envire-solar.com
Espen AG	www.espen.de
KlimaGut Immobilien AG	www.klimagut.ag
KWA Contracting AG	www.kwa-gmbh.de
Naturstrom AG	www.naturstrom.de
Obstland Dürrweitzschen AG	www.obstland.de
Oekostrom AG	www.oekostrom.at
Öko-Pellets AG	www.oekopellets.at
Phönix Sonnenwärme AG	www.sonnenwaerme.de
Solarcomplex AG	www.solarcomplex.de
WEB Windenergie AG	www.windenergie.at
Wind 7 AG	www.wind7.com
Windkraft Simonsfeld AG	www.wksimonsfeld.at
WISY AG Haustechniksysteme & Filtertechnik	www.wisy.de
WKV Wasserkraft Volk AG	www.wkv-ag.com

Österreich

In Österreich gibt es bisher noch keinen unabhängigen außerbörslichen Handel. Für einige Unternehmen liegt nicht einmal ein kapitalmarktgeprüfter Emissionsprospekt vor, sodass die Aktien für Kleinanleger nicht öffentlich beworben werden dürfen – ab 50 000 Euro war bis dato kein Prospekt erforderlich. Viele dieser Gesellschaften brauchen einige Jahre, um in die Gewinnzone zu kommen. Die Oekostrom AG hat es zwar 2004 mit 0,3 Mio. Euro Gewinn geschafft, später aber Millionenverluste eingefahren, sodass die Aktie seit Jahren schon unter dem Nennwert von 100 Euro gehandelt wird.

Die WEB Windenergie AG hat – wie die Oekostrom AG für mehrere Tausend Aktionäre – auf ihrer Homepage einen »Trading Room« eingerichtet, in dem sich an- und verkaufswillige Internet-Aktionäre finden können. Inwieweit sich der vom Vorstand jeweils nach einem DCF-Modell (Discounted Cash Flow, abgezinster Zahlungsstrom) berechnete aktualisierte Aktienwert auch im freien Handel an der Börse ergeben wird, ist umstritten. Wie die Windkraft Simonsfeld AG hat die WEB neben Aktien 2010 auch erfolgreich eine Anleihe platziert, um weitere Windkraftwerke zu finanzieren.

Die 2003 von zehn Privatpersonen »nach dem Vorbild der WEB Windenergie AG als nicht börsennotiertes Bürgerbeteiligungsmodell« gegründete BEB AG (Bio-Energie-Beteiligung) plant und betreibt Bioenergieanlagen in Österreich und hat Aktien zum Nennwert von 1000 Euro ausgegeben und inzwischen über 80 Aktionäre.

Seit 2007 gibt es auch einen ersten österreichischen Pellets-Erzeuger, an dem sich Investoren mittels Aktien beteiligen können. Die Öko-Pellets AG kam aber – nach einem Brand im Werk Reichraming und Liquiditätsengpässen ins Trudeln, nach Kapitalerhöhungen zu Preisen von 25, 40 und 6 Euro (2010) gibt es nun kaum noch jemanden, der mehr als einen Euro dafür bieten würde.

Die aus kleinen Anfängen (rund 19 000 Euro Umsatz im ersten Jahr 1987) bzw. der späteren Eine-Welt-Handel GmbH hervorgegangene Eine-Welt-Handel AG importiert und vertreibt mit entwicklungspolitischem Engagement Waren aus der Dritten Welt im Groß- und Einzelhandel. Zum Beispiel werden neben den eigenen »Eine-Welt-Läden« und den nicht gewinnorientierten »Welt-Läden« auch kommerziell orientierte Baumärkte mit Korbwaren beliefert. Inzwischen hat die Eine-Welt-Handel AG die europäische Marktführerschaft bei »fair« gehandelten Korbwaren erreicht; mehrere Tausend Menschen in Entwicklungsländern leben von den Lieferungen an die Eine-Welt-Handel AG.

Kontakt:

- Alpen Adria Energy AG, Kötschach 66, A-9640 Kötschach Mauthen, Tel.: 00 43/47 15/221, www.aae.at

- BEB Bioenergie AG, Florianigasse 9, A-3580 Horn, Tel.: 0043/029 82/45 21-0, www.beb.at
- Eine-Welt-Handel AG, Depotstraße 2, A-8712 Niklasdorf, Tel.: 0043/38 42/834 68, www.eine-welt-handel.com
- Oekostrom AG für Energieerzeugung und -handel, Mariahilferstraße 89, A-1060 Wien , Tel.: 0043/1/961 05 61-0, www.oekostrom.at
- Öko-Pellets AG , Eisenstraße 75, A-4462 Reichraming, Tel.: 0043/3/072 54/706 70, www.oekopellets.at
- WEB Windenergie AG, Schwarzenberg 12, A-3834 Pfaffenschlag, Tel.: 0043/28 48/63 36, www.windkraft.at
- Windkraft Simonsfeld AG, Simonsfeld 57a, A-2115 Ernstbrunn, Tel.: 0043/25 76/33 24, www.wksimonsfeld.at

2.5.3 Initiativen kritischer Aktionärinnen und Aktionäre

Jeder Aktionär ist Miteigentümer eines Unternehmens. Aktien sind deshalb nicht nur ein Instrument der Geldanlage, sondern auch der Mitbestimmung. Einmal im Jahr findet eine ordentliche Hauptversammlung statt, zu der alle Aktionäre eingeladen sind. In dieser Versammlung werden Beschlüsse gefasst, Funktionsträger gewählt und – wenn es einen Gewinn zu verteilen gibt – Dividendenausschüttungen festgelegt. Hier hat auch jeder Aktionär die Möglichkeit, von seinem Rede-, Frage-, und Stimmrecht Gebrauch zu machen und kann auf diese Weise versuchen, dem Unternehmensmanagement bzw. dem Kontrollorgan Aufsichtsrat ethisch-ökologisches Denken und Handeln näher zu bringen.

Da aber bei einer Kapitalgesellschaft – anders als bei einer Genossenschaft oder in einer Demokratie – für den Umfang der Einflussnahme nicht die Anzahl der Köpfe, sondern die Summe des eingebrachten Geldes maßgeblich ist, kann man als Kleinaktionär kaum tatsächlich mitbestimmen. Bei Abstimmungen zählen nicht die anwesenden Personen, sondern die Höhe des »anwesenden Kapitals«, d.h., Aktionäre mit größeren Aktienpaketen haben auch mehr zu sagen. Das Stimmrecht hat auch einen »Wert«, wie schon der Vergleich des Börsenkurses von Stamm- und Vorzugsaktien bei Gesellschaften zeigt, die beide Aktienarten ausgegeben haben. Denn in vielen Ländern bestehen Kursunterschiede zwischen Aktien mit unterschiedlichen Stimmrechten, wie sie auch bei deutschen Stamm- und Vorzugsaktien nachweisbar sind. Dennoch: Jeder Aktionär kann sich zu Wort melden und Kritik an der Geschäftspolitik »seines« Unternehmens üben.

Um insbesondere bei Großunternehmen besser Gehör zu finden, schließen sich weltweit Aktienbesitzer einzelner Unternehmen zu Interessensgruppen zusammen. Im Zentrum solch kritischer Aktionärinnen und Aktionäre steht allerdings nicht die Forderung nach höheren Dividenden, sondern die Kritik an sozialem und ökologischem Fehlverhalten des Unternehmens.

Die Anzahl solcher Initiativen ist im deutschsprachigen Raum seit den 1980er-Jahren stark angestiegen. Die Ursprünge dieser Bewegung liegen in den USA. Vor mehr als 70 Jahren meldeten sich erstmals bei den New Yorker Gaswerken kritische Aktionäre zu Wort und forderten mehr Information zum Geschäftsgebaren des Unternehmens. Einen Höhepunkt erreichten die »shareholder action groups« im Zuge der Bürgerrechts- und Anti-Vietnamkriegsbewegung in den USA. Auch heute sind noch über hundert kritische Kleinaktionärsgruppen aktiv, zunehmend aber auch Verbände von großen institutionellen Investoren, die (englisch ausgesprochen) »Engagement« zeigen und – auch abseits von Aktionärsversammlungen – den Dialog mit dem Management eines Unternehmens suchen, um bestimmte Ziele, z. B. eine Verbesserung in der Unternehmensführung oder bei Umweltschutzmaßnahmen zu erreichen.

Rechte und Einflussmöglichkeiten

Ein zentraler Tagesordnungspunkt auf jeder Hauptversammlung ist der Bericht des Vorstands zum abgelaufenen Geschäftsjahr. Im Anschluss daran können sich die Aktionäre zu Wort melden und Fragen stellen, z. B. im Hinblick auf Umweltschutzaspekte und -investitionen oder Zukunftsaussichten und Ähnliches. Der Vorstand muss wahrheitsgetreu antworten und kann die Antwort nur verweigern, wenn es sich um Geschäftsgeheimnisse handelt oder der Aufsichtsrat einer Antwortverweigerung zustimmt.

Neben dem Teilnahme- und Fragerecht kann jeder Aktionär – im Vorfeld der Hauptversammlung – Anträge einreichen und an den Abstimmungen mitwirken. Bei der notwendigen Entlastung von Vorstand und Aufsichtsrat, für den auch eigene Kandidaten vorgeschlagen werden können, zählt jede Stimme. Wer mit der Geschäftsführung bestimmter Manager nicht einverstanden ist, kann deren Nichtentlastung beantragen. In einigen Fällen wird auch über die Höhe der Aufsichtsratsvergütung abgestimmt.

Wie wird man kritischer Aktionär?

Um mitreden zu können, genügt der Kauf der gewünschten Aktie über die Bank. Dann muss lediglich noch die Stimmkarte bzw. Einladung zur Hauptversammlung organisiert werden. Gruppen kritischer Aktionäre (siehe Kontaktadressen ab Seite 88) können häufig auch Eintrittskarten und damit Rederecht zur Verfügung stellen.

Neben Deutschland (seit Jahrzehnten z.B. bei der Bayer AG), Österreich (seit 1982 beim Rüstungskonzern Steyr-Daimler-Puch) und der Schweiz sind auch in Großbritannien, Frankreich, Kanada, Italien und Japan schon seit vielen Jahren kritische Aktionärsgruppen aktiv. In Frankreich z.B. seit 1988 beim damaligen Rüstungs- und Öl-Unternehmen Total Fina Elf.

Die größte Anzahl kritischer Aktionärsgruppen gibt es in den USA. Allein das »Interfaith Center on Corporate Responsibility« in New York koordiniert bei mehr als 100 Hauptversammlungen pro Jahr die Anträge vorwiegend kirchlich-institutioneller Investoren. Dabei stehen meist soziale, aber auch ökologische Themen im Mittelpunkt.

Kontakt:

- Interfaith Center on Corporate Responsibility, Suite 1842, 475 Riverside Drive, New York, NY 10115, USA, Tel.: 001/212/870-22 95, E-Mail: info@iccr.org, www.iccr.org

Kritische Aktionäre in Deutschland

In Deutschland werden die Aktionen seit 1986 vom Dachverband der Kritischen Aktionärinnen und Aktionäre koordiniert. Wer zum Hauptversammlungstermin keine Zeit hat, kann seine Stimmrechte dem Dachverband übertragen. Dieser vermittelt auch Kontakte bzw. Stimmvollmachten zu ökologisch motivierten Aktion(är)sgruppen u.a. bei folgenden Aktiengesellschaften: BASF, Bayer, Daimler, Deutsche Bank, Deutsche Lufthansa, EnBW, Eon, KWS (Kleinwanzlebener Saatzucht), RWE, Siemens und ThyssenKrupp.

Auf der Hauptversammlung der RWE AG im Mai 2005 beispielsweise warnten kritische Aktionäre – darunter der Sprecher von Greenpeace – vor »Fehlinvestitionen in klimaschädliche Braunkohle-Kraftwerke und vor dem Weiterbetrieb der Atomkraftwerke«. Der RWE-Vorstand wurde aufgefordert, stattdessen in klimafreundlichere Gas- und Dampfkraftwerke sowie Erneuerbare-Energie-Kraftwerke zu investieren. Bei der Siemens AG haben sich 1994 Mitarbeiter, die selbst Anteile am Unternehmen halten, im Verein von Belegschaftsaktionären in der Siemens AG e.V. zusammengeschlossen. Mittels »kritischer Analyse der Firmenpolitik« wollten sie Impulse geben z.B. für eine »verstärkte Vermögensbildung« oder zur »Verbesserung der Firmenkultur«.

Die folgenden Beispiele sollen Anliegen und Arbeitsweise der mehr oder weniger lose organisierten Gruppen kritischer Aktionäre verdeutlichen. Rund 30 Gruppen und Organisationen haben sich zu einem Dachverband zusammengeschlossen (aktuelle Liste mit Adressen siehe unter: http://kritischeaktionaere.de/mitglieder.html).

Kontakt:

- Dachverband der Kritischen Aktionärinnen und Aktionäre e. V., Postfach 30 03 07, D-50773 Köln, Tel.: 0221/5995647, E-Mail: dachverband@kritischeaktionaere.de, www.kritischeaktionaere.de

Der nach dem früh verstorbenen langjährigen Aktivisten und Geschäftsführer des Dachverbands benannte »Henry-Mathews-Preis« wird seit 2007 verliehen. 2010 erhielten ihn das Aktionsbündnis »Landmine.de« und sein Leiter Thomas Küchenmeister. Das Bündnis setzt sich »seit vielen Jahren für ein weltweites Verbot der Entwicklung, der Produktion, des Exports und des Einsatzes aller Landminentypen und von Streumunition ein. Es hat das öffentliche Bewusstsein für die Gefahr, die von Rüstungsproduktion ausgeht, geschärft«. 2009 waren Christiane Schnura und die »Kampagne für Saubere Kleidung« die Preisträger. Diese Aktionärsvereinigung setzt sich »für die Rechte der Arbeiterinnen und Arbeiter und eine Verbesserung der Arbeitsbedingungen in der internationalen Bekleidungs- und Sportartikelindustrie ein« u.a. bei Konzernen wie Adidas, Puma oder Metro.

Preisträger 2008 waren Gregor Böckermann und die »Ordensleute für den Frieden (IOF)«, die »sich durch ihr hartnäckiges Engagement und ihre phantasievollen Aktionen gegen die Geschäftspolitik der Deutschen Bank« auszeichnen. Der erste Preisträger war 2007 »urgwald«, eine Organisation, die »mit ihrem Engagement erheblich dazu beigetragen hat, dass deutsche Großbanken sich aus der Finanzierung eines risikoreichen Projektes, der Errichtung des Atomkraftwerks Belene (Bulgarien), zurückgezogen haben«.

Bayer: Konzern verklagt Kritiker

Eine der aktivsten kritischen Aktionärsgruppen ist seit 1978 die *»Coordination gegen Bayer-Gefahren«*. Im Zentrum ihrer Arbeit stehen nicht nur die weltweiten Umweltsünden des Konzerns. Auch Gentechnik, Tierversuche und Menschenrechtsverletzungen sowie mangelhafter Opferschutz und eine fehlende Zwangsarbeiterentschädigung werden angeprangert.

Im Jahr 1987 endete die Auseinandersetzung zwischen Konzern und kritischen Aktionären vor Gericht. Die Coordination und deren Sprecher, Axel Köhler-Schnura, wurden gerichtlich aufgefordert, bestimmte Behauptungen zu widerrufen bzw. zu unterlassen. Konkret ging es um zwei Sätze aus einem schon länger im Umlauf befindlichen Aufruf der kritischen Aktionäre: »In seiner grenzenlosen Sucht nach Gewinnen und Profiten verletzt Bayer demokratische Prinzipien, Menschenrechte und politische Fairness. Missliebige Kritiker werden bespitzelt, rechte und willfährige Politiker werden unterstützt und finanziert«. Ausgerechnet der Abschnitt »Gefahren für die Demokratie« wurde seitens des Konzerns beanstandet, nicht jedoch die im selben Flugblatt angeführten Aussagen zur Verseuchung der Umwelt, Gefährdung menschlicher Gesundheit oder Gefahren für den Frieden. Die kritischen Bayer-Aktionäre haben den Fall über alle Instanzen geführt und letztlich musste Bayer beim Bundesverfassungsgericht eine Niederlage einstecken. Gerichtliche Auseinandersetzungen dieser Art sind jedoch selten, allein schon aufgrund der knappen Finanzlage der meisten Aktionärsgruppen. Die Coordination, die »reichste« deutsche Gruppe, hat ein Jahresbudget von rund 100 000 Euro; viele andere müssen mit wenigen Hundert oder Tausend Euro ihre gesamte Arbeit bestreiten.

Wer sich näher kritisch mit der Bayer AG befassen will, sei auf die Bücher »Widerspruch zu Protokoll« und »Bayer macht Kasse« sowie auf die informative Zeitschrift »Stichwort Bayer« verwiesen, die von der Coordination bezogen werden kann. Die Coordination vertritt Stimmrechte aus Hunderten von Depots und konnte mit der Vollmacht eines Erben, des als kritischen Aktionärs bekannten Herrn Nold, sogar schon eigene Tagesordnungspunkte durchsetzen, z. B. zur Ökologisierung der Satzung der Bayer AG.

Auch bei der Hauptversammlung im April 2011, zu der rund 4000 Bayer-Aktionäre nach Köln kamen, stammten die meisten der über 30 Redebeiträge von Seiten der kritischen Aktionäre, die mit rund 40 000 Aktien vertreten waren. Zur Sprache kamen u. a. Tierversuche, Pestizide wie Gaucho und Poncho, Bienensterben, Gefahren der Gentechnik und Nanotechnologie, Gesundheitsschädigungen durch die Antibabypille Jasmin sowie den Schwangerschaftstest Duogynon. Auch der Stellenabbau in den letzten 20 Jahren – 60 000 von 171 000 Arbeitsplätzen fielen weg – wurde kritisiert sowie die Steuermoral: »Der Konzern [fährt] in geradezu asozialer Weise seine Steuer-Verpflichtungen gegenüber der Gesellschaft – bei steigenden Gewinnen wohlgemerkt – auf ein kaum noch erwähnenswertes Minimum herunter.« Der Konzerngewinn stieg 2010 auf 7,5 Mrd. Euro – bei einem Umsatz von rund 35 Mrd. Euro. An Ertragssteuern wurden 0,4 Mrd. Euro bezahlt, rund 40 Prozent weniger als 10 Jahre zuvor. Die Dividendenausschüttung an die Aktionäre war mit 1,2 Mrd. Euro dreimal höher.

Schriftlich eingereichte Gegenanträge der Coordination gegen Bayer-Gefahren muss der Konzern vorab auf seiner Homepage (www.hv2011.bayer.de) veröffentlichen. Von der Mehrheit der Aktionäre regelmäßig abgelehnt werden Anträge zur Kürzung der Dividende mit dem Ziel, die »frei werdenden Milliarden« zu verwenden für »Erhalt und Schaffung sicherer Arbeitsplätze und für die Zahlung sozial gerechter Löhne, einen Fonds zum angemessenen Ausgleich von Schäden, die infolge der Geschäftstätigkeit an Mensch und Umwelt eingetreten sind, den umfassenden ökologischen und sozialen Umbau des Konzerns ohne doppelte Standards und schließlich für die Zahlung von Wiedergutmachungen für die Verbrechen von Bayer und des von Bayer mitbetriebenen IG Farben-Zusammenschlusses an die Opfer bzw. deren Angehörige und Nachkommen.«

Kontakt:
- Coordination gegen Bayer-Gefahren (CBG), Postfach 15 04 18, D-40081 Düsseldorf, Tel.: 02 11/33 39 11, E-Mail: cbgnetwork@aol.com, www.cbgnetwork.org

Daimler

Ebenfalls unter der Beobachtung kritischer Aktionäre steht seit vielen Jahren der Autobauer Daimler, der über verschiedene Beteiligungen auch im Rüstungssektor tätig ist. Zum Beispiel wurde die MBB-Panzerfaust »Armbrust« vom Tochterunternehmen Messerschmitt-Bölkow-Blohm produziert. Aus diesem Grund werden Themen wie Atomwaffen- und Minen-Produktion oder die Lieferung von Rüstungsgütern in Staaten, die für Menschenrechtsverletzungen bekannt sind, immer wieder vom 1986 gegründeten Dachverband der Kritischen Aktionärinnen und Aktionäre e. V. und von den Kritischen AktionärInnen Daimler aufgegriffen. Aber auch firmenpolitische Entwicklungen wie Entlassungen oder Arbeitszeiten werden thematisiert. Bei der Entwicklung von umweltfreundlichen Fahrzeug-Antrieben beispielsweise fordern die kritischen Aktionäre mehr Engagement von der Unternehmensführung. Ihre Kritik an der Unternehmenspolitik fassen die Aktionäre im jährlich erscheinenden »Alternativen Geschäftsbericht« zusammen.

Kontakt:
- Kritische AktionärInnen Daimler (KAD), Arndtstraße 31, D-70197 Stuttgart, Tel.: 07 11/60 83 96, E-Mail: paul.russmann@kritischeaktionaere.de

Kritische Aktionäre in Österreich

In Österreich traten erstmals 1980 kritische Aktionäre u. a. bei Banken und Rüstungsunternehmen auf, später auch bei der *Lenzing AG* und den Strom-, Gas- und Erdölversorgern *EVN AG, OMV AG* und *Verbundgesellschaft*. Bei der Verbund-Privatisierung 1989 gründete sich die nach der Mitgliederzahl weltgrößte Initiative kritischer Aktionäre (über 1000). Die erste »öffentliche« Hauptversammlung im Jahr 1989 dauerte nicht wie sonst üblich zwei oder drei

Stunden, sondern rund 14 Stunden bis Mitternacht. Und anders als bei den meisten anderen Hauptversammlungen waren die kritischen Anteilseigner hier keine verschwindende Minderheit, sondern machten rund die Hälfte aller anwesenden Aktionäre aus. Die Mitglieder von Vorstand und Aufsichtsrat mussten sich somit wie in einem Hexenkessel vorkommen. In den letzten Jahren ist es jedoch still um die »grünen« Verbundaktionäre geworden. Denn viele der damaligen Forderungen, z. B. der Ausstieg beim Atomkraftwerk Zwentendorf, sind inzwischen erfüllt. Das alte Management, zuweilen auch nur »Betonierer« genannt, hat längst abgedankt. Seit Jahren nimmt die Verbundgesellschaft das Thema Umwelt sehr ernst, publiziert einen ausgezeichneten jährlichen Nachhaltigkeitsbericht und bietet seinen Strom, der zu mehr als 90 Prozent aus Wasserkraft gewonnen wird, im Ausland als Öko-Strom an.

Einige der von kritischen Aktionären »heimgesuchten« Unternehmen gibt es nicht mehr, weil sie (wie der Rüstungskonzen *Steyr-Daimler-Puch AG*) zerschlagen oder (wie die *Austrian Airlines AG*) übernommen worden sind und damit nicht mehr an der Börse notieren. In jüngster Zeit wurde der Maschinenbauer *Andritz AG* auf Hauptversammlungen wegen beabsichtigter Turbinenlieferungen an umstrittene Staudammprojekte in Ilisu (Türkei) und Belo Monte (Brasilien) sowie wegen des Baus einer Zellstoff-Fabrik im tasmanischen Urwald kritisiert.

Kontakt:

- Grüne Verbundaktionäre, c/o Grüner Klub, Rathaus, A-1080 Wien
- Kritische Andritz-Aktionäre, c/o Greenpeace, Fernkorngasse 10, A-1100 Wien
- Kritische EVN-Aktionäre; c/o Grüner Klub, Parlament, A-1017 Wien
- Kritische OMV-Aktionäre, c/o Grüner Klub, Parlament, A-1017 Wien

Schweiz

In der Schweiz wurde Anfang 2000 ein eigener Dachverband gegründet: *Actares AktionärInnen für nachhaltiges Wirtschaften*. In den Jahren davor wurden nur wenige Unternehmen von kritischen Aktionären unter die Lupe genommen. Hierzu zählten vor allem der Waffenkonzern *Oerlikon-Bührle AG*, die *UBS AG* (vormals Schweizerische Bankgesellschaft AG), die *Credit Suisse* sowie die *Nestlé AG*. Bei Nestlé verfolgte seit Ende der 1980er-Jahre die Organisation Canes (Convention d'actionnaires Nestlé) kritisch die Geschäfte des Schweizer Weltkonzerns. Themen wie Babynahrung, Umweltschutzmaßnahmen, preisgünstige Arzneimittel für die Dritte Welt oder die Einhaltung des WHO-Codes zum Marketing von Baby-Nahrung wären ohne Canes (ca. 50 Aktionäre,

Jahresbudget seinerzeit ca. 50 000 Franken) sicher weniger oft behandelt worden. 1992 riefen die Delegierten des »Internationalen Nestlé-Boykott-Komitees« zu einem verschärften Boykott von Nestlé-Produkten auf, weil der Nahrungsmittelhersteller trotz verbaler Zustimmung zu der UNICEF-Aufforderung, keine Gratis-Babymilch in Krankenhäusern mehr zu verteilen, an der üblichen Praxis festhielt. Und sie hatten Erfolg: Die Diözesansynode von Oxford z.B. forderte kirchliche Vermögensverwalter auf, die in ihren Depots befindlichen Nestlé-Aktien im Wert von rund 1,6 Mio. Pfund zu verkaufen. Canes ist im neuen Dachverband aufgegangen, in Deutschland wird die kritische Arbeit zum Thema Babynahrung von einer eigenen Gruppe weitergeführt (www.babynahrung.org).

Die aus den Vorgängerorganisationen Canes und dem Verein kritischer AktionärInnen der UBS hervorgegangene Actares hat ihre Aktivitäten auf zahlreiche Schweizer Firmen ausgeweitet, z.B. auf *ABB, Julius Bär, CS Group, Holcim, Lonza, Novartis, Richemont, Roche, SGS, Swatch Group, Swiss Re, Syngenta, Transocean, UBS und Zurich Financial Services*. Die Initiative fordert z.B. eigene Umwelt- und Sozialberichte der Unternehmen ein und beteiligt sich aktiv an der Corporate-Governance-Diskussion in der Schweiz. Bei der Generalversammlung der *Transocean AG* vom 13. Mai 2011 lehnte Actares die Entlastung des Managements für das Geschäftsjahr 2010 ab, in dem es zur Ölkatastrophe im Golf von Mexiko gekommen war. Betreiber der explodierten Ölbohrinsel »Deepwater Horizon« im Auftrag von BP war Transocean, deren Aktie im Schweizer Blue-Chips-Index SMI gelistet ist. Dass der Verwaltungsrat von Transocean einen Antrag auf Entlastung gestellt hat, zeige laut Actares, dass »es um das Verantwortungsbewusstsein der Transocean-Führung nicht besonders gut bestellt ist«. Der Internetseite sind die Ergebnisse der letzten Jahre sowie aktuelle Aktivitäten und Abstimmungspositionen von Actares zu entnehmen, die sich bis 2005 an die von der Stiftung Ethos vorgeschlagenen Stimmenempfehlungen gehalten hat. Stimmrechte für nicht selbst behandelte Firmen leitet Actares an Ethos oder eine andere »gleichgesinnte Organisation« weiter.

Nicht nur Privataktionäre, sondern zunehmen auch ethisch-ökologisch orientierte institutionelle Anleger wie Pensionskassen nutzen die Stimmrechte aus den Aktien ihrer Portfolios und zeigen damit (englisch ausgesprochen) »Engagement«. Eine der größten Organisationen, die solche Rechte bündelt, ist die 1997 von zwei Genfer Pensionskassen gegründete Genfer Ethos-Stiftung für nachhaltige Entwicklung. Sie legt nicht nur ihr eigenes Vermögen nach Nachhaltigkeits-Kriterien an, sondern tritt für eine »Dialogkultur mit den Unternehmen« ein, und dies nicht nur auf den Hauptversammlungen (HV). Zu jedem der rund 100 schweizerischen und 250 ausländischen Unternehmen gibt es ein Unternehmensprofil mit Finanz-, Öko- und Sozialrating. Die

»systematische und verantwortungsbewusste Ausübung ihrer Stimmrechte« beruht auf den wichtigsten Best-Practice-Kodizes über Corporate Governance sowie auf der Charta der Stiftung. Die »Abstimmungsentscheide sind vom Willen geleitet, den Wert des Unternehmens langfristig zu steigern, und zwar sowohl für seine Aktionäre als auch für seine übrigen Anspruchsgruppen (Stakeholders), insbesondere die Beschäftigten, Kunden und Lieferanten sowie die Zivilgesellschaft mit ihren staatlichen und nichtstaatlichen Organisationen.« Dabei werden die Abstimmungsentscheide von Ethos bereits einige Tage vor dem HV-Datum mitgeteilt.

Kurzfristige Erfolge sind zwar kaum zu erwarten, aber die vorgebrachten Anträge auf der »Traktandenliste« erreichen nicht selten von Jahr zu Jahr steigende Zustimmungsquoten bei den Hauptversammlungen und können langfristig eine Änderung in der Unternehmensphilosophie bewirken. Beispielsweise steht das Thema »Corporate Governance« bei vielen US-Gesellschaften und auch in Europa auf der HV-Tagesordnung.

Die Ethos-Stiftung vertritt inzwischen mehr als 110 institutionelle Investoren und ist einer der Unterzeichnerinnen der Principles for Responsible Investment der Vereinten Nationen (UNPRI). Die stiftungseigene Firma Ethos Services berät Anlagefonds und sonstige Institutionelle, die insgesamt ein Volumen von über zwei Mrd. Franken nach dem SRI-Ansatz (Socially Responsible Investment) verwalten. Bei europäischen Unternehmen außerhalb der Schweiz stimmt Ethos gemäß den Empfehlungen des Partners ECGS, der ähnliche Regeln hat.

Ethos ist auch Berater bestimmter Produkte wie Anlagefonds (Pictet-Ethos (CH) Swiss Sustainable Equities, Raiffeisen Pension Invest und Pictet-Environmental Megatrend Selection), Zertifikate (BKB-Ethos Sustainable Tracker, Focus Swiss Small/Mid Caps) und einem Private-Equity-Dachfonds (Unigestion – Ethos Environmental Sustainability).

Kontakt:

- Actares, AktionärInnen für nachhaltiges Wirtschaften,
  Postfach, CH-300 Bern 23, Tel.: 00 41/31/371 92 14,
  E-Mail: info@actares.ch, www.actares.ch
- Ethos, Schweizerische Stiftung für nachhaltige Entwicklung,
  Place Cornavin 2, Postfach, CH-1211 Genf 1, Tel.: 00 41/22/716 15 55,
  E-Mail: info@ethosfund.ch, www.ethosfund.ch

Internationale Entwicklungen bei der Nutzung des Stimmrechts

Wie das Beispiel Ethos zeigt, kann gerade das Engagement von Pensionskassen einen besonders positiven Einfluss auf die Unternehmensführung ausüben. In

Deutschland müssen Pensionsfonds die Versorgungsberechtigten seit September 2005 grundsätzlich bei Vertragsschluss sowie jährlich schriftlich darüber informieren, ob und wie sie ethische, soziale und ökologische Belange bei der Verwendung der eingezahlten Beiträge berücksichtigen (§ 115 Abs. 4 Gesetz über die Beaufsichtigung der Versicherungsunternehmen). Bereits seit Anfang 2005 haben Anbieter von Altersvorsorgeverträgen über die Struktur des Anlagenportfolios und das Risikopotenzial zu informieren sowie darüber, ob und wie ethische, soziale und ökologische Belange bei der Verwendung der eingezahlten Beiträge berücksichtigt werden (§ 7 Abs. 1 Ziffer 5 Gesetz über die Zertifizierung von Altersvorsorgeverträgen).

Die Ratingagentur GES Investment Services mit Hauptsitz in Schweden hat 2005 – vor allem als Service für Pensionsfonds – das GES Engagement Forum eingeführt. Die Pensionsfonds erhalten damit mehr Möglichkeiten zum Dialog und zur Einflussnahme auf die Unternehmen, wodurch die Wahrscheinlichkeit, Aktien bei Nichterfüllung von Kriterien verkaufen zu müssen, gesenkt werden soll. GES betreut inzwischen Institutionelle mit einem Vermögen in dreistelliger Milliardenhöhe.

In den USA ist »Engagement« über »Proxy Voting« schon seit vielen Jahren üblich; es gibt jährlich Hunderte von sozial oder ökologisch motivierten Resolutionen, über die bei der HV abgestimmt wird. 2005 hat Amnesty International USA die »SharePower«-Kampagne gestartet, die Instrumente bietet, mit denen Investoren ihre Stimmrechte zugunsten der Menschenrechte einsetzen können. In den Statistiken der »Corporate Library« ist das Abstimmungsverhalten einzelner US-Investmentfonds zu bestimmten Anträgen nachzulesen.

Neben Ethos und GES gibt es noch eine Reihe anderer auch mit »Engagement« befassten Organisationen wie z.B. noch das Frankfurter CRIC – Corporate Responsibility Interface Center. Als Netzwerk europäischer Kontakte fungiert das European Social Investment Forum (Eurosif, Paris: www.eurosif.org), das unter anderem das Handbuch »Active Share Ownership in Europe« herausgegeben hat.

Außerhalb Europas aktiv sind die kanadische Social Investment Organization (SIO, Toronto, www.socialinvestment.ca), das Social Investment Forum (US SIF, Washington, D.C., www.socialinvestment.org) mit dem »Advocacy & Policy Program«, die Association for Sustainable & Responsible Investment in Asia (AsrIA, Hong Kong, www.asria.org) und die Responsible Investment Association Australasia (RIAA, Sydney, www.responsibleinvestment.org).

2.5.4 Investmentklubs

Ein Investmentklub sammelt Einlagen seiner Mitglieder, mit denen dann Wertpapiere gekauft werden. Ähnlich wie bei Fonds kann man schon mit kleinen Beträgen einen Anteil an einem breit gestreuten Wertpapierportfolio erwerben. Die Idee dazu wurde 1898 in den USA geboren. Im Weltverband der Investmentklubs sind derzeit Klubs aus 16 Ländern mit insgesamt fast einer Mio. Mitglieder vertreten.

Ein Hauptmotiv für den Beitritt zu einem Investmentklub liegt im Lerneffekt für die Mitglieder, die dann mit eigenem Geld »besser« wirtschaften können sollten als ohne die praktischen Erfahrungen im Investmentklub. Außerdem erhalten Investmentklubs meist ähnliche Gebührenermäßigungen wie Großanleger. Der Investmentklub führt ein Wertpapierdepot mit zugehörigem Konto, auf das die Einlagen der Mitglieder eingezahlt werden können. Jedes Mitglied hat somit ein separates Guthaben in Höhe der eingezahlten Summen bzw. einen entsprechenden Anteil am momentanen Wertpapierdepotwert. Viel hängt natürlich von der Höhe des bis dahin eingezahlten »Spielkapitals« ab: Je mehr eingezahlt wird, desto breiter kann man die Anlagen streuen und das Risiko von Kursverlusten einzelner Aktien begrenzen.

In Deutschland gab es früher über 5000 solcher Klubs, meist in der Rechtsform einer Gesellschaft bürgerlichen Rechts (GbR). Die gesetzlichen Bestimmungen für die Geschäftsführung eines Klubs wurden vor Jahren verschärft: Entweder muss eine entsprechende Erlaubnis als Finanzdienstleister vorliegen (Portfolioverwaltung laut § 1 Abs. 1a bzw. § 32 Kreditwesengesetz) oder die Verwaltung erfolgt ehrenamtlich. Doch nach Einführung der Abgeltungssteuer in Deutschland (ab 2009) bzw. der Vermögenszuwachssteuer in Österreich (ab 2011) für realisierte Gewinne haben sich sehr viele Klubs selbst aufgelöst. Hauptgrund dafür war in vielen Fällen der mit der Notwendigkeit einer Art Steuerbuchhaltung verbundene Arbeitsaufwand, der ehrenamtlich nicht mehr zu bewältigen gewesen wäre.

Dieser Entwicklung fielen auch einige Investmentklubs mit ethisch-ökologischer Zielsetzung zum Opfer, obwohl deren Performance nicht selten weit besser war als die vieler professioneller Umwelt-Investmentfondsmanager. Zuletzt wurde (2011) der »dienstälteste« unter den deutschsprachigen Klubs, der Öko-Investmentklub Austria, aufgelöst. Er war 1990 in Wien mit 18 Gründungsmitgliedern gestartet und hatte zuletzt 250 Mitglieder (mehr wollte man aus Gründen des Zeitaufwands nicht aufnehmen). Das Gesamtvolumen der beiden »Öko-Invest-Anlage-Gruppen« (die zweite Gruppe konzentrierte sich auf außerbörsliche Werte und Nebenwerte) lag einmal bei über vier Mio. Euro. Die meisten Anleger der Bonner Klubs »Murphy&Spitz Umwelt-Aktiendepot

Welt« und »Murphy&Spitz Umwelt-Aktiendepot Deutschland« haben sich für die Einbringung ihrer Gelder – ebenfalls mehrere Mio. Euro – in entsprechende Investmentfonds entschieden, bei den wesentlich kleineren Berliner Klubs »Ökozoxx« bzw. »Greenbullix« floss das Geld zurück an die Mitglieder.

Ein unrühmliches Beispiel für einen »Ethik-Klub« lieferte der einst als Pionier der Szene gefeierte Hans Berner, der bei der Ethik Vermögensverwaltung AG in Köln als Klub-Geschäftsführer in den 1990-er Jahren mittels gefälschter Angaben zu den »Renditen seit Gründung« neue Klubmitglieder geworben hat – und mehrere Mio. DM Anlegergelder über sogenannte Kickback-Zahlungen veruntreut hat. Er wurde deswegen zwar strafrechtlich verurteilt, gilt aber nicht als vorbestraft und kann daher weiterhin seinen Beruf ausüben. Er ist nach wie vor Vorstand der Ethik Vermögensverwaltung AG (deren Bilanzverlust Ende 2009 bei über 760 000 Euro lag, während das Eigenkapital auf unter 134 000 Euro geschrumpft war) und wurde als Berater des »Meridio Green Balance«-Fonds eingesetzt, in den nach dem 1997 aufgedeckten Skandal ein Teil des Klubvermögens geflossen ist.

Wer – trotz der »Bürokratie«-Problematik – selbst einen Investmentklub gründen möchte, kann vom Verband österreichischer Investmentklubs Informationen anfordern oder sich an die Deutsche Schutzvereinigung für Wertpapierbesitz wenden.

Kontakt:

- Verband österreichischer Investmentklubs, Promenade 11–13, A-4041 Linz, Tel.: 00 43/501 00/451 38, E-Mail: info@investmentclubs.at, www.investmentclubs.at
- Deutsche Schutzvereinigung für Wertpapierbesitz e. V., Postfach 35 01 63, D-40443 Düsseldorf, Tel.: 02 11/66 97 01-02, E-Mail: dswdsw-info.de, www.wertpapier.de

2.6 Investmentfonds

Ein Investmentfonds gleicht einem Paket aus vielen verschiedenen Aktien und anderen Wertpapieren, an dem sich Anleger auch schon mit relativ kleinen Summen beteiligen können. Durch die Streuung über zahlreiche Werte verschiedener Branchen und Länder wird das Risiko der schwankenden Aktienkurse und Währungen reduziert. Neben Aktienfonds gibt es auch Rentenfonds und beide Anlageschwerpunkte kombinierende gemischte Fonds. Weltweit stehen mittlerweile schon weit mehr als 1000 verschiedene nach ethisch-ökologischen Kriterien geführte Investmentfonds zur Auswahl.

Ethik- und Umweltfonds sind für die Anleger teilweise profitabler als konventionelle Investmentfonds. Eine Ursache dafür mag sein, dass die Anleger längerfristig denken und ihrem Fonds auch in schwierigen Zeiten treu bleiben. Den Börsen-Crash im Oktober 1987 haben z.B. die amerikanischen Umweltfonds überdurchschnittlich gut überstanden, weil die Anleger »drinnen« geblieben waren. Viele andere Fonds mussten wegen hoher Rückkäufe ihre Wertpapiere zu den sehr niedrigen Kursen nach dem Crash verkaufen. Ähnlich »treu« verhielten sich die Anleger von Ethik- und Umweltfonds seit Beginn der jüngsten Finanzkrise 2008: Es kam sogar zu einem Mittelzufluss, und das Management vieler Fonds sah von einem Verkauf von Wertpapierpositionen ab, was gerade bei Aktien kleinerer Unternehmen den Abgabedruck (und damit eine Kursabwärtsbewegung) abgemildert oder sogar verhindert hat.

Während ethisch-ökologische Investmentfonds im angloamerikanischen Raum schon seit Jahrzehnten verbreitet sind, gibt es vergleichbare Produkte in anderen Ländern erst seit gut 20 Jahren. In Deutschland scheiterte die Einführung entsprechender Fonds zunächst an der Genehmigungsbehörde, die der Auffassung war, dass der Begriff »Ethik« fehl am Platz sei, da dadurch andere Investmentfonds oder einzelne Aktien als »nicht-ethisch« diskriminiert würden. Viele Fondsanbieter wichen deshalb nach Luxemburg aus.

Die ersten ethisch-ökologischen Fonds im deutschsprachigen Raum stammten aus dem Bereich Umwelttechnologie. In einer zweiten Phase gingen einzelne Fonds wie der Ökovision von einem umfassenderen Ansatz ethischer, ökologischer und sozialer Kriterien aus. Etwa ab 1994 tauchten vermehrt die Schlagworte »Öko-Effizienz«, »Best-in-Class« und später auch »Sustainability«, sprich Nachhaltigkeit, in der Fondslandschaft auf. Im Jahr 2000, dem Boom-Jahr der Erneuerbare-Energie-Aktien, kamen schließlich zahlreiche Branchenfonds (Wasser, erneuerbare Energien) auf den Markt. Inzwischen gibt es für fast jeden Geschmack ein passendes Fondskonzept, und die Gelder, die in diese Fonds fließen, haben stark zugenommen. Nach Erhebungen des Sustainable Business Institutes (www.nachhaltiges-investment.org) waren im deutschsprachigen Raum (Deutschland, Österreich, Schweiz) im März 2011 rund 34,4 Mrd. Euro in 357 ethischen Publikumsfonds angelegt, für Europa wurden sogar 879 Fonds mit zusammen 75,3 Mrd. Euro Fondsvolumen identifiziert (Juni 2010). In den USA, dem »Mutterland« des ethischen Investments, wurden nach Schätzung des US SIF (The Forum for Sustainable and Responsible Investment, ussif.org) im Jahr 2010 etwa 12 Prozent des gesamten investierten Vermögens oder über 3000 Mrd. Dollar nach sozial verantwortungsbewussten Kriterien investiert. Aber nur etwa ein Zehntel davon wandert in Ethik-Investmentfonds, von denen es etwa 250 gibt. Der Löwenanteil wird in Eigenregie oder mittels professioneller Depotverwaltung nach bestimmten Kriterien angelegt.

Trotz eines insgesamt zunehmenden Angebots an nachhaltigen Investmentfonds stehen auf der anderen Seite auch Fondsschließungen auf der Tagesordnung, wenn es nicht gelingt, die Anleger dauerhaft zu binden. Zumeist wird der Fonds dann mit einem anderen, oft größeren und konzeptionell umfassenderen Fonds zusammengelegt. Dabei kann auch die ethisch-ökologische Ausrichtung verloren gehen, wenn sie von dem neuen Fonds nicht mehr abgebildet wird.

2.6.1 Anlagekonzepte und Kriterienkataloge

Die meisten Ethik- und Umweltinvestmentfonds haben mehr oder weniger ausformulierte Auswahlkriterien in den Statuten verankert. Dabei werden immer mehr Ausschlusskriterien (Negativkriterien) und Positivkriterien, die von Unternehmen erfüllt sein sollen, kombiniert. Die Entwicklung sollen drei Beispiele verdeutlichen:

Beispiel 1: Ethical Investment Fund

Die ersten ethischen Investmentprodukte definierten sich über Ausschlusskriterien. Einer der ältesten britischen »ethicals« hatte seine Kriterien für den Ausschluss kurz und prägnant in zehn Verbote gefasst und die nicht zulässigen Wirtschaftszweige eindeutig definiert:

1. *Rüstung:* Bomben, Gewehre, Panzer, Kampfflugzeuge, Marschflugkörper, Sprengköpfe, Munition und Atomwaffen.
2. *Südafrika:* jedes Unternehmen mit Zweigstellen oder Tochterunternehmen in Südafrika. Dieses Kriterium wurde nach der Ablösung des Apartheidregimes gestrichen.
3. *Atomkraft:* jegliche Produktion von atomaren Brennstoffen in den letzten fünf Jahren, Zulieferbetriebe für die Nuklearindustrie.
4. *Parteispenden:* Unternehmen, die politisch motivierte Spenden von mehr als 10 000 Pfund jährlich geben.
5. *Tierversuche:* eigene Tierversuche bzw. Herstellung oder Handel mit Kosmetika oder Arzneien, die an Tieren getestet worden sind.
6. *Werbung:* Verstoß gegen die Vorschriften innerhalb der letzten zwei Jahre.
7. *Glücksspiel:* Umsatzanteil aus Kasinos, Wettbüros oder Glücksspielautomaten höher als zehn Prozent.
8. *Alkohol:* Umsatzanteil aus Brauerei, Brennerei oder Verkauf von alkoholischen Getränken höher als zehn Prozent.

9. *Tabak:* Umsatzanteil aus Anbau, Verarbeitung oder Verkauf von Tabakprodukten höher als zehn Prozent.
10. *Banken:* Da allgemein nicht kontrollierbar ist, wem und zu welchen Zwecken Banken Geld verleihen, sind alle Banken ausgeschlossen.

Beispiel 2: Calvert Social Investment Fund

Bei Fonds der zweiten Generation spielten ergänzende Positivkriterien eine immer wichtigere Rolle. Der amerikanische Calvert Social Investment Fund, dessen erstes Portfolio 1982 aufgelegt worden ist, bietet hierfür ein gutes Beispiel. Er hatte seine Auswahlkriterien schon Anfang 1990 vor allem in Bezug auf Umweltaspekte ausgeweitet bzw. verschärft:

- Umwelt: Entwicklung neuer umweltfreundlicher Produkte, innovative Programme zur Emissionskontrolle, Abfallreduzierung »an der Quelle«, Nutzung von Technologien zur Energieeinsparung, Notfallprogramme bei Katastrophenfällen, Aufzeichnungen in Richtung »Ökobilanz«.
- Produkte: Steigerung der Lebensqualität, Qualitätskontrolle und Zufriedenheit der Kunden, sofortige Reaktion bei Sicherheitsmängeln, wahrheitsgetreue Werbung und Kennzeichnung.
- Arbeitsplatz: Aufgeschlossenheit für Mitarbeiterbeteiligung, Förderung von Frauen und Minderheiten, gerechte Entlohnung, gutes Management-Betriebsrats-Verhältnis, Vergünstigungen für Familienmitglieder.
- Rüstung: nicht unter den Top 100 der Rüstungsbetriebe, Rüstungsanteil am Umsatz unter 10 Prozent, keine Produktion von Atomwaffenkomponenten.
- Internationales: Anwendung obiger Kriterien auch im Ausland, keine direkten oder indirekten Südafrikageschäfte.

Beispiel 3: Ökoworld Ökovision Classic

Die Anlagepolitik dieses 1996 aufgelegten Fonds orientiert sich an unmittelbar positiven Aspekten, die Unternehmen kennzeichnen. Zulässig sind Unternehmen, die ...

- regenerative Energien gewinnen, einsetzen oder damit handeln, oder zur Reduktion des Energieverbrauchs und Erhöhung der Energieeffizienz beitragen und damit den Einsatz fossiler und atomarer Energiegewinnung verringern,
- Leistungen zur Verringerung des Verbrauchs nicht erneuerbarer, natürlicher Ressourcen oder zur Substitution nicht-erneuerbarer durch erneuerbare Ressourcen erbringen,

- Nahrungs- und Genussmittel naturverträglich oder gemäß den Kriterien des ökologischen Anbaus oder der artgerechten Tierhaltung gewinnen, herstellen, verarbeiten, vertreiben oder deren Absatz fördern,
- regionale Wirtschaftskreisläufe oder den Fairen Handel fördern,
- soziales oder ökologisches Engagement über den Unternehmenszweck hinaus zeigen oder entwicklungspolitische Ziele unterstützen,
- besonders demokratische Unternehmensstrukturen, humane, soziale oder emanzipatorische Arbeitsbedingungen schaffen oder gezielt zum Abbau von Diskriminierung beitragen,
- Korruption bekämpfen.

Außerdem zulässig sind Unternehmen, die lediglich mittelbar positiven Aspekten Umwelt und sozialverträglichen Wirtschaftens gerecht werden.

Der Fonds hält sich auch an Negativkriterien, nach denen nicht in Unternehmen investiert wird, die ...

- den Kernübereinkommen der Internationalen Arbeitsorganisation (ILO) zuwider handeln,
- negative Aspekte zur Sozial- und Umweltverträglichkeit erkennen lassen, die wesentlich ausgeprägt sind, und
- strategische Beteiligungen an Unternehmen halten, Kapital von Unternehmen erhalten bzw. Unternehmen beliefern, für die jeweils schon eines der in den Anlagebedingungen ausführlich aufgeführten Negativkriterien zutrifft.

Zusätzlich gibt es einige Abwägungskriterien, die auch herangezogen werden, so z. B. den Umgang eines Unternehmens mit und sein Verhalten »in Kontroversen, Transparenz, Informations- und Dialogbereitschaft sowie Lernfähigkeit«.

Die letzte Entscheidung über einen Ankauf einer bestimmten Aktie liegt bei den jeweiligen Fondsmanagern. Damit aber die ethischen und ökologischen Aspekte bei den Auswahlkriterien nicht zu kurz kommen, wacht ein Expertenbeirat (Anlageausschuss) über die Einhaltung der Kriterien bzw. entwickelt diese weiter. Die Mitglieder eines solchen unabhängigen Beirats zeichnen sich durch ihre berufliche Position, ihre Kenntnisse oder auch dadurch aus, dass sie für die Konzeption des Fonds wichtige Organisationen vertreten.

Rendite mit Gottes Hilfe

Aber nicht nur Umweltkriterien stehen bei »ethisch-ökologischen« Fonds im Mittelpunkt, manchmal spielt auch die Religion für die Rendite eine Rolle. Die Performance der sogenannten islamischen Aktienfonds verläuft z. T. entkoppelt von den Aktienmärkten: Sehr erfolgreich hat im Krisenjahr 2008 z. B. der kuwaitische Al-Hilal Islamic Fund abgeschnitten (+7,5%), während der MSCI-Weltindex 40 Prozent eingebüßt hat. Ein Grund dafür war, dass Aktien westlicher Banken, deren Kurse 2008 stark gefallen sind, wegen des islamischen Zinsverbots im Fonds nicht enthalten waren. Allerdings hat der Fonds die beim MSCI folgende Aufwärtsbewegung nicht in gleicher Intensität mit vollzogen. Relativ gleichläufig haben sich in den letzten Jahren der Dow Jones Islamic Market World-Index, der gemäß der Scharia keine Aktien enthält, die mit Alkohol, Drogen, Waffen, Spielcasinos oder Schweinefleisch zu tun haben, und der Dow Jones Global-Index entwickelt. Nach den Gesetzen der Scharia richten sich z.B. auch der Islamic Fund – Global Equity (USD) der UBS mit 36,4 Mio. Dollar Fondsvermögen (Mai 2011), der im Mai 2000 aufgelegt worden ist, oder das seit 2008 bestehende Angebot des Allianz Global Investors Islamic Fund, das zum Vertrieb in Deutschland, Frankreich, Luxemburg, Österreich und Portugal zugelassen ist. Ein Pionier in Deutschland, der Al-Sukoor-Fonds der Commerzbank, den es seit 1999 gab, wurde mangels Nachfrage Anfang 2006 wieder geschlossen.

2.6.2 Fonds im deutschsprachigen Raum

Ethisch-ökologische Investmentfonds kamen im deutschsprachigen Raum erst im Laufe der 1990er-Jahre auf den Markt. Einige hatten das Pech, dass die Startphase in eine Zeit allgemein stark sinkender Aktienkurse fiel (Stichwort: Golfkrieg) bzw. gerade die erste Ernüchterung im Umwelttechnologie-Segment eingesetzt hatte. Eine ähnliche Entwicklung gab es nach dem Boom-Jahr 2000: Die viel zu schnell gestiegenen Kurse kehrten 2001 und 2002 wieder auf ein realistisches Niveau zurück. Trotzdem schnitten die Aktien meist besser ab als der Gesamtmarkt – von der »Internet-Blase« und den riesigen Verlusten am Neuen Markt ganz zu schweigen.

Mittlerweile umfasst die deutschsprachige Fondslandschaft über 350 Produkte. Die meisten sind nach luxemburgischem Recht als Teil-/Subfonds eines sogenannten Umbrellafonds ausgestaltet, der in der Rechtsform einer SICAV (Société d'investissement à capital variable) besteht, einer Kapitalanlagegesellschaft mit variablem Grundkapital. Oftmals gibt es Teilfonds (auch: Fondsklassen) in verschiedenen Währungen oder auch getrennt für private und institutionelle Anleger mit dann unterschiedlichen Kostensätzen. Sehr oft gibt es jeweils zugleich eine ausschüttende und eine die Fondserträge thesaurierende (wieder anlegende) Variante.

Wie die einzelnen Fonds in der Realität gemanagt werden, hängt von vielen Faktoren ab – nicht zuletzt von Zeit und Geld. Manchmal fehlt bei den Fondsgesellschaften eine eigene, tiefer gehende Begutachtung der tatsächlichen

»Umweltsch(m)utzaktivitäten«, des Geschäftsgebarens oder der Mitarbeiterführung der für den Fonds auszuwählenden Unternehmen. Oft werden nur die Geschäftsberichte, Bilanzen und finanziellen Kennzahlen in Betracht gezogen. Bei einigen Fonds gab es kaum direkte Kontakte mit der Firmenleitung bzw. dem jeweiligen Umweltbeauftragten, geschweige denn mit Bürgerinitiativen vor Ort. Inzwischen veröffentlichen viele Fondsgesellschaften den Namen des Fondsmanagers oder der Fondsmanagerin. Anders als im angloamerikanischen Raum sind externe Beiräte bei deutschsprachigen Umweltfonds jedoch weiterhin die Ausnahme.

Konventionelle Banken und Anlagegesellschaften haben zuweilen schmerzlich erfahren müssen, dass man einen Fonds nach ethisch-ökologischen Kriterien nicht nebenbei managen kann. Er erfordert wesentlich mehr Aufwand in Bezug auf Research (Aktienanalyse, Forschung) und Marktbeobachtung, und er steht im Blickfeld einer überdurchschnittlich kritischen Anlegergruppe. Bei manchen Investmentfonds, insbesondere solchen, die nur zur Gewinnung neuer Kundenschichten oder zur Eroberung neuer Marktanteile gegründet wurden, bemerkt man kaum ein ökologisches Engagement. Denn nicht überall, wo »Öko« draufsteht, ist auch »Öko« drin. Der *Sun Life Ecological Portfolio* beispielsweise hatte – bevor er wegen des gesunkenen Volumens eingestellt wurde – über mehrere Jahre eine italienische Aktiengesellschaft im Depot, die in den Bereichen Autokomponentenherstellung und Rüstung/Raumfahrt tätig war.

In den vergangenen Jahren kamen verstärkt sogenannte Sustainability-/Nachhaltigkeitsfonds auf den deutschen Markt. Nicht zuletzt dadurch haben – neben den ökologischen – soziale Kriterien wie Mitarbeiterführung oder das Verhalten gegenüber Geschäftspartnern deutlich an Gewicht gewonnen. Der Erfolg des Segments wurde jedoch nicht allen Anbietern zuteil. Mangels Volumen wurden z. B. folgende Fonds schon wieder eingestellt bzw. in andere Fonds eingegliedert:

- AXA WF II European Socially Responsible Equities (–2003)
- Lacuna Eco Tech New Energy (2001–2002)
- Auxvita-Investmentfonds (2001–2003)
- Fairway One-Universal (–2004)
- OP Sustainability (–2004)
- BB New Energy Invest (–2004)
- Unisector: Nature Tech (2001–2005)
- DLI-Global Quality (2002–2006)
- Jupiter Global SRI Fund L (–2006)
- Klassik ÖkoTrends (2001–2005)
- Activest Eco Tech (2000–2007)
- CS EF (Lux) Global Sustainability (–2007)

Research und Zertifizierungen

Neben externen Researchquellen, die etwa von Imug oder Oekom Research in Deutschland, Inrate in der Schweiz oder Ethibel in Belgien stammen oder von Sustainalytics, die an mehreren Standorten vor allem in Europa vertreten sind, nutzen die Banken zunehmend auch die Informationen eigener Researchteams. Die Zürcher Kantonalbank beispielsweise oder die Bank Sarasin unterhalten solche Teams, die den unabhängigen Instituten teilweise Konkurrenz machen.

Gut eingeführt ist das Audit für Nachhaltigkeitsfonds bei der *Bank Coop AG* aus der Schweiz: Hier entscheidet der Beirat Nachhaltigkeit abschließend über die von der Bank vertriebenen fremden Nachhaltigkeitsfonds. Die Fonds werden auch alle zwei Jahren einem ausführlichen Audit unterzogen und erhalten danach das Qualitätsprädikat »Nachhaltigkeit kontrolliert«. Dem Auditgremium gehören neben drei bankinternen Mitgliedern vier bankexterne an, z.B. auch die frühere Nationalratspräsidentin und Politikerin Pascale Bruderer Wyss und Dr. Andreas Sturm von der Ellipson AG. In Österreich wurde ein Umweltzeichen für »Grüne Fonds« eingeführt, nach dessen Maßgaben bereits rund ein Dutzend Fonds zertifiziert ist. Ausschlaggebend für die Zertifizierung ist u.a., ob die Fonds auch einen unabhängigen Anlagebeirat haben. Auf europäischer Ebene gibt es für Publikumsfonds die Möglichkeit, sich an den European SRI Transparency Code von Eurosif zu halten. Kapitalanlagegesellschaften, die diesen Standard für ihre Fonds als gültig anerkannt haben, sind auf der Website mit den zugehörigen Fonds aufgeführt (www.eurosif.org).

Volumina und Gesamt-Performance

Im deutschsprachigen Raum liegt das Volumen der ethisch-ökologischen Publikumsfonds mit etwa 35 Mrd. Euro bei immer noch nur etwa 1,4 Prozent des gesamten in Fonds veranlagten Vermögens (Gesamtmarkt Deutschland: 1820 Mrd. Euro, Österreich: 144 Mrd. Euro, Schweiz: umgerechnet 517 Mrd. Euro, Mai 2011). Der Anteil hat sich aber in den letzten fünf Jahren mehr als verdoppelt – und das Wachstum hält weiter an. Mit dem Marktvolumen ist auch die Anbieterzahl gestiegen, und fast jede Großbank hat inzwischen einen Ethik- oder Umweltfonds im Programm. Allerdings haben sich in den letzten Jahren die Gewichtungen im Ethikfondsbereich etwas verschoben. Während vor 15 Jahren noch Aktienfonds die Szene dominierten und vor 5 Jahren fast 50 Prozent des Volumens deutschsprachiger Publikumsfonds auf Renten- und gemischte Fonds entfielen, haben sich inzwischen wieder die Aktienfonds durchgesetzt: Fast 60 Prozent aller im Mai 2011 verzeichneten Fonds sind

Aktienfonds (208), die sogar zwei Drittel des Fondsvermögens auf sich vereinen. Ein neuer Trend, der immer mehr in Konkurrenz zu den Investmentfonds getreten ist, ist die Emission von Zertifikaten (siehe Kap. 2.7). Im ersten Quartal 2011 sind elf Fonds im deutschsprachigen Markt zum Vertrieb zugelassen worden, die bereits in anderen Ländern zugelassen sind, acht Fonds wurden seit Beginn des Jahres geschlossen oder mit anderen Fonds zusammengelegt. Neben den in diesem Kapitel beschriebenen Publikumsfonds rangiert noch eine ganze Reihe ethisch-ökologisch orientierter Großanlegerfonds (ab 100 000 Euro). Eine Besonderheit stellen Mikrokreditfonds dar (siehe Kap. 2.2.2), die auch inzwischen nach dem deutschen Investmentgesetz zulässig sind.

Nach den überdurchschnittlich hohen Wertzuwächsen von 32 Prozent bzw. 11 Prozent in den Jahren 1999 und 2000 weist auch die Entwicklung ein Jahrzehnt später wieder positive Kennzahlen auf, wobei es zwischendurch immer wieder Rückschläge gegeben hat und man sagen muss, dass der Erfolg der Fonds stark variiert. Nach Berechnungen des Sustainable Business Institutes entwickelten sich die Anteilspreise bei den Aktienfonds 2010 zwischen +68 Prozent und -24 Prozent, was auf die oft sehr unterschiedlichen Schwerpunkte zurückzuführen ist. Die Spanne bei den Rentenfonds ist kleiner mit zwischen +13 Prozent und -3 Prozent. Am erfolgreichsten schnitten Dachfonds (siehe Kap. 2.6.2.4) ab mit zwischen +17 und +1 Prozent, während Mischfonds zwischen + 24 Prozent und -13 Prozent rentierten.

Früher noch kaum ein Thema rücken – insbesondere in Zeiten niedriger Renditen – auch die Gebühren der Fonds mehr in den Blickpunkt. Als aussagekräftigste Kennzahl hat sich die sogenannte Total Expense Ratio (TER) eingebürgert. Diese Gesamtkostenquote in Prozent umfasst alle jährlich dem Fondsvermögen belasteten Kosten mit Ausnahme der Transaktionskosten. Zusätzliche erfolgsabhängige Vergütungen (performance fees) werden separat als Prozentsatz des durchschnittlichen Fondsvolumens berechnet und ausgewiesen. Außerdem zu beachten ist ein Ausgabeaufschlag, der einmalig beim Kauf der Anteile anfällt.

In den folgenden Fondskurzportraits stellen wir Ihnen Anlagephilosophie und Anlageschwerpunkte zu den in der Tabelle (siehe Kap. 2.6.3) enthaltenen Fonds(gruppen) der Kategorien Aktien-, Renten-, Misch- und Dachfonds vor. Außerdem finden Sie hier eine zugehörige Kontaktadresse.

Sollten Sie sich für einen der Fonds interessieren, so empfiehlt es sich, vor einem Investment zumindest einen Rechenschaftsbericht einzusehen, um bei einzelnen Öko-Titeln mancher Fonds nicht unliebsame Überraschungen zu erleben. Diese Informationen werden – wie auch der Verkaufsprospekt und aktuelle »Factsheets« – von der Kapitalanlage-/Fondsgesellschaft veröffentlicht.

2.6.2.1 Aktienfonds

3 Banken Nachhaltigkeitsfonds

Dieser internationale Aktienfonds betont bei der Auswahl Öko-Kriterien in Verbindung mit klar definierten Ausschlusskriterien. Der Fondsmanager, die Bank Sarasin, trifft die Auswahl nach der »Sarasin Sustainability Matrix«. Zukunftsthemen wie Wasser, erneuerbare Energien oder Gesundheit sind übergewichtet. Zuletzt stark beachtet wurde das Thema »Wissensgesellschaft«, wozu auch der größte Einzeltitel IBM (4 % Anteil am Fondsvermögen) zählt. Träger der Fondsgesellschaft sind die drei österreichischen Regionalbanken, Oberbank, Linz, BKS Bank, Klagenfurt, und Bank für Tirol und Vorarlberg, Innsbruck, zusammen mit der Generali Holding Vienna.

Kontakt:

- 3 Banken-Generali Investment-Gesellschaft, Untere Donaulände 28, A-4020 Linz, www.3bg.at

Absolute Future Mobility Fund

Auf das Thema »nachhaltige Mobilität« setzt dieser Fonds, der die gesamte Wertschöpfungskette abdeckt – vom Rohstoff über Batteriehersteller und deren Zulieferer bis hin zu Autoherstellern, Energieversorgern und Firmen, die die Elektromobilität ins Stromnetz integrieren können (Smart Grid). Benchmark ist der MSCI World; übertrifft der Fonds den Index, so erhält das Management eine Erfolgsprämie (performance fee) von zehn Prozent auf den übersteigenden Wert.

Kontakt:

- Absolut Asset Managers AG, Palais Leopold, Leopoldstraße 8, D-80802 München, www.futuremobilityfund.de

Acatis Fair Value Global

Die Anlagestrategie der 1994 gegründeten Vermögensverwaltung beruht für diesen Fonds darauf, Aktien nachhaltiger Unternehmen zu kaufen, die unter ihrem inneren Wert notieren, die aber nach einer Fundamentalanalyse als stabil und aussichtsreich eingeschätzt werden.

Kontakt:

- Acatis Investment GmbH, Taunusanlage 18, D-60325 Frankfurt am Main, www.acatis.de

Allianz RCM Global Sustainability
Allianz RCM Global EcoTrends

Anfang 2003 legte noch die DIT der Dresdner Bank diesen Nachhaltigkeitsfonds (Global Sustainability) auf, der 2005 umbenannt wurde. Der Fonds investiert mindestens 75 Prozent des Anlagevolumens in Aktien von Unternehmen mit nachhaltigen Geschäftspraktiken, die eine langfristige Wertschöpfung anstreben und umwelt- sowie sozialbewusst handeln. 2006 kam der Global EcoTrends hinzu, der im gleichen Umfang in Aktien von Gesellschaften anlegt, die »zumindest direkt oder indirekt an der Entwicklung der Sektoren ›Ökologische Energie‹, ›Umweltschutz‹ oder ›Sauberes Wasser‹ partizipieren sollten, die aber auch in anderen Geschäftsfeldern tätig sein können.« Das Kürzel RCM im Fondsnamen weist auf den Fondsmanager RCM (UK) Ltd., London, hin.

Kontakt:

- Allianz Global Investors Kapitalanlagegesellschaft mbH, Mainzer Landstraße 11-13, D-60329 Frankfurt am Main, www.allianzglobalinvestors.de

Amundi Aqua Global
Amundi Funds Equity Global Clean Planet

Der Amundi Aqua Global investiert mindestens zwei Drittel seines Vermögens in Unternehmen mit mindestens 25 Prozent Umsatzanteil im Wassersektor, Researchpartner ist die norwegische InspireInvest.
Der bis Ende Juni 2011 als Amundi Funds Clean Planet bezeichnete Fonds legt mindestens zwei Drittel seines Vermögens in Aktien von Unternehmen an, »die zum Schutz unseres Planeten beitragen, indem sie Technologien entwickeln, die eine Reduzierung der Emissionen ermöglichen, bzw. wirksamere Prozesse für den Energie- oder Ressourceneinsatz einschließlich alternativer Energien und Entsorgungstechniken (›umweltschonende Tätigkeiten‹).« Der entsprechende Umsatzanteil muss mindestens 20 Prozent betragen bzw. 25 Prozent, wenn der Börsenwert unter einer Mrd. Euro liegt.

In Amundi Asset Management haben die beiden großen französischen Bankengruppen Crédit Agricole (75%-Anteil) und Société Générale (25%) ihr Asset-Management-Geschäft zusammengefasst.

Kontakt:

- Amundi Luxembourg S.A., 5, allée Scheffer, L-2520 Luxemburg, www.amundi-funds.com

Aviva Investors Sustainable Future Pan-European Equity Fund

Mit den im Fonds enthaltenen Unternehmen, »die nachhaltige Produkte und Dienstleistungen anbieten und in einer progressiven Art und Weise mit Umwelt-, Sozial- und Governance-Fragen umgehen«, wird der Dialog gesucht, um Verbesserungen beschleunigen zu können.

Kontakt:

- Aviva Investors Global Services Limited, Zweigniederlassung Deutschland, An der Hauptwache 7, D-60322 Frankfurt am Main, www.avivainvestors.de

AXA World Fonds Framlington Global Environment

Mindestens 70 Prozent des Gesamtvermögens dieses früher als AXA World Funds – Clean Tech firmierenden Fonds werden in Unternehmen investiert, die in den Bereichen Energie, Abfall, Wasser, Industrieprozesse und Sicherheit tätig sind. Das Management sucht nach technologiebasierten Systemen, Produkten oder Dienstleistungen auf den Umweltmärkten, besonders in den Bereichen alternative Energien und Energieeffizienz, Wasseraufbereitung und Schadstoffbekämpfung sowie Abfallbehandlung und Ressourcenmanagement. Regionale Schwerpunkte waren Mitte 2011 Europa (42,3 %) und Nordamerika (37,0 %).

Kontakt:

- AXA Investment Managers Deutschland GmbH, Innere Kanalstraße 95, D-50823 Köln, www.axa-im.de

BankInvest – Global Emerging Markets Equities SRI
BankInvest – BI SICAV Global Equities SRI

Der Global Emerging Markets Equities investiert in Schwellenländern (Schwerpunkte waren Mitte 2011 China, Brasilien und Südkorea). Aufgrund seiner ethischen Ausrichtung sind Unternehmen ausgeschlossen, die mehr als zehn Prozent ihres Umsatzes aus der Herstellung von Tabak oder Alkohol erzielen und/oder mehr als drei Prozent aus Dienstleistungen für die Unterhaltung von Erwachsenen (»Adult Entertainment Services«) erzielen. Zusätzlich kommen für den Global Equities nur Unternehmen infrage, die sich an die zehn Global Compact Prinzipien halten und die Ottawaer Landminen-Konvention von 1997 beachten. Die BankInvest Gruppe ist einer der größten Vermögensverwalter in Skandinavien und wurde 1969 in Dänemark gegründet.

Kontakt:
- BISA S.A., Avenue de la Gare 8-10, L-1610 Luxemburg, www.bankinvest.com

BlackRock Global Fund New Energy Fund

Der Fonds investiert weltweit 70 Prozent seines Vermögens in Aktien von Unternehmen, deren überwiegende Geschäftstätigkeit in den Bereichen erneuerbare Energien und Energietechnologien liegt. Mitte 2011 waren die Schwerpunkte erneuerbare Energien (35 %), Energie-Hilfstechnologien (33 %) und alternative Brennstoffe (16 %). Die drei größten Titel machten zusammen über 15 Prozent aus (Iberdrola Renovables, Schneider Electric und Johnson Controls). BlackRock ist mit über 3500 Mrd. Euro verwaltetem Vermögen ein weltweit führender Investmentmanager vor allem im konventionellen Bereich.

Kontakt:
- BlackRock Investment Management (UK) Limited, German Branch, Bockenheimer Landstraße 2-4, D-60306 Frankfurt am Main, www.blackrockinvestments.de

BNP Paribas L1 Green Future Classics

Dieser Fonds bevorzugt Aktien von Unternehmen, die Technologien zum Schutz des Wassers, der Luft, des Bodens und der Artenvielfalt entwickeln, z. B. Sonnenenergie, Windkraft, Wasserfiltertechniken, Dekontaminierungs- und Biomassetechnologien. Ausgewählt wird nach dem besten Verhältnis zwischen Nachhaltigkeit und Risikoprofil; die Auswahlverfahren werden von einem unabhängigen Expertenausschuss überprüft. Mitte 2011 waren die fünf größten Unternehmen Schneider Electric, Yingde Gases Group, Andritz, Watts Water Technologies und Linde. Der Fonds wurde ursprünglich von Fortis, der internationalen Asset-Management-Sparte der Fortis Bank Belgium, aufgelegt. Im Mai 2009 wurde die französische BNP Paribas Mehrheitseigentümer der Fortis Bank.

Kontakt:
- Fortis Investments Management Belgium S.A., Ulmenstraße 23-25, D-60325 Frankfurt am Main, www1.bnpparibas-ip.com/de

Deka-UmweltInvest CF

Mindestens zwei Drittel des Wertpapiervermögens dieses Fonds sollen in Unternehmen investiert sein, die nach dem letzten Geschäftsbericht »ihre Umsatzerlöse oder Gewinne überwiegend in den Sektoren Klima und Umweltschutz, Wasserwirtschaft und/oder erneuerbare Energien erzielen.« Größte Titel waren Mitte 2011 die drei Solarunternehmen First Solar, Meyer Burger Technology und GCL Poly Energy Holdings sowie Prysmian und Enel Green Power. Das Vermögen ist regional breit gestreut angelegt, am größten ist der Anteil US-amerikanischer Werte (19 %). Nach Branchen entfallen auf alternative Energien 28 Prozent, Umweltschutz 42 Prozent und auf Wasser 30 Prozent. Die DekaBank ist der zentrale Asset Manager der Sparkassen-Finanzgruppe und nach dem verwalteten Fondsvermögen die Nummer Zwei in Deutschland.

Kontakt:

- DekaBank, Mainzer Landstraße 16, D-60325 Frankfurt am Main, www.deka.de

Delta Llody L Water & Climate Fund

Investiert wird vor allem in Unternehmen, »die in aller Welt technische Lösungen für Bereiche des Umweltschutzes entwickeln und auf den Markt bringen«, z. B. in den Bereichen nachhaltige Energiewirtschaft, Wasser, Recycling und Umweltdienstleistungen.

Kontakt:

- Delta Lloyd Asset Management, Postbus 1000, NL-1000 BA Amsterdam, www.deltalloydassetmanagement.de

Dexia Sustainable World

Innerhalb des Fondsangebots von Dexia sind seit 2005 einige Fonds zusammengelegt bzw. in andere Fonds eingebracht worden. Der Sustainable World folgt dem Best-in-Class-Grundsatz mit einem zweistufigen Anlageprozess: Die MSCI World Aktien werden auf Nachhaltigkeit geprüft, auf der Makroebene wird beurteilt, inwieweit ein Unternehmen auf die langfristigen Trends vorbereitet ist. Dazu zählen: Klimawandel, Erschöpfung der Bodenschätze, Gesundheit und Wellness, überalternde Bevölkerungen, wachsende und sich entwickelnde Bevölkerungen. Auf der Mikroebene wird dann die Fähigkeit eines Unternehmens beurteilt, die Anforderungen der Stakeholder (Anspruchsgruppen wie Mitarbeiter, Kunden, Lieferanten, Anleger, Gesellschaft und Umwelt) langfristig zu berücksichtigen. Ausgeschlossen sind Anlagen in Wertpapieren von Unternehmen, deren Tätigkeit in der Herstellung, der Verwendung oder dem Besitz von Anti-Personenminen, Streubomben und/oder Uranmunition liegt.

Kontakt:

- Dexia Asset Management Belgium S.A., rue Royale 180, B-1000 Brüssel, sri.dexia-am.com

DKB Ökofonds
DKB Zukunftsfonds

Diese beiden noch relativ jungen thesaurierenden Themenfonds ohne Ausgabeaufschlag vor allem für die Kunden der Deutschen Kreditbank, einer Tochtergesellschaft der Bayerischen Landesbank, legen ihren Schwerpunkt auf europäische Aktien. Dabei konzentriert sich der Ökofonds auf die Segmente Klima- und Umwelttechnologie, erneuerbare oder alternative Energien, Wasser, Klimaschutz und energieeffiziente Mobilität und ist auch offen für Werte außerhalb Europas. Unter den zehn größten Einzelwerten waren Mitte 2011 fünf Solartitel, daneben z.B. Tomra Systems und Whole Foods Market. Der Zukunftsfonds hat innerhalb Europas mit fast einem Drittel den Schwerpunkt auf Deutschland gelegt, SolarWorld (3,9%) und Roche Holding Genussscheine (3,5%) sind die größten Einzelwerte.

Kontakt:

- BayernInvest Luxembourg S.A., 3, rue Jean Monnet, L-2180 Luxembourg, www.bayerninvest.lu

DWS Invest Responsibility
DWS Klimawandel
DWS Zukunftsressourcen

Die vom Fondsvolumen her größte deutsche Kapitalanlagegesellschaft bietet auch international investierende nachhaltige Fonds an und verfügt dank der Muttergesellschaft Deutsche Bank über eine große Vertriebskraft. Beim ältesten und vom Volumen her kleinsten Fonds (DWS Invest Responsibility) stehen wirtschaftliche Nachhaltigkeit und »die konsequente Berücksichtigung ökologischer, ethischer und sozialer Gesichtspunkte« im Mittelpunkt, größter Einzeltitel ist Royal Dutch Shell (3,1%). Beim DWS Klimawandel werden Aktien erworben, deren Unternehmen in CO_2-effizienten oder energieeffizienten Technologien, erneuerbaren oder alternativen Energien, Klimaschutz, Katastrophenschutz oder -management und energieeffizienter Mobilität tätig sind. Größte Titel sind Johnson Controls, Koninklijke DSM (Spezialchemikalien) und Siemens. Der DWS Zukunftsressourcen konzentriert sich auf die Geschäftsbereiche Wasser, Agrochemie und erneuerbare oder alternative Energien mit den größten Einzelwerten Potash Corp. of Saskatchewan, Yara International und Siemens.

Kontakt:

- DWS Investment GmbH, Mainzer Landstraße 178-190, D-60612 Frankfurt, www.dws.de

Ecology Stock Focus (Spängler)

Die Fondsgesellschaft ist mit dem unabhängigen Salzburger Bankhaus Carl Spängler verbunden. Verwaltet wird das Fondsvermögen von der Münchener Focus Asset Management GmbH, und als Berater fungiert die VINIS Gesellschaft für nachhaltigen Vermögensaufbau und Innovation m.b.H. aus Wien. Zu den größten Einzelwerten zählten Mitte 2011 Init und SolarWorld.

Kontakt:

- Carl Spängler Kapitalanlagegesellschaft m.b.H., Franz-Josef-Straße 22, A-5020 Salzburg, www.spaengler-iqam.at

ESPA VINIS Stock Austria
ESPA VINIS Stock Europe
ESPA VINIS Stock Europe Emerging
ESPA VINIS Stock Global
ESPA WWF Stock Climate Change
ESPA WWF Stock Umwelt

Innerhalb Österreichs ist die Emittentin dieser Fonds die zweitgrößte gemessen am verwalteten Fondsvermögen. Bereits Mitte 2001 hatte sie den ESPA Stock Umwelt auf den österreichischen Markt gebracht, der schwerpunktmäßig in Umwelttechnologietitel investiert. Hinzu gekommen sind Fonds mit klar abgegrenzten regionalen Schwerpunkten: Der ESPA VINIS Stock Austria ist ein semi-aktiv ausgerichteter Nachhaltigkeits-Aktienfonds, der in österreichische Aktien veranlagt. Die Struktur des Fonds orientiert sich am VÖNIX (VBV Österreichischer Nachhaltigkeits-Index), in dem die Aktien der nachhaltigsten österreichischen Unternehmen enthalten sind. Der ESPA VINIS Stock Europe ist ein aktiv gemanagter Nachhaltigkeits-Aktienfonds, der europaweit veranlagt. Die aktive Ausrichtung basiert auf ökonomischen Kriterien. Es wird ausschließlich in Unternehmen investiert, die strenge Kriterien in den Bereichen Umwelt, Stakeholder und Corporate Governance erfüllen. Die Struktur des Fonds orientiert sich bezüglich Sektoren und Währungen am MSCI Europe Index.

Der ESPA VINIS Stock Europe Emerging ist ein aktiv gemanagter Nachhaltigkeits-Aktienfonds, der in Zentral- und Osteuropa veranlagt. Es werden auch österreichische Aktien mit starkem Bezug (»Exposure«) zu Zentral- und Osteuropa beigemischt. Der regionale Fokus liegt auf den neuen EU-Mitgliedsländern (Polen, Tschechien, Slowakei, Ungarn, Slowenien, Estland, Lettland, Litauen, Rumänien, Bulgarien), Russland und den ehemaligen GUS-Staaten sowie potenziellen EU-Beitrittskandidaten wie Kroatien und Türkei. Das nach Umwelt-, Stakeholder- und Corporate Governance-Kriterien gefilterte Investmentuniversum wird dann nach ökonomischen Kriterien in das Portfolio umgesetzt. Der ESPA VINIS Stock Global ist ein aktiv gemanagter Nachhaltigkeits-Aktienfonds, der weltweit veranlagt. Die Struktur des Fonds – betreffend Sektoren und Währungen – orientiert sich am MSCI World Index. Alle Fonds orientieren sich an Negativ- und Positivkriterien für die Titelauswahl.

In der Kapitalanlagegesellschaft arbeitet ein spezialisiertes SRI-Team. Außerdem kooperiert man seit 2006 mit der VINIS Gesellschaft für nachhaltigen Vermögensaufbau und Innovation m.b.H., die eine Tochter der VBV-Pensionskasse AG ist und sich in der Veranlagungskonzeption auf das Thema »Nachhaltigkeit« bzw. »SRI« (Socially Responsible Investment) konzentriert. Die VINIS-Fonds bauen auf unabhängiges Primär-Research international anerkannter Adressen, wie Oekom Research, München, auf.

Zwischen Erste-Sparinvest und WWF (World Wide Fund for Nature) besteht seit Oktober 2006 eine Kooperation, bei der ein vom WWF bestellter Umweltbeirat das für die beiden »ESPA-WWF«-Fonds gemeinsame Aktienuniversum auswählt bzw. überwacht. Die Erste-Sparinvest spendet einen Teil ihrer Einnahmen dem Klimaschutzprogramm bzw. Wasserschutzprogramm des WWF Österreich.

Kontakt:

- Erste-Sparinvest Kapitalanlagegesellschaft m.b.H., Habsburgergasse 1, A-1010 Wien, www.sparinvest.at

F&C Global Climate Opportunities
F&C Stewardship International

Der F&C Global Climate Opportunities investiert mindestens zwei Drittel in Aktien und aktienähnliche Wertpapiere von Unternehmen, deren Unternehmensstrategie vorwiegend Technologien oder Strategien aus den Bereichen alternative Energien, Energieeffizienz, nachhaltige Mobilität, Abfall, Hochleistungswerkstoffe, Forst- und Landwirtschaft, Wasser, Akklimatisierung und Support-Dienstleistungen umfasst.

Der F&C Stewardship International setzt auf Unternehmen, deren Produkte bzw. Tätigkeit für die Gesellschaft nutzbringend sind, ausgeschlossen sind Unternehmen, die der Umwelt, der Gesellschaft oder der Tier- und Pflanzenwelt Schaden zufügen können.

Kontakt:

- F&C Management Limited, Oeder Weg 113, D-60318 Frankfurt am Main, www.fandc.com

FBG 4Elements Air
FBG 4Elements Earth
FBG 4Elements Fire
FBG 4Elements Water

Gemäß den vier Elementen setzen die Fonds weltweit auf jeweils 40 bis 50 überwiegend kleine und mittlere Unternehmen: Beim »Air« sind es Technologieunternehmen zur Bindung oder Verhinderung der Freisetzung von Klimagasen, aber auch Unternehmen, die Kapitalströme und Handelsplattformen zum Klimaschutz ermöglichen. »Earth« investiert »in Technologien und Produktionsweisen aus den Bereichen Recycling, moderne Materialien und Oberflächen-Nanotechnologie. »Fire« setzt auf Entwickler und Anwender von Technologien, die Energie aus anderen als fossilen Energieträgern erzeugen wie Wasserkraft, Geo- und Solarthermie, Photovoltaik, Biomasse und Wind. Beim »Water« stehen Technologien oder Dienstleistungen der Wasserreinigung und des Wassermanagements im Mittelpunkt, allerdings ohne reine Wasserversorger und reine Anwender der Technologien. Fondsmanager ist für die Verwaltungsgesellschaft Acolin die Frankfurter Bankgesellschaft (Schweiz) AG, deren Initialen im Fondsnamen enthalten sind.

Kontakt:

- Acolin Fund Management S.A., 4, rue Dicks, L-1417 Luxemburg, www.acolin.eu

Gamax Funds Junior

Neben dem internationalen Fonds mit »Jugendbezug« gab es noch ein Produkt mit »Seniorenbezug«, das inzwischen aber in einen anderen Fonds der Kapitalanlagegesellschaft integriert worden ist. Der Junior-Fonds hat nichts mit ökologischen

Anlagekriterien zu tun, umfasst aber einige Negativkriterien wie z. B. den Ausschluss von Rüstungs- und Tabakaktien. Im Fonds hoch gewichtete Titel sind z. B. Apple, Ebro Foods, Shimano, Hennes & Mauritz, Mattel und Volkswagen.

Kontakt:

- Gamax Management AG, 69, route d'Esch, L-1470 Luxembourg, www.gamax.de

ING (L) Invest Sustainable Growth

Dieser Teilfonds investiert in Unternehmen, die eine nachhaltige Unternehmenspolitik in Bezug auf Umweltfragen und soziale Kompetenz verfolgen. Die Auswahl erfolgt anhand des Best-in-Class-Ansatzes. Referenzindex ist der MSCI World Index. Branchenschwerpunkte bildeten Ende Mai 2011 Finanzen (17 %) und IT (15 %), größte Positionen waren Johnson & Johnson, Apple und AT&T. ING Investment Management ist der Vermögensverwalter der niederländischen ING Group und verwaltet rund 326 Mrd. Euro Fondsvolumen.

Kontakt:

- ING Investment Management Germany, Westhafenplatz 1, D-60327 Frankfurt am Main, www.ingim.de

Invesco Umwelt und Nachhaltigkeits Fonds

Der ehemalige Focus GT Umwelttechnologie Fonds heißt seit 2003 Invesco Umwelt- und Nachhaltigkeitsfonds. Er wird von zwei Managerinnen, Manuela von Ditfurth und Helene Korczok-Nestorov, verwaltet. Entsprechend den Nachhaltigkeitskriterien können aus dem breit diversifizierten Dow Jones Sustainability Index Aktien aus fast allen Branchen – außer Rüstung und Waffen, Alkohol, Tabak und Glücksspiel – ausgewählt werden.

Kontakt:

- Invesco Asset Management Deutschland GmbH, An der Welle 5, D-60322 Frankfurt am Main, www.de.invesco.com

Jupiter Climate Change Solutions

Der Teilfonds des The Jupiter Global Fund (SICAV) investiert in Unternehmen, »deren Produkte und Dienstleistungen sich an ökologischen und/oder ethischen Aspekten orientieren«. Emittenten, deren Geschäftstätigkeit überwiegend in

Bereichen wie Atomenergie, Rüstungsproduktion und Suchtmittel (z. B. Drogen, Alkohol, Tabak und Glücksspiele) erfolgt, sind ausgeschlossen.

Kontakt:

- Jupiter Asset Management Limited, 1 Grosvenor Place, GB-London SW1X 7JJ, www.jupiterinternational.com

KBC Eco Fund Climate Change

Das internationale Anlageuniversum des Fonds besteht aus Unternehmen, die aktiv im Kampf gegen Klimawandel und/oder Treibhausgase tätig sind. Mindestens 50 Prozent des Umsatzes (bei Branchenführern 10 %) müssen in den themenrelevanten Sektoren erzielt werden. Es gibt fondsspezifische Ausschlusskriterien neben den allgemeinen für SRI-Fonds wie Tabak, Glücksspiel, Waffen, Verletzungen der Menschenrechte und ILO-Standards. Auch müssen die Unternehmen die Leitlinien zur Atomenergie von KBC AM erfüllen. Weitere Fonds im Angebot der belgischen KBC Group, die im Jahr 1998 aus einer Fusion von Kredietbank Gruppe, CERA Bank und ABB Versicherungsgruppe entstand, sind KBC Eco Fund Alternative Energy, Sustainable Euroland, Water und World.

Kontakt:

- KBC Bank Deutschland AG Asset Management, Voltastraße 81, D-60486 Frankfurt, www.kbcfonds.de

KCD-Union Nachhaltig Aktien

Der Fonds investiert weltweit in Aktien von Unternehmen, die einem umfangreichen Verfahren zur Ermittlung der Nachhaltigkeit der Emittenten entsprechen. Strenge Kriterien schließen Unternehmen aus, die z. B. Rüstungsgüter, Alkohol und Tabak produzieren oder Glücksspiele anbieten. Nach dem Best-in-Class-Ansatz werden diejenigen ermittelt, die das Nachhaltigkeitskonzept am besten umsetzen. Daraus wählt das Fondsmanagement der genossenschaftlichen Union Investment Einzeltitel nach der Renditeerwartung aus. Der Fonds wird von den genossenschaftlichen Kirchenbanken (das Kürzel KCD steht für Kirche, Caritas und Diakonie) vertrieben. Sehr anlegerfreundlich ist der Fonds aufgrund der Tatsache, dass es keinen Ausgabeaufschlag gibt.

Kontakt:

- Union Investment Privatfonds GmbH, Wiesenhüttenstraße 10, D-60329 Frankfurt am Main, privatkunden.union-investment.de

Kepler Ethik Aktien
Kepler Öko Energien

Das Fondsmanagement wählt nach den Kriterien »niedrige Bewertung« und »ansprechende Gewinnerwartung« vor allem Standardwerte von überwiegend internationalen Unternehmen aus, die in ihrer Unternehmensführung Kriterien der ökonomischen, ökologischen sowie sozialen Nachhaltigkeit beachten. Zusätzlich werden ethische Ausschlusskriterien berücksichtigt. Größte Einzelwerte waren Mitte 2011 Swisscom, IBM und Vodafone. Der Kepler Öko Energien konzentriert sich auf Wasser/Hydroelektrik, Solarenergie, Erdwärme, Windkraft, Brennstoffzellen und Bioenergie, infrage kommen auch klassische Versorger- und Energietitel, die den Bereich Nachhaltigkeit stark betonen, größte Werte waren hier GT Advanced Technologies, Itron und PNE Wind.

Kontakt:

- Kepler-Fonds Kapitalanlagegesellschaft m.b.H., Europaplatz 1a, A-4020 Linz, www.kepler-fonds.at

LBBW Global Warming Strategie
LBBW Nachhaltigkeit Aktien

Der LBBW Global Warming Strategie ist ein europäischer Aktienfonds mit Schwerpunkten in den Bereichen erneuerbare Energien, Wassersektor, Baubranche, Versicherer, Versorger sowie Anlagenbau. Qualifizierte Branchen und Unternehmen werden einer Nachhaltigkeitsprüfung mit einem »Negativ-Screening« unterzogen. Größte Einzelwerte waren Mitte 2011 Linde, Yara International und BASF. Der LBBW Nachhaltigkeit Aktien ist weltweit ausgerichtet und bezieht nur Unternehmen ein, die ein überdurchschnittliches ökologisches und soziales Rating aufweisen, dem eine von Oekom Research vorgenommene Bewertung zugrunde liegt. Gewichtigste Titel waren hier Linde, Novo-Nordisk und BMW.

Kontakt:

- LBBW Asset Management Investmentgesellschaft mbH, Kronenstraße 20, D-70173 Stuttgart, www.lbbw-am.de

Liga-Pax-Cattolico-Union

Dieser Fonds wurde speziell für die Kunden der Liga Bank und Pax-Bank aufgelegt, zwei kirchliche (katholische) Kreditgenossenschaften. Das Fondsvermögen wird prinzipiell im Einklang mit christlich-ethischen Wertvorstellungen international angelegt – unter Berücksichtigung von Nachhaltigkeitskriterien, die sich an sozialen, ökologischen und ökonomischen Faktoren orientieren. Gekauft werden können neben Aktien auch Aktienzertifikate, Wandelschuldverschreibungen oder Optionsanleihen. Die betreuende Fondsgesellschaft der genossenschaftlichen Finanzgruppe ist die Nummer Vier im deutschen Fondsmarkt.

Kontakt:
- Union Investment Privatfonds GmbH, Wiesenhüttenstraße 10, D-60329 Frankfurt am Main, privatkunden.union-investment.de

Living Planet Fund (Global) Equity

Der Fonds wurde von *WWF International* initiiert und wird von der Bank Sarasin gemanagt. Der Fonds »investiert in Unternehmen, die eine engagierte Umwelt- und Sozialpolitik betreiben und in ihrem Industriezweig führend sind«. Ausgeschlossen sind Unternehmen in folgenden Geschäftsfeldern: Herstellung von Waffen und sonstigen militärischen Produkten, Produktion und Verarbeitung von Tabak, Herstellung von Alkohol, Glücksspiele, Erzeugung von Atomkraft und Gentechnologie (externer Einsatz wie z. B. Landwirtschaft).

Kontakt:
- Living Planet Fund Management Company S.A., 33A, Avenue J.F. Kennedy, L-2010 Luxemburg, www.livingplanetinvestments.com/gm

MEAG KlimaStrategie
MEAG Nachhaltigkeit

Der MEAG KlimaStrategie investiert weltweit überwiegend in Unternehmen, deren Geschäftstätigkeit auf eine Emissionsreduktion zur Abschwächung des Klimawandels oder auf die Entwicklung von Produkten zur Anpassung an die Klimaveränderung abzielt, bevorzugt in den Bereichen alternative und erneuerbare Energien, Anlagenbau, Landwirtschaft, Transport, Bau, Recycling, Umweltmanagement, Versicherungen, Wasser und Forstwirtschaft. Es dominieren kleine bis mittlere Unternehmen (ca. 75 %). Am stärksten gewichtet waren Ende Mitte 2011 Saint-Gobain, Wienerberger und Gamesa.

Auch der MEAG Nachhaltigkeit investiert weltweit, überwiegend in etablierte Unternehmen, die einen Beitrag zu einem verantwortungsbewussten Wirtschaftswachstum leisten. Es wird nach umweltgerechtem und sozialem Verhalten und finanziellem Erfolg ausgewählt. Ausgeschlossen sind die Produktion von Tabak, Alkohol, Rüstung und Waffen sowie Glücksspiel. Hier waren die größten Titel Nestlé, General Electric und HSBC. Die Fondsgesellschaft gehört zur Münchner Rückversicherungsgruppe.

Kontakt:

- MEAG Munich Ergo Kapitalanlagegesellschaft mbH, Oskar-von-Miller-Ring 18, D-80333 München, www.meag.com

Meridio Green Balance

Schwerpunkte dieses Fonds sind die Branchen Umwelttechnologie und erneuerbare Energien. Als Positivkriterien werden u.a. der verantwortungsvolle Umgang mit Ressourcen, fairer Handel sowie vorbildliche Sozialleistungen genannt. Negativ hingegen werden die Diskriminierung von Frauen oder Minderheiten bewertet sowie Rüstung und Tierversuche.

Kontakt:

- Meridio Vermögensverwaltung AG, Gustav-Heinemann-Ufer 56, D-50968 Köln, www.meridio.de

Monega FairInvest Aktien

Der Fonds investiert in internationale Aktien führender Unternehmen im Bereich Nachhaltigkeit und ethisch-sozialer Verantwortung mit Schwerpunkt Europa, wobei die Auswahl der Aktientitel durch die Bank Sarasin erfolgt. Die Kapitalanlagegesellschaft ist ein Unternehmen der DEVK Versicherungen, der Sparda-Banken und des Bankhauses Sal. Oppenheim jr., Anteile werden von DEVK Versicherungen und den Sparda-Banken angeboten.

Kontakt:

- Monega Kapitalanlagegesellschaft mbH, Stolkgasse 25-45, D-50667 Köln, www.monega.de

Murphy&Spitz Umweltfonds Deutschland
Murphy&Spitz Umweltfonds Welt

Zu denAusschlusskriterien dieser beiden Fonds gehören die Geschäftstätigkeit in der Militärindustrie, der Atomenergie, in umweltschädlichen Technologien sowie vermeidbare Tierversuche. Der Umweltfonds Deutschland investiert überwiegend in Small-, Mid- und Microcap-Aktien von nachhaltigen Unternehmen mit Geschäftstätigkeit im deutschsprachigen Raum. Schwerpunkte sind die

Wachstumsbranchen erneuerbare Energien, Energieeffizienz, nachwachsende Rohstoffe, Wasser, Gesundheit und umweltschonende Verkehrstechnik. Die größten Titel waren Mitte Juli 2011 Steico, Centrotec Sustainable und Init.

Beim Umweltfonds Welt liegt der Schwerpunkt auf kleinen und mittelgroßen Unternehmen mit ökologischer Ausrichtung weltweit in den gleichen Wachstumsbranchen, bis zu 10 Prozent können in Mikrokreditprojekte investiert werden. Die größten Positionen waren hier Drägerwerk, Steico und Vossloh.

Kontakt:

- Murphy&Spitz, Riesstraße 2, D-53113 Bonn, www.murphyandspitz.de und www.umweltfonds-deutschland.de

New Energy Fund (Sarasin Multi Label)

Der Fonds legt vor allem in Aktien an (mindestens 80%). Schwerpunkt sind Unternehmen, »die sich zukunftsgerichtet und innovativ mit der Ressource Energie auseinandersetzen und dabei ökologische und soziale Nachhaltigkeitsaspekte berücksichtigen«, insbesondere im Bereich der erneuerbaren Energie wie Wind, Wasser, Biotreibstoffe, Sonne und Geothermie.

Kontakt:

- Bank Sarasin & Cie AG, Elisabethenstraße 62, CH-4002 Basel, www.sarasin.ch

Öko-Aktienfonds

Verwaltungsgesellschaft des Fonds war die im Jahr der Auflegung 1991 gegründete EKK Invest S.A. (Luxembourg), eine Tochter der Evangelischen Kreditgenossenschaft eG in Kassel. Verwaltungsgesellschaft ist die IPConcept Fund Management S.A. Dieser thesaurierende Fonds investiert überwiegend international in Unternehmen, die »Ökoleader« ihrer Branche (Best-in-Class) sind oder auf den Gebieten umweltfreundliche Energiegewinnung, Verringerung von Schadstoffbelastungen, Umstellung von umweltschädlichen Roh-, Hilfs- und Betriebsstoffen auf umweltverträgliche Alternativen, Förderung naturnaher Verfahren im Gesundheits- und Ernährungswesen tätig sind. Interne Negativkriterien sind z. B. Rüstung, Kernenergie, Kinderarbeit, Pornographie, Alkohol und Tabak.

Kontakt:

- DZ Privatbank S.A., 4, rue Thomas Edison, L-2016 Luxembourg, www.dz-privatbank.com

ÖkoWorld Klima
ÖkoWorld ÖkoVision Classic
ÖkoWorld ÖkoVision Europe
ÖkoWorld Water for Life

Der 1996 – nach fast 6 Jahren Vorbereitungszeit – von der damaligen Ökobank lancierte Fonds Ökovision (Classic) wurde vorübergehend (ab Mitte 2005) von Fortis gemanagt, nachdem sich dieser Allfinanzkonzern mit rund 25 Prozent an der Versiko AG beteiligte, die die Fondsgesellschaft *Ökoworld S.A.* seinerzeit von der Ökobank übernommen hatte. Seit November 2009 liegt das Fondsmanagement beim eigenen SRI-Team von Ökoworld, das die Auswahlkriterien (negative und positive) festlegt und neue Investment- und Produktideen entwickelt. Das Anlageuniversums analysiert und bestimmt ein Anlageausschuss mit elf unabhängigen Experten. Im Juli 2007 wurden die Fonds zu einer Fondsfamilie unter dem Namen ÖkoWorld fusioniert. Neu hinzu kamen der ÖkoWorld Klima und der ÖkoWorld ÖkoVision Europe sowie 2008 der ÖkoWorld Water for Life. Anfang 2009 wurde der ÖkoWorld ÖkoTrend Stocks Europe mit dem ÖkoWorld ÖkoVision Europe verschmolzen. Der ÖkoVision Classic war der erste mit sehr strengen und ausführlichen ethisch-sozialen und ökologischen Anlagekriterien. Neben den üblichen Negativkriterien wie Rüstung, Atomkraft oder Suchtmitteln wird u. a. auch die Gleichberechtigung von Frauen im Unternehmen überprüft (Entlohnung, Arbeitszeitflexibilität, Aufstiegschancen). Auch Kapitalverflechtungen mit anderen Unternehmen können eine Rolle spielen.

Kontakt:
- Ökoworld Lux S. A., 124, Boulevard de la Pétrusse, L-2330 Luxemburg, www.oekoworld.com

Parvest Environmental Opportunities

Ziel des Fonds ist ein mittelfristiger Wertzuwachs aus der weltweiten Anlage in Aktien und aktienähnlichen Titeln von Unternehmen des Umweltmarktes oder aus den Sektoren alternative Energien, Wasserbehandlung oder -säuberung, Verschmutzungskontrollen, Abfallverwaltung und Recycling.

Kontakt:
- BNP Paribas Asset Management S.A.S., Grüneburgweg 14, D-60322 Frankfurt, www.bnpparibas-ip.de

Pictet Clean Energy (P)
Pictet Environmental Megatrend Selection
Pictet-Ethos Swiss Sustainable Equities
Pictet European Sustainable Equities
Pictet Water

Anfang 2000 hatte die Genfer Fondsgesellschaft Pictet nach Biotech, Telekom und Freizeit einen weiteren Spezialfonds auf den Markt gebracht, der sich auf das Zukunftsthema Wasser konzentriert (z.B. Wasserversorgung oder Wasseraufbereitung). Dank großer institutioneller Kunden der Schweizer Privatbank Pictet erreichte der Fonds schnell ein dreistelliges Millionenvolumen, inzwischen ist die Zwei-Milliardenschwelle überschritten worden. Manager dieses Fonds wie auch des erst vor gut einem Jahr aufgelegten Pictet Environmental Megatrend Selection ist Philippe Rohner. Die Fondsmanager können für jeden Fonds auf einen individuell besetzten Beirat zurückgreifen.

Als 1999 der damalige Pictet Sustainable Equities Switzerland startete, setzte das Management u.a. auf die Nachhaltigkeits-Ratings der Analysten der VTZ Delphi International in London, einer 100-prozentigen Tochter der (damals noch existenten) Schweizer VTZ. Heute weist bei diesem Fonds der Name Pictet-Ethos darauf hin, dass ein Anlageverfahren mit einem quantitativen Ansatz für die Portfoliokonstruktion verwendet wird, das von Pictet Asset Management und Ethos Services (www.ethosfund.ch) gemeinsam entwickelt wurde. Die Stimmrechte der Aktionäre werden gemäß den Ethos-Richtlinien zur Ausübung von Stimmrechten ausgeübt. Infrage kommen branchenführende Unternehmen, die im Swiss Performance Index enthalten sind und das Prinzip der Nachhaltigkeit befolgen.

Kontakt:

- Pictet & Cie (Europe) S.A., Niederlassung Frankfurt, Neue Mainzer Straße 1, D-60311 Frankfurt am Main, www.pictetfunds.com

Pioneer Funds – Global Ecology

Nach umfangreichen ethisch-ökologischen Kriterien – neben Atomenergie und Rüstung sind z.B. auch die Branchen Erdöl und Luftfahrt ausgeschlossen – werden mindestens zwei Drittel des Volumens in Unternehmen investiert, die umweltfreundliche Produkte oder Technologien herstellen oder die zu einer saubereren und gesünderen Umwelt beitragen, vor allem in den Bereichen Kontrolle der Luftverschmutzung, alternative Energien, Wiederverwertung, Müllverbrennung, Abwasserbehandlung, Wasserreinigung und Biotechnologie. Die schon 1927 in den USA gegründete – und vor einigen Jahren von der italienischen UniCredit-Gruppe übernommene – Fondsgesellschaft zählt zu den Pionieren des ethischen Investments. Obwohl ethisch-ökologische Kriterien bei diesen Fonds oft nicht in den Statuten verankert sind, richtet man sich danach.

Kontakt:

- Pioneer Investments Kapitalanlagegesellschaft mbH, Apianstraße 16–20, D-85774 Unterföhring bei München, www.pioneerinvestments.de

Prime Values Green

Der Fonds strebt als Anlageziel einen langfristig hohen Wertzuwachs in Euro an. Den Anlageschwerpunkt des Fonds bilden hierbei Unternehmen, welche in ihrer Unternehmenspolitik ökologische und ethische Ziele nachhaltig verfolgen (u.a. Wasser, erneuerbare Energie, Klimaschutz, neue Materialien und Recycling). Bei Direktanlagen in Aktien von Unternehmen bzw. Anleihen von Emittenten wird darüber hinaus strikt darauf geachtet, dass in deren Geschäftspolitik ein ausgeprägtes Umweltbewusstsein sowie hohe ethische und moralische Grundprinzipien erkennbar sind. Ein unabhängiges Ethikkomitee erstellt und kontrolliert die maßgeblichen ethischen Anlagerichtlinien.

Kontakt:

- Hauck & Aufhäuser (Schweiz) AG, Postfach 2417, Talstraße 58, CH-8022 Zürich, www.hauck-aufhaeuser.ch

Raiffeisen-Ethik-Aktien-Fonds

Laut Prospekt (Ziff. 13) investiert der im Mai 2002 aufgelegte Fonds »überwiegend in Aktien oder Aktien gleichwertigen Wertpapieren von Unternehmen ohne jede Regions- und Brancheneinschränkung, die jedoch unter besonderer Berücksichtigung des Ethikgedankens (insbesondere ökologische und soziale Kriterien) ausgewählt werden«. Auswahlkriterien sind gute ökologische, soziale und ethische Leistungen wie Umwelt, Menschenrechte, Arbeitsbedingungen, Corporate Governance (Positiv-Screening); in einem Negativ-Screening werden insbesondere die Ausschlusskriterien Tabak, Alkohol, Glückspiel sowie Produktion von und Handel mit Militärgütern und Pornographie angewendet. Bei Investments in öffentliche Emittenten gelten z.B. als Ausschlusskriterien Atomenergie, Tierversuche, Pelzproduktion oder -handel, Ausschluss von Gewerkschaften, Menschenrechtsverletzungen, Zwangs- oder Kinderarbeit, autoritäre Regime, Geldwäscherei, klimaschädigendes Verhalten, Korruption und Todesstrafe. An der Erstellung der Kriterien war zuerst der bekannte Innsbrucker Sozialethiker und Jesuitenpater Herwig Büchele beteiligt.

Kontakt:

- Raiffeisen Kapitalanlage-Gesellschaft m.b.H., Schwarzenbergplatz 3, A-1010 Wien, www.rcm.at

Raiffeisen Futura Global Stock
Raiffeisen Futura Swiss Stock

Im 2001 in der Schweiz aufgelegten Raiffeisen Futura Global Stock sind internationale Aktien zu finden, die vom Schweizer Ethik-Research-Institut Inrate nach ökologischen und ethischen Kriterien positiv bewertet (Best-in-Class) und durch die Vontobel Asset Management AG für Erfolg versprechend befunden worden sind. Unternehmen werden einem Öko- und Sozialrating unterzogen, etwa ein Drittel des Fondsvermögens ist in Werte investiert, deren Emittenten mindestens in einem der beiden Bereiche die Höchstnote erzielt haben. Entsprechend dem Global-Stock-Aktienfonds gibt es auch eine Swiss-Stock-Variante.

Kontakt:

- Raiffeisen Schweiz Genossenschaft, Raiffeisenplatz, CH-9001 St. Gallen, www.raiffeisen.ch

S Ethik Aktien

Fast zeitgleich mit Raiffeisen (Österreich) hat auch die Sparkasse Oberösterreich im Mai 2002 einen Ethik-Aktienfonds auf den Markt gebracht, der »in bedeutende ethisch-soziale und ökologische Aktiengesellschaften mit hohem Qualitätsstandard« investiert. Die ausführliche Liste der Ausschlusskriterien umfasst u.a. Rüstung, Atomenergie, Tabak, Pornographie, Embryonenforschung, schwere Verstöße gegen Richtlinien der Kinderarbeit. Das Fondsmanagement kooperiert im ethisch-sozialen Rating mit Oekom Research.

Kontakt:

- Sparkasse Oberösterreich Kapitalanlagegesellschaft m.b.H., Promenade 11-13, A-4020 Linz, www.s-fonds.at

SAM Smart Energy Fund
SAM Smart Materials Fund
SAM Sustainable Climate Fund
SAM Sustainable Global Active Fund
SAM Sustainable Healthy Living Fund
SAM Sustainable Multi-Theme Fund
SAM Sustainable Water Fund
SAM Sustainable Agribusiness Equities Fund
SAM Sustainable European Equities Fund

Die SAM Sustainable Asset Management AG wurde 1995 in Zürich als eine der weltweit ersten Vermögensverwaltungsgesellschaften gegründet, die sich auf »Sustainability Investing« konzentrierten. 2006 wird SAM Teil der Robeco-Gruppe, die 1929 als Rotterdamsch Beleggings Consortium entstanden ist und seit 1997 zu 50 Prozent und seit 2001 vollständig zur niederländischen Rabobank, einer der wenigen Banken mit Triple-A-Rating, gehört.

Bis auf die SAM Fonds Sustainable Agribusiness Equities Fund und Sustainable European Equities Fund, die Teilfonds des Robeco Capital Growth Funds (SICAV) Umbrellafonds sind, befinden sich die übrigen innerhalb des Julius Baer Multipartner (SICAV), einem sogenanntes »Private Label Funds«-Angebot von Swiss & Global. Die von SAM gemanagten Fonds investieren mindestens zwei Drittel in Unternehmen, die jeweils Technologien, Produkte und Dienstleistungen im Bereich zukunftsgerichteter Energien anbieten, eine effiziente Verwendung von Energie (SAM Smart Energy Fund) oder Rohstoffen gewährleisten, neue alternative Materialien anbieten (SAM Smart Materials Fund). Weitere Themenbereiche sind Strategien gegen den Klimawandel (SAM Sustainable Climate Fund), Ernährung und Gesundheit (SAM Sustainable Healthy Living Fund) oder die Wertschöpfungskette des Wassers (SAM Sustainable Water Fund). Bis auf den SAM Smart Energy Fund (10 Euro) wurden die Anteile zu 100 Euro ausgegeben, z.T. sind Anteile auch in Franken, US-Dollar und Pfund erhältlich.

Die beiden Fonds im Robeco Capital Growth Funds werden hauptverantwortlich von Robeco Institutional Asset Management B.V. verwaltet, aber mit einer beratenden Funktion für SAM Sustainable Asset Management.

Kontakt:

- SAM Group Holding AG, Josefstraße 218, CH-8005 Zürich, www.sam-group.com

Sarasin New Power Fund
Sarasin ÖkoSar Equity Global
Sarasin Sustainable Equity Europe
Sarasin Sustainable Equity Global
Sarasin Sustainable Equity Global Emerging Markets (USD)
Sarasin Sustainable Equity – Real Estate Global
Sarasin Sustainable Water

Die Bank Sarasin bietet neben ihren eigenen nachhaltigen Publikumsfonds auch Verwaltungsmandate und Spezialfonds in den Bereichen Aktien-, Obligationen- oder gemischte Kapitalanlagen sowie ein Private Equity Produkt zum Thema »erneuerbare Energien« und im Bereich der Vorsorge »Nachhaltige Teilvermögen für Schweizer Pensionskassen« der SAST (Sarasin Anlagestiftung).

Die angeführten Fonds sind Teilvermögen eines luxemburgischen SICAV (Sarasin Investmentfonds). Die Anlageverwaltung jedes Fonds unterstützt ein interdisziplinär zusammengesetzter Beirat hinsichtlich Konzept, Auswahlkriterien und Definition auszuschließender Aktivitäten, er bespricht neue wissenschaftliche und gesellschaftliche Erkenntnisse, hat aber keine Entscheidungsbefugnisse. Ihm gehören Experten aus den Bereichen Naturwissenschaft, Sozialwissenschaft und Ökonomie an.

Der Sarasin New Power Fund berücksichtigt z.B. erneuerbare Energien (Wind, Wasser, Biomasse, Sonne, Geothermie u.a.) und Unternehmen der traditionellen Energieträger mit innovativen umweltschonenden und sozialverträglichen Lösungen. Bis zu 30 Prozent können in Unternehmen von Industrien investiert werden, die aus nachhaltiger und energiewirtschaftlicher Sicht im Vergleich zu anderen Branchen vorteilhaft abschneiden. Ausgeschlossen sind Unternehmen, die mindestens 25 Prozent ihres Umsatzes mit der Produktion von Kernenergie (die Investition in Zulieferer ist möglich) erzielen.

Der Sarasin OekoSar Equity Global investiert in Unternehmen, die sich langfristig über nationale und internationale Standards (u.a. ILO-Standard betreffend fairen Arbeitsverhältnissen, ISO-Normen, UN Global Compact, Selbstverpflichtung von Unternehmen zu ethisch-nachhaltigem Wirtschaften unter dem Patronat der UNO) hinaus engagieren und einen nennenswerten Beitrag in umwelt- und sozialverträglichen Belangen an verschiedene Anspruchsgruppen wie Mitarbeiter, Kunden und Gesellschaft leisten. Zentral sind Zukunftsthemen, -branchen und -aktivitäten wie saubere Energie, Ressourceneffizienz, Gesundheit, Wasser, nachhaltiger Konsum, nachhaltige Mobilität, Dienstleistungen, Einsatz innovativer Managementsysteme. Einzelne Geschäftsaktivitäten können grundsätzlich ausgeschlossen werden.

Beim Sarasin Sustainable Equity Europe und beim Sarasin Sustainable Equity Global haben die Unternehmen einen Beitrag zu einer nachhaltigen

Wirtschaftsweise zu leisten, indem sie ein umweltgerechtes, öko-effizientes Management und die »proaktive Gestaltung« der Beziehungen zu den wesentlichen Anspruchsgruppen integrieren.

Beim Sarasin Sustainable Equity Global Emerging Markets sind mindestens drei Viertel der Anlagen direkt oder indirekt in Aktien von in Schwellenländern (Asiens, Lateinamerikas, Osteuropas und Afrikas) ansässigen Unternehmen investiert, die bei ihrer Geschäftstätigkeit ökologische und soziale Nachhaltigkeitsaspekte mitberücksichtigen.

Der Sarasin Sustainable Equity Real Estate Global bezieht weltweit Unternehmen ein, die mehrheitlich im Immobiliensektor arbeiten und ökologische und soziale Nachhaltigkeitsaspekte mitberücksichtigen. Besonders wichtig sind die Reduktion des Energieverbrauchs und der Treibhausgasemissionen. Zum Immobiliensektor werden REITs (Real Estate Investment Trusts) gerechnet sowie Unternehmen, die in der Erschließung, Überbauung und Nutzung von Grundstücken tätig sind oder ihre Einkünfte überwiegend aus dem Eigentum an Grundstücken und Immobilien erzielen.

Der Sarasin Sustainable Water Fund umfasst weltweit Unternehmen, die sich durch einen nachhaltigen Umgang mit der Ressource Wasser auszeichnen und dabei ökologische und soziale Nachhaltigkeitsaspekte mitberücksichtigen, z.B. bei der Wasserversorgung, -aufbereitungstechnologien, -effizienz und -infrastruktur. Bis zu 30 Prozent können zudem in Unternehmen investiert werden, die aus nachhaltiger Sicht und besonders in Bezug auf ihren Wasserverbrauch im Vergleich zu anderen Unternehmen vorteilhaft abschneiden.

Kontakt:

- Bank Sarasin & Cie AG, Elisabethenstraße 62, CH-4002 Basel, www.sarasin.ch

SEB Öko Lux

Dieser Fonds wurde 1992 auf Initiative von den genossenschaftlichen Kirchenbanken aus Münster (DGM) und Dresden (LKG) gegründet und über eine Tochter der deutschen BfG-Bank aufgelegt, die später von der schwedischen SEB-Gruppe übernommen worden ist. Der SEB Öko Lux war einer der ersten deutschsprachigen Umweltfonds, der auch definitiv ethische Kriterien in den Veranlagungsbestimmungen verankert hatte.

Nach dem Best-in-Class-Ansatz investiert das Management in Unternehmen weltweit, die hinsichtlich ihres Engagements im Bereich Umwelt- und Sozialverträglichkeit überdurchschnittlich bewertet werden (»Nachhaltigkeits-Leader«). Daneben wird in sogenannte Nachhaltigkeits-Innovatoren investiert, meist kleinere bis mittelgroße Unternehmen aus Bereichen wie Umwelttechnologie, alternative Energien oder Recycling, die einen aktiven Beitrag zum Umweltschutz leisten. Der Fonds verfügt über sehr umfangreiche Ausschlusskriterien, die z. B. von der Herstellung von oder dem Handel mit Kriegswaffen, der Erzeugung von Atomenergie bis zur Herstellung oder dem Vertrieb von chlororganischen Massenprodukten (z. B. PVC) oder Bioziden reichen. Grundlage für die Auswahl bildet das »Corporate Responsibility Research« von Oekom Research.

Kontakt:
- SEB Asset Management AG, Rotfeder-Ring 7, D-60327 Frankfurt am Main, www.sebassetmanagement.de

Superior 4 Ethik Akten
Superior 6 Global Challenges

Der Superior 4 erwirbt Aktien und Aktien gleichwertige Wertpapiere ausschließlich auf Basis der von einem unabhängigen Ethikbeirat festgelegten Ausschlusskriterien und Anforderungen. Geeignete Emittenten werden durch Auswertung vieler Kriterien von Oekom Research vorausgewählt. Die Auswahl der Werte für den Superior 6 orientiert sich an den 50 im Global Challenges Index enthaltenen Aktien von Unternehmen, die Ursachen und Folgen des Klimawandels bekämpfen, die Versorgung mit Trinkwasser sicherstellen, der Entwaldung entgegenwirken und nachhaltige Waldwirtschaft fördern, die Artenvielfalt erhalten, auf die Bevölkerungsentwicklung eingehen, Armut bekämpfen und verantwortungsvolle Governance-Strukturen unterstützen. Große Titel sind SAP (9,2 %), Union Pacific (Transport) (8 %) und Danone (7,7 %).

Kontakt:
- Bankhaus Schelhammer & Schattera Kapitalanlagegesellschaft m.b.H., Bräunerstraße 3/2/6, A-1010 Wien, www.schelhammer.at/fonds

Swisscanto (CH) Equity Fund Green Invest
Swisscanto (LU) Climate Invest
Swisscanto (LU) Equity Fund Water Invest
Swisscanto (LU) Green Invest Emerging Markets

Als die schweizerischen Kantonalbanken 1993 den größten Teil ihres Fonds- und Vermögensverwaltungsgeschäftes in die Finanzholding Swisscanto Holding AG, Bern, einbrachten, entstand eine Einheit mit zahlreichen Anlagefonds für private und institutionelle Anleger. Gleichzeitig wurde die Swisscanto Asset

Management AG, Zürich, als Spezialistin für anspruchsvolle Aufgaben im Bereich der institutionellen Vermögensverwaltung gegründet. 1998 wurde mit dem Swisscanto Green Invest der erste eigene Nachhaltigkeitsfonds aufgelegt. Heute ist Swisscanto nach UBS, Credit Suisse und Pictet gemessen am verwalteten Fondsvermögen die viertgrößte Gesellschaft mit Sitz in der Schweiz (7% Marktanteil, 54,7 Mrd. Franken verwaltetes Vermögen, 121 Anlagefonds, Stand: Juni 2011).

Der älteste Fonds wurde nach schweizerischem Recht als Anlagefonds ausgestaltet, die späteren Teilfonds nach luxemburgischem Recht. Der Swisscanto Green Invest Equity enthält mit fast 14 Prozent bzw. 10 Prozent am Fondsvermögen einen hohen Schweiz- bzw. Österreich-Anteil (USA: 24%, Deutschland: 20%), unter den fünf größten Titeln sind gleich zwei österreichische, Verbund und Mayr-Melnhof Karton, zu finden.

Der Swisscanto Climate Invest ist zu fast 50 Prozent in deutsche Werte investiert, davon mehr als 18 Prozent in den drei Titeln Wacker Chemie, Steico und SMA Solar Technology. Beim Swisscanto Equity Fund Water Invest (mit den Bereichen Wasserversorgung, -technologien, -aufbereitung, -dienstleistungen, -reinigung und -recycling) kommen die größten Titel aus den USA: Nalco Holding, United Utilities Group und Calgon Carbon. Der jüngste Fonds, der Swisscanto Green Invest Emerging Markets, greift das Thema Nachhaltigkeit in Schwellenländern auf, z.B. im Sinne von »Öko-Effizienz, unter welcher die Wertschöpfung durch abnehmenden Ressourcenverbrauch, weniger Abfall, weniger Emissionen usw. zu verstehen ist«. Größte Einzeltitel waren hier Mitte 2011 Energy Development (Philippinen), GT Advanced Technologies (USA/Asien) sowie Banktitel wie Bank Rakyat (Indonesien) und Erste Bank Group (Österreich/Osteuropa).

Kontakt:

- Swisscanto Asset Management AG, Waisenhausstraße 2, CH-8021 Zürich, www.swisscanto.ch

terrAssisi Aktien I AMI

Das Sondervermögen terrAssisi Aktien I AMI (vormals Gerling Select 21) investiert überwiegend in Aktien von Unternehmen, deren Auswahl sich nach den ethischen Grundsätzen des Franziskanerordens richtet. Entsprechend orientieren sich die Kriterien für die Anlage neben ökonomischen Aspekten gleichberechtigt an sozialen, kulturellen und Umweltaspekten. Oekom Research prüft regelmäßig die ökologische, soziale und ethische Eignung sowie die Ausschlusskriterien und vergibt ein Rating für Unternehmen (A–F). Zulässig sind

Investitionen mit A- bis C-Rating und ohne Verstoß gegen die Ausschlusskriterien. Verschlechtert sich das Rating oder verstößt das Unternehmen gegen ein Ausschlusskriterium, wird das Wertpapier innerhalb von zwei Monaten aus dem Portfolio genommen. Aus rund 1000 international erfolgreichen, großen Unternehmen (»Blue Chips«) und 100 kleineren Unternehmen werden die am nachhaltigsten wirtschaftenden ausgewählt (Best-in-Class-Prinzip). Besondere Berücksichtigung finden Firmen, die sich dem Klimaschutz widmen und/oder die Wasserressourcen der Welt verantwortungsvoll nutzen.

Kontakt:
- AmpegaGerling Investment GmbH, Charles-de-Gaulle-Platz 1, D-50679 Köln, www.ampegagerling.de

UBS (Lux) Equity Fund Eco Performance
UBS (Lux) Equity Fund Global Innovators
UBS (Lux) Equity SICAV Emerging Markets Innovators
UBS (Lux) Equity SICAV – Climate Change
UBS (Lux) Equity SICAV Sustainable Global Leaders

Die Schweizer UBS Global Asset Management hat ein eigenes SRI-Team für nachhaltige Anlagen, das im Rahmen eines strengen Auswahlverfahrens Leader und Innovatoren identifiziert. Leader sind innerhalb der Branche führend in Bezug auf Nachhaltigkeit (z.B. Nachhaltigkeitspolitik und -management, Beziehungen zu Mitarbeitern und Anspruchsgruppen oder Corporate Governance), Innovatoren sind kleinere oder aufstrebende Unternehmen, deren Produkte oder Dienstleistungen einen Beitrag zur nachhaltigen Entwicklung leisten.

Der von der Schweizer Großbank Mitte 1997 lancierte Eco Performance-Fonds investiert in Unternehmen, »die eine überdurchschnittliche ökologische, soziale und ökonomische Leistung erbringen und ein interessantes Wachstumspotenzial aufweisen«. Beim Global Innovators stehen Klimawandel, Demografie und Wasser im Mittelpunkt, repräsentiert durch zumeist junge, gering kapitalisierte Unternehmen.

Bei den drei anderen handelt es sich um 2008 und 2009 als Teilfonds eines Umbrellafonds aufgelegte Fonds: Der UBS Emerging Markets Innovators investiert mindestens zu 70 Prozent in Innovatoren im Bereich erneuerbare Energien, Energieeffizienz, nachhaltige Mobilität, Wasser, Gesundheitsdienste und Bildung. Der UBS Climate Change legt mindestens zwei Drittel in Gesellschaften an, die den Kohlendioxidausstoß reduzieren und von einer zukünftig kohlenstoffarmen Wirtschaft profitieren. Der UBS Sustainable Global Leaders investiert mindestens zwei Drittel in überwiegend große Unternehmen, vorwiegend in den Bereichen Klimawandel (erneuerbare Energie, Energieeffizienz, nachhaltige Mobilität und saubere Energietechnologien »Cleaner Energy«), Demographie (Diagnostik, medizinische Dienstleistungen, gesunde Lebensweise und Generika), Entwicklung (Bildung, nachhaltige Landwirtschaft, Zugang zu Medizin, Finanzen und Kommunikation) und Wasserlösungen (Wassereffizienz, -technologie und -versorgung).

UBS Global Asset Management verwaltete Mitte 2011 rund 536 Mrd. Franken Kundenvermögen und ist die größte Fondsgesellschaft der Schweiz.

Kontakt:

- UBS Deutschland AG Global Asset Management, Bockenheimer Landstraße 2-4, D-60306 Frankfurt am Main, fundgate.ubs.com

UniSector: Klimawandel

Im Mittelpunkt stehen Aktien und Indexzertifikate von Unternehmen, die sich in ihrer Strategie auf Herstellung und Anwendung in den Bereichen alternative Energien, Umwelttechnologien und Recycling konzentrieren. Ende Juli 2011 waren fast 45 Prozent in US-amerikanischen Aktien angelegt (die größten drei waren Novozymes, OCI und First Solar), gefolgt von 10 Prozent in dänischen Titeln.

Kontakt:

- Union Investment Privatfonds GmbH, Wiesenhüttenstraße 10, D-60329 Frankfurt am Main, privatkunden.union-investment.de

VCH New Energy

Dieser Fonds legt weltweit in Aktien aus dem Bereich der erneuerbaren Energien an, worunter neben den »traditionellen« alternativen Energien wie Solar und Windkraft auch Technologien zur Erhöhung der Energieeffizienz sowie Wasserversorgung gezählt werden. Die Auswahl erfolgt aus einem Anlageuniversum von ca. 400 Unternehmen. Ein Nachhaltigkeitsfilter schließt Branchen aus, die ethisch oder ökologisch bedenklich sind. Größte Werte im Fonds waren Mitte August 2011 ITC Holdings, Enel Green Power und Companhia Paranaense de Energia. Die VCH Investment Group gehört zur Altira Group, Frankfurt am Main.

Kontakt:

- VCH Investment Group AG, Grüneburgweg 18, D-60322 Frankfurt am Main, vch-fonds.de

Vontobel Global Trend Clean Technology

Der Fonds investiert in Unternehmen, die Technologien und innovative Lösungen anbieten, um Klimaveränderungen zu mildern und die Luft- und Wasserverschmutzung zu verringern. Unternehmenskonzepte in der Produktion, im Transport, in der Abfallbewirtschaftung sowie in allen Bereichen des »sauberen, intelligenten Wohnens« (Smart Living) werden unterstützt. Größte Sektoren waren Mitte 2011 »Sauberes Wasser« (27 %), »Industrie« (19 %) und »Saubere Energie« (19 %) mit den größten Werte GEA, Rockwood und Norfolk Southern, wobei US-amerikanische Aktien fast die Hälfte des Fondsvermögens ausmachten.

Kontakt:

- Vontobel Holding AG, Gotthardstraße 43, CH-8022 Zürich, funds.vontobel.com

Warburg Photovoltaik Global 30

Der 2009 lancierte Fonds umfasste nur Titel aus der Solar(zuliefer)branche, wurde jedoch erst zu einem Zeitpunkt aufgelegt, als der große Boom dieser Branche – der PPVX-Solaraktienindex hat in den fünf Jahren vor der Lehman-Krise 2008 mehr als tausend Prozent zugelegt – bereits vorüber war. Initiator Michael Höng wollte mit seinen Kunden „nicht durch das Tal der Tränen gehen" und hat sich Mitte 2011 für die Auflösung des Fonds entschieden.

Kontakt:

- Warburg Invest Kapitalanlagegesellschaft mbH, Ferdinandstraße 65–67, D-20095 Hamburg, www.warburg-fonds.com

Zegora Environmental Fund

Die Zegora Investment Management AG ist eine 2005 in Zürich gegründete und auf nachhaltige Kapitalanlagen spezialisierte unabhängige Vermögensverwaltungsgesellschaft. Weil das Fondsmanagement zeitweise (wie z. B. im Sommer 2011) auf einen extrem hohen Cashanteil (bis zu 97 %) setzt, schneidet der Fonds in Börsenkrisenzeiten oft wesentlich besser ab als die fast voll in Aktien investierte Konkurrenz, versäumt aber auch manchmal eine höhere Performance, wenn es später mit den Kursen wieder bergauf geht.

Kontakt:

- Zegora Investment Management AG, Rotbuchstraße 44, CH-8037 Zürich, www.zegora.com

ZKB Innovatoren Nachhaltigkeits Fonds
ZKB Nachhaltigkeits Vision Fonds
Die Bank prüft selbst anhand umfangreicher Nachhaltigkeitskriterien, welche Aktien die strengen Anforderungen des WWF Schweiz bezüglich Umweltverträglichkeit erfüllen.

Kontakt:
- Zürcher Kantonalbank, Geroldstraße 20, CH-8005 Zürich, www.zkb.ch

2.6.2.2 Rentenfonds

Eine Alternative zum Kauf einzelner Anleihen sind Rentenfonds. Seitdem die Staatshaushalte – nicht zuletzt durch die Unterstützung der in der Finanzkrise in Schwierigkeiten gekommenen Banken – an ihre Belastungsgrenze gelangt sind, haben sich viele Investoren von den Anleihen dieser Emittenten getrennt. Das Rating einst guter Schuldner bewegt sich mittlerweile bei einigen Staaten unterhalb des Investment-Grades mit überschaubarem Risiko (BBB-), bis zu dem institutionelle Investoren wie Versicherungen oder Pensionsfonds investieren dürfen. Irland (BBB+), Bulgarien (BBB), Island und Ungarn (BBB-) liegen beim »Foreign Rating« von Standard & Poor's schon nahe an der Grenze zu (hoch)riskanten Anleihen (»Junk Bonds«), Rumänien (BB+) und Griechenland (CC) haben diese bereits überschritten. Erstklassige Schuldner (AAA) sind in Europa nach wie vor Dänemark, Deutschland, Finnland, Frankreich, Großbritannien, Liechtenstein, Luxemburg, die Niederlande, Norwegen, Österreich, Schweden und die Schweiz, international z. B. Australien und Kanada. Im August 2011 wurden die USA (erstmals seit 1941) von Standard & Poor's von der Bestnote AAA auf AA+ zurückgestuft. Als Investmentalternativen gerade auch für Fonds rücken immer mehr wieder Unternehmensanleihen oder Staatsanleihen von Schwellenländern in den Blick.

AXA World Fonds Responsible Development Bonds
Der Fonds investiert in Schuldverschreibungen, mit denen die Emittenten – Regierungen und supranationale Organisationen – eine langfristige nachhaltige und wirtschaftliche Entwicklung finanzieren. Weitere Emittenten können Unternehmen und örtliche Entwicklungsbehörden mit Sitz oder Tätigkeit in den Schwellenländern sein. Bis zu zehn Prozent werden in vorrangige Tranchen von Schuldtitelfonds (Fonds communs de créance, FCC) investiert, wenn das Ziel die Unterstützung nachhaltiger und wirtschaftlicher Entwicklungsprojekte ist,

ebenso bis maximal zehn Prozent können in kurzfristige, von Mikro-Banken begebene übertragbare Wertpapiere oder andere Schuldtitel investiert werden, wenn das Ziel die Finanzierung von Projekten zur Förderung einer nachhaltigen wirtschaftlichen Entwicklung ist. Nur etwa 17 Prozent des Anleihevolumens hatten ein Rating im Non-Investment-Grade, weitere 13 Prozent waren nicht geratet. Die Anteilsbewertung findet nur freitags statt. AXA Investment Managers (AXA IM) verwaltet weltweit insgesamt 516 Mrd. Euro Kundenvermögen (Stand: September 2010). Zu AXA IM gehört ein neunköpfiges Responsible-Investment-Team, das vor kurzem eine RI Search Plattform eingeführt hat, sodass die Fondsmanager ESG-Kriterien (=Environment, Social, Governance, also Umweltschutz, Sozialverträglichkeit, Corporate Governance) bei der Verwaltung ihrer Fonds in Anlageentscheidungen aufnehmen können.

Kontakt:
- AXA Investment Managers Deutschland GmbH, Innere Kanalstraße 95, D-50823 Köln, www.axa-im.de

BankInvest Global Emerging Markets Debt SRI

Der Teilfonds eines Luxemburger SICAV erwirbt Unternehmensanleihen aus Schwellenländern, deren Emittenten internationale Vereinbarungen hinsichtlich der Menschenrechte, Arbeitsbedingungen, der Umwelt, Corporate Governance und Anti-Korruption beachten. Die Fondsgesellschaft gehört zu BankInvest, einem großen nordeuropäischen Asset Manager, der 1969 in Dänemark gegründet wurde und unabhängig von den großen Kreditinstituten operiert. BankInvest befindet sich im Eigentum einer größeren Zahl lokaler und regionaler Banken.

Kontakt:
- BISA S.A., Avenue de la Gare 8-10, L-1610 Luxemburg, www.bankinvest.com

BAWAG P.S.K. Öko Sozial Rent

Der Fonds investiert vor allem in Unternehmensanleihen, Staatsanleihen und besicherte Pfandbriefe. Nach ethisch-ökologischen Ausschlusskriterien wie z. B. Nichteinhaltung der Menschenrechte, Klimagefährdung, Gentechnik, Kinderarbeit oder Atomenergie werden die internationalen Emittenten vorausgewählt. Die Nachhaltigkeitsbewertung der Emittenten nimmt die internationale Researchagentur Sustainalytics vor. Die Anleihen im Fonds notieren in Euro oder sind in Euro abgesichert. Verwaltungsgebühr (0,58 % p.a.) und Ausgabeaufschlag (2,5 %) sind moderat bemessen. Etwa die Hälfte des Volumens ist in Anleihen österreichischer, deutscher und niederländischer Emittenten investiert.

Kontakt:

- BAWAG P.S.K. INVEST GmbH, Georg-Coch-Platz 2, A-1010 Wien, www.bawagfonds.at

BILKU 1 Carbon Efficient Bond Fonds

Dieser Fonds erwirbt Anleihen von internationalen Unternehmen mit einem überschaubaren Schuldner- und Zinsrisiko, um einen mittel- bis langfristig nachhaltigen, überdurchschnittlichen Ertrag zu erwirtschaften. Die Unternehmen zeichnen sich dadurch aus, dass sie im Branchenvergleich hinsichtlich ihrer CO_2-Bilanz überdurchschnittlich effizient arbeiten. Fondsmanager ist Elan Capital-Partners GmbH, Bad Homburg. Im Fonds enthaltene Unternehmen sind z. B. Telefonica, Coca Cola, BMW, Pfizer oder Securitas.

Kontakt:

- BayernInvest Luxembourg S.A., 3, rue Jean Monnet, L-2180 Luxemburg, www.kompetenzverbindet.lu

BlueValue Ethic Fund

Seit Ende 2004 gibt es den in Liechtenstein zugelassenen reinen Rentenfonds BlueValue Ethic Fund, der weltweit in Anleihen vor allem staatlicher und kommunaler Emittenten investiert. Die Initiatorin Blue Value AG (www.bluevalue.ch) hat ein Auswahlverfahren für Anleihen entwickelt, bei dem die Emittenten neben Ausschlusskriterien an zehn »normativen Grundsätzen« (Positivkriterien) gemessen werden, und zwar »Ehrfurcht vor dem Leben, Kulturverträglichkeit/Sinn, Erhaltung der Lebensgrundlagen/Nachhaltigkeit, Sozialverträglichkeit, Gesamtwohl, Menschenwürde, Partizipation, Schutz und Sicherheit, Integrität, Transparenz«. Ausschlusskriterien sind insbesondere niedrige Menschenrechtsstandards und offensive Militärpolitik. Folgende Felder werden für die Wertpapierauswahl genauer analysiert: Lebensschutz, Bioethik, Tierschutz/Bildung, Forschung und Entwicklung, Freizeit, Kultur/Energie, Infrastruktur, Umwelt/Gesundheitswesen/Wohlstand, Wirtschaft, Arbeit/Menschenrechte, Freiheit/Demokratie, Zivilgesellschaft/innere und äußere Sicherheit/Rechtsstaatlichkeit, Korruption/Information, Medien, Meinungsfreiheit. Die Titelauswahl erfolgt nach ethischen Kriterien (Ausschlusskriterien und zehn normative

Grundsätze) sowie anlagetechnischen Gesichtspunkten (aktives Zins- und Währungsmanagement). Fondsmanager ist SysTrade Capital aus Augsburg, Verwaltungsgesellschaft The Fund AG mit Sitz in Vaduz.

Kontakt:
- SysTrade Capital AG, Maximilianstraße 56, D-86150 Augsburg, www.systrade-capital.eu

Dexia Sustainable Euro Corporate Bonds

Die elf Spezialisten des Sustainable Development-Teams von Dexia analysieren infrage kommende Emittenten – Unternehmen aus dem Privatsektor – und ermitteln nach dem Best-in-Class-Prinzip die besten (Top 50%) jedes Sektors bezüglich der Integration der ökologischen und sozialen Herausforderungen sowie der Unternehmensführung. Die Emittenten müssen sich an die zehn Grundsätze des Weltpaktes der Vereinten Nationen halten und dürfen nicht an der Aufrüstung beteiligt sein. Es kommen sowohl Papiere mit festem als auch variablem Ertrag in Frage, die in Euro notieren, so z.B. Iberdrola (Spanien, Energiesektor), KBC Ifima (Belgien, Bank- und Versicherung) oder Volkswagen.

Kontakt:
- Dexia Asset Management Belgium S.A., rue Royale 180, B-1000 Brüssel, sri.dexia-am.com und de.dexia-am.com

ESPA Bond Euro-Mündelrent
ESPA Vinis Bond
ESPA Vinis Bond Euro-Corporate

Der ursprünglich (1988) konventionelle österreichische Rentenfonds ESPA Bond Euro-Mündelrent änderte seine Statuten und wurde durch explizite ethische Anlagekriterien zum Ethikfonds. Bevorzugt werden Wertpapiere von Schuldnern, die hohe ethische Grundprinzipien erkennen lassen. Ausgeschlossen sind Emittenten, die in den Bereichen Atomenergie, Rüstung oder Pornographie tätig sind, die Tierversuche zulassen, Menschen diskriminieren oder in Ländern tätig sind, in denen Menschenrechte verletzt werden oder die das Kyoto-Protokoll (Klimaschutz) nicht ratifiziert haben. Der Großteil des Volumens ist in österreichischen Staatsanleihen (etwa 75%) und österreichischen Bankemissionen angelegt.

Für den ESPA Vinis Bond dürfen Anleihen bis zu 100 Prozent des Fondsvermögens ausmachen, wobei überwiegend in Euro aufgelegte, Investment

Grade geratete Anleihen infrage kommen. Die Emittenten müssen nachhaltige Grundprinzipien in ihrer Geschäftspolitik erkennen lassen. Der ESPA Vinis Bond Euro-Corporate konzentriert sich auf Unternehmensanleihen.

Beiden Fonds gemeinsam sind die ausführlich im Prospekt aufgeführten Ausschlusskriterien wie Atomenergie, Gentechnologie, Kinderarbeit, nachgewiesene (schwere) Manipulation der Geschäfte (Bilanzfälschung) oder – insbesondere bei Staatsanleihen – Todesstrafe (Länder die gemäß Amnesty International die Todesstrafe nicht gänzlich abgeschafft haben). Mit einem Negativkriterium versehen sind Investments bei Vorliegen der Kriterien Abtreibung, Ausbeutung von Umwelt, Mitarbeitern und Gesellschaft (dazu zählen auch sozial-ökologisch bedenkliche Großprojekte), autoritäre Regime (Länder die von »Freedom House« als nicht frei eingestuft werden) und z.B. die Diskriminierung von Frauen und Minderheiten. Positivkriterien für die Fonds betreffen Arbeitsplatzbedingungen, Bildungsförderung, Corporate Governance, Energie- und Wasserverbrauch, erneuerbare Energien, geringe Werte bei Umweltverschmutzung, Medizin/Gesundheitsvorsorge, Ressourcenschonung, umwelttechnologische Führerschaft und Wasseraufbereitung. Ein Ethik-Beirat prüft regelmäßig die Nachhaltigkeit.

Kontakt:

- Erste-Sparinvest Kapitalanlagegesellschaft m.b.H., Habsburgergasse 1, A-1010 Wien, www.sparinvest.at

Fisch CB Sustainable Fund (Wandelanleihen)

Bei diesem Fonds erfolgt neben der traditionellen Kreditanalyse eine Nachhaltigkeitsanalyse, die soziale sowie ökonomische Faktoren und Umweltrisiken beleuchtet. Fisch Asset Management greift auf das Nachhaltigkeitsresearch der Bank Sarasin zurück. Aus dem Wandelanleihenuniversum, das den gesamten Anlageprozess mit Nachhaltigkeitsfilter durchläuft, investiert das Fondsmanagement weltweit in 50 bis 70 Titel mit den besten Chance/Risiko-Profilen. Die Managementgesellschaft ist auf Wandelanleihen spezialisiert und wurde 1994 von Kurt und Pius Fisch sowie Swisspartners gegründet, 2010 beteiligte sich der britische Vermögensverwalteer Schroders mit 10 Prozent.

Kontakt:

- Fisch Asset Management AG, Bellerive 241, CH-8034 Zürich, www.fam.ch

HSBC Trinkaus Corporate Bonds Europe

Der Fonds investiert in europäische Unternehmensanleihen von erstklassiger Bonität mit Ausnahme von Finanzdienstleistern. Einziger Gesellschafter der 1986 gegründeten Internationale Kapitalanlagegesellschaft mbH – HSBC INKA ist seit 2002 das Bankhaus HSBC Trinkaus & Burkhardt AG.

Kontakt:

- Internationale Kapitalanlagegesellschaft mbH, Yorckstraße 21, D-40476 Düsseldorf, www.inka-kag.de

INIK Fonds

»INIK« steht für »Initiative für nachhaltiges Investment der Kirche«, die von der Evangelisch-Lutherischen Kirche in Bayern ausgeht. Der Fonds wurde Ende 2003 als Publikumsfonds aufgelegt, Verwaltungsgesellschaft ist die HSBC Trinkaus Investment Managers SA, Luxemburg. Zwar ist formell eine Beimischung von Aktien möglich (Mitte 2011 unter 2%), aber der Fonds sieht sich als Rentenfonds, der überwiegend in Investment-Grade-Unternehmensanleihen europäischer Emittenten investiert (Mitte 2011 allerdings mit einem hohen Cash-Anteil). Es werden nur Unternehmen und Institutionen berücksichtigt, die ökologische, soziale und ökonomische Kriterien erfüllen und deren Geschäftsmodell mit christlichen Grundsätzen vereinbar ist. So sind die Bereiche embryonale Stammzellenforschung, Pornographie, Waffen und Rüstungsgüter ausgeschlossen. Nachhaltigkeitsanalyse (Best-in-Class-Ansatz) und Aktienmanagement erfolgen durch SAM, Zürich, die fundamentale Kreditanalyse sowie das Anleihenmanagement durch HSBC Global Asset Management (Deutschland).

Kontakt:

- HSBC Global Asset Management (Deutschland) GmbH, Königsallee 21/23, D-40212 Düsseldorf, www.assetmanagement.hsbc.com/de

KCD-Union Nachhaltig Renten

Der Fonds investiert weltweit in auf Euro lautende verzinsliche Wertpapiere. Beim umfangreichen Verfahren zur Ermittlung der Nachhaltigkeit der Emittenten werden strenge Ausschlusskriterien angelegt, z.B. werden Unternehmen, die Rüstungsgüter, Alkohol und Tabak produzieren oder Glücksspiele anbieten, grundsätzlich ausgeschlossen, ebenso Staaten, die Menschenrechte systematisch verletzen oder die Todesstrafe praktizieren. Aus dem nach einem

Best-in-Class-Filter verbleibenden Anlageuniversum wählt das Fondsmanagement der zur genossenschaftlichen Finanzgruppe gehörenden Union Investment Einzeltitel nach der Renditeerwartung aus. Über 50 Prozent des Fondsvolumens entfielen Mitte 2011 auf Emittenten aus Deutschland (26 %), Frankreich (16 %) und den Niederlanden (13 %).

Kontakt:

- Union Investment Privatfonds GmbH, Wiesenhüttenstraße 10, D-60329 Frankfurt am Main, privatkunden.union-investment.de

Kepler Ethik Rentenfonds

Die Linzer Kapitalanlagegesellschaft hat neben ihren Ethik- bzw. Sustainability-Aktienfonds seit Mai 2003 diesen Rentenfonds im Programm, der Anleihen internationaler Emittenten enthält, die ökonomische, ökologische und soziale Nachhaltigkeitskriterien erfüllen. Zusätzlich werden ethische Ausschlusskriterien wie z. B. Rüstung, Atomenergie, Tierversuche und Kinderarbeit berücksichtigt. Den größten Teil bilden österreichische (40 %), deutsche (14 %) und niederländische (12 %) Titel. Die Fondsgesellschaft ist einer der deutschsprachigen Erstunterzeichner des Eurosif-Kodexes (Transparenz Kodex für Nachhaltigkeitsfonds). Sie verwaltet über 138 Fonds mit einem Kundenvolumen von 10 Mrd. Euro und steht im Eigentum von Raiffeisenlandesbank Oberösterreich (64 %), Hypo Oberösterreich (26 %) und Oberösterreichischer Versicherung (10 %).

Kontakt:

- Kepler-Fonds Kapitalanlagegesellschaft m.b.H., Europaplatz 1a, A-4020 Linz, www.kepler-fonds.at

LBBW Nachhaltigkeit Renten

Der erst 2010 aufgelegte Fonds investiert in Staatsanleihen, Pfandbriefe und Unternehmensanleihen mit guter bis sehr guter Bonität (fast 60 % haben ein AAA-Rating) und Sitz der Emittenten in der EU. Die Auswahl erfolgt durch eine strenge Prüfung der sozialen und ökologischen Qualität des Emittenten. Die Datengrundlage stammt von Oekom Research. Negativkriterien sind kontroverse Geschäftsfelder bzw. Geschäftspraktiken wie z. B. Atomenergie, Rüstung, Tabak, Abtreibung, Glücksspiel, Kinderarbeit und Menschenrechtsverletzungen. Regionale Schwerpunkte sind die Niederlande (20 %), Deutschland (19 %) und Schweden (11 %). Die Fondsgesellschaft gehört der Landesbank Baden-Württemberg.

Kontakt:
- LBBW Asset Management Investmentgesellschaft mbH, Kronenstraße 20, D-70173 Stuttgart, www.lbbw-am.de

ÖkoWorld ÖkoTrend Bonds
Dieser Rentenfonds investiert ausschließlich in verzinsliche Euro-Staatsanleihen von Ländern mit einem Rating von mindestens AA. Währungsrisiken werden grundsätzlich abgesichert. Die Anleihen haben eine kurze bis mittelfristige Laufzeit. Staaten mit einer besonders sozial, ökologisch und ethisch ausgerichteten Politik werden bevorzugt für Investitionen genutzt. Der Grad der Nachhaltigkeit wird von einem unabhängigen Anlageausschuss bewertet. Ausschlusskriterien wie Atomwaffenbesitz, militärische Präsenz, Todesstrafe sowie expansive Atomenergie führen dazu, dass keine Anleihen von Frankreich, Spanien, Belgien, Großbritannien oder den USA gekauft werden. Berücksichtigte soziale Kriterien sind Asylpolitik, gelebte Demokratie, Entwicklungshilfe, Schutz von Minderheiten, Verbraucherschutz oder Arbeitslosenquoten, ökologische Kriterien sind Verhalten gegenüber Umweltabkommen, Naturschutz, Wasser- und Luftreinhaltung, Einstellung zur Gen-Technik, Verkehrspolitik oder Einsatz erneuerbarer Energien. Das Fondsmanagement liegt bei Grohmann & Weinrauter VermögensManagement GmbH, Königstein/Taunus.

Kontakt:
- Ökoworld Lux S. A., 124, Boulevard de la Pétrusse, L-2330 Luxemburg, www.oekoworld.com

Raiffeisen Futura Global Bond
Raiffeisen Futura Swiss Franc Bond
Entsprechend den Raiffeisen Futura Global Stock-Aktienfonds (siehe Kap. 2.6.2.1) gibt es auch zwei festverzinsliche Varianten. Der Raiffeisen Futura Global Bond setzt auf langfristigen Kapitalzuwachs, indem er weltweit in Anleihen investiert, die nachhaltigen Kriterien gerecht werden. Fremdwährungsrisiken werden gegenüber dem Schweizer Franken abgesichert. Beim Raiffeisen Futura Swiss Franc Bond stehen Anleihen im Mittelpunkt, die auf Schweizer Franken lauten. Bei beiden Fonds analysiert die Ratingagentur Inrate die Emittenten nach ökologischen, sozialen und ethischen Kriterien (Best-in-Service-Ansatz). Das aktive Fondsmanagement liegt bei Vontobel Asset Management. Beim Futura Global Bond waren drei Viertel der Anleihen mit AAA bewertet, beim Futura Swiss Franc Bond über 50 Prozent.

Kontakt:
- Raiffeisen Schweiz Genossenschaft, Raiffeisenplatz, CH-9001 St. Gallen, www.raiffeisen.ch

Raiffeisen-Österreich-Rent
Raiffeisen-OK-Rent

Der Raiffeisen-Österreich-Rent investiert überwiegend in Anleihen österreichischer Emittenten (gem. § 230b ABGB), derzeit 100 Prozent, und ist zur Veranlagung von Mündelgeldern geeignet (ein Währungsrisiko ist ausgeschlossen). Der Fonds investiert insbesondere in Emittenten, die sich durch gute ökologische, soziale und ethische Leistungen (z.B. Umwelt, Menschenrechte, Arbeitsbedingungen, Corporate Governance) hervortun (Positiv-Screening). Emittenten mit kontroversen Geschäftsaktivitäten und Verhaltensweisen werden grundsätzlich von der Veranlagung ausgeschlossen (Negativ-Screening), Ausschlusskriterien sind Tabak, Alkohol, Glückspiel, Produktion von und Handel mit Militärgütern, besonders hohe Rüstungsausgaben, Pornographie. Das Fondsvermögen besteht etwa zur Hälfte aus allein vier Anleihen der Republik Österreich. Der Raiffeisen-OK-Rent investiert überwiegend in Anleihen, insbesondere in KESt-freie Anleihen und/oder Niedrig-Kupon-Anleihen. Länderschwerpunkte sind aktuell Großbritannien (44%), Deutschland (29%) und Österreich (11%).

Kontakt:
- Raiffeisen Kapitalanlage-Gesellschaft m.b.H., Schwarzenbergplatz 3, A-1010 Wien, www.rcm.at

S Ethik Bond

Fast zeitgleich mit Raiffeisen (Österreich) hatte auch die Sparkasse Oberösterreich im Mai 2002 – neben dem S Ethik Aktienfonds – einen Ethik-Rentenfonds auf den Markt gebracht. Dieser Fonds investiert in die bedeutendsten Anleihemärkte und in die wichtigsten Währungen weltweit. Euro-Veranlagungen liegen immer bei mindestens 70 Prozent (Ende Juli 2011: 75%), der Anteil an US-Dollar-Anleihen liegt maximal bei 30 Prozent (19%). Eine Beimischung von Unternehmensanleihen ist mit bis zu 30 Prozent möglich (3%). Ausschlusskriterien sind die Ausübung der Todesstrafe, autoritäre Regime und Verstöße gegen Menschenrechte. Die Bewertung der Unternehmen und Länder aus ethisch-ökologischen Gesichtspunkten erfolgt durch Oekom Research.

Kontakt:

- Sparkasse Oberösterreich Kapitalanlagegesellschaft m.b.H., Promenade 11–13, A-4020 Linz, www.s-fonds.at

Sarasin-FairInvest-Bond-Universal-Fonds Sarasin Sustainable Bond EUR

Der Sarasin-FairInvest-Bond-Universal-Fonds investiert vornehmlich in auf Euro lautende festverzinsliche Wertpapiere. Emittenten sind nachhaltige Staaten, staatsnahe Institutionen, nationale und internationale Institutionen, Pfandbriefemittenten sowie Unternehmen. Der Fonds verzichtet auf Investments in Produzenten von Rüstungsgütern, Kernenergie, Automobilen, Tabakwaren, Chlor und Agrochemikalien, genmodifiziertem Saatgut, Fluggesellschaften, Anbieter von Pornographie und Glücksspielen. Anleihen kommen nicht infrage von Staaten mit aktivem Lobbying zum Ausbau der Kernenergie, mit ABC-Waffen ohne konkrete Abrüstungspläne sowie von Ländern, welche die Todesstrafe vollstrecken und/oder die das Kyoto-Protokoll nicht ratifiziert haben. Der Sarasin Sustainable Bond EUR investiert in erstklassige, ausschließlich »auf Euro lautende variabel- und festverzinsliche Anleihen«.

Kontakt:

- Bank Sarasin & Cie AG, Elisabethenstraße 62, CH-4002 Basel, www.sarasin.ch

SEB Öko Rent

Der als Secura-Rent Lux gegründete Rentenfonds wurde als »Pionier« der SEB Invest-Gruppe Ende 1989 in Luxemburg herausgebracht auf Initiative der Bank für Gemeinwirtschaft. Das Fondsmanagement setzt auf Staats- und Unternehmensanleihen internationaler Emittenten sowie supranationaler Institutionen. Alle Emittenten werden umfassend hinsichtlich ihrer Umwelt- und Sozialverträglichkeit analysiert. Nach dem Best-in-Class-Ansatz kommen nur überdurchschnittlich bewertete Emittenten infrage. Unternehmen oder Staaten, die einer nachhaltigen Entwicklung schaden, sind ausgeschlossen. Dieses betrifft z. B. Unternehmen, die Waffen produzieren oder Kinderarbeit einsetzen, und Länder, in denen die Todesstrafe toleriert wird. Grundlage der Auswahl sind das »Corporate Responsibility Research« bzw. das »Country Rating« von Oekom Research. Nach Ländern waren Mitte 2011 Deutschland (44 %), Luxemburg (13 %) und Großbritannien (9 %) Schwerpunkte des Anlagevermögens, nach Währungen Yen (35 %, z. B. emittiert von Bayerischer Landesbank und KfW), Euro (33 %) und US-Dollar (23 %).

Kontakt:

- SEB Asset Management AG, Rotfeder-Ring 7, D-60327 Frankfurt am Main, www.sebassetmanagement.de

Superior 1 Ethik Renten

Dieser Rentenfonds wurde im November 2005 auf ein Ethikkonzept umgestellt und enthält überwiegend fest und variabel verzinste Schuldverschreibungen sowie Pfandbriefe und Kommunalanleihen von nachhaltig ausgerichteten Emittenten vorwiegend in Euro. Die Auswahl erfolgt einerseits mittels einer »konventionellen« Finanzanalyse, die auf Bonität ausgerichtet ist, und andererseits auf der Basis der von einem unabhängigen Ethikbeirat festgelegten Ausschlusskriterien und Anforderungen an Schuldner. Geeignete Emittenten werden von Oekom Research vorausgewählt.

Kontakt:

- Bankhaus Schelhammer & Schattera Kapitalanlagegesellschaft m.b.H., Bräunerstraße 3/2/6, A-1010 Wien, www.schelhammer.at/fonds

Swisscanto Green Invest Income

Der Fonds investiert weltweit in Anleihen und Geldmarktinstrumente, deren Emittenten den Grundsätzen der ökologischen und sozialen Nachhaltigkeit folgen. Unternehmen werden in einem mehrstufigen Prüfverfahren, das sowohl auf Positiv- wie auch auf Negativkriterien (Ausschlusskriterien) beruht, ausgewählt. Für andere Emittenten (Staaten, Gliedstaaten eines Staates, Kommunen oder supranationale Gesellschaften) wird ein angepasstes Umwelt- und Sozialprüfverfahren verwendet. Aus diesen Emittenten werden die nach Umwelt- und Sozialaspekten besten Emittenten ausgewählt. Mitte 2011 waren etwa zwei Drittel des Fondsvermögens in Euro-Staatsanleihen investiert.

Kontakt:

- Swisscanto Asset Management AG, Waisenhausstraße 2, CH-8021 Zürich, www.swisscanto.ch

terrAssisi Renten I AMI

Der geldmarktnahe Rentenfonds investiert in Wertpapiere mit einer durchschnittlichen Zinsbindung von 24 Monaten. Investiert wird in Wertpapiere von Emittenten und Unternehmen, die neben ökonomischen auch Umwelt- und

Sozialkriterien erfüllen. Grundlage dieser Auswahl ist das Nachhaltigkeitsrating nach dem Best-in-class-Prinzip von Oekom Research. Zusätzlich gehen in das Rating die Grundsätze des Franziskanerordens ein, die durch spezifische Anlage- und Ausschlusskriterien den sozialen und kulturellen Aspekt der Investments überprüfen. Regionale Schwerpunkte waren Ende 2010 Großbritannien (28 %, davon z. B. HSBC Bank 7 %), Niederlande (14 %, davon ING Bank über 3 %) und Spanien (10 %, davon Banco Bilbao Vizcaya Cedulas 5,6 %). Mit einem Ausgabeaufschlag von 0,5 Prozent und einer jährlichen Verwaltungsgebühr von 0,455 Prozent sind Erwerb und Verwaltung des Fonds sehr kostengünstig.

Kontakt:
- AmpegaGerling Investment GmbH, Charles-de-Gaulle-Platz 1, D-50679 Köln, www.ampegagerling.de

Volksbank VB-Mündel-Rent

Die Fondsbestimmungen sehen vor, nur auf Euro lautende festverzinsliche Wertpapiere und Geldmarktinstrumente österreichischer Emittenten zu erwerben, vorwiegend österreichische Staatsanleihen. Die Auswahl der Vermögenswerte erfolgt auf der Grundlage wirtschaftlich-finanzieller Analysen, in die soziale, ökologische und ethische Erwägungen einbezogen werden. Dabei richtet sich der Fonds nach dem Europäischen Transparenz Kodex, der von Eurosif betreut wird. Fast 40 Prozent des Fondsvermögens haben eine Restlaufzeit von über 10 Jahren.

Kontakt:
- Volksbank Invest Kapitalanlagegesellschaft m.b.H., Kolingasse 14-16, A-1090 Wien, www.volksbankinvestments.com

ZKB Fonds Zinsertrag Nachhaltigkeit

Der Fonds investiert in Anleihen, die auf Schweizer Franken (CHF) lauten (mindestens die Hälfte, Mitte 2011: 62 %) oder Fremdwährung. Infrage kommen als Emittenten Staaten, Städte, supranationale Gesellschaften sowie private und öffentlich-rechtliche Unternehmen. Davon hatten jüngst 54 Prozent ein AAA-Rating, die zehn größten Positionen bestanden sämtlich aus Schweizer Emissionen. Die Bank prüft selbst anhand umfangreicher Nachhaltigkeitskriterien, welche die strengen Anforderungen des WWF Schweiz bezüglich Umweltverträglichkeit erfüllen. Das Nachhaltigkeitsuniversum der Bank umfasst über 350 Emittenten mit etwa 2600 Anleihen.

Kontakt:

- Zürcher Kantonalbank, Geroldstraße 20, CH-8005 Zürich, www.zkb.ch

2.6.2.3 Gemischte Fonds

Gemischte Fonds legen sowohl in Aktien als auch in Renten an, wobei viele Fonds Renten stärker gewichten als Aktien, oft gibt es Obergrenzen für die jeweilige Anlageklasse. Ein neuer Trend ist mit Multi-Asset-Fonds aufgekommen, die auch z.B. in Immobilien, Rohstoffe oder sogar Hedgefonds investieren dürfen und 2004 in Deutschland zugelassen worden sind. Ob diese zusätzlichen Anlageklassen aber auch immer ethischen Ansprüchen entsprechen, wäre im Einzelfall zu prüfen. Einige solcher Multi-Asset-Fonds sind im Angebot der Fondsgesellschaft enthalten, die auch den folgenden nachhaltigen gemischten Fonds anbietet.

BfS Nachhaltigkeitsfonds Ertrag – SEB Invest

Der BfS Nachhaltigkeitsfonds Ertrag – SEB Invest investiert ausschließlich in Wertpapiere, deren Emittenten als nachhaltig eingestuft wurden. Alle Emittenten werden einer umfassenden Analyse hinsichtlich ihrer Umwelt- und Sozialverträglichkeit unterzogen. Nach dem Best-in-Class-Ansatz kommen nur Länder und Unternehmen für eine Investition infrage, die überdurchschnittlich bewertet worden sind. Unternehmen und Staaten, die einer nachhaltigen Entwicklung schaden, werden über die Anwendung von Ausschlusskriterien konsequent gemieden. Dies betrifft beispielsweise Firmen, die Waffen produzieren oder Kinderarbeit einsetzen, sowie Länder, in denen die Todesstrafe toleriert wird. Ende Juni 2011 entfielen etwa 64 Prozent des Fondsvermögens auf festverzinsliche Werte, 26 Prozent waren in Aktien investiert und 10 Prozent wurden liquide gehalten. Mindestens 51 Prozent sollen in Wertpapieren europäischer Emittenten investiert sein, der Aktienanteil ist auf 30 Prozent begrenzt, wobei dieser Wert durch Wertsteigerungen überschritten werden darf, aber – an die Marktlage angepasst – wieder zurückgeführt werden muss. Größte Einzelpositionen waren Anleihen Deutschlands (11 %), der Niederlande (11 %) und Österreichs (9 %), an zehnter Stelle kommt mit 1,1 Prozent die erste Aktienposition (BASF).

Kontakt:

- SEB Asset Management AG, Rotfeder-Ring 7, D-60327 Frankfurt am Main, www.sebassetmanagement.de

Don Bosco Ethik fructus omnibus

Das internationale Hilfswerk »Jugend Eine Welt« hat zusammen mit dem Bankhaus Jungholz, einer Zweigniederlassung der österreichischen Raiffeisenbank Reutte, den Fonds Don Bosco Ethik fructus omnibus (Früchte für alle) entwickelt. Jugend Eine Welt engagiert sich in der Tradition Don Boscos für das Gelingen des Lebens junger Menschen und arbeitet mit den Salesianern Don Boscos und den Don-Bosco-Schwestern zusammen. Die Finanzierung der Arbeit erfolgt durch Spenden, Förderungen und Zuwendungen. 0,25 Prozentpunkte der jährlichen Fondsverwaltungsgebühr fließen an Jugend Eine Welt sowie deren Projekte. Der Fonds investiert sowohl nach Positiv- als auch Ausschlusskriterien und verfügt über einen unabhängigen Ethik-Beirat, der sich in der Regel zweimal pro Jahr trifft und die Qualität des ethischen Auswahlprozesses sichert. Der gemischte Fonds investiert international. Der Aktienanteil beträgt bis zu 40 Prozent des Fondsvermögens, Ende Mai 2011 waren es 5 Prozent. Fondsgesellschaft ist die Linzer Kepler-Fonds Kapitalanlagegesellschaft m.b.H., das Portfoliomanagement liegt beim Bankhaus Jungholz und das Nachhaltigkeitsrating bei Oekom Research. Konzipiert wurde der Fonds vom Corporate Responsibility Interface Center (CRIC) e. V. – Verein für ethische InvestorInnen, Frankfurt am Main.

Kontakt:

- Jugend Eine Welt, St. Veit Gasse 21, A-1130 Wien, www.donboscoethikfonds.at

DWS Stiftungsfonds

Neben dem DWS Stiftungsfonds (früher: DVG Stiftungsfonds) gibt es auch andere von Kapitalanlagegesellschaften aufgelegte, speziell an Stiftungen adressierte gemischte Fonds, die bevorzugt, aber nicht zwingend nachhaltig anlegen. Der DWS Stiftungsfonds berücksichtigt den Nachhaltigkeitsgedanken und investiert überwiegend an den europäischen Aktien- und Rentenmärkten. Bis zu 30 Prozent des Fondsvermögens dürfen in Aktien investiert sein. Das Fondsvermögen setzte sich Mitte 2011 vor allem aus Staatsanleihen (51 %, davon Emerging Markets 8 %), Aktien (15 %) und Pfandbriefen (11 %) zusammen.

Kontakt:

- DWS Investment GmbH, Mainzer Landstraße 178-190, D-60612 Frankfurt, www.dws.de

FairWorldFonds

Aus einer Kooperation mehrerer Partner ist dieser Fonds hervorgegangen. Der Anlagepolitik liegen ökologische, soziale und entwicklungspolitische Kriterien zugrunde, die sich an den ökumenischen Werten Gerechtigkeit, Frieden und Bewahrung der Schöpfung orientieren. Bei der Umsetzung werden neben verschiedenen Ausschlusskriterien auch Positivkriterien für Unternehmen und Staaten zugrunde gelegt, die sich erfolgreich für eine nachhaltige Entwicklung, für die Achtung der Menschenrechte und den Schutz der natürlichen Lebensgrundlagen einsetzen. Die detaillierte Aufstellung der Kriterien, die »Brot für die Welt« gemeinsam mit dem Südwind-Institut für Ökonomie und Ökumene erarbeitet hat, findet sich auf der Fondswebseite. Das Fondsmanagement führt keine Devisenspekulationen durch, investiert nicht in Wertpapiere mit Ursprung in Steueroasen, strebt langfristige Investitionen an und investiert nur zur Absicherung in derivative Finanzmarktinstrumente. Die Positionen in Aktien, Aktienzertifikaten und Mikrofinanzfonds sollen zusammen nicht wesentlich mehr als 30 Prozent ausmachen (Mitte 2011: 18 %). Initiatoren sind die genossenschaftlichen Banken GLS Bank, Bochum, und KD-Bank für Kirche und Diakonie, Dortmund, zusammen mit Union Investment. Auf Basis der Kriterien analysiert die Imug-Beratungsgesellschaft weltweit Unternehmen und Länder und stellt das mögliche Anfangsuniversum dar, die Einzeltitelauswahl erfolgt durch Union Investment. Bei der abschließenden Anleihenauswahl fließen sowohl gesamtwirtschaftliche Faktoren als auch schuldnerspezifische Merkmale ein, bei der Aktienauswahl spielen ökonomische Kriterien wie Kurspotenzial und Ertragsaussichten die zentrale Rolle. Der FairWorldFonds soll Impulse für eine zukunftsfähige Entwicklung der Finanzmärkte geben, »damit Wirtschaften dem Leben dient«.

Kontakt:

- GLS Gemeinschaftsbank eG, Christstraße 9, D-44789 Bochum und KD-Bank eG – die Bank für Kirche und Diakonie, Schwanenwall 27, D-44135 Dortmund, www.fairworldfonds.de

Fonds für Stiftungen Invesco

Im Februar 2003 wurde der Fonds für Stiftungen Invesco als international anlegender Mischfonds aufgelegt. Initiatoren waren die Bank im Bistum Essen eG und die Kölner Pro Secur Vermögensberatung und -verwaltung GmbH, die den Fonds auch vertreiben. Das Fondsmanagement liegt bei Invesco, das Portfoliomanagement teilen sich Manuela von Ditfurth (Aktien) und Robert Neilson (Renten). Es gibt einen Ethikbeirat mit fünf Mitgliedern, darunter auch ein

Vertreter des Bundesverbands Deutscher Stiftungen, dessen Mitglieder Anteile zu Vorzugskonditionen erwerben können.

Aktien und Renten werden über einen ethischen Filter durch Eiris/EPM nach den Vorgaben des Anlageausschusses ausgewählt, der sich aus den Initiatoren (fünf Personen), der Fondsgesellschaft und dem Ethikbeirat (fünf Personen) zusammensetzt. Ziele sind Kapitalerhalt und langfristiger Kapitalzuwachs, Benchmark ist der 3-Monats-Euribor zuzüglich 300 Basispunkte. Mindestens 51 Prozent des Fondsvolumens sind in verzinslichen Wertpapieren, Geldmarktinstrumenten und Bankguthaben zu halten (Ende März 2011: 56 %), maximal 49 Prozent in Aktien (35 %). Besonders große Positionen (mehr als 35 %) dürfen in Anleihen der Bundesrepublik Deutschland, Belgiens, Dänemarks, Frankreichs, Großbritanniens, Italiens, der Niederlande, Österreichs und Spaniens gehalten werden.

Kontakt:

- Invesco Asset Management Deutschland GmbH, An der Welle 5, D-60322 Frankfurt am Main, www.stiftungsfonds.de

Liga-Pax-Balance-Stiftungsfonds-Union

Der Fonds investiert derzeit in europäische Anleihen und internationale Aktien. Je nach Marktlage variiert der Mix zwischen den beiden Wertpapierarten (Mitte 2011: Renten 72 %, Aktien 23 %). Die Anlage der Vermögenswerte erfolgt derzeit auch unter Berücksichtigung von Nachhaltigkeitskriterien. Der Fonds gehört zur Gruppe der Liga-Pax-Union-Fonds, bei denen die Imug Beratungsgesellschaft für jeden Einzelwert einen umfangreichen Corporate-Research-Prozess durchführt. Das daraus resultierende Profil wird anschließend mit dem Kriterienspeicher für die Liga-Pax-Union-Fonds abgeglichen. Hinter dem Fonds stehen die gleichen Initiatoren wie beim Aktienfonds Liga-Pax-Cattolico-Union (siehe Kap. 2.6.2.1).

Kontakt:

- Union Investment Privatfonds GmbH, Wiesenhüttenstraße 10, D-60329 Frankfurt am Main, privatkunden.union-investment.de

Mi-Fonds (CH) 45 Sustainable A

Der für die Migros Bank von der Bank Sarasin gemanagte, international diversifizierte Anlagestrategiefonds investiert in Unternehmen, Staaten und Organisationen, die einen Beitrag zu einer nachhaltigen Wirtschaftsweise leisten. Der

Aktienanteil beträgt rund 45 Prozent (Mitte 2011: 47 %). Referenzwährung ist der Schweizer Franken (CHF). Größte Titel waren Nestlé, Novartis und Roche.

Kontakt:
- Migros Bank AG, Seidengasse 12, CH-8021 Zürich, www.migrosbank.ch

Pioneer Funds Austria – Ethik Fonds

Für den Fonds kommen überwiegend Anleihen von OECD-Staaten, supranationalen Ausstellern und staatsnahe Anleihen in Euro infrage (Mitte 2011: 68 %). Der Anteil internationaler Aktien beträgt bis zu 40 Prozent des Fondsvermögens. In beiden Anlageklassen müssen die Kriterien eines ethischen Investments erfüllt sein, wie sie von E.Capital Partners definiert worden sind. »Asset backed Securities« sind tabu, Anteile anderer Kapitalanlagefonds dürfen hingegen bis zu 10 Prozent erworben werden. Derivative Instrumente werden sowohl zur Absicherung als auch zur aktiven Steuerung der Fondsstrategie eingesetzt.

Kontakt:
- Pioneer Investments Austria GmbH, Lassallestraße 1, A-1020 Wien, www.pioneerinvestments.at

Prime Values Growth
Prime Values Income

Prime Values Growth und Income wurden mit dem Zusatz Dr. Hoeller Ende 1997 bzw. schon 1995 aufgelegt. Fondsgesellschaft ist die Gutmann Kapitalanlageaktiengesellschaft, Wien. Das Fondsmanagement liegt bei Hauck & Aufhäuser Investment Gesellschaft S.A., die als Investmentberater Hauck & Aufhäuser (Schweiz) AG heranzieht. Die Hauck & Aufhäuser (Schweiz) AG entstand aus der Fusion der Dr. Höller Vermögensverwaltung und Anlageberatung AG mit der Bastei Privatfinanz AG im Jahr 2010.

Beim Prime Values Growth dürfen Aktien bis 80 Prozent des Fondsvermögens erworben werden, zulässig sind auch Veranlagungen mit Rohstoffbezug. Schwerpunkt sind große und mittlere Unternehmen und Emittenten mit überdurchschnittlich interessanten Marktchancen, erstklassigem Management und einem sehr soliden Bilanz- wie Gewinnprofil. Bei der Anleihenauswahl stehen fest und variabel verzinste Anleihen mit überwiegend guter Bonität (Investmentgrade) im Mittelpunkt. Emittenten von Aktien bzw. Anleihen müssen in ihrer Geschäftspolitik »eine ausgeprägte Umweltfreundlichkeit sowie die Einhaltung hoher, ethischer und moralischer Grundprinzipien« erkennen lassen. Ein unabhängiges Ethikkomitee erstellt und kontrolliert die maßgeblichen ethischen Anlagerichtlinien. Investitionen in strukturierte Produkte sind zulässig. Der Prime Values Income unterscheidet sich nur durch den geringeren Aktienanteil von bis zu 30 Prozent. Es darf sogar das gesamte Fondsvermögen in Anleihen angelegt sein. Zur Prime-Values-Fondsfamilie gehört auch der reine Aktienfonds Prime Values Green (siehe Kap. 2.6.2.1).

Kontakt:
- Hauck & Aufhäuser (Schweiz) AG, Postfach 2417, Talstraße 58, CH-8022 Zürich, www.hauck-aufhaeuser.ch

Sarasin OekoSar Portfolio
Sarasin-Fair-Invest-Universal-Fonds

Dem schon im Februar 1994 von Sarasin lancierten OekoSar (Portfolio) liegt ein aufwändiges ökologisches Bewertungskonzept zugrunde, das zusammen mit der Ellipson AG entwickelt worden war. Der Fonds legt weltweit breit diversifiziert und ausgewogen (Mitte 2011: Aktien 53 %, Renten 43 %) in Unternehmen und Organisationen an, die einen Beitrag zu einer nachhaltigen Wirtschaftsweise leisten. Kritische Branchen (wie z. B. Rüstung, Kernenergie, Chlor- und Agrochemie) und Länder werden ausgeschlossen.

Der speziell für sicherheitsorientierte kirchliche Anleger und Stiftungen im März 2001 lancierte Sarasin-Fair-Invest-Universal-Fonds investiert zu rund 75 Prozent in nachhaltige, auf Euro lautende Anleihen erstklassiger Bonität (Mitte 2011: 68 %) und 25 Prozent in europäische Standardaktien (27 %) von Unternehmen, die ökoeffizient wirtschaften und sozialverantwortlich handeln. Bis zu einem Viertel der Aktienquote kann in aussichtsreiche mittelgroße und nachhaltige Pionierfirmen investiert werden. Dem Anlageausschuss gehören sieben Personen an, darunter auch ein Mitglied des Bundesverbandes Deutscher Stiftungen und drei kirchliche Vertreter.

Kontakt:
- Bank Sarasin & Cie AG, Elisabethenstraße 62, CH-4002 Basel, www.sarasin.ch

Schoellerbank Ethik Vorsorge

Innerhalb des Vermögens des 2006 in einen Ethikfonds umgewandelten und umbenannten Fonds müssen mindestens 30 Prozent und können bis zu 70 Prozent internationale Aktien enthalten sein, mindestens 30 Prozent sind in auf

Euro lautenden Anleihen anzulegen; in beiden Fällen werden die Kriterien des Schoellerbank Aktien- bzw. Anleihenratings zugrunde gelegt. Die Auswahl nach ethischen Gesichtspunkten wird unterstützt von der Ratingagentur E. Capital Partners. Die Fondsgesellschaft Schoellerbank Invest ist eine Tochtergesellschaft der Schoellerbank AG, Wien, und verwaltete rund 2,4 Mrd. Euro Fondsvolumen in 36 Fonds (Ende 2010). Die bereits 1833 gegründete Bank ist Teil der Division UniCredit Private Banking Austria.

Kontakt:

- Schoellerbank Invest AG, Sterneckstraße 5, A-5024 Salzburg, www.schoellerbank.at

Superior 2 Ethik Mix
Superior 3 Ethik

Für den Superior 2 Ethik Mix werden »Forderungs- und Beteiligungspapiere von nachhaltig wirtschaftenden Unternehmen in einem flexiblen, in der Tendenz aber ausgeglichenen Verhältnis erworben. Große Teile des Fondsvermögens werden in Hartwährungsanleihen und qualitativ hochwertigen Aktien anerkannter internationaler Märkte angelegt. Mit einem Teil des Fondsvermögens wird versucht, kurzfristige Chancen bei vertretbarem Risiko zu nutzen. Die Auswahl erfolgt wie bei den anderen Superior Fonds (siehe auch Kap. 2.6.2.1 und 2.6.2.2). Beim Superior 3 Ethik liegt das Schwergewicht auf Anleihen mit einem maximalen Aktienanteil von 20 Prozent.

Kontakt:

- Bankhaus Schelhammer & Schattera Kapitalanlagegesellschaft m.b.H., Bräunerstraße 3/2/6, A-1010 Wien, www.schelhammer.at/fonds

Swisscanto Portfolio Fund Green Invest Balanced
Swisscanto Portfolio Fund Green Invest Balanced (Euro)
Swisscanto Portfolio Fund Green Invest Yield

Ende 2001 wurde die Swisscanto Green Invest-Fondsfamilie (siehe Kap. 2.6.2.1) durch den gemischten Fonds Swisscanto Green Invest Balanced erweitert, der – in Schweizer Franken (CHF) notierend – weltweit in nachhaltige Aktien, Anleihen und Geldmarktpapiere investiert. Der Aktienanteil liegt zwischen 40 und 60 Prozent (Mitte 2011: 55 %). Seit 2005 gibt es auch einen in Euro notierenden Fonds. Größte Einzeltitel waren jeweils Verbund, Procter & Gamble und Wacker Chemie sowie Emissionen von KfW und Rabobank bzw.

beim in Euro notierenden Fonds eine Anleihe der Republik Österreich und der KfW. Der ebenfalls in Franken notierende Swisscanto Portfolio Fund Green Invest Yield mit einer ausschüttenden (A) bzw. thesaurierenden (B) Variante unterscheidet sich von den Balanced-Fonds durch den auf zwischen 10 und 30 Prozent begrenzten Aktienanteil (dabei führen die gleichen Aktien die Liste der Einzeltitel an).

Kontakt:

- Swisscanto Asset Management AG, Waisenhausstraße 2, CH-8021 Zürich, www.swisscanto.ch

2.6.2.4 Dachfonds

Ein Dachfonds ist ein Investmentfonds, der nicht in einzelne Aktien oder Anleihen investiert, sondern in Anteile anderer Investmentfonds. Durch die Streuung über mehrere Produkte können Dachfonds im Vergleich zu Branchenfonds zwar das Risiko senken, gehen damit aber auch einige Nachteile ein: Erstens kann ein Dachfonds nur so strenge Ausschlusskriterien haben wie der am wenigsten »grüne« darin enthaltene Einzelfonds, und zweitens sind die Gebühren meist höher, da auch bei Dachfonds Ausgabeaufschlag und jährliche Managementgebühren anfallen.

Die Anteile von Dachfonds können wie die Anteile anderer Investmentfonds täglich gekauft und verkauft werden. Sie sind nicht zu verwechseln mit »Windpark-Dachfonds«, wie sie z. B. von der Prokon-Gruppe auf den Markt gebracht worden sind. Diese Anteile geschlossener Fonds werden nur innerhalb einer gewissen Zeichnungsfrist angeboten und sind danach meist nicht fungibel, d. h., man ist oft zehn Jahre oder länger an sie gebunden, wenn man sie nicht über einen Zweitmarkt veräußern kann (siehe Kap. 2.3.4). Im deutschsprachigen Raum gibt es inzwischen einige Dachfondsangebote.

BAWAG P.S.K. Öko Sozial Stock

Der Fonds investiert mindestens 70 Prozent in Aktienfonds, bis zu 30 Prozent können in risikoärmere Anlageformen wie europäische Staatsanleihen oder Bankguthaben fließen. Die Auswahl der Aktien erfolgt unter besonderer Berücksichtigung ökologischer und sozialer Nachhaltigkeitskriterien und wird von der Researchagentur Sustainalytics unterstützt. Ausgeschlossen sind bestimmte Geschäftsfelder (ab 5 % vom Umsatz) bzw. Geschäftspraktiken wie z. B. Kinderarbeit, Arbeits- und Menschenrechte, Tierversuche, umweltschädliches

Verhalten und unvertretbare Wirtschaftspraktiken wie Korruption oder Bilanzfälschung. Gemäß Halbjahresbericht waren Ende Oktober 2010 Anteile von 16 Aktienfonds im Bestand, darunter z. B. drei Sarasin-Aktienfonds (ÖkoSar Equity Global, Sustainable Equity Global und Water) mit allein rund 20 Prozent des Fondsvermögens, und ein Pfandbrief der Landesbank Rheinland-Pfalz (3,4 %).

Kontakt:

- BAWAG P.S.K. Invest GmbH, Georg-Coch-Platz 2, A-1010 Wien, www.bawagfonds.at

Delta Fonds Group – Delta Better World

Dieser Fonds wählt Aktien- und Rentenfonds aus den Bereichen ethisch-ökologische Fonds (SRI), Fonds, die nach dem Best-in-Class-Ansatz arbeiten, reine Nachhaltigkeits- und Umweltfonds sowie spezielle Themenfonds, die sich z. B mit alternativen und erneuerbaren Energien, der Wasseraufbereitung, Biomasseherstellung oder Infrastruktur beschäftigen, aus. Es kann aber auch direkt in Aktien, Renten, Geldmarktinstrumente und strukturierte Produkte auf alle zulässigen Vermögenswerte investiert werden. Je nach Markteinschätzung können bis zu 100 Prozent in einer der oben genannten Anlagemöglichkeiten angelegt werden. Ende April 2011 setzte sich das Portfolio aus Aktienfonds (83 %), Immobilienfonds (5 %) und Mischfonds (10 %) zusammen. Anlageberater ist die Nürnberger Fairway – Asset Management GmbH. Hinsichtlich der Gebühren kann neben der regulären Verwaltungsgebühr von bis zu 1,65 Prozent eine Performance Fee von 15 Prozent anfallen, wenn die Rendite 3 Prozent im Halbjahr übersteigt.

Kontakt:

- Delta Vermögensmanagement GmbH, Camesstraße 59, D-47807 Krefeld, www.delta-fondsgroup.de

Care Group Global Sustainable Fund of Funds

Seit 2007 gibt es diesen Fonds auch mit einem Angebot für Privatanleger. Der Dachfonds investiert weltweit in »nachhaltige« Aktienfonds. Die Care Group AG ist ein Spezialist in der Analyse von Nachhaltigkeitsfonds und hat einen eigenen Ansatz zur Fondsanalyse und -selektion für diesen Fonds entwickelt. Weltweit werden ungefähr 1100 Nachhaltigkeitsfonds verschiedener Anlageklassen, Themen und Regionen beobachtet. In der SRI-Funds-Datenbank (www.srifundsadvice.com) sind die Analysen zu rund 250 Fonds öffentlich zugänglich. Regionaler Schwerpunkt waren Ende 2010 die USA, die drei größten Fondspositionen bildeten Calvert Equity Portfolio (17 %), Dexia Sustainable Pacific (16 %) und Parnassus Equity Income (13 %). Auch in diesem Fonds kann eine Performance Fee anfallen, die Verwaltungsgebühr kann bis zu 1,95 Prozent jährlich betragen.

Kontakt:

- Care Group AG, Gartenstraße 36, CH-8002 Zürich, www.caregroup.ch

ComfortInvest Perspektive

Dieses Angebot wird speziell über die BMW Bank vertrieben. Innerhalb von BMW Group Financial Services liegt auch das Anlagemanagement, das insbesondere eine umfassende qualitative Analyse der ausgewählten Fondsmanager oder (bei Indexfonds) von Funktionsweise, Kosten und Liquidität vornimmt. Ein Schwerpunkt liegt auf nachhaltigen Anlagen. Der Anteil, der in anderen Fonds (Zielfonds) angelegt ist, muss mindestens 51 Prozent betragen (Ende März 2011: 90 %). Die Fondsgesellschaft ist ein Tochterunternehmen der niederländischen KAS Bank.

Kontakt:

- KAS Investment Servicing GmbH, Biebricher Allee 2, D-65187 Wiesbaden, kis.kasbank.com

ESPA Vinis Microfinance

Dieser aktiv gemanagte Dachfonds legt in Mikrofinanzfonds bzw. Anleihen auf Mikrofinanzinstrumente und -fonds an sowie bis zu zehn Prozent in Anteilen an Unternehmen und Mikrofinanzinstituten. Fremdwährungen werden zumeist abgesichert. Der Fonds hat als Anlageziel die nachhaltige, langfristige Wertsteigerung seines Vermögens und möchte gleichzeitig, »durch die mittelbare Finanzierung von unternehmerischer Tätigkeit in Entwicklungs- und Schwellenländern einen Beitrag zur Schaffung von Wohlstand bei den dortigen unterprivilegierten Bevölkerungsgruppen ... leisten.« Länderschwerpunkte waren Ende Mitte 2011 Peru, Aserbaidschan und Kambodscha. Ausgabe und Rücknahme von Anteilscheinen finden jeweils einmal monatlich statt.

Kontakt:

- Erste-Sparinvest Kapitalanlagegesellschaft m.b.H., Habsburgergasse 1, A-1010 Wien, www.sparinvest.at

FT Navigator Sustainability

Das Fondsvermögen setzt sich überwiegend aus Aktien- und Rentenfonds zusammen, die sich durch überzeugende Performance und die Einhaltung anerkannter Nachhaltigkeitskriterien wie dem Best-in-Class-Ansatz oder eine spezifisch ökologische Ausrichtung auszeichnen. Das Vermögen kann in Aktienfonds bis zu 70 Prozent (Mitte 2011: 59 %), in Rentenfonds bis zu 100 Prozent angelegt werden (34 %). Ein einzelner Fonds darf nicht mehr als 20 Prozent des Gesamtvermögens ausmachen. Die Fondsgesellschaft wurde 1969 gegründet und ist eine hundertprozentige Tochter der BHF-Bank.

Kontakt:

- Frankfurt-Trust Investment-Gesellschaft mbH, Neue Mainzer Straße 80, D-60311 Frankfurt am Main, www.frankfurt-trust.de

Gerling Responsibility Fonds

Die Auswahl der Zielfonds berücksichtigt neben finanziellen im besonderen Maße ökologische, soziale und ethische Kriterien. Als Zielfonds kommen z. B. solche in Frage, die in spezielle, aus ökologischen oder sozialen Gesichtspunkten attraktive Themen wie Gesundheit, erneuerbare Energien, Umwelttechnologie, Bionahrungsmittel investieren. Als Anlageberater fungiert Focus Asset Management GmbH, München. Ende Juli 2011 war das Verhältnis von Aktien und Renten (46:42 %) recht ausgewogen, größte Zielfonds waren Carl Spängler Rentability Fonds-A (10 %), Carl Spängler Ecology Stock FOCUS T (9 %) und der Schwesterfonds terrAssisi Renten I AMI (7 %).

Kontakt:

- AmpegaGerling Investment GmbH, Charles-de-Gaulle-Platz 1, D-50679 Köln, www.ampegagerling.de

Globalance Sokrates Fund

Anlageberater dieses im Mai 2011 auf Initiative von Credit Suisse gestarteten Fonds ist die Globalance Bank. In den Fonds wurden im Juni 2011 die Vermögenswerte der Investmentgesellschaft Sustainable Performance Group (SPG) eingebracht, die damit der Globalance Bank das Vermögensverwaltungsmandat übertragen hat. Die Anlageentscheidungen werden im mehrstufigen Globalance Research- und Anlageprozess getroffen und beziehen eine weltweite Auswahl von 1500 nachhaltigen Anlagemöglichkeiten ein. Mitte 2011 waren noch keine aktuellen Fondsinformationen verfügbar.

Kontakt:

- Globalance Bank AG, Gartenstraße 16, CH-8002 Zürich, www.globalance-bank.com

IAM ProVita World Fund

Das Fondsmanagement identifiziert mithilfe mathematischer Methoden langfristige Aufwärtstrends internationaler Märkte und nutzt diese durch den Kauf von weltweit anlegenden Umweltaktienfonds, die aus über 60 Einzelfonds ausgewählt werden. Bis zu 10 Prozent können auch in Einzeltitel investiert werden, maximal 1,5 Prozent pro Wertpapier. Ein Anlageausschuss überprüft und überwacht die Auswahl der Umweltfonds nach den Grundsätzen der »Darmstädter Definition« für nachhaltige Geldanlagen. Mitte 2011 waren über 90 Prozent in Aktien(fonds) investiert.

Kontakt:

- ProVita GmbH, Stuttgarter Straße 100, D-70469 Stuttgart, www.provita-gmbh.com

ÖkoWorld ÖkoTrust

Dieser Dachfonds kombiniert mit dem Erwerb verschiedener Zielfonds unterschiedliche Investmentansätze: themenspezifische Produkte, Technologiefonds, ethisch und sozial orientierte Anlagen bis hin zu strengen Kriterien folgenden Fonds, auch ÖkoWorld-Schwesterfonds können erworben werden. Das Analysten-Team bei ÖkoWorld wählt aus den mehr als 100 in Frage kommenden Zielfonds die Fonds für das Fondsuniversum aus. Das Management liegt bei der Fürst Fugger Privatbank, die aus dem vorgegebenen Universum das Portfolio bildet. Der Fonds kann auch Direktanlagen tätigen. Mitte 2011 rangierten drei Sarasin-Aktienfonds an der Spitze (OekoSar, Water und Equity Global) mit über 20 Prozent Anteil.

Kontakt:

- Ökoworld Lux S. A., 124, Boulevard de la Pétrusse, L-2330 Luxemburg, www.oekoworld.com

VB-Ethik-Global

Dieser Aktiendachfonds legt weltweit in Aktienfonds mit unterschiedlichen Anlagestilen und Schwerpunkten an, die auf der Grundlage wirtschaftlich-finanzieller

Analysen unter Berücksichtigung sozialer, ökologischer und ethischer Aspekte ausgewählt werden. Die fünf größten Positionen, jeweils von verschiedenen Fondsgesellschaften, machen über die Hälfte des Vermögens aus, größten Anteil hat ein gemischter Fonds, der AXA World Funds – Framlington Human Capital (11%).

Kontakt:

- Volksbank Invest Kapitalanlagegesellschaft m.b.H., Kolingasse 14–16, A-1090 Wien, www.volksbankinvestments.com

Warburg-Zukunft-Strategie-Fonds

Die Anlage erfolgt überwiegend in Aktienfonds, die das Prinzip der Nachhaltigkeit bei der Aktienauswahl berücksichtigen. Grundsätzlich sollen mehr als drei Viertel in europäisch oder weltweit ausgerichtete Nachhaltigkeitszielfonds investiert sein. Etwa bis zu 20 Prozent können aus Themen-, Branchen- oder Spezialitätenfonds bestehen. Nachhaltige Rentenfonds können bis zu 49 Prozent ausmachen. Es erfolgen eine quantitative und qualitative Analyse, die Positiv-/Negativkriterien und den Best-in-Class-Ansatz einbeziehen. Die Zusammenarbeit mit externen unabhängigen Researchinstituten ist ausdrücklich in den Bedingungen vorgesehen. Mitte 2011 setzte sich das Vermögen aus Aktienfonds weltweit (55%), Nordamerika (15%), Europa (8%) und Pazifik ohne Japan (7%) zusammen, die größten drei Fonds bildeten gut 22 Prozent des Fondsvermögens.

Kontakt:

- Warburg Invest Kapitalanlagegesellschaft mbH, Ferdinandstraße 65–67, D-20095 Hamburg, www.warburg-fonds.com

2.6.2.5 Spenden- und sonstige Fonds

Bei Spendenfonds profitieren Anleger lediglich von den Kursgewinnen, die sie beim Verkauf der Anteile erhalten. Die jährlichen Zinsen bzw. Dividenden werden dagegen einer Hilfsorganisation gespendet. Ihre Rendite erwirtschaften Spendenfonds meist über eine konservative, risikoarme Anlagestrategie, bei der häufig auf Standardwerte gesetzt wird und ethisch-ökologische Kriterien nur eine untergeordnete Rolle spielen. Der Markt bei Spendenfonds ist überschaubar. Zu den bekanntesten Fonds gehören der GKD-Fonds, mit dem SOS-Kinderdörfer finanziert werden, der Pro Mundo Fonds, der kirchliche Hilfswerke fördert, der DWS Bildungsfonds, der Panda Renditefonds und der Schweizer Cancer Charity Support Fund.

Noch zu erwähnen

Aus Platzgründen können leider nicht alle auf dem deutschsprachigen Markt befindlichen Fonds in diesem Handbuch ausführlich beschrieben werden. Auch die Fondstabelle ist nicht ganz vollständig. Spezialfonds für institutionelle Anleger mit Mindestanlagesummen von 50 000 Euro aufwärts wurden z.B. nicht aufgenommen.

2.6.3 Wertentwicklung ethisch-ökologischer Fonds

In den folgenden Tabellen finden Sie in alphabetischer Reihenfolge und unterteilt in die Kategorien Aktien-, Renten-, Misch- und Dachfonds sowie ETF, vermögensverwaltende Fonds, Geldmarkt- und Mikrofinanzfonds die Performances ausgewählter Fonds auf Basis des Rückkaufwerts in Euro. Ausführliche Informationen rund um das Thema »Mikrokredite« und zugehörige Fondsangebote finden Sie im Kap. 2.2. Vermögensverwaltende Fonds, zumeist Misch- oder Dachfonds, heben ihr besonders aktives Management als Unterschied gegenüber anderen Investmentfonds hervor, die sich hinsichtlich der Zusammensetzung eher an Benchmarks orientieren. Dazu zählen vor allem die ETF (Exchange Traded Funds); die zugehörigen Anteile werden an der Börse gehandelt und in der Regel nicht – wie sonst üblich – über die Kapitalanlagegesellschaft ausgeben und zurückgenommen. Geldmarktfonds konzentrieren sich auf Schuldscheindarlehen und Anleihen mit sehr kurzen Laufzeiten, die aufgrund von Mindestbeträgen für Privatanleger nicht in Frage kommen, legen aber auch in Termingeldern an. Sie wollen eine Alternative zu Fest- und Termingeldkonten der Kreditinstitute bieten und könnten auch als Rentenfonds mit kurzer Laufzeit beschrieben werden.

Entwicklung Umweltfonds im deutschsprachigen Raum						
Sitz	Fonds	Entwicklung (in %) 1. Hj. 2011	2010	Volumen (Mio. Euro)	Jahr der Auflage	Ausgabe-aufschlag
		Aktienfonds				
A	3 Banken Nachhaltig-keitsfonds	-3,4	8,1	102	2001	5,0%
L	Absolute Future Mobility Fund	-7,8	19,3	4	2009	5,0%
L	Acatis Fair Value Aktien Global	-5	10,2	12	2004	5,0%
L	Allianz RCM Global Eco Trends	-8,8	2,8	199	2006	5,0%
L	Allianz RCM Global Sustainability	-5,9	17,3	24	2003	5,0%
L	Amundi Funds Aqua Global	-5,8	15,7	35	2008	5,0%
L	Amundi Funds Clean Planet	-7,2	-7,1	18	2008	3,0%
L	Aviva – Inv. Sust. Future Pan Europa Equity	-0,8	14,6	93	2007	5,0%
L	AXA WF Framlington Global Environment	-10,6	5,9	26	2007	5,5%
L	BankInvest Global Emer-ging Markets Eq. SRI	-7,5	22,5	52	2007	5,0%
L	BankInvest - BI SICAV Global Equities SRI	-4,1	11,8	125	2007	5,0%
L	Black Rock Global Fund New Energy (A,B,Q)	-8,1	-6,3	1.911	2001	5,0%
L	BNPP L1 Green Future Classics	-5,7	8,6	76	2006	5,0%
D	Deka-UmweltInvest CF	-3,3	5,2	222	2006	3,8%
D	Delta Lloyd L Water & Climate Fund	-8,7	-3,3	114	2007	5,0%
B	Dexia Sustainable World	-2,9	14,4	44	1998	3,0%
L	DKB Ökofonds	-10,6	-0,2	11	2008	0,0%
L	DKB Zukunftsfonds	-0,1	4,7	13	2007	0,0%
D	DWS Invest Responsibility FC	-8,4	12,4	27	2002	0,0%
D	DWS Klimawandel	-10,5	0,7	169	2007	5,0%
D	DWS Zukunftsressourcen	-8,1	11,3	574	2006	5,0%
A	Ecology Stock Focus (Spängler)	3,6	4,4	6	2009	5,0%
A	ESPA Vinis Stock Austria	-9	16,6	9	(2005)	5,0%

Entwicklung Umweltfonds im deutschsprachigen Raum						
Sitz	Fonds	Entwicklung (in %) 1. Hj. 2011	2010	Volumen (Mio. Euro)	Jahr der Auflage	Ausgabe-aufschlag
A	ESPA Vinis Stock Europe	-2,9	9,4	22	(2005)	5,0%
A	ESPA Vinis Stock Europe Emerging	-3,6	16,7	14	2008	5,0%
A	ESPA Vinis Stock Global	-3,7	16,6	202	(2005)	5,0%
A	ESPA WWF Stock Climate Change	-5,8	3,2	26	2007	5,0%
A	ESPA WWF Stock Umwelt	-9,4	14,3	46	2001	5,0%
L	F&C Global Climate Opportunities	-6,5	18,5	1	2008	5,0%
L	F&C Stewardship International	-6	18,3	30	2007	5,0%
L	FBG 4Elements Air	-7,1	13,9	5	2007	5,0%
L	FBG 4Elements Earth	-8,9	14,7	5	2007	5,0%
L	FBG 4Elements Fire	-15,6	-23,5	4	2007	5,0%
L	FBG 4Elements Water	-6,3	22,1	5	2007	5,0%
L	Gamax Funds Junior (A)	-2,1	20,8	39	1997	var.
L	ING (L) Invest Sustainable Growth P. Cap	-2,3	16,6	73	2000	3,0%
D	INVESCO Umwelt und Nachhaltigkeitsfonds	-2,5	11,3	21	1990	4,5%
L	Jupiter Climate Change Solutions	-4	15,3	10	(2005)	5,0%
B	KBC Eco Fund Climate Change	-3,2	11,3	30	2007	3,0%
D	KCD-Union Nachhaltig Aktien	-5,6	11,1	40	2001	0,0%
A	Kepler Ethik Aktien	-0,4	15,2	39	2002	4,0%
A	Kepler Öko Energien	-7,2	0,6	4	2008	4,5%
D	LBBW Global Warming Strategie	0,2	23,9	51	2007	5,0%
D	LBBW Nachhaltigkeit Aktien	-3,9	16,3	24	2008	5,0%
L	Liga-Pax-Cattolico-Union	1,3	7,7	46	2002	1,8%
L	Living Planet Fund Equity	-4,1	8,2	20	2003	5,0%
L	MEAG KlimaStrategie	-2,8	-2,1	16	2008	5,0%
D	MEAG Nachhaltigkeit	-4,2	13,3	38	2003	5,0%
L	Meridio Green Balance	1,2	-0,4	6	2000	5,0%
D	Monega FairInvest Aktien	-0,5	9,1	20	2006	5,0%

Entwicklung Umweltfonds im deutschsprachigen Raum						
Sitz	Fonds	Entwicklung (in %) 1. Hj. 2011	2010	Volumen (Mio. Euro)	Jahr der Auflage	Ausgabeaufschlag
D	Murphy&Spitz Umweltfonds Deutschland	6,4	-3,8	6	2008	5,0%
D	Murphy&Spitz Umweltfonds Welt	-11,4	-13,6	2	2008	5,0%
L	New Energy Fund (Sarasin Multilabel)	-4,3	-6,6	116	2000	5,0%
L	Öko-Aktienfonds (IPConcept)	-5,3	18,4	94	1991	5,0%
L	ÖkoWorld Klima	-5,8	12,3	12	2007	5,0%
L	ÖkoWorld ÖkoVision Classic	-5,7	12,2	296	1996	5,0%
L	ÖkoWorld ÖkoVision Europe	-1,2	6,6	6	2007	5,0%
D	ÖkoWorld Water for Life	-7,9	18,4	10	2008	5,0%
L	Parvest Environmental Opportunities	-7,9	13	213	2006	5,0%
L	Pictet Clean Energy (P)	-7,6	-1,1	463	2007	5,0%
L	Pictet Environmental Megatrend Selection	-4,1	(neu)	817	2010	5,0%
L	Pictet Ethos Swiss Sustainable Equities	-1	21,8	119	1999	1,0%
L	Pictet European Sustainable Equities	2	11,2	108	2002	1,0%
L	Pictet Water	-3,5	22,4	2.294	2000	5,0%
L	Pioneer Funds - Global Ecology	-3,7	5,9	1.033	1990	5,0%
L	Prime Values Green	-5,9	10,4	8	2009	5,0%
A	Raiffeisen-Ethik-Aktien-Fonds (A,T)	-6,9	19,2	55	2002	5,0%
CH	Raiffeisen Futura Global Stock	-3,6	10,5	121	2001	1,5%
CH	Raiffeisen Futura Swiss Stock	1	27,1	393	2001	1,5%
A	S Ethik Aktien (Allg. Spk. Oberösterreich, A/T)	-3,8	12,1	9	2002	5,0%
L	SAM Smart Energy Fund	-3,1	-8,1	688	2003	5,0%
L	SAM Smart Materials Fund	1,2	37,5	82	1999	5,0%
L	SAM Sustainable Agribusiness Equities Fund	-2,9	21,7	142	2008	5,0%

Entwicklung Umweltfonds im deutschsprachigen Raum						
Sitz	Fonds	Entwicklung (in %) 1. Hj. 2011	2010	Volumen (Mio. Euro)	Jahr der Auflage	Ausgabe-aufschlag
L	SAM Sustainable Climate Fund	-6,3	3,2	98	2007	5,0%
L	SAM Sustainable European Equities Fund	3,5	14,5	548	2004	5,0%
L	SAM Sustainable Global Active Fund	-4	21,8	51	2004	5,0%
L	SAM Sustainable Healthy Living Fund	-0,6	27,1	191	2007	5,0%
L	SAM Sustainable Multi-Theme Fund	-1,5	10,2	1	2009	5,0%
L	SAM Sustainable Water Evolution Fund	-7,9	9,8	25	2009	5,0%
L	SAM Sustainable Water Fund	-6,9	15	870	2001	5,0%
L	Sarasin New Power Fund (A,B,F)	-3,9	-6,2	140	2007	5,0%
L	Sarasin ÖkoSar Equity Global (A,N,F)	-1,5	8,3	318	2005	5,0%
L	Sarasin Sustainable Equity Europe	1	11,3	85	2008	5,0%
L	Sarasin Sustainable Equity Global	0,5	13,9	69	1999	5,0%
L	Sarasin Sustainable Equity Global Em. Markets B	-11,3	(neu)	9	2010	2,3%
L	Sarasin Sustainable Equity Real Estate Global B	-1,6	20,7	35	2007	5,0%
CH	Sarasin Sustainable Equity Switzerland	-0,4	23	346	1994	5,0%
L	Sarasin Sustainable Equity USA	-3,6	(neu)	109	2010	5,0%
L	Sarasin Sustainable Water A, F	-5,2	6,2	35	2007	5,0%
L	Schroder ISF Global Climate Change A	-4,9	11,9	149	2007	5,0%
L	SEB ÖkoLux	-2,9	9,9	24	1992	4,5%
D	SI ÖkoSelect (bis 06/2011)	-1,2	4,8	7	2009	5,0%
A	Superior 4 Ethik Akten	-8,2	10	12	(2006)	4,0%
A	Superior 6 Global Challenges	-7,4	14,8	4	2008	5,0%

Entwicklung Umweltfonds im deutschsprachigen Raum						
Sitz	Fonds	Entwicklung (in %) 1. Hj. 2011	2010	Volumen (Mio. Euro)	Jahr der Auflage	Ausgabe-aufschlag
L	Swisscanto (LU) Climate Invest	-1	-3,9	116	2007	5,0%
L	Swisscanto (LU) Green Invest Emerging Markets	-10,7	13,5	88	2008	5,0%
CH	Swisscanto (CH) Equity Fund Green Invest	-1,1	4,3	224	1998	5,0%
L	Swisscanto (LU) Equity Fund Water Invest	-3,1	23,3	83	2007	5,0%
D	terrAssisi Aktien I AMI	-3,9	9,6	8	2000	4,5%
L	UBS (Lux) EF Climate Change	-9,7	-0,6	30	2009	6,0%
L	UBS (Lux) EF Eco Performance	-1,1	17,9	91	1997	2,0%
L	UBS (Lux) EF Emerging Markets Innovators B	-17,1	15,5	89	2008	5,0%
L	UBS (Lux) EF Global Innovators	-5,2	-7,4	240	2001	6,0%
L	UBS (Lux) EF Sustainable Global Leaders	-0,8	16,2	9	2009	6,0%
L	UniSector: Klimawandel	-11,8	0,9	36	2007	5,0%
L	VCH New Energy	-8,5	-11,3	4	2007	5,0%
L	Vontobel Global Trend Clean Technology	-1,5	14,6	34	2008	5,0%
D	Warburg Photovoltaik Global 30 (R,I)	-16,3	-23,9	2	2009	5,0%
CH	Zegora Environmental Fund	-3	2,9	7	2006	4,0%
CH	ZKB Innovatoren Nachhaltigkeits Fonds	-9,7	5,6	45	2008	2,5%
CH	ZKB Nachhaltigkeits Vision Fonds	-4,2	14,1	74	2007	2,5%
Summe bzw. Durchschnitt		**-4,9**	**9,9**	**16.098**		**4,4%**
Rentenfonds						
L	AXA World Responsible Development Bonds	3,9	3,8	8	2002	2,0%
L	BankInvest Global Emerging Markets Debt SRI	2,7	13,4	17	2007	5,0%
A	BAWAG P.S.K. Öko Sozial Rent	0,4	2,4	113	2009	2,5%

Entwicklung Umweltfonds im deutschsprachigen Raum						
Sitz	Fonds	Entwicklung (in %) 1. Hj. 2011	2010	Volumen (Mio. Euro)	Jahr der Auflage	Ausgabe-aufschlag
L	BILKU 1 Carbon Efficient Bond Fonds	-2,1	(neu)	0	2010	3,0%
FL	BlueValue EthicFund	-1,2	1,5	2	2004	3,0%
B	Dexia Sustainable Euro Corporate Bonds	0,9	3,2	327	2005	2,5%
A	ESPA Bond Euro-Mündelrent	0,3	5,9	640	(2003)	0,0%
A	ESPA Vinis Bond	0,8	1,7	133	(2005)	5,0%
A	ESPA VINIS Bond Euro-Corporate	(neu)		21	2011	5,0%
L	Fisch CB Sustainable Fund (Wandelanleihen)	1,6	1,9	87	2009	3,0%
D	HSBC Trinkaus Corporate Bonds Europa	1,4	6,5	167	2004	3,0%
L	INIK Fonds	0,5	2,3	108	(2004)	3,0%
D	KCD-Union Nachhaltig Renten	0,6	3,7	108	2001	0,0%
A	Kepler Ethik Rentenfonds	1,2	4,4	71	2003	3,0%
L	LBBW Nachhaltigkeit Renten	0,3	(neu)	44	2010	2,5%
L	ÖkoWorld ÖkoTrend Bonds	-0,3	3,9	8	2004	3,5%
CH	Raiffeisen Futura Global Bond	3	22,8	115	2001	1,0%
CH	Raiffeisen Futura Swiss Franc Bond	3,3	21,6	218	2001	1,0%
A	Raiffeisen Österreich Rent	0,3	6,5	528	(1999)	2,5%
A	Raiffeisen-OK-Rent	1,6	5,8	149	(2010)	2,5%
A	S Ethik Bond	-1,5	5,5	23	2002	4,0%
D	Sarasin-FairInvest-Bond-Universal	-0,4	3,2	31	2002	3,5%
L	Sarasin Sustainable Bond CH	3,7	21,8	92	2001	5,0%
L	Sarasin Sustainable Bond EUR	0,4	2,7	152	2003	3,5%
L	SEB ÖkoRent	-5,7	9,9	15	1989	3,0%
A	Superior 1 Ethik Renten	1,6	3	124	(2005)	2,5%
L	Swisscanto Green Invest Income (A,B)	-1,1	7,6	15	2007	5,0%

Entwicklung Umweltfonds im deutschsprachigen Raum						
Sitz	Fonds	Entwicklung (in %) 1. Hj. 2011	2010	Volumen (Mio. Euro)	Jahr der Auflage	Ausgabe-aufschlag
D	terrAssisi Renten I AMI	0,6	1,6	18	2009	0,5%
A	Volksbank-Mündel-Rent	0,4	5,4	277	(2007)	2,5%
CH	ZKB Fonds Zinsertrag Nachhaltigkeit	1,5	15,2	1.074	2008	2,5%
Summe bzw. Durchschnitt		**0,9**	**6,9**	**4.682**		**2,6%**
	Gemischte Fonds					
D	BfS Nachhaltigkeitsfonds Ertrag - SEB Invest	-1,1	2,4	36	2005	3,0%
A	Don Bosco Ethik fructus omnibus	-1,1	2,2	6	2008	3,0%
D	DWS Stiftungsfonds	-0,5	-0,9	325	2002	3,0%
L	FairWorldFonds	-1,3	(neu)	68	2010	2,5%
D	Fonds für Stiftungen INVESCO	0,6	1,4	16	2003	3,0%
D	LIGA-PAX-Balance-Stiftungsfonds Union	-0,4	5,3	42	2000	0,0%
CH	Mi-Fonds (CH) 45 Sustainable A	3,3	19,1	53	2009	1,0%
A	Pioneer Funds Austria - Ethik Fonds	-1,7	4,9	20	2003	3,5%
A	Prime Values Growth	-3,6	12,9	7	(2006)	5,0%
A	Prime Values Income	-1,5	10,6	138	1995	5,0%
D	Sarasin-FairInvest-Universal	0,3	5	166	2001	5,0%
L	Sarasin OekoSar Portfolio	0,9	13,3	207	1994	5,0%
A	Schoellerbank Ethik Vorsorge	-4,2	10,1	3	1998	3,0%
A	Superior 2 Ethik Mix	-3,4	5,9	16	(2007)	4,0%
A	Superior 3 Ethik	-0,5	4,6	120	2001	2,5%
L	Swisscanto Green Invest Balanced	0,1	10,1	308	2001	3,0%
L	Swisscanto Green Invest Balanced (Euro)	-0,8	4,3	138	2005	3,0%
L	Swisscanto Green Invest Yield (A,B)	-1,3	6	25	2007	3,0%
Summe bzw. Durchschnitt		**-0,9**	**6,9**	**1.695**		**3,2%**

Entwicklung Umweltfonds im deutschsprachigen Raum						
Sitz	Fonds	Entwicklung (in %) 1. Hj. 2011	2010	Volumen (Mio. Euro)	Jahr der Auflage	Ausgabe-aufschlag
		Dachfonds				
A	BAWAG P.S.K. Öko Sozial Stock	-5,4	16,9	2	2007	3,0%
L	Delta Fonds Group - Delta Better World	-9,6	0,8	2	2008	5,0%
CH	Care Group Global Sustainable Fund of Funds	-3,5	22,9	19	(2003)	2,5%
D	ComfortInvest Perspektive	-6,2	14,1	6	2008	5,0%
A	ESPA Vinis Microfinance	0,3	0,8	31	2009	5,0%
D	FT Navigator Sustainability	-4,3	8,6	9	2005	3,0%
D	Gerling Responsibility Fonds	-3,3	4,7	11	2004	5,0%
L	Globalance Sokrates Fund	(neu)		44	2011	5,0%
L	IAM ProVita World Fund	-5,6	4,4	20	2005	5,0%
D	ÖkoWorld ÖkoTrust	-7,8	3,9	13	2008	5,0%
A	VB-Ethik-Global	-8,9	17,1	2	(2001)	5,0%
D	Warburg-Zukunft-Strategie-Fonds	-7,3	10,7	17	2005	3,8%
Summe bzw. Durchschnitt		**-5,6**	**9,5**	**176**		**4,5%**
		ETFs				
F	Amundi ETF Green Tech Living Planet	5,1	(neu)	14	2010	0,0%
D	iShares DJ EURO STOXX Sustainability 40	3,5	4,3	71	2007	0,0%
D	iShares S&P Global Clean Energy	-4,7	-22,7	142	2007	0,0%
IR	iShares S&P Global Water	-3,2	22	160	2007	0,0%
F	Lyxor ETF New Energy	-5,5	-13,1	100	2007	0,0%
F	Lyxor ETF World Water	-3,4	21,5	62	2007	0,0%
IR	PowerShares Global Clean Energy	-10,3	-9,5	8	2007	0,0%
IR	PowerShares Palisades Global Water	-6,4	18,4	7	2007	0,0%
Summe bzw. Durchschnitt		**-3,1**	**3**	**564**		**0,0%**

Entwicklung Umweltfonds im deutschsprachigen Raum						
Sitz	Fonds	Entwicklung (in %) 1. Hj. 2011	2010	Volumen (Mio. Euro)	Jahr der Auflage	Ausgabe-aufschlag
	Vermögensverwaltende Fonds					
L	BN & P - Good Growth Fonds	-2,5	6,1	13	2008	5,8%
L	DJE Lux SICAV DJE Vermögensmanagement (P)	-0,7	24,1	49	2007	5,0%
D	FairMögensFonds Trilux	-11,2	(neu)	2	2010	5,0%
L	Infinus ecoConsort (P)	-6,2	(neu)	5	2010	5,0%
L	Sarasin OekoFlex	-2,1	2,8	20	1994	5,0%
D	WvF Rendite und Nachhaltigkeit	0,7	3,1	166	2009	3,0%
Summe bzw. Durchschnitt		**-3,7**	**9,4**	**255**		**4,8%**
	Geldmarkt-Fonds					
A	ESPA VINIS Cash	1,4	2,2	59	2006	0,8%
A	SUPERIOR 5 – Ethik Geld	2,5	3,2	15	2006	0,5%
Summe bzw. Durchschnitt		**2**	**2,7**	**74**		**0,6%**
	Mikrofinanzfonds					
L	Dexia Micro-Credit BlueOrchard Debt	0,3	1,3	374	2003	4,0%
L	Dual Return Vision Microfinance Fund	0,1	2,7	91	2006	3,0%
L	responsAbility Global Microfinance Fund (EUR)	0,9	2,1	366	2003	x,0%
L	responsAbility Sicav Lux Mikrofinanz-Fonds	2,4	2,6	109	2007	0,5%
L	Wallberg Global Microfinance Fund – P	0,7	2,7	28	2008	3,0%
Summe bzw. Durchschnitt		**0,9**	**2,3**	**968**		**2,6%**
Gesamtsumme/Durchschnitt aller Fondskategorien		**-1,3**	**6,3**	**24.308**		

Jahr der Auflage in Klammern: Anlagekriterien auf SRI-Kriterien umgestellt

Basis: Performance in Euro inkl. Wiederveranlagung von Ausschüttungen

Quelle für Fondsdaten: © 2011 Morningstar, Inc. Alle Rechte vorbehalten

2.6.4 Internationale Fonds

USA

Im Ursprungsland der Ethikfonds ist nicht nur das Fondsvolumen immer noch am größten, auch die Anlagenstrumente und Kriterienkombinationen sind beeindruckend, wie folgende Beispiele zeigen. Jeweils mehr als ein oder zwei sogenannte SRI-Fonds (Socially Responsible Investment Funds) haben die bekannten Fondsgesellschaften *Calvert, Capstone, Citizens, Parnassus, Pax World* und *Pioneer* aufgelegt. Stellvertretend für viele hier ein kurzer Blick auf die

Pioneer-Fonds-Gruppe

Die schon 1928 gegründete und durch ein weit verzweigtes Vertriebssystem weltweit sehr bekannte Gruppe ist ein Grenzfall: Zwar werden seit 1928 keine »Sündenaktien« (Sin Stocks) aufgenommen (also z.B. Alkohol-, Tabak-, Pornographie- und Glücksspielunternehmen), aber diese »puritanische« Geschäftspolitik ist nirgends formell festgelegt. In manchen Publikationen werden die Pioneer-Fonds als ethische Investmentfonds geführt. Kritische Geister würden hier wohl sofort Einspruch einlegen, denn das Pioneer-Portfolio enthält beispielsweise auch Öl-Titel wie Exxon Mobil oder den kanadischen Rüstungsproduzenten Bombardier. Manche Pioneer-Fonds investieren zudem für mehrere Hundert Millionen Dollar in US-Staatsanleihen.

Religiös motivierte Fonds

Es gibt in den USA außerdem über 20 religiös orientierte Investmentfonds, die zusammen rund eine Milliarde Dollar Volumen umfassen. Die Fondsvolumina erreichen in der Regel zweistellige Millionen-Dollarbeträge. Zu den Negativ-Anlagekriterien zählen – neben den üblichen »Sin-Stock-Ausschlüssen« – je nach religiöser Ausrichtung auch Themen wie Abtreibung, Bankgeschäfte (Zinsen) oder die Verarbeitung von Schweinefleisch.

Hier eine Auswahl religiöser Fonds und ihre Anbieter im Internet:

- Amana Mutual Funds — www.amanafunds.com
- American Trust Allegiance Fund — www.allegiancefund.com
- Aquinas Equity Growth Fund — www.aquinasfunds.com
- Ave Maria Mutual Funds — www.avemariafunds.com
- CCIIM Catholic Values Trust — www.cciim.com.au
- New Covenant Mutual Funds — www.newcovenantfunds.com
- Praxis Mutual Funds — www.everence.com
- Thrivent Financial for Lutherans — www.thrivent.com
- Timothy Plan Small-Cap Value Fund — www.timothyplan.com

Europa

Nach den USA beheimaten Belgien (227 Fonds), Frankreich (215) und Großbritannien (98) die breiteste Auswahl an Fonds und davon abgeleiteten Anlageinstrumenten (Quelle: Vigeo, www.vigeo.com, Stand: Mitte 2010). Auch nach dem Gesamtvolumen haben die französischen (26,5 Mrd. Euro) Ethik- und Umweltfonds in den letzten Jahren die britischen (10,8 Mrd. Euro) überholt, die belgischen Fonds erreichten 9,1 Mrd. Euro, für den deutschsprachigen Raum ergaben sich Ende Juni 2010 rund 17,7 Mrd. Euro Fondsvolumen. Die Fonds nach luxemburgischem Recht sind dem Land zugerechnet worden, in dem die Muttergesellschaft ihren Sitz hat.

Zu den weiteren Ländern, in denen teilweise schon seit über 15 Jahren Umwelt- und Ethikfonds auf dem Markt sind, zählen die Niederlande (24) sowie Italien (16) und Spanien (11), wobei bei diesen beiden Ländern die Zahl der Fonds zuletzt rückläufig war, und die skandinavischen Länder mit z.B. Schweden (58) und Dänemark (12). Eine Besonderheit stellen manche französische Fonds dar: Da sie als *Solidaritäts- und Arbeitsplatzfonds* konzipiert sind, kann ihre Wertentwicklung nicht mit den auf Gewinnmaximierung ausgerichteten internationalen Aktienfonds verglichen werden.

Kanada, Japan, Australien

Kanada ist nach den USA und Großbritannien das Land mit der längsten Tradition im Bereich des ethischen Investments. Inzwischen gibt es hier auch schon über zwei Dutzend nach verschiedenen ethisch-ökologischen Kriterien anlegende Investmentfonds. Die Anregungen dazu kamen vor allem von Verbänden kirchlicher und grüner kritischer Aktionärsinitiativen, die auf den Hauptversammlungen mit Forderungen nach mehr sozialer Gerechtigkeit und Umweltschutz auftraten. Nach einigen Jahren Stagnation brachten Firmen wie The Good Bankers Co. in den Jahren 1999/2000 frischen Wind in die Landschaft der japanischen Umweltfonds. Auch in Australien hat sich die Ethik- und Umweltfondsszene in den letzten Jahren – nicht zuletzt durch die Kooperation mit europäischen Banken bzw. Fondsgesellschaften – stark vergrößert. Sogar ein eigenes Monatsmagazin zum Thema »ethisches Investment« wurde gegründet.

2.6.5 Fondsindizes

Für die ethisch-ökologisch orientierten Fonds im deutschsprachigen Raum hat sich der OeKB Sustainability Fund Index (OeSFX) der Oesterreichischen Kontrollbank AG als interessanter Gradmesser entwickelt, auch wenn er 2005 mit nur gut zwei Dutzend in Österreich zugelassenen in- und ausländischen Fonds dieser Szene an den Start gegangen ist. Die Index-Entwicklung des OeSFX wird auf Eurobasis mit dem Startzeitpunkt 1.1.2005 berechnet und ist unter www.oesfx.at tagesaktuell abrufbar. Neben inhaltlichen Auswahlkriterien (z.B. müssen Rüstung und Atomkraft Ausschlusskriterien sein) hatten die Fonds auch formale Hürden zu nehmen, z.B. müssen sie ein Mindestvolumen von drei Mio. Euro aufweisen.

Dieser Index ermöglicht es, die Wertentwicklung eines bestimmten Aktienfonds ab Ende 2004 mit jener des Gesamtmarktes der in Österreich zugelassenen ökologischen und nachhaltigen Aktienfonds zu vergleichen. Laut einer OeKB-Presseaussendung zeigte er auch schon beim Start eine große Wirkung: »Noch bevor der OeSFX erstmals veröffentlicht wurde, hat er schon etwas im Markt bewegt: Einige Fondsgesellschaften denken daran, ihre Veranlagungspolitik so zu ändern, dass ihre Fondsprodukte künftig im OeSFX berücksichtigt werden können.«

Die Fonds werden je nach Volumen einfach bis dreifach (ab 100 Mio. Volumen) gewichtet, Änderungen und Umgewichtungen werden jeweils mit Quartalsbeginn wirksam. Neben transparenten Kriterien hat der OeSFX auch einen Expertenbeirat (u.a. von Verbraucherschutzvertretern), dessen Arbeit zusätzlich durch eine unabhängige Gutachterin begleitet und geprüft wird. Die publizierten Informationen und der Index selbst wurden nach EMAS zertifiziert. Im Mai 2005 wurde die OeKB für ihren OeSFX mit dem renommierten Preis »Trigos 2005 für Unternehmen mit Verantwortung« ausgezeichnet.

Kontakt:
- Oesterreichische Kontrollbank (OeKB), Am Hof 4, A-1011 Wien, www.oesfx.at

2.7 Zertifikate

Im Gegensatz zu Investmentfonds stellen Zertifikate rechtlich gesehen kein vor dem Konkurs geschütztes »Sondervermögen« dar, sondern sind Inhaberschuldverschreibungen (Anleihen) eines Emittenten, in der Regel eines Kreditinstitutes. Zertifikate sind eine Art strukturiertes Wertpapier, das zumeist statt einer festen Verzinsung eine Teilhabe an der Kursentwicklung von anderen Wertpapieren bietet. Deshalb zählen sie zu den »derivativen« Wertpapieren. Die Emission von Zertifikaten ist eine Erfolgsgeschichte und hat viele Typen hervorgebracht wie Discount-, Bonus-, Express-, Index- oder Garantie/Kapitalschutz-Zertifikate. Das erste Zertifikat wurde bereits 1990 ausgegeben. So richtig durchgesetzt bei Privatanlegern haben sich Zertifikate spätestens 2003, als die ersten Bonus-Zertifikate ausgegeben worden sind. Einen Markteinbruch gab es im September 2008, als mit der Insolvenz der Lehman-Brothers-Bank als einem wichtigen Emittenten sichtbar wurde, wie sehr die Rückzahlungswahrscheinlichkeit von der Bonität des Emittenten abhängt. Inzwischen hat sich der Markt erholt. Allein in Deutschland liegt das Marktvolumen bei schätzungsweise fast 110 Mrd. Euro (Stand: März 2011, Quelle: Deutscher Derivate Verband). Die 16 größten Emittenten, deren Volumina regelmäßig abgefragt werden, kommen allein auf 97,7 Mrd. Euro.

Während für den Gesamtmarkt 2011 von über 500 000 verschiedenen Zertifikaten ausgegangen wird, gab es im Bereich der nachhaltigen Zertifikate nur einen Bruchteil davon. In ihrer Studie zum Markt für nachhaltige Zertifikate und Exchange Traded Funds in Deutschland, die ebenso wie aktuelle Marktinformationen beim Deutschen Derivate Verband veröffentlicht ist (www.deutscher-derivate-verband.de), kommen Stefan Schneider, Ernst Fahling und Markus Scholand für Mitte 2009 auf 245 nachhaltige Zertifikate mit 8,71 Mrd. Euro Emissionsvolumen, also durchschnittlich rund 35 Mio. Euro Emissionsvolumen je Zertifikat. Nicht eingerechnet sind Zertifikate, die auf Einzelaktien bezogen sind, wie sie z.B. in Nachhaltigkeitsindizes enthalten sind. Nachhaltige Zertifikate wurden von 29 Kreditinstituten ausgegeben, besonders aktiv waren in der Vergangenheit Société Générale, The Royal Bank of Scotland (einschließlich der Emissionen der übernommenen ABN Amro), Deutsche Bank und Österreichische Volksbanken-AG. Viele Emittenten haben eigene Internetplattformen zu ihrem Angebot an Zertifikaten eingerichtet.

Wie bei Fonds kann man auch bei Zertifikaten schon mit kleinen Beträgen an der Kursentwicklung eines breit gestreuten Portfolios teilhaben. Ein schwerwiegender Nachteil im Vergleich zu den Anteilen an Fonds ist die Abhängigkeit von der Bonität des Emittenten. Als Inhaberschuldverschreibungen eines Kreditinstitutes sind Zertifikate grundsätzlich nicht von der (gesetzlichen) Einlagensicherung erfasst. Doch es gibt auch beachtliche Vorteile:

- Die Transparenz ist höher. Man weiß jederzeit genau, welche Aktien mit welcher Gewichtung im Korb enthalten sind, während Fonds meist nur einmal im Jahr einen Rechenschaftsbericht und ein Stichtagsportfolio publizieren.
- Die Kosten (Ausgabeaufschläge, Managementgebühren) sind meistens geringer.

Steuerlich sind mit der Abgeltungsteuer in Deutschland Änderungen eingetreten, die dazu führten, dass Emittenten von ihrem Kündigungsrecht Gebrauch gemacht und Emissionen Mitte Juni 2009 fällig gestellt hatten. Insgesamt hat die Zahl der Zertifikate zugenommen, bei denen nicht von Anfang an ein Laufzeitende festgelegt wird (»open end«); jedoch behält sich der Emittent in der Regel ein Kündigungsrecht vor. Die in der vorangegangenen Ausgabe des Handbuches vorgestellten Zertifikate können nicht mehr erworben werden. Das DB Sunpower Zertifikat lief im April 2006 ab, EKK Global Ethics wurde von der DZ Bank im April 2010 zurückgezahlt, und das Umwelt:Ethik 24 Endlos-Zertifikat ist von BNP Paribas gekündigt worden und kann nur noch verkauft werden, 2012 wird es zurückgezahlt werden.

Auf jeden Fall sollte man sich die Emissionsprospekte genau ansehen, auch was die Grundlage für die Kursentwicklung angeht. Denn z.B. enthält nicht jedes »New-Energy-Zertifikat« ausschließlich Titel aus dem Sektor erneuerbare Energien. Im New-Energy-Basket von ABN Amro waren beispielsweise auch Öl-Titel wie Royal Dutch oder BP enthalten. Die Lancierung von Zertifikaten mit dem Schwerpunkt Brennstoffzellen oder erneuerbare Energien erfolgte leider oft zu sehr ungünstigen Boom-Phasen, nahe an den Kurshöhepunkten. Nicht wenige dieser Zertifikate waren deshalb zeitweise stark im Minus. Neben Themen-Zertifikaten im Bereich Umweltschutz (Wasser, erneuerbare Energien, Brennstoffzellen) gibt es auch breiter angelegte Ethik-/Umwelt- bzw. Nachhaltigkeits-Zertifikate, die z.B. auf einem Ethik-Umwelt-Aktienkorb (Basket), einem regulären oder extra für das Zertifikat gebildeten Index basieren.

Green Energy - Klimaschutz

Das Garantie-Zertifikat der Raiffeisen Centrobank AG, Wien, mit einem Nennwert von 100 Euro konnte mit einem Ausgabeaufschlag von 2,5 Prozent innerhalb der Frist von 12.05. bis 10.06.2011 gezeichnet werden. Anleger nehmen während der bis 15.06.2015 befristeten Laufzeit teil an der Entwicklung eines Aktienkorbes, in dem zehn international tätige Unternehmen der alternativen Energiegewinnung und -dienstleistung enthalten sind, darunter befinden sich fünf Titel, die auch in den Indizes PPVX (First Solar, Renewable Energy, SolarWorld) und nx-25 (Severn Trent, Vestas Wind Systems) enthalten sind. Die anderen Titel sind Games Corp Technologica, Siemens, CIA Paranaense de Energia, Veolia Environment und Waste Management. Der Aktienkorb wurde am 10.06.2011 mit 100 bewertet. Die Rückzahlung orientiert sich am Schlusskurs des Aktienkorbes am Bewertungsstichtag (10.06.2015). Notiert der Aktienkorb über 125 Prozent, greift die Deckelung (Cap), und das Zertifikat wird mit 125 Euro zurückgezahlt, zwischen 100 und 125 Prozent Schlusskurs erfolgt die Rückzahlung zum Schlusskurs. Bei einem Schlusskurs unter 100 Prozent wirkt die Kapitalgarantie, und der Inhaber des Zertifikates erhält 100 Prozent des Nennwertes. Das Zertifikat wird an der Wiener Börse notiert, und es fällt keine Managementgebühr an.

Akzent Invest OekologieAktiv Pro

Die DZ Bank bietet seit November 2009 dieses Zertifikat mit unbegrenzter Laufzeit an, dessen Wertentwicklung an den DZ Bank ÖkologieAktiv-Index gekoppelt ist. Der Index besteht aus zwischen 8 und 20 Aktien oder vergleichbaren Wertpapieren von Unternehmen aus bis zu 4 ökologischen Sektoren (Regenerative Energien/Energieeffizienz, Wassereffizienz/Wasseraufbereitung, Recycling & Abfallmanagement/Emissionsreduktion, sonstige Ökologie-Unternehmen). Die Zusammensetzung des Indexes wird viermal im Jahr überprüft. Indexwerte haben einen mehrstufigen Auswahlprozess durchlaufen. Die DZ Bank arbeitet dabei mit Oekom Research und Union Investment zusammen. Vor der Indexüberprüfung im Juli 2011 setzte sich der Index aus den Aktien der acht Unternehmen Geberit, Mayr-Melnhof, Tetra Tech, Gamesa, Itron, REpower, SMA Solar Technology und Sunpower zusammen. Die jährlich anfallende Managementgebühr kann bis zu 1,75 Prozent betragen und wird zu Lasten des Indexkurses täglich berücksichtigt, von den derzeit 1,30 Prozent erhält die Bank des Anlegers eine Vertriebsfolgeprovision (Bestandsprovision) von bis zu 0,40 Prozent auf dessen durchschnittlichen jährlichen Bestand. Der Ankaufskurs des Zertifikats (Briefkurs) entspricht zu jedem Zeitpunkt der unbefristeten Laufzeit dem Wert des zugrundeliegenden Indexes, eine Rückgabe ist börsentäglich zum jeweils aktuellen Verkaufskurs (Geldkurs) möglich.

Solactive Asien Umwelt Index Zertifikate

Von der Deutschen Bank stammt dieses Indexzertifikat ohne Laufzeitbegrenzung. Es bietet die Möglichkeit, an der Entwicklung des Solactive Asien Umwelt Performance-Index (zuvor: S-BOX Asien Umwelt Performance-Index) zu partizipieren, den die Structured Solutions AG berechnet und der die Kursentwicklung asiatischer Unternehmen abbildet, deren Hauptgeschäftszweck darin besteht, moderne Umwelttechnologien oder -produktionsweisen zu entwickeln oder einzusetzen. Der Indexanbieter hatte im Oktober 2009 die Indexplattform der Börse Stuttgart übernommen, die zuvor den zugrundeliegenden Index berechnet hatte. Derzeit gehören 14 Werte dem Index an, die drei gewichtigsten sind GCL-Poly Energy Holdings (15,82 % Gewicht), China Resources Power Holdings (11,97 %) und China Longyuan Power Group (7,8 %) (Ende März 2011). Nach der Erstausgabe Ende März 2007 – zum Ausgabepreis von 100 Euro – startete das Zertifikat sehr erfolgreich. Als Folge der weltweiten Einbrüche der Börsenkurse wenig später lag der Kurs im Juni 2011 mit 29 Prozent gegenüber dem Ausgabekurs im Minus, über den Zeitraum betrachtet schwankte der Kurs jedoch zwischen 29,33 und 142,54 Euro und beschreibt das Potenzial der zugehörigen asiatischen Werte dieses Indexzertifikates.

Öko-Invest-Index
In Zusammenarbeit mit Öko-Invest und Max Deml ist Anfang 2006 dieses Open End-Indexzertifikat zum Preis von 99,21 Euro ausgegeben worden. Es notiert im Freiverkehr der Frankfurter Börse und an der Euwax Stuttgart. Jährlich fällt eine Managementgebühr von 1,5 Prozent an. Die 16 Titel des zugrundeliegenden Indexes stammen aus dem nx-25 und dem PPVX, jährlich wird die Zusammensetzung überprüft und die Indexwerte gehen wieder gleichgewichtet mit 6,25 Prozent ein, was für besonders erfolgreiche Titel eine Gewinnmitnahme bedeutet, weniger erfolgreiche Titel werden nachgekauft bzw. durch andere ersetzt. Jedes Unternehmen, dessen Aktien im Index vertreten sind, muss mindestens 100 Mio. Euro Börsenwert erreichen und über die vergangenen drei Monate ein durchschnittliches tägliches Handelsvolumen von 0,5 Mio. Euro aufweisen.

WestLB Open-End-Euro STOXX Sustainability-Index
Fast zehn Jahre ist dieses Indexzertifikat, das im Mai 2002 gestartet ist, am Markt. Damals kamen die vier größten Werte im Index (Royal Dutch, Nokia, Siemens, Deutsche Bank) auf rund 28 Prozent; mehr als die Hälfte der anderen Titel lagen zwischen 0,07 Prozent und knapp 1 Prozent. Inzwischen fallen die größten vier Titel nicht mehr so stark ins Gewicht, Siemens, Banco Santander, Telefonica und Sanofi kommen zusammen auf gut 17 Prozent; weit mehr als die Hälfte der anderen der insgesamt 168 Titel liegen zwischen 0,03 und 1,00 Prozent.

Ethisch-ökologische Zertifikate im Überblick
Inzwischen haben die meisten Indexzertifikate keine Laufzeitbegrenzung, sondern sind Open End-Zertifikate. Die folgende Tabelle mit einer Auswahl reiht die Zertifikate nach der Performance in diesem Jahr. Daten zu den Emissionsvolumina werden in der Regel nicht bekannt gegeben, sie liegen meist im ein- oder zweistelligen Millionenbereich.

Zertifikate auf erneuerbare Energien, Wasser und Nachhaltigkeits-Indizes

WKN	Zertifikat (Börseneinführung)	Kurs 30.06.11	Performance 1–6/2011	Performance 2010	Benchmark 2010	Benchmark	Benchmark 1–6/2011
DB6GQB	S-BOX Bionahrung (6.10.2006)	99,65 €	44,27%	31,89%	18,06%	MSCI World (Euro)	-4,21%
583586	umwelt:ethik 24 (16.5.2002)	100,21 €	5,45%	5,17%	18,06%	MSCI World (Euro)	-4,21%
TB0QXZ	HSBC Klimaschutz (6.3.2007)	96,17 €	0,44%	11,31%	18,06%	MSCI World (Euro)	-4,21%
ABN2Z5	Ökoinvest Open End (15.11.2005)	113,14 €	-1,34%	-6,22%	18,06%	MSCI World (Euro)	-4,21%
696425	EURO STOXX Sustainability Index (30.4.2002)	8,15 €	-1,57%	-0,84%	-5,33%	EURO STOXX	1,83%
ABN5GH	Renewable Energy (14.11.2005)	10,15 €	-2,12%	-10,91%	18,06%	MSCI World (Euro)	-4,21%
788888	FTSE4GOOD Index (10.9.2001)	28,91 €	-2,73%	2,27%	9,11%	STOXX 600	-1,07%
SG1ERX	ERIX Open End (24.10.2005)	55,12 €	-3,67%	-38,88%	9,11%	STOXX 600	-1,07%
SG0SUN	SOLEX (30.3.2006)	35,56 €	-4,18%	-27,15%	18,06%	MSCI World (Euro)	-4,21%
AK0EVT	ÖkologieAktiv Index (13.11.09)	92,36 €	-4,32%	-4,05%	18,06%	MSCI World (Euro)	-4,21%
ABN1DK	Wasser Open End (12.9.2005)	126,71 €	-4,64%	29,59%	18,06%	MSCI World (Euro)	-4,21%
AA0F6G	RBS Klimawandel (17.4.2007)	62,67 €	-5,02%	-1,77%	18,06%	MSCI World (Euro)	-4,21%
SG1WWX	WOWAX (10.2.2006)	18,94 €	-6,42%	19,41%	18,06%	MSCI World (Euro)	-4,21%
BVT622	Vontobel Klimaschutz (5.4.2007)	54,88 €	-6,70%	-18,42%	18,06%	MSCI World (Euro)	-4,21%
RCB2EQ	Wasser-Basket (16.12.2005)	12,75 €	-7,68%	27,75%	18,06%	MSCI World (Euro)	-4,21%
AA04SQ	PG30 (1.9.2008)	17,30 €	-13,93%	-24,72%	22,55%	NYSE Arca Oil (Euro)	-0,96%
SG9BEX	BIOX (7.6.2006)	19,82 €	-25,99%	2,14%	18,06%	MSCI World (Euro)	-4,21%

Quelle: www.zertifikatejournal.de (gereiht nach der Performance im 1. Hj. 2011)

2.8 Ethisch-ökologische Aktienindizes

Aktienindizes enthalten nach bestimmten Kriterien (z. B. Börsenplatz, Branche oder Unternehmensgröße) ausgewählte Werte. Sie sind ein wichtiges Hilfsmittel, um wirtschaftliche Entwicklung und Kursperformance einzelner Marktsegmente messen zu können. Parallel zur Entwicklung des »grünen« Aktienmarktes kamen im Lauf der 1990er-Jahre eine Reihe von Indizes auf den Markt, die nur Aktien einbeziehen, die nach ethisch-ökologischen Kriterien ausgewählt worden sind.

In den USA spielte der schon 1990 lancierte Domini Social Index eine Pionierrolle: Er enthielt 400 US-Titel, deren Auswahl mittels Negativkriterien (z. B. keine Rüstungs- und keine Tabakproduktion) erfolgte. Aufgrund der Kooperation mit Dow Jones sind die seit 1999 (nach einem Best-in-Class-Ansatz) entwickelten Dow Jones Sustainability Indizes weltweit sehr verbreitet.

2.8.1 Natur-Aktien-Indizes (NAI und nx-25)

Der erste internationale ethisch-ökologische Aktienindex im deutschsprachigen Raum wurde 1997 vom Öko-Invest-Verlag, Wien, im Auftrag des Monatsmagazins Natur & Kosmos, München, entwickelt. Zum Stichtag 1.4.1997 startete der 20 Werte umfassende Index mit einem Ausgangswert von 1000 Punkten. 14 Jahre später stand er – trotz zwischenzeitlicher Börsenkrisen – bei über 6000 Punkten. In den ersten fünf Jahren (1.4.1997 bis 1.4.2002) stieg der NAI von 1000 auf rund 2000 Punkte – das ist rund fünfmal stärker als der MSCI-Welt-Index (+20 % im selben Zeitraum). Der 1997 unter dem Kürzel »NAX« gestartete Index wurde nach einer gerichtlichen Intervention der Deutschen Börse AG, die eine Verwechslungsgefahr mit dem DAX sah, auf »NAI« umbenannt.

Anders als der in den 1980er-Jahren eingeführte Pollution-Control-Index des bekannten amerikanischen Index-Anbieters Standard & Poor's, der nur eine Handvoll US-Aktien aus der Umwelttechnologie- und Entsorgungsbranche umfasste, verfolgte der NAI einen breiteren Ansatz. Er sollte Gradmesser für die ökonomische Komponente ökologischer Bestrebungen sein. Die Titelauswahl erfolgt anhand umfangreicher ethisch-ökologischer Kriterien, die weit strenger gefasst sind als bei den meisten anderen Öko-Indizes. Die Titelgewichtung ist im Unterschied zu vielen anderen Indizes nicht von der Marktkapitalisierung oder dem reinen Nominalwert abhängig. Nach der Aufstockung der Titelanzahl auf 25 Anfang 2003 wurde jede Aktie zum Jahresanfang mit jeweils vier Prozent gleich stark gewichtet.

Änderungen bei der Zusammensetzung ergeben sich beispielsweise, wenn die betreffenden Unternehmen durch Übernahmen, Fusionen oder Verkäufe von ganzen Geschäftsbereichen nicht mehr die Kriterien repräsentieren, die Grundlage für die Aufnahme in den Index waren. In solchen Fällen oder wenn der Börsenhandel einer Aktie ausgesetzt wird, wird der betreffende Titel so ersetzt, dass sich hierdurch keine Übergewichtung bestimmter Branchen oder Länder ergibt. Wegen Übernahmen sind beispielsweise die australische Wasserfilteraktie Memtec, die US-Solar-Aktie Golden Genesis, die Rollstuhlaktie Sunrise Medical, die Eiscremeaktie Ben & Jerry's Homemade und die Biomilchaktie Horizon Organic aus dem Index ausgeschieden.

Im Mai 2003 kam es zum Bruch zwischen dem NAI-Lizenznehmer Securvita und dem Indexentwickler Max Deml, der auch dem 1999 ins Leben gerufenen Index-Beirat angehörte. Anlass für die Trennung war die Aufnahme der Geberit-Aktie in den Index durch Max Deml. Securvita beharrte auf der Aufnahme des Möbeltitels Steelcase, obwohl sich damals bereits ein anderer US-Möbeltitel im Index befand, für den Steelcase ein Ersatz hätte sein können. Die juristischen Auseinandersetzungen zwischen Öko-Invest und Securvita, bei denen es vor allem um Urheber- und Markenrechte geht, dauern auch 2011 noch an: Inzwischen wurde die für Securvita eingetragene Marke »NAI« vom Deutschen Patentamt gelöscht, der dagegen erhobene Einspruch läuft noch.

Der Öko-Invest führt »seinen« Index seit 2003 unter dem Namen nx-25 weiter. Durch unterschiedliche Neuaufnahmen haben sich die beiden Naturaktienindizes auch performancemäßig auseinander entwickelt. Der nx-25 (mit 25 Titeln) lief bis dato etwas besser als der ebenfalls überdurchschnittliche NAI (inzwischen mit 30 Titeln), dessen Berechnung und Abrufbarkeit die Finanzagentur Bloomberg leider aufgrund des Konflikts um die Marken- bzw. Urheberrechte eingestellt hat.

Der nx-25 lehnt sich an die Standards der internationalen »Börsen-Gewichtsverteilung« an. Entsprechend haben US-Aktien den höchsten Anteil, die restlichen Titel verteilen sich auf die Länder Dänemark, Deutschland, Frankreich, Griechenland, Großbritannien, Italien, Japan, Kanada, Niederlande, Norwegen, Österreich und Schweiz (mit jeweils ein bis zwei Werten, Deutschland und Japan je drei). Bei der Indexberechnung werden keine Dividendenzahlungen berücksichtigt, während beispielsweise die Entwicklung des Deutschen Aktienindex (DAX) auf dem Gesamtertrag mit sofortiger Wiederanlage der Dividenden beruht. Daneben gibt es weitere sogenannte technische Kriterien: Beispielsweise darf keine Branche doppelt im Index vertreten sein und die Börsenhandelsumsätze dürfen nicht zu gering sein. Alle Unternehmen müssen bestimmten ökologischen und ethischen Positiv- und Negativkriterien genügen. Ein ökonomisches Kriterium für die Zusammensetzung des nx-25 besteht darin, dass mindestens drei Viertel der Werte langjährig etablierte Firmen mit einem Jahresumsatz von mehr als 50 Mio. Euro sein müssen.

Indizes wie der nx-25, die auch kleinere innovative Unternehmen enthalten, sind nicht weniger nachhaltig als die »Großen« – eher trifft das Gegenteil zu. Denn die ethisch-ökologischen Kriterien sind wesentlich strenger. Auch die Performance kann sich sehen lassen, in den meisten Jahren lief er wesentlich besser als der »konventionelle« MSCI-Weltindex: 2004 lag der nx-25-Index mit einem Jahresplus von 49,2 Prozent 36 Prozentpunkte vor dem MSCI-Weltindex (+12,8 %). Auch im ersten Halbjahr 2011 lag der nx-25 (mit rund neuen Prozentpunkten) vorne.

In den letzten acht Jahren (von Mai 2003 bis Mai 2011) hat der auf Dollarbasis kalkulierte nx-25 mit einem Plus von rund 403 Prozent seine Benchmark, den MSCI-Weltindex (+62 %), um mehr als 340 Prozentpunkte hinter sich gelassen. Einzelne Titel wie Green Mountain Coffee stiegen in wenigen Jahren gar um mehr als 6000 Prozent – von USD 1,70 auf mehr als USD 100.

Kontakt:

- Öko-Invest-Verlag, Schweizertalstraße 8–10/5, A-1130 Wien, Tel.: 0043/1/87 60 95 01, E-Mail: oeko-invest@teleweb.at

Zu den 25 Titeln des nx-25-Index zählen derzeit (Stand Mitte 2011) folgende Unternehmen und Branchen:

nx-25-Index, Stand 28.06.11: 7124 Punkte (+10,6 %)					
Land	**Unternehmen**	**Branche**	**Kurs 28.06.11**	**Prozent seit 01.01.11.**	**Internet**
F	Boiron	Homöopathie	30,28	+6,2	www.boiron.fr
A	BWT AG	Wasseraufbereitung	18,10	-17,7	www.bwt-group.com
GR	Eurodrip	Bewässerung	1,07	+9,2	www.eurodrip.gr
USA	Gaiam	Internet-Handel	5,03	-34,7	www.gaiam.com
CH	Geberit AG	Sanitärtechnik	191,10	-11,6	www.geberit.com
I	GEOX	Schuhe	3,99	+16,6	www.geox.com
USA	Green Mountain Coffee Roasters	Kaffee-Rösterei	88,69	+169,9	www.gmcr.com
NL	Grontmij	Consulting	13,40	-22,5	www.grontmij.com
USA	Herman Miller	Möbel	27,47	+8,6	www.hermanmiller.com
D	Init AG	Telematik (ÖPNV)	17,54	+17,7	www.init.de
USA	Interface	Bodenbeläge	18,55	+18,3	www.interface.com
USA	Kansas City Southern	Eisenbahnbetreiber	57,17	+19,5	www.kcsouthern.com
J	Kurita Water	Umwelttechnik	2406,00	-5,9	www.kurita.com
A	Mayr-Melnhof Karton	Verpackung/ Recycling	79,91	-8,2	www.mayr-melnhof.com
USA	Ormat Technologies	Geothermie-kraftwerke	21,90	-26,0	www.ormat.com
CH	Precious Woods AG	Forstwirtschaft	14,55	-34,9	www.preciouswoods.com
J	Ricoh	Büromaschinen	867,00	-27,1	www.ricoh.com
GB	Severn Trent	Wasserversorgung	14,48	-2,0	www.severn-trent.com
J	Shimano	Fahrräder	4260,00	+3,2	www.shimano.com
D	SolarWorld AG	Solarenergie	8,97	+21,3	www.solarworld.com
CAN	SunOpta	Bio-Lebensmittel	7,15	-8,6	www.sunopta.com
N	Tomra Systems	Flaschenrücknahmegeräte	45,20	+16,5	www.tomra.com
D	Umweltbank AG	Bank	27,40	+58,6	www.umweltbank.de
DK	Vestas Wind Systems	Windturbinen	115,30	-34,5	www.vestas.com
USA	Whole Foods Market	Naturkostsupermärkte	63,51	+25,5	www.wholefoodsmarket.com

Der nx-25-Index lag zwischen Jahresanfang und 28. Juni 2011 mit +10,6 Prozent rund 9 Prozentpunkte vor dem MSCI World (+1,3 %). Die »Top 3« waren dabei

Green Mountain Coffee (+170 %), UmweltBank (+69 %) und Whole Foods Market (+26 %). Am stärksten im Minus lagen Gaiam (-35 %) und Precious Woods (-35 %).

2.8.2 Dow Jones Sustainability Group Indizes

Im September 1999 startete die SAM Sustainability Group (Zürich, inzwischen zur Robeco-Gruppe gehörig) zusammen mit dem amerikanischen Indexanbieter Dow Jones die Dow Jones Sustainability Group Index-Familie (DJSI). Der DJSI-Ansatz unterscheidet sich wesentlich vom nx-25. Es werden keine Ausschlusskriterien definiert, sondern die jeweils führenden Unternehmen eines Branchensegments werden nach dem Best-in-Class-Ansatz herausgefiltert. Dazu werden aus den über 2000 größten börsennotierten Unternehmen der Welt mittels Fragebogenauswertung und anderen Researchmaßnahmen jene ausgewählt, die im Vergleich zu ihren Branchenkonkurrenten die meisten Pluspunkte auf einer Nachhaltigkeitsskala erzielen. Ökologische, soziale und finanzielle Aspekte werden jeweils mit rund einem Drittel gewichtet. Im Ergebnis werden die Unternehmen in sogenannte Sustainability-Pioniere und Sustainability-Leader eingeteilt.

Anfangs enthielt der DJSI gut 220 Unternehmen, zwischenzeitlich wurde die Anzahl auf über 300 erhöht. Im ersten Jahr des DJSI ergab sich eine leicht schwächere Performance als beim »konventionellen« Vergleichsindex DJ World, über die Jahre gerechnet liefen die Indizes ziemlich parallel.

Die DJSI-Familie besteht aus einem weltweiten Index und den Teilindizes für die Kontinente Europa, Nordamerika und Asien und den Pazifikraum. Daneben gibt es noch Sonderformen, die bestimmte Branchen wie die Tabakindustrie ausschließen. Rüstung hingegen kann in allen Index-Varianten vorkommen, sofern die betreffenden Unternehmen nicht mehr als 50 Prozent ihres Umsatzes in diesem Geschäftsfeld erwirtschaften. Auch wenn das manchen ethisch-ökologisch orientierten Privatanleger stört, bei Institutionellen kommt diese Philosophie nicht schlecht an, was sich auch in der Vielzahl von Lizenznehmern ausdrückt: Innerhalb von drei Jahren haben über 50 meist europäische Banken, Fondsgesellschaften und Versicherungen eine Lizenzvereinbarung geschlossen und entsprechende Produkte, vor allem Fonds und Zertifikate, auf den Markt gebracht, deren Volumen sich insgesamt auf mehrere Mrd. Euro beläuft.

Die in diesen Produkten enthaltenen Aktien sind meist ziemlich bekannt (von BMW bis Royal Dutch), wurden aber im ersten Jahr des Bestehens des Index nicht publiziert. Kritische Stimmen gab es, sobald Unternehmen aus den Indizes in Umweltkatastrophenfälle (Erdöl, Atomenergie) verwickelt waren.

Da relativ viele Titel im Index ausgetauscht werden, meist mehrere Dutzend pro Jahr, ist dieser Index nicht so »prägnant« wie der nx-25 mit insgesamt nur 25 ausgewählten Aktien. Er ist auch bei weitem nicht so »grün«, hat aber andererseits den durchaus erwünschten Nebeneffekt, dass auch bei einigen weniger »grünen« Unternehmen ein kleiner Wettbewerbsdruck entstanden ist. Schließlich möchte kein Unternehmen gerne als letztes in einer Umweltbewertung abschneiden oder zu jenen gehören, die die Beantwortung von Fragebögen verweigern.

Die SAM Sustainability Group betreut nicht nur das Nachhaltigkeitsrating für die DJSI-Titelauswahl, sondern ist auch in der Vermögensverwaltung tätig und leitete lange Zeit die in Zürich börsennotierte Sustainable Performance Group (SPG), die ähnlich einem Fonds als Beteiligungsholding aufgebaut war und 2011 in einen Fonds überging, nachdem der Börsenkurs längere Zeit erheblich unter dem inneren Wert der Aktie lag.

2.8.3 Photon Photovoltaik-Aktienindex (PPVX)

Nachdem um die Jahrtausendwende – hauptsächlich in den USA und Deutschland – eine Reihe von Photovoltaik-Unternehmen an die Börse gegangen war, entschloss sich das deutsche Solarmagazin Photon, die Branchenentwicklung mit einem eigenen Aktienindex abzubilden. Der vom Öko-Invest-Verlag (Wien) mitentwickelte Photon Photovoltaik-Aktienindex (PPVX) startete am 1.8.2001 mit 1000 Punkten und ist auf Euro-Basis kalkuliert. Da der Index zwischen 2003 und Mitte 2008 mit einem Plus von über 2000 Prozent extrem erfolgreich war, wollen wir ihn an dieser Stelle ausführlich besprechen.

Der PPVX umfasste anfangs neun börsennotierte Unternehmen (Astropower, Energy Conversion Devices, Evergreen Solar, S.A.G. Solarstrom AG, SolarWorld AG, Solon SE, Spire, Sunways AG, Worldwater) sowie ein außerbörslich gehandeltes Unternehmen, das seit 2004 auch an der Börse ist (Phoenix Solar AG). Von diesen Unternehmen – erst nach einigen Jahren war die Obergrenze von 30 Titeln erreicht – ist heute nur mehr SolarWorld im Index. Alle anderen sind ausgeschieden, weil mittlerweile Aktien wesentlich größerer Unternehmen an der Börse notieren.

Aufgenommen werden Unternehmen, die über 50 Prozent des Vorjahresumsatzes mit Produkten oder Dienstleistungen gemacht haben, die direkt oder indirekt mit der Installation beziehungsweise Nutzung von Photovoltaik-Anlagen zusammenhängen. Hierunter fällt beispielsweise auch ein Hersteller von Batterien oder Pumpen, sofern diese überwiegend in Solarsystemen eingesetzt werden. Inwiefern auch Investitionen von Mutter-, Tochter- oder Joint-

Venture-Gesellschaften eingerechnet oder Firmen aufgenommen werden, bei denen keine Informationen über das Vorjahr vorhanden sind, entscheidet ein Beirat, dem Mitglieder der deutschen und englischen Photon-Redaktion angehören sowie Redakteure des Börseninformationsdienstes Öko-Invest. Der PPVX wurde in seiner inhaltlichen Zusammensetzung und rechnerischen Struktur gemeinsam von der Photon Europe GmbH und dem Öko-Invest-Verlag erstellt. Er wird regelmäßig in den Zeitschriften Photon, Photon International und Öko-Invest sowie auf den zugehörigen Websites veröffentlicht. Als Vergleichswert dient der jeweils aktuelle Stand des NYSE Arca Oil Index, der ein gutes Dutzend große Öltitel enthält und zum Start des PPVX bei 548 Punkten lag.

Hier eine tabellarische Übersicht der Titel des PPVX mit den Kurs- und Gewinnzahlen zwischen Anfang 2011 und Mitte 2011.

PPVX Solar-Aktienindex, Stand 28.6.11: 2.063 Punkte (-11,2 %)				
Land	**Unternehmen**	**Branche**	**Kurs 28.6.11 (in Heimatwährung)**	**Prozent seit 01.01.11**
CN	Apollo Solar Energy Techn.	Produktionsequipment (in HKD)	0,32	-41,8*
D	Centrotherm Photovoltaics AG	Produktionsequipment	28,33	+5,2
CN	Comtec Solar Systems Gr.	Wafer, Ingots (in HKD)	3,08	-27,5***
USA	First Solar	Dünnschichtmodule	124,61	-4,2
CN	GCL Poly Energy Holding	Silizium, Wafer (in HKD)	4,03	+40,9
TW	Gintech Energy	Zellen	68,30	-18,2
TW	Green Energy Technology	Wafer, Module	96,50	+14,9
USA	GT Advanced Technologies	Produktionsequipment	16,10	+76,5
CN	Hanwha SolarOne	Module, Zellen	6,15	-24,7
CN	JA Solar	Zellen (in USD)	5,47	-21,0
CN	Jinkosolar	Wafer, Zellen, Module (in USD)	25,50	-4,9***
CN	LDK Solar	Wafer, Module (in USD)	7,31	-27,8

USA	MEMC Electronic Materials	Wafer, Systeme	8,16	-38,7**
CH	Meyer Burger Technol. AG	Wafer-Sägen	35,00	+20,1
TW	Motech Industries	Module, Zellen	108,00	+0,5
TW	Neo Solar Power	Zellen	53,20	-25,3
USA	Power-One	Wechselrichter	8,11	-22,6*
D	Q-Cells SE	Dünnschichtmodule, Zellen	1,34	-47,4
CN	Renesola Ltd.	Wafer (in USD)	4,90	-43,9
N	Renewable Energy Corp.	Module, Zellen, Wafer, Silizium	8,99	-49,5
TW	Sino-American Silicon Pr.	Wafer, Ingots	94,00	+1,5
D	SMA Solar Technology AG	Wechselrichter	73,60	+5,8
D	SolarWorld AG	Module, Zellen, Wafer, Systeme	8,97	+21,3
USA	STR Holdings	Zellen-Schutzmaterial	14,67	-26,7
USA	SunPower	Module, Zellen, Systeme	18,02	+40,5
CN	Suntech Power	Module, Zellen	7,67	-4,2
CN	Trina Solar	Module, Zellen, Wafer	21,08	-10,0
CN	Trony Solar Holdings	Module (in HKD)	3,37	-40,4
ROK	Woongjin Energy	Ingots, Wafer	13.200,00	-29,8
CN	Yingli Green Energy	Module, Zellen, Wafer (in USD)	8,56	-13,4
* seit 8.1.11, ** seit 4.2.11, *** seit 6.5.11				

Der PPVX lag seit Jahresanfang 2011 mit -11,2 Prozent währungsbereinigt rund 9 Prozentpunkte vor dem Erdölaktienindex (-2,6 %). Das PPVX-Spitzentrio 2011 bildeten GT Solar (+77 %), GCL Poly Energy (+41 %) und SunPower (+41 %). Der PPVX-Börsenwert beträgt rund 35,5 Mrd. Euro.

Solaraktien überrunden Erdölaktien

2004, im dritten vollen Jahr nach der Lancierung im August 2001, erlebte der PPVX einen Boom. Dabei hatte es anfangs nicht danach ausgesehen: Gleich nach dem Start ging der Index schneller zurück als der Erdöl-Aktienindex NYSE Arca Oil. Es folgte ein sehr schlechtes Börsenjahr 2002, in dem der PPVX um 61 % auf 281 Punkte abgestürzt ist (das all-time-low lag bei 252 Punkten). Aber vor dem Hintergrund des tristen internationalen Börsenumfelds – auch der DAX mit den wichtigsten 30 Aktien der deutschen Börsenlandschaft, hatte im Jahr 2002 rund 42 Prozent verloren – ist auch so ein starker Rückgang zu relativieren. Seinen Dienst als Barometer für die PV-Branche hat der PPVX jedenfalls erfüllt.

Marktkapitalisierung zeitweise über 87 Mrd. Euro
Die gesamte Marktkapitalisierung der seinerzeit 14 PPVX-Titel betrug mit Stichtag 1.8.2004, dem dritten Geburtstag des Index, erst rund 0,87 Mrd. Euro, Ende 2007 lag sie bei rund 87 Mrd. Euro, im Januar 2008 fiel sie unter 50 Mrd. Euro, im Januar 2011 lag sie bei knapp 41 Mrd. Euro. Das entsprach dem 2,6-fachen des Gesamtumsatzes im Jahr 2009, bei manchen Unternehmen ist dieser Faktor inzwischen bei 1,0 oder darunter angelangt, d.h., der Börsenwert liegt unter einem Jahresumsatz.

Neuaufnahmen und ausgeschiedene Titel
2002 war die Solar-Fabrik-Aktie die einzige Aktie, die neu in den PPVX aufgenommen worden ist. 2005 kamen gleich 12 neue Titel hinzu, 2007 waren es 9, vor allem chinesische. 2008 gab es – nicht zuletzt aufgrund der weltweiten Finanzmarktkrise – auch im Solarbereich kaum noch Neuemissionen: nur 3 Titel, zuletzt die SMA Solar Technology AG im Sommer 2008, wurden neu in den Index aufgenommen. 2009 fielen einige Titel heraus, weil andere – »Nachrücker« oder aufgrund von Börsengängen – eine höhere Marktkapitalisierung aufwiesen. Einige Titel wie Canadian Solar oder Phoenix Solar schafften jeweils eine Wiederaufnahme nach einer Kurserholung. 2010 kamen viele neue asiatische PV-Unternehmen an die Börse, wodurch eine Reihe von kleineren – meist europäischen – PPVX-Titeln (z.B. Conergy, Roth & Rau, PV Crystalox oder die spanische Solaria Energeia) aus dem Index gedrängt worden sind.

Highflyer-Aktien bis 2007, Absturz 2008, Erholung 2009
2007 war das mit Abstand beste Jahr in der Geschichte des PPVX: Er legte um 152 Prozent auf 6679 Punkte zu, 3 Titel stiegen sogar um über 500 Prozent (First Solar +795 %, Meyer Burger Technology +627 %, Roth & Rau AG +537 %). Im Jahr 2008 – als im Herbst auf die Pleite der Investmentbank Lehman Brothers ein weltweiter Kurssturz folgte – ist der PPVX um fast 70 Prozent gefallen; nur die mehrheitlich vom Bosch-Konzern übernommene Ersol-Aktie kam auf ein Plus von 51 Prozent. 2009 schaffte der PPVX ein Plus von 22,8 Prozent und

damit fast 16 Prozentpunkte mehr als der NYSE-Arca-Oil-Erdölaktienindex (+7,2 %). Das Spitzentrio bildeten damals die Aktien von Trina Solar (+481 %), Yingli Green Energy (+159 %) und SMA Solar Technology (+144 %). Im Jahr 2010 hingegen verlor der PPVX – nicht zuletzt im Zuge der Senkung der deutschen Einspeisevergütungen – wieder und lag mit -9,7 Prozent währungsbereinigt rund 32,5 Prozentpunkte hinter dem Erdölaktienindex (+22,8 %). Der Börsenwert aller 30 PPVX-Titel betrug Ende 2010 rund 36 Mrd. Euro. Als reiner Branchen-Index ist der PPVX natürlich viel volatiler als ein breit gestreuter Index, d. h., er unterliegt im Schnitt höheren Wertschwankungen. Langfristig, so die These von Photon, sollten die Solartitel den Öl-Vergleichsindex aber übertreffen.

2.8.4 Sonstige Indizes

Neben Dow Jones Sustainability, nx-25 und PPVX gibt es inzwischen noch über 150 weitere ethisch-ökologisch ausgerichtete Indizes wie z. B. seit Mitte 2005 den VÖNIX (VBV-Österreichischer Nachhaltigkeitsindex) aus Titeln an der Wiener Börse oder den Ethibel Sustainability-Index (ESI). Die jeweiligen Konzepte sind mehr oder weniger »nachhaltig«, meist enthalten die Indizes nur sehr große Unternehmen mit Börsenkapitalisierungen jenseits der Milliardengrenze. Dazu zählen u. a. die folgenden Indizes:

FTSE KLD 400 Social Index (ehemals: Domini 400 Social Index)

Der 1990 von Peter Kinder, Steve Lydenberg und Amy Domini entwickelte »Domini 400 Social Index« war nach der KLD-Mitgründerin Amy Domini benannt. Mitte 2009 wurde der Index im Zuge der Kooperation mit dem britischen Index-Provider FTSE auf »FTSE KLD 400 Social Index« umbenannt. Die 400 Titel des Index – allesamt aus den USA – kommen einerseits durch die Anwendung sozialer Ausschlusskriterien beim S&P 500 zusammen, andererseits durch zusätzliche Titel, die Positivkriterien erfüllen.

In den ersten 15 Jahren seines Bestehens hat der Index gezeigt, dass man als ethisch-ökologischer Investor nicht auf Rendite verzichten muss, im Gegenteil: In manchen Zeiträumen schnitt der Index besser ab als der S&P 500. Auch nach dem Lehmann-Crash blieb noch ein leichtes Plus im 15-Jahresvergleich: per Mitte 2009 hat er mit 7,41 Prozent p.a. gegenüber dem FTSE All World USA Index mit 7,11 Prozent p.a. etwas besser abgeschnitten.

Der Index ist gegenüber dem FTSE All World USA etwas technologielastiger, da Technologiefirmen die Kriterien leichter erfüllen als Industrie- oder Energieunternehmen, die oft wegen Schadstoffemissionen oder Rüstungsproduktion scheitern. Folglich lief er in den Börsenzeiten meist besser, in denen auch die Technologiebranchen besser abschneiden. Da auch Informationsoffenheit bei der Auswahl eine Rolle spielt, gingen die Kursstürze mancher Skandalfirmen wie Enron oder Worldcom in den Wert des Benchmark-Index, nicht aber in den des FTSE KLD 400 Social Index ein. Der FTSE KLD 400 Social Index lieferte das Konstruktionsmuster für andere SRI-Indizes wie den FTSE KLD Large Cap Social Index, den FTSE KLD Broad Market Social Index, den FTSE KLD NASDAQ Social Index und den FTSE KLD Catholic Values 400 Index.

FTSE4Good

Mitte 2001 kam der *FTSE4Good* in Großbritannien auf den Markt. Der bekannte Name des britischen Indexanbieters FTSE, hinter dem die *Financial Times* und die *Londoner Börse* stehen, sorgte für eine schnelle Verbreitung des Konzepts, obwohl anfangs nur drei Branchen ausgeschlossen waren: Tabakproduzenten, Waffenproduzenten und Atomkraftwerksbesitzer oder -betreiber. Inzwischen gibt es eine FTSE4Good-Index-«Familie«, z. B. auf bestimmte Regionen bezogene Indizes wie den FTSE4Good Europe 50, in dem anfangs auch neun deutsche Aktien enthalten waren. In den breiteren FTSE4Good Europe wurden von 39 nach Umweltschutz-, Menschenrechts- und Sozialstandards untersuchten deutschen Unternehmen seinerzeit 17 aufgenommen, darunter Allianz, BASF, Bayer, BMW, Deutsche Telekom, Lufthansa, Münchner Rück, SAP und Volkswagen.

Als der Dachverband der Kritischen Aktionäre in Deutschland die erste FTSE4Good-Liste mit deutschen Unternehmen sah, kritisierte er den Index in einer Pressemitteilung als eine »extreme Mogelpackung«. Die im Index angelegten Aufnahmekriterien beträfen im Wesentlichen »nur Selbstverpflichtungen und Selbstauskünfte von Unternehmen, statt von unabhängiger Seite überprüfte Leistungsdaten«. Index-Provider FTSE wollte mit der FTSE4Good-Indexserie die »Nachfrage weiter fördern und erstmals einen weltweit einheitlichen Standard für das ethische Investment« anbieten. Bei der Entwicklung des Kriterienkatalogs war u. a. auch das Londoner Institut Eiris (Ethical Investment Research Service, siehe Kap. 6.3.2) mit eingebunden.

WillderHill New Energy Global Innovation Index (NEX)

Der aus rund 100 Unternehmen in den Bereichen erneuerbare Energien und Energieeffizienz bestehende »NEX«-Index (www.nexindex.com) wird vierteljährlich normiert. Von Ende 2000 bis Ende März 2011 wies er (auf Dollarbasis) eine Wertenwicklung von 3,5 Prozent p.a. auf, lief also besser als der MSCI Welt (+2,7 % p.a.).

Zu Beginn des 2. Quartals 2011 hatte der NEX einen Börsenwert von 316 Mrd. US-Dollar, bei den Unternehmen dominierten die Bereiche Solarenergie (rund 26% Gewichtung), Energieeffizienz (24%) und Windenergie (21%). Hier in alphabetischer Reihenfolge die Zusammensetzung des NEX inklusive Firmensitz und Gewichtung:

Land	Unternehmen	Gewichtung
USA	A123 Systems Inc	1,13%
E	Abengoa SA	1,27%
E	Acciona SA	1,34%
USA	Advanced Battery Technologies Inc	0,32%
USA	Aerovironment Inc	0,40%
USA	Ameresco Inc	0,40%
USA	American Superconductor Corp	1,34%
USA	Amyris Inc	1,27%
USA	AO Smith Corp	1,41%
HK	Apollo Solar Energy Technology Holdings Ltd	0,40%
TR	Ayen Enerji AS	0,49%
BR	Brasil Ecodiesel Industria e Comercio de Biocombustiveis e Oleos Vegetais SA	0,36%
USA	Broadwind Energy Inc	0,38%
HK	BYD Co Ltd	1,13%
D	Centrotherm Photovoltaics AG	1,41%
HK	China Datang Corp Renewable Power Co Ltd	1,34%
HK	China High Speed Transmission Equipment Group	1,34%
HK	China Longyuan Power Group Corp	1,34%
CN	China Ming Yang Wind Power Group Ltd	1,34%
HK	China Suntien Green Energy Corp Ltd	1,34%
HK	China WindPower Group Ltd	1,34%
NZ	Contact Energy Ltd	1,71%
BR	Cosan SA Industria e Comercio	1,27%
USA	Covanta Holding Corp	1,27%
USA	Cree Inc	1,41%

Land	Unternehmen	Gewichtung
USA	Echelon Corp	0,40%
F	EDF Energies Nouvelles SA	1,34%
P	EDP Renovaveis SA	1,34%
D	Elster Group SE	0,40%
I	Enel Green Power SpA	1,71%
USA	Ener1 Inc	0,32%
RP	Energy Development Corp	1,71%
USA	EnerNOC Inc	0,40%
TW	Epistar Corp	1,41%
USA	First Solar Inc	1,41%
FIN	Fortum OYJ	1,27%
USA	Fuel Systems Solutions Inc	0,75%
USA	FuelCell Energy Inc	0,75%
E	Gamesa Corp Tecnologica SA	1,34%
HK	GCL-Poly Energy Holdings Ltd	1,41%
USA	Gevo Inc	0,36%
J	GS Yuasa Corp	1,13%
USA	GT Advanced Technologies	1,41%
CH	Gurit Holding AG	0,38%
GB	Hansen Transmissions International NV	0,38%
E	Iberdrola Renovables SA	1,34%
USA	International Rectifier Corp	1,41%
USA	Itron Inc	1,41%
CN	JA Solar Holdings Co Ltd	1,41%
USA	Johnson Controls Inc	1,41%
IRL	Kingspan Group PLC	1,41%
USA	LSB Industries Inc	0,49%
USA	Maxwell Technologies Inc	0,32%
J	Meidensha Corp	1,41%
USA	MEMC Electronic Materials Inc	1,41%
CH	Meyer Burger Technology AG	1,41%

Land	Unternehmen	Gewichtung
USA	Molycorp Inc	1,13%
TW	Neo Solar Power Corp	0,40%
HK	Neo-Neon Holdings Ltd	0,40%
D	Nordex SE	0,38%
DK	Novozymes A/S	1,27%
J	NPC Inc/Japan	0,40%
USA	Ormat Technologies Inc	1,71%
D	Phoenix Solar AG	0,40%
USA	Polypore International Inc	1,13%
USA	Power Integrations Inc	1,41%
USA	Power-One Inc	1,41%
IND	Praj Industries Ltd	0,36%
GB	PV Crystalox Solar PLC	0,40%
D	Q-Cells SE	0,40%
N	Renewable Energy Corp ASA	1,41%
DK	Rockwool International A/S	1,41%
D	Roth & Rau AG	0,40%
USA	Rubicon Technology Inc	0,40%
F	Saft Groupe SA	1,13%
BR	Sao Martinho SA	0,36%
F	Sechilienne-Sidec	1,27%
ROK	Seoul Semiconductor Co Ltd	1,41%
D	SMA Solar Technology AG	1,41%
D	Solar Millennium AG	0,40%
D	SolarWorld AG	1,41%
USA	STR Holdings Inc	1,41%
USA	SunPower Corp	1,41%
CN	Suntech Power Holdings Co Ltd	1,41%
ROK	Taewoong Co Ltd	0,38%
J	Takuma Co Ltd	0,36%
J	Tanaka Chemical Corp	0,32%

Land	Unternehmen	Gewichtung
USA	Tesla Motors Inc	1,41%
CN	Trina Solar Ltd	1,41%
HK	Trony Solar Holdings Co Ltd	1,41%
USA	Universal Display Corp	1,41%
A	Verbund AG	1,71%
DK	Vestas Wind Systems A/S	1,34%
HK	Wasion Group Holdings Ltd	0,40%
HK	Xinjiang Goldwind Science & Technology Co Ltd	1,34%
CN	Yingli Green Energy Holding Co Ltd	1,41%
CN	Zhejiang Yankon Group Co Ltd	0,40%
USA	Zoltek Cos Inc	0,38%

2.9 Direktbeteiligungen und Risikokapital

Damit »grüne« Ideen Realität werden können, braucht es nicht nur Ideengeber, sondern auch in einem sehr frühen Stadium schon Geldgeber. Viele Unternehmen werben so außerhalb des regulierten Börsenmarktes Kapital ein (z. B. über Genussscheine oder außerbörsliche Aktien) oder sie verkaufen Anteile an Investorengemeinschaften (Beteiligungsgesellschaften). Genossenschaftsanteile können übernommen werden, indem man Mitglied und damit (Mit-)Eigentümer einer Genossenschaft wird. Diese ebenfalls nicht börsennotierten Rechtsform gilt aufgrund besonderer Prüfungsvorschriften als relativ »sicher«. Natürlich ist auch bei Genossenschaften – wie bei anderen etablierten Finanzierungsformen oder börsennotierten Aktien – ein Totalverlust nicht auszuschließen, aber das Risiko ist insofern gemindert, als es mehr gesetzliche oder mediale »Kontrollinstanzen« gibt, die Fehlentwicklungen frühzeitig aufzeigen können. Anders bei Papieren des sogenannten »grauen Kapitalmarkts«, der relativ unreguliert ist. Insbesondere »Wagniskapital« (Venture Capital, VC) wird, wie der Name schon sagt, bewusst riskiert, um neue Projekte oder Unternehmen zu finanzieren, von denen viele oft schon in den ersten ein bis vier Jahren wieder scheitern. Auf der anderen Seite sind die Gewinnaussichten für die Pionier-Investoren sehr hoch, wenn die Geschäftsidee am Markt gut ankommt oder man gar eine »zweite Microsoft« (das Beispiel wird oft zitiert) oder eine zweite SolarWorld-Aktie entdeckt hat, die den Investoren später Hunderte oder Tausende Prozent Gewinn bringt. Übrigens: Bill Gates hat schon sehr früh – Ende 1999 – für sein »non-Microsoft«-Technologie-Depot Aktien der deutschen SolarWorld kaufen lassen.

In der Vergangenheit haben viele Anleger ihr Kapital auch aus tiefer Überzeugung für die Sache bereitgestellt. Häufig war ihnen dabei nicht bewusst, welches Risiko sie eingehen. Nicht wenige haben fast ihr gesamtes Barvermögen in riskante Anlagen gesteckt – im Hinblick auf eine nachhaltig gewinnbringende Geldanlage ein großer Fehler. Wagniskapital sollte immer nur einen kleinen Teil des investierten Vermögens ausmachen.

Angesichts zahlreicher Pleiten ist jedoch eine gewisse Ernüchterung eingetreten. Die Verluste haben großteils die hoch motivierten Anleger der ersten Stunde getroffen. Sie werden künftig vorsichtiger agieren. Durch drei-, vier- und fünfstellige Kursgewinne mancher ethisch-ökologischer Investments an der Börse – die SolarWorld-Aktie stieg von 2002 bis 2008 um über 19 000 Prozent – angelockt, kommen seit geraumer Zeit auch verstärkt neue Akteure in diesen Markt: Erfahrene Privatanleger, die bislang »konventionell« in Venture Capital investiert haben, und institutionelle Investoren, die attraktive und Erfolg versprechende Beteiligungen suchen.

Die folgenden drei Abschnitte geben einen Einblick in die Welt der Genossenschaften, der Genussscheine und der ethisch-ökologisch orientierten VC- und Beteiligungsgesellschaften in Deutschland und der Schweiz – Österreich hat in diesem Segment bisher kaum etwas zu bieten.

2.9.1 Genossenschaften

Einer eingetragenen Genossenschaft (eG) können sich beliebig viele natürliche Personen als Mitglieder anschließen, sie müssen dazu mindestens einen Geschäftsanteil übernehmen. Genossenschaften gibt es in den verschiedensten Wirtschaftssektoren mit einer oft sehr (ge)wichtigen Bedeutung. Den Beitrag, den Genossenschaften bis heute weltweit für die soziale und wirtschaftliche Entwicklung leisten, besonders ihren Beitrag, Armut zu verringern, Beschäftigungsmöglichkeiten zu bieten und soziale Integration zu fördern, hebt die UNO mit dem Internationalen Jahr der Genossenschaften 2012 hervor.

Als soziale Erscheinung reichen ihre Wurzeln bis in das 19. Jahrhundert zurück. Als die ersten neuzeitlichen Genossenschaften in Deutschland um 1850 entstanden, gab es noch keine eigene Rechtsform. Sie wurde erst 1867 in Deutschland (Preußen) und 1873 für Österreich mit einem eigenen Gesetz geschaffen. Neben Warengenossenschaften (Rohstoff-Assoziationen) bildeten sich Volksbanken und Raiffeisenbanken, verbunden mit dem Namen ihrer »Gründerväter« Hermann Schulze-Delitzsch und Friedrich Wilhelm Raiffeisen, unter allen Genossenschaftsarten als erste aus. Ihr Zweck war es, eine wirtschaftliche Mangelsituation für bestimmte Erwerbszweige zu lösen, insbesondere für die Bauern, Handwerker und kleinen Gewerbetreibenden. Bis heute haben sich diese Gründungen vor allem im Bereich der Kreditgenossenschaften, ländlichen Genossenschaften, der Waren- und Dienstleistungs-, Wohnungs(bau-) und Konsumgenossenschaften erhalten.

Oberstes Organ einer Genossenschaft ist die Generalversammlung, in der die Mitglieder Vorstand und Aufsichtsrat wählen. Außerdem gibt es noch eine externe Kontrolle durch einen Regional- oder Fachprüfungsverband, dem eine Genossenschaft in Deutschland anzugehören hat und der mindestens alle zwei Jahre hinsichtlich Geschäftsführung, Mittelverwendung und Vermögenslage prüft. Im Vergleich zu anderen Rechtsformen mögen Gründung und Betrieb einer Genossenschaft als relativ aufwändig gelten, Genossenschaften werden jedoch stark von den Verbänden unterstützt und gelten als relativ »krisenfest«. Die Mitgliederverwaltung kann bei sehr vielen Mitgliedern mit relativ kleinen Einlagen zeitaufwändig sein, aber inzwischen ist in Deutschland eine Gründung schon ab drei Personen möglich. Eine Genossenschaft kann jederzeit neue Mitglieder aufnehmen und besitzt damit eine Art »Daueremissionsrecht« im Gegensatz zur AG, wo es einer Kapitalerhöhung bedarf, um neues Eigenkapital zu erhalten. So hat beispielsweise die GLS Bank im Vorfeld der Integration des Ökobank-Geschäfts ihr Eigenkapital erfolgreich aufgestockt. Von der Ökobank eG hat sich die Oekogeno eG als Beratungs- und Finanzierungsgenossenschaft erhalten, die ökologische und soziale Projekte fördert. Ab einem Geschäftsanteil in Höhe von 33,71 Euro kann man jederzeit Mitglied werden (www.oekogeno.de). Allerdings stellt der Geschäftsanteil anders als die Aktie kein Wertpapier dar und ist daher grundsätzlich nicht handelbar, wenngleich das auf ihn eingezahlte Kapital (Geschäftsguthaben) auch in Teilen auf ein anderes Mitglied übertragbar ist.

Im Unterschied zu einer AG, bei der das Stimmrecht eines Aktionärs von der Anzahl der gehaltenen Aktien abhängt, bietet die Genossenschaftsform allen Unternehmen mit »basisdemokratischem« Anspruch einen wichtigen Vorteil: Jedes Mitglied hat grundsätzlich nur eine Stimme, unabhängig von der jeweiligen Kapitaleinlage. Dieses Demokratieprinzip kann auch indirekt ausgeübt werden, wenn eine Vertreter- bzw. Delegiertenversammlung eingerichtet wird, auf der nur eine Mitgliedergruppe die Interessen für alle Mitglieder vertritt.

Auch heute kommt es – nach einer Zeit der Stagnation bzw. des fusionsbedingten Rückganges der Zahl von Genossenschaften – im deutschsprachigen Raum wieder zu Neugründungen, vor allem als Zusammenschluss von Partnern mit ähnlichen Interessen zur »Selbsthilfe«, z.B. bei Ärzte-, Einkaufsgenossenschaften, (IT-) Dienstleistungsgenossenschaften oder sogar bei

Konsumgenossenschaften wie der Nahversorger Kirchstetten e. Gen. in Niederösterreich. Zahlreiche Beispiele finden sich auf der Informations- und Beratungsplattform des deutschen Dachverbandes, Deutscher Genossenschafts- und Raiffeisenverband e. V., Berlin: www.neuegenossenschaften.de.

Auch der Bereich der erneuerbaren Energien (z.B. Solarenergie, Biogas) hat eine Vielzahl von genossenschaftlichen Neugründungen erfahren. Gab es im »ethisch-ökologischen« Anlagesektor in Deutschland bislang relativ wenige Genossenschaften, so ist mit den oft von örtlichen Kreditgenossenschaften unterstützten »Bürger-Energiegenossenschaften« ein neues Modell entstanden. Hier nur zwei Beispiele unter zahlreichen weiteren für diese Initiativen: Die Raiffeisen-Volksbank eG, Aurich, hat bislang drei Photovoltaik-Genossenschaften auf den Weg gebracht: RVB Bürgersonnenpark Aurich eG, RVB Bürgersonnenpark Jümme-Uplengen-Wiesmoor eG und RVB Bürgersonnenpark Friedeburg-Wittmund eG (www.meine-rvb.de). Damit soll ein Beitrag zum Klima- und Umweltschutz geleistet und regionale Verantwortung übernommen werden. Beteiligungen sind zwischen ein- und zehntausend Euro möglich. Ziel der Bürgersonnenparks ist es, Dachflächen von Kommunen, Gewerbetreibenden und Privatpersonen zu pachten und diese mit Photovoltaik-Anlagen zu versehen. Der auf diese Weise gewonnene Strom wird in das Netz der EWE AG, Oldenburg, eingespeist, wofür die Genossenschaft eine für 20 Jahre garantierte Einspeisevergütung erhält. Die durch die Stromerzeugung erzielten Gewinne sollen den Mitgliedern der Genossenschaft – Bewohnern der Region – zufließen.

In die gleiche Richtung gehen die genossenschaftlichen Gründungen der Volksbank Niederrhein eG, Alpen, die zwei Photovoltaik-Genossenschaften, Alpen-Sonne eG und Bürger-Solar Rheinberg eG, ins Leben gerufen hat (www.volksbank-niederrhein.de). Beide Bürgergenossenschaften sollen mit Photovoltaik-Anlagen auf öffentlichen Gebäuden umweltfreundlichen Strom erzeugen. Als Mitglied der Bürgergenossenschaft zeichnet man mindestens fünf Anteile zu je 100 Euro; die Bank rechnet mit einer über die gesamte Laufzeit stabilen Dividende der Genossenschaften in Höhe von rund vier Prozent.

Als Energieversorger liefert die 1999 gegründete Greenpeace Energy eG, Hamburg, an inzwischen 100 000 Kunden, darunter 7000 Gewerbekunden, »saubere Energie«, plant und baut saubere Kraftwerke, unterstützt innovative Technologien und wirbt für die eigenen Vorstellungen gegenüber der Politik. Die Genossenschaft zählt etwa 20 000 Mitglieder und erzielte 2010 einen Umsatz von 79,4 Mio. Euro und setzte 448 Mio. Kilowattstunden Leistung ab. Nach einem Jahresverlust von über 3 Mio. Euro (2009) wurde das folgende Geschäftsjahr mit rund 0,7 Mio. Euro Jahresüberschuss abgeschlossen. Die Höhe eines Geschäftsanteils beträgt 55 Euro.

Welches Mobilisierungspotenzial das Thema Energie und von Bürgern mitbestimmte Energieversorgung besitzt, zeigt das Beispiel der Energie in Bürgerhand eG, Freiburg, die 2009 ursprünglich gestartet ist, um einen Anteil an der Thüga AG, München, zu erwerben und damit unter die Kontrolle der Bürger, die zugleich Energiebezieher sind, zu bringen (www.energie-in-buergerhand.de). Es belegt zugleich, dass auch eine eG erfolgreich größere Beträge an Eigenkapital sammeln kann: Im Zuge der Initiative konnten etwa 20 Mio. Euro als Einzahlung oder Kapitalzusage eingeworben werden. Ein Geschäftsanteil beträgt 500 Euro. Derzeit strebt die Genossenschaft eine Beteiligung an deutschen Stadtwerken (z.B. den Stadtwerken Jena-Pösneck) und die Aufnahme als Gesellschafter in die KommunalPartner GmbH – einem Stadtwerkeverbund in Baden-Württemberg – an.

Ziel der hnGeno eG in Gründung, Butzbach, ist es, so viele Mitglieder wie möglich zu gewinnen (www.hngeno.de), um die Hess Natur Textilien GmbH übernehmen zu können, die fair produzierte, schadstofffreie Kleidung für alle Altersstufen in Deutschland, der Schweiz, in Österreich und den USA an einen Kundenstamm von rund 700000 Kunden vertreibt. Das Unternehmen gilt als wirtschaftlich erfolgreich, die Marke steht jedoch zum Verkauf, da sie eine Tochtergesellschaft des insolventen Arcandor-Konzerns (ehemals Karstadt-Quelle) ist und von dem Private Equity-Fonds Carlyle übernommen werden könnte.

In jedem Fall sollte jedoch sichergestellt werden, dass es sich nicht nur um eine reine »Dividendengenossenschaft« handelt, die ggf. öffentliche Fördermittelvorteile realisiert. Denn gemäß § 1 Abs. 1 Genossenschaftsgesetz soll eine eG den »Erwerb oder die Wirtschaft ihrer Mitglieder oder deren soziale oder kulturelle Belange« fördern. Dennoch ist die Dividende ein wichtiger finanzieller Anreiz, sie erreicht bei einigen Kreditgenossenschaften für das Geschäftsjahr 2010 vier Prozent und mehr – besonders interessant wären hier diejenigen mit einem ethisch-ökologischen Bezug wie die kirchlichen Kreditgenossenschaften oder Banken mit einem besonderen regionalen Schwerpunkt, auf den sich die gesamte genossenschaftliche Bankengruppe immer mehr hinentwickelt. Ein interessantes Modell sind auch die Spareinrichtungen von Wohnungsbaugenossenschaften, deren Mitglieder und Angehörige verschiedene Sparformen unterhalten können.

Im Vordergrund der Beziehung zwischen einem Mitglied und seiner Genossenschaft sollte aber die Leistungsbeziehung stehen, die mithilfe einer Rückvergütung – in der Höhe abhängig vom Geschäftsumfang des Mitgliedes – nachträglich »belohnt« werden kann.

Um möglichen Problemen mit dem Förderauftrag zu begegnen, sind die von der 2010 gegründeten Future Energy Investment eG, Wardenburg, entwickelten Projekte (www.energy-invest.eu) eine Variante. In einer eG & Co. KG werden Darlehensgeber für Solarkraftwerke auf Privathäusern zusammengefasst, diese Kommanditgesellschaft finanziert und baut die Kraftwerke und verkauft sie an die Hauseigentümer in Griechenland, die ihre Einspeisevergütung an die KG abtreten.

Wie mit Genossenschaften auch die Meinungsvielfalt in den Medien gefördert werden kann, belegen zwei Beispiele: Die Berliner Taz Verlagsgenossenschaft, (www.taz.de) seit 1992 die Trägergenossenschaft für die gleichnamige Tageszeitung, hat seit ihrer Gründung noch keine Gewinne ausgeschüttet, aber zumindest theoretisch kann sie in die Gewinnzone kommen, was eine Verzinsung erlauben würde. Als »eine weitere Möglichkeit, sich an der Zukunft und Sicherung der taz aktiv zu beteiligen« wurde die taz Entwicklungs KG 2003 gestartet, der 353 Kommanditisten mit fast drei Mio. Euro Kapital angehören. Seit 2006 werden keine Personen mehr in dieses steuerlich interessante Anlegermodell aufgenommen.

Die über 10 000 Taz-Genossen haben mit jetzt etwa 10 Mio. Euro Eigenkapital viel aufgebaut, aber damit selbst direkt keinen Euro verdient. Wer Taz-Genossenschaftsanteile erwirbt, dem sollte »eine politische Rendite wichtiger als finanzielle Gewinne [sein]«, er sollte dies eher aus Solidarität mit der Taz-Philosophie tun und sich auch des Risikos eines Totalverlusts bewusst sein. Ein weiteres Beispiel, ebenfalls aus Berlin, ist die etwa 1000 Mitglieder zählende Linke Presse Verlags- Förderungs- und Beteiligungsgenossenschaft Junge Welt e.G.

2.9.2 Genussscheine/Genussrechte

Genussscheine ähneln vom Risiko her einer Aktie, von der Rendite her eher einer »gewinnabhängigen Anleihe«. Sie verbriefen weder Stimmrechte noch Substanzanteile, dafür liegt die Dividendenrendite meist wesentlich höher als bei den Aktien des jeweiligen Unternehmens und – aufgrund des höheren Risikos – häufig mehrere Prozentpunkte über der Rendite von Staatsanleihen. Ausgegeben werden Genussscheine zur Finanzierung der Unternehmenstätigkeit, ohne dass dabei das Grundkapital erhöht werden muss, was zu einer Verwässerung bei den Aktien führen würde. Genussrechtskapital hat meist eine bestimmte Laufzeit – bei mindestens fünf Jahren kann es als Eigenkapital bilanziert werden – und unterliegt oft längeren Kündigungsfristen. Es gibt aber auch unbefristete Genussscheine, z. B. die der in der Medizin- und Umwelttechnik tätigen Drägerwerk AG, von denen mehrere Serien aufgelegt wurden. Meist setzt sich der jährliche Ertrag aus einer Mindestverzinsung und einer zusätzlichen Gewinnbeteiligung je nach Geschäftserfolg zusammen, sodass in Summe auch sechs bis neun Prozent keine Seltenheit sind. Auf jeden Fall ist es ratsam, sich vor einem Investment auch das Kleingedruckte in den Genussscheinbedingungen anzusehen. Im Öko-Sektor waren Genussscheine bis vor kurzem kaum zu finden, doch seit 2004 gibt es mehr als ein Dutzend verschiedene Emittenten, die dieses Instrument für sich entdeckt haben.

Ein Nachteil fast all dieser Genussscheine ist – neben dem Ausfallsrisiko aufgrund der Nachrangigkeit gegenüber anderen Gläubigern – die mangelnde Handelbarkeit. Selbst wenn erkennbar ist, dass es mit einem Unternehmen bergab geht, kann man die Papiere nicht verkaufen. Nur die Genussscheine des Drägerwerk-Konzerns sind seit Jahrzehnten börsennotiert, und auch die UmweltBank AG stellt täglich im hausinternen Telefonhandel Kurse für die eigenen Emissionen. Die ersten beiden UmweltBank-Genussscheine sind (nach über 5 Jahren Laufzeit) bereits ausgelaufen. Der dritte, im Mai 2005 emittierte Genussschein mit 4,65 Prozent Zinsen p.a. für 6,5 Jahre und einem Volumen von rund 4,7 Mio. Euro ist erstmals zum Ende 2011 zur Rückzahlung kündbar, kann aber auch vorher über den hausinternen Telefonhandel veräußert werden, genauso wie die seit 2007 emittierten Genussscheine mit unbefristeter Laufzeit.

Für die meisten Scheine in der folgenden Tabelle besteht keine Handelsplattform. Die Unternehmen kommen großteils aus dem Bereich erneuerbare Energien, einzelne aus nachhaltiger Forstwirtschaft, Verkehr oder Vermögensverwaltung. Die Frauenvermögensverwaltung AG, München, wollte mit dem Kapital die erste »Frauenbank« Deutschlands aufbauen, wozu aber ein hohes Eigenkapital erforderlich ist, das bisher nicht eingeworben werden konnte.

Genussrechte von Unternehmen in nachhaltigen Branchen

Emittent	Internet	Handelbarkeit
ABO Wind AG	www.abowind.com	nein
Boveas Invest GmbH	www.boreas.de	nein
Deutsche Umwelt Invest GmbH	www.deutsche-umwelt-invest.de	nein
Drägerwerk AG	www.draegerwerk.de	Börse
Energiekontor AG	www.energiekontor.de	nein
Energiezins GmbH	www.energiezins.de	nein
E.n.o. Energy GmbH	www.eno-energy.com	nein
Essential Invest GmbH	www.essential-invest.de	Börse

Frauenvermögensverwaltung AG	www.frauenbank.de	nein
German Pellets Genussrechte GmbH	www.german-pellets.de	nein
GLS Energie AG	www.gls.de	nein
Green City Energy GmbH	www.greencity-energy.de	nein
Hanse Bioenergie Holding	www.hanse-bioenergie.de	nein
Juwi Renewable IPP GmbH & Co KG	www.juwi.de	nein
Kofler Energies Ingenieur-GmbH	www.koflerenergies.com	(früher: Valora)
Lignum Edelholz AG	www.lignumag.de	nein
PNE Wind AG	www.pne.de	Börse
Planet Energy GmbH	www.planet-energy.de	nein
Prokongruppe	www.prokon.net	nein
Schaltbau Holding AG	www.schaltbau.de	Börse
Solarcomplex AG	www.solarcomplex.de	nein
Solarplus GmbH	www.solarplus-dortmund.de	nein
UmweltBank AG	www.umweltbank.de	UmweltBank
Volker Friedrichsen Beteil.-GmbH	www.reconcept.de	nein
Windwärts GmbH	www.windwaerts.de	Umweltfinanz

Die Energiekontor AG zahlte den Inhabern ihres 2010 ausgelaufenen »7 × 7 Wetterzins«-Genussscheins eine jährliche Rendite von sieben Prozent auf sieben Jahre (Volumen 5 Mio. Euro, Mindestanlagesumme 2500 Euro). Mit dem Geld wurden Windparkprojekte, die schon eine Baugenehmigung hatten, zwischenfinanziert. Ähnliches gilt für die Genussscheine der ABO Wind AG. Sieben Prozent und einen erfolgsabhängigen Bonus bot auch die PNE Wind AG (ehemals Plambeck Neue Energien AG). Bei dem von 2004 bis Ende 2014 laufenden PNE-Genussschein haben die Anleger – nachdem 2005 ein dreistelliger Millionenverlust samt Liquiditätskrise bekannt geworden war – große Kursschwankungen erlebt. An der Börse Stuttgart, an der die meisten Genussscheine in Deutschland gelistet sind, lag der Kurs des Papiers 2009 z.B. bei 50 Prozent, im Mai 2011 bei 110 Prozent. Die »Drei-Länder-Genussrechte«, mit denen die EnergieZins GmbH Windkraftprojekte finanziert, brachten zuletzt sieben Prozent Zinsen.

Die mit einem Eigenkapital von fast zwölf Mio. Euro ausgestattete Emittentin Volker Friedrichsen Beteiligungs-GmbH ist Mehrheitsgesellschafterin der reconcept GmbH und legt die Mittel aus dem mit acht Prozent verzinsten »GDZ Genussrecht der Zukunftsenergien« (Volumen 10 Mio. Euro) u.a. in Aktien der BGZ AG mit Sitz in Husum an. Diese Holding finanziert schwerpunktmäßig Projektierung und Betrieb von Windkraftanlagen.

Ebenfalls in der Windkraftbranche tätig ist die 1997 gegründete Prokon-Gruppe, die mit inzwischen rund 34000 Genussrechtsinhabern und einem Zeichnungsvolumen von rund 570 Mio. Euro die größte Emittentin der Branche ist, aber auch zu den umstrittensten Anbietern gehört. Gerichtsurteile zugunsten von Instituten wie der Sparkasse Göttingen (2009) oder der Verbraucherzentrale Hamburg (2011) bestätigten, dass Prokon-Werbeslogans für Anleger irreführend waren. Auch das Bayerische Fernsehen berichtete (im April 2011 in der Sendung »Kontrovers«) über Prokon – mit dem Titel »Anlegerabzocke leicht gemacht«. Hauptkritikpunkt war, dass auf den Prokon-Werbe-Flyern nur die Vorteile der Genussrechte, nicht aber die Gefahr des Teil- oder Totalverlusts erwähnt waren. Die Prokon-Verteidigung (auf der Homepage) lautet: »Mit dem Flyer kann man keine Genussrechte zeichnen, hierfür benötigt man einen Zeichnungsschein! Auf diesem sowie im Kurz- und Hauptprospekt sind die Risiken mehr als deutlich dargestellt, auf dem Zeichnungsschein müssen die Anleger dies sogar unterschreiben.« Laut Auskunft des Unternehmens gibt es bis dato bei den Prokon-Papieren weder Verzögerungen bei Zinszahlungen, noch Verluste oder Klagen von Genussrechtsinhabern gegen Prokon. Die Unternehmensgruppe hält 2011 – nach 104,2 Mio. Euro Umsatz im ersten Quartal – am »geplanten Jahresziel von einer halben Mrd. Euro Umsatz« fest. Rund 260 Windmühlen in 35 Prokon-Windparks liefern jährlich fast 800 Mio. Kilowattstunden, was für den Bedarf von über 500000 Einwohnern reicht. Neben der Windenergie ist Prokon auch in der Biodiesel- und Biomasseproduktion tätig.

Die vor allem im Bereich von Wind- und Solarparks tätige Juwi-Gruppe hat 2010 über die Juwi Renewable IPP GmbH & Co. KG einen Genussschein mit einem Zinssatz von 6,5 Prozent, einer Laufzeit bis 30.9.2020 und einem Volumen von 10 Mio. Euro erfolgreich bei über 400 Investoren platziert.

Mit einem »sonnigen« Genussschein zur Finanzierung von Solarkraftwerken im Bodenseegebiet haben von 2003 bis 2009 die Anleger bei der Solarcomplex AG vier Prozent Verzinsung erhalten. In dieser Zeit firmierte das »regionale Bürgerunternehmen zum Ausbau heimischer erneuerbarer Energien am westlichen Bodensee« von der GmbH auf eine AG um und hat auch Aktien ausgegeben, die nun – bei Kursen um 2 Euro – den ursprünglichen GmbH-Gesellschaftern eine Verdoppelung ihres Einsatzes gebracht haben. Von der

2010/2011 begebenen neuen Genussrechts-Tranche (2 Mio. Euro Volumen, 4% Verzinsung, Stückelung 1000 Euro, Mindestlaufzeit 6 Jahre) waren bis Ende Mai 2011 mehr als 80% gezeichnet.

Ab 2004 hat die Berliner Lignum Edelholz AG neben Anleihen auch Genussscheine angeboten (Volumen 5 Mio. Euro, Verzinsung 8%, Laufzeit 15 Jahre, Mindestzeichnung 10000 Euro). Eine Besonderheit ist die Bonifikation von 10 Prozent nach 10 Jahren und weiteren 20 Prozent nach 15 Jahren sowie die Besicherung des Genussrechtskapitals mittels einer erstrangigen Grundschuld auf eine Waldfläche in Bulgarien (siehe auch Kap. 2.10.2).

Die 1995 gegründete Berliner NEK Ingenieur Gruppe GmbH war u.a. im Bereich Energie-Contracting tätig und konzipierte bzw. betrieb technische Anlagen bei Biomassekraftwerken oder Heizzentralen. Die zwischen 2005 bis 2007 ausgegebenen Genussscheine brachten in den ersten Jahren relativ hohe Renditen und wurden außerbörslich bei Valora gehandelt. Doch nach der Übernahme durch die Kofler Energies Gruppe – und Umbenennung das Unternehmens auf Kofler Energies Ingenieurgesellschaft mbH – wurden die Papiere Mitte 2010 überraschend gekündigt, nachdem laut Medienberichten operative Verluste bis 2009 das Genussrechtskapital aufgezehrt hatten. Die Kofler Energies AG bot als Abfindung 75 Prozent des Nominalwerts (ohne Agio) an, zahlbar in Raten bis 31.12.2011. Dieses Beispiel zeigt, dass Genussrechte zwar in erfolgreichen Unternehmensphasen gute Gewinne liefern können, in schlechten Phasen aber auch zu Verlusten führen können – bis hin zur gesamten Einlage im Insolvenzfall.

Die Hamburger Planet Energy GmbH, eine 100-prozentige Tochter des Öko-Stromanbieters Greenpeace Energy eG, hat 2004 begonnen, Genussrechtskapital (Stückelung 500 Euro) einzusammeln, um damit vor allem Wind- und Wasserkraftwerksprojekte zu finanzieren. Die Bochumer GLS Energie AG finanziert u.a. auch Windparks, wobei die Genussrechte eine Verzinsung von 3,8 bis 4,7 Prozent abwerfen sollen.

Die Münchener Green City Energy GmbH hat 1999, damals noch als Verein, ihren ersten »Bürger-Solarpark« angeboten. Inzwischen sind – mit rund 2800 Anlegern meist in der Rechtsform einer Kommanditgesellschaft – über 200 Kraftwerke mit einem Eigenkapital von über 25 Mio. Euro ein Investitionsvolumen von rund 100 Mio. Euro realisiert worden. Im Frühjahr 2011 kam das Genussrecht Kraftwerkspark I auf den Markt, dessen Volumen in den ersten zehn Tagen zu mehr als der Hälfte gezeichnet war. Die erwarteten Renditen liegen bei 6,25 bis 7 Prozent (bei variablen Laufzeiten), ab dem 21. Jahr winkt eine »Kraftwerks-Rente«.

Die Essential Invest GmbH & Co. KGaA ist eine Holding mit Sitz in Schwäbisch Hall. Sie hält Mehrheitsbeteiligungen an Unternehmen, die in den Bereichen »Venture Capital/Private Equity« (über Jupiter Technologie), »Klimaschutzfonds« (Klima Investment GmbH & Co. KGaA) und »Stiftungsmanagement« (Horizonte Stiftungen) tätig sind.

Die Schaltbau-Gruppe (1600 Mitarbeiter, über 280 Mio. Euro Umsatz) stellt vor allem Verkehrstechnik-Komponenten und -systeme her, z.B. Bahnübergangssysteme und Türsysteme für Busse und Bahnen.

Eine der wenigen Möglichkeiten, in Hersteller von Holz- und Strohpellets zu investieren, bieten die German Pellets Genussrechte GmbH und die Hanse Bioenergie Holding GmbH & Co. KG. Beide sind noch relativ neu am Markt, letztere bietet die Genussrechte (100 000 Euro Volumen, Laufzeit 5 Jahre, Mindestzeichnungssumme 5000 Euro, »Grunddividende 8,25% zzgl. einer quotalen Beteiligung an 12,8% des Jahresüberschusses«) nur »im Rahmen einer Small Capital-Emission einem limitierten Investorenkreis von 20 Anlegern« an und erspart sich somit einen Emissionsprospekt.

Ebenfalls ohne Prospekt (mit 100 000 Euro Volumen) ging die Dortmunder Solarplus GmbH 2007 auf den Markt. Mit dem Geld wurden Solaranlagen auf Dächern in der Region Dortmund finanziert. Die Anleger erhalten 4,7 Prozent bei zehnjähriger Laufzeit bzw. 5,0 Prozent bei fünfzehnjähriger Laufzeit.

Die von Martin Nätscher geführte Biosanica Naturprodukte GmbH hat mehrere Tranchen Namens-Genussrechte ausgegeben, 2008 z.B. im Volumen von 240 000 Euro. Im selben Jahr entstanden ein Verlust von über 540 000 Euro und ein nicht durch Eigenkapital gedeckter Fehlbetrag; 2011 lief noch das Insolvenzverfahren, die Anleger dürften dabei wohl leer ausgehen.

2.9.3 Venture Capital- und Beteiligungsgesellschaften

Beteiligungsgesellschaften investieren das Geld ihrer Anleger meist direkt in die Finanzierung junger Unternehmen. Anleger können die Wirkweise ihres Kapitals also unmittelbar nachvollziehen. Weil viele dieser Pionier-Unternehmen aber in den ersten drei bis vier Jahren ihres Bestehens scheitern, versuchen Beteiligungsgesellschaften das Risiko des Einzelinvestments zu streuen. Sie gehen beispielsweise 10 bis 20 Beteiligungen ein, von denen dann durchaus 30 Prozent ausfallen dürfen, wenn die anderen halbwegs gut laufen und damit die Verluste mehr als ausgleichen können. Auch im ethisch-ökologischen Investment sind in den vergangenen 15 Jahren einige solcher Beteiligungsgesellschaften entstanden, die ihrerseits wieder Geld von risikobereiten Investoren einsammeln – meist über die Ausgabe von Aktien. Aber selbst viele börsennotierte ökologisch orientierte Beteiligungsgesellschaften haben, wie z.B. das britische Unternehmen Low Carbon Accelerator (LCA, www.lowcarbonaccelerator.com), die hochgesteckten Erwartungen oft nicht erfüllen können, sei es aufgrund von Managementfehlern, negativen Branchenentwicklungen oder Auswirkungen der jüngsten Finanzkrise, nach der es wesentlich schwieriger geworden ist, Bankkredite zur Finanzierung der Expansion zu bekommen. Die LCA-Aktie kam 2006 zu 100 Pence auf den Markt, sank auf unter 20 Pence und pendelte sich Mitte 2011 bei gut 30 Pence ein.

Vor einem Überblick über den aktuellen Markt im deutschsprachigen Raum hier noch ein Rückblick auf einige Öko-Beteiligungsgesellschaften, die ihre Pläne nicht umsetzen konnten oder gar selbst insolvent geworden sind.

Die Ökologik Ecovest AG ist nach einigen Pleiten bei ihren Beteiligungen (mit insgesamt zweistelligen Millionenverlusten) und einer Umbenennung in Antec Solar Energy AG (2004) selbst insolvent geworden genau so wie die Hermerlin Öko-Beteiligungs AG mit Sitz im fränkischen Langenaltheim, bei der – rund zehn Jahre nach ihrer Gründung – die Anleger mehr als drei Mio. Euro verloren haben. Vom Gründer und Alleinvorstand Jürgen K. Herrmannsdörfer hört man seit einigen Jahren nichts mehr in der Szene. Auch von der im Jahr 2000 gegründete NEW Umwelt AG (mit Beteiligungen an der Hasopor AG, der Solar-Wind GmbH, der – inzwischen insolventen – Solar Tec AG und der Varicula Life Sciences AG) ist nicht mehr viel zu hören, seit Gründer und Hauptaktionär Dr. Erich Merkle ausgeschieden und die Homepage offline ist. Die Envire Holding AG, Berlin, ist in der Envire Solar AG aufgegangen und keine Beteiligungsgesellschaft im früheren Sinn mehr.

Deutschland

Bio Bauern Beteiligungs AG

Wie der Name vermuten lässt, beteiligt sich die 2001 gegründete Gesellschaft an Unternehmen bzw. Investitionen im Bereich Landwirtschaft und Lebensmittel, z.B. an Molkereien in Upland und Andechs. Vorstand Ralf Lottmann kalkulierte mit einer Rendite von anfänglich drei Prozent. Den schon für 2003 geplanten außerbörslichen Handel gibt es bis heute nicht. Ende 2009 betrug das Grundkapital rund 220 000 Euro und war in mehrere Unternehmen investiert.

Kontakt:

- Bio Bauern Beteiligungs AG, Alte Bahnhofstraße 213, D-44892 Bochum, Tel.: 02 34/687 05-0, E-Mail: lottmann@kugelkompass.de, www.bauernmolkerei.de

Sonne und Wind Beteiligungen AG
Für die von der Versiko AG im Jahr 2000 gegründete Beteiligungsgesellschaft wurde seinerzeit ein Paket von über 30 teilweise börsennotierten, großteils aber geheim gehaltenen Beteiligungen vorwiegend im Bereich erneuerbare Energien geschnürt. Bei der ersten öffentlichen Kapitalerhöhung wurde ein Agio von fast 100 Prozent auf den damaligen Nennwert von vier Euro pro Aktie dieses »Überraschungspakets« verlangt. Nach einigen Jahren an der Börse – und einigen Insolvenzfällen im Beteiligungsportfolio (z. B. bei der Solarfirma Systaic AG) – notierte die Aktie im Mai 2011 nur mehr bei 0,15 bis 0,20 Euro. Im 1. Halbjahr 2010 fiel ein Verlust von 1,0 Mio. Euro bzw. 0,13 Euro pro Aktie an, vor allem aufgrund von »hohen Abschreibungen auf Finanzanlagen« wie börsennotierten Solaraktien. Die 2009 erworbenen außerbörslichen Beteiligungen wie Dynatronic GmbH (Entwicklung von Mikro-Blockheizkraftwerken), Q-mo solar AG (Produktion von Hochleistungs-Solarmodulen u. a. für Mobilfunk) oder SOLARC Innovative Solarprodukte GmbH entwickeln sich laut Pressemeldung gut. Börsennotierte Positionen sollen abgebaut werden, um mit dem frei werdenden Kapital – Verbindlichkeiten gibt es fast keine mehr – stärker »Frühphasen-Investments in den Cleantech-Bereichen Energieeffizienz, Elektromobilität, innovative Photovoltaik sowie Synthesegas« eingehen zu können. Da das Unternehmen weder eine Liste aller Beteiligungen noch die jeweiligen Einstandspreise vorlegt, können Investoren kaum beurteilen, was das aktuelle Portfolio jeweils wert ist. Erst in jüngster Zeit wurden Weichen dafür gestellt, die Managementkosten mangels ausreichender Erlöse aus Beteiligungsverkäufen durch zusätzliche Einnahmen abdecken zu können, indem man z. B. das Management von geschlossenen Fonds übernimmt.

Kontakt:

- Sonne + Wind Beteiligungen AG, Bundesallee 171, D-10715 Berlin, Tel.: 030/896 77 84 91, E-Mail: info@sonnewindag.com, www.sonnewindag.com

Murphy & Spitz Green Capital AG
Die Bonner Beteiligungsgesellschaft hält Beteiligungen an der Eisenbeiß Solar AG (solarthermische Hybrid-Heizungssysteme, Beteiligungsquote 48 %), der Murphy & Spitz Green Energy AG (Betrieb von PV-Anlagen, später auch anderen erneuerbaren Energieanlagen, 100 %) und der KBB Kollektorbau GmbH (Hersteller von Solarkollektoren, seit März 2010). Im 1. Halbjahr 2009/2010 fiel erstmals ein Gewinn von rund 17 000 Euro an; bei einer Bilanzsumme von 2,86 Mio. Euro ergab sich eine Eigenkapitalquote von 94 Prozent. Aus dem Verkauf der Rapunzel-Naturkost-Beteiligung mit 82 Prozent Kursgewinn und

dem Liquidationsgewinn aus der Auflösung der CTF Solar AG fielen 2010 zwar Erträge an, das Jahr endete aber wie schon 2009 mit einem Verlust von rund 17 000 Euro. Der Aktienkurs sank nach der öffentlichen, jedoch sehr schwach gezeichneten Kapitalerhöhung zum Ausgabepreis von 1,80 Euro schnell unter 1,00 Euro und schwankte dann – meist bei sehr kleinen Umsätzen – zwischen 0,60 und knapp 1,00 Euro, obwohl zwischenzeitlich auch eine kleinere Tranche zu 1,45 Euro an einen institutionellen Investor ausgegeben worden war.

Kontakt:

- Murphy & Spitz Green Capital AG, Riesstraße 2, D-53113 Bonn, Tel.: 02 28/24 39 11-0, E-Mail: info@greencapital.de, www.greencapital.de

Schweiz

Während in Deutschland mit »Green Capital« und »Sonne+Wind« seit einigen Jahren nur zwei ausschließlich ökologisch orientierte Beteiligungsgesellschaften börsennotiert sind, sind in der Schweiz seit 1997 schon mehrere Gesellschaften mit teilweise recht unterschiedlichen Philosophien und Volumina an die Börse gegangen. Mit einem großen Vorteil für die Anleger: Sie können ihre Beteiligung jederzeit wieder verkaufen. Zudem unterliegen die Gesellschaften durch die Börsennotierung deutlich höheren Transparenz- und Berichtspflichten. Die Gesellschaften orientieren sich am Inventarwertprinzip. Der Aktienkurs kann aber im Gegensatz zu Investmentfonds (siehe Kap. 2.6) vom »inneren Wert« nach oben oder unten abweichen. Hier ein Blick auf die Beteiligungsgesellschaften mit Sitz in der Schweiz.

ADEV Energiegenossenschaft

Die 1985 gegründete ADEV Energiegenossenschaft betreibt vor allem Blockheizkraftwerke zur Strom- und Wärmeproduktion, Solarstromanlagen, Kleinwasserkraftwerke, Biomassekraftwerke mit Holzschnitzelfeuerung und Windkraftwerke. Sie ist Initiatorin und Hauptaktionärin der vier Unternehmen ADEV Wasserkraftwerke AG, ADEV Solarstrom AG, ADEV Windkraft AG und der schon 1993 gegründeten Oeko-Wärme AG, an der sie weniger als die Hälfte hält. Daneben gibt es noch die ADEV Solar KG, die überwiegend mit dem Kapital privater Kommanditisten zwei Solarkraftwerke unterhält sowie die von ADEV verwaltete Genossenschaft pro Guggenloch, die ein Kleinwasserkraftwerk betreibt.

Die Anteilscheine der ADEV Energiegenossenschaft werden (laufend) zum Nennwert von 500 Franken (CHF) (für natürliche Personen) bzw. 2000 CHF (für juristische Personen) ausgegeben und »verzinst, wenn es das Jahresergebnis erlaubt«. Das waren 2008 und 2009 jeweils 2 Prozent, 2010 sogar 2,5 Prozent. Genossenschaftsmitglieder können der ADEV auch ein Direktdarlehen geben (Mindestsumme 1000 CHF, Laufzeit mindestens 3 Jahre, Verzinsung maximal 2,5 Prozent). Fallweise werden auch »Anleihensobligationen« ausgegeben, zuletzt von der ADEV Solarstrom AG über 2 Mio. CHF (2010–2018, Zinssatz 2,75 %).

Die Aktien der ADEV-Tochtergesellschaften können bei Kapitalerhöhungen direkt, ansonsten aber auch auf den Handelsplattformen für Nebenwerte (www.otc-x.ch/markt bzw. bei der Berner oder Zürcher Kantonalbank) erworben werden. Bei Redaktionsschluss (Mitte 2011) waren folgende Stückzahlen ausgegeben: 7908 bei der ADEV Wasserkraftwerk AG (Nennwert: 1000 CHF), 15986 bei der ADEV Solarstrom AG (Nennwert: 500 CHF) und 16289 bei der ADEV Windkraft AG (Nennwert : 290 CHF).

Kontakt:

- ADEV Energiegenossenschaft, Kasernenstraße 63, Postfach 550, CH-4410 Liestal, Tel.: 0041/61/921 94 50, E-Mail: info@adev.ch, www.adev.ch

Cleantech Invest AG

Die Ein-Franken-Aktien sind seit Ende 2007 börsennotiert. Da jedoch der innere Wert weit über dem aktuellen Kurs (ca. CHF 0,30) liegt, will man die Börsennotiz aufgeben und das Unternehmen in einen Investmentfonds umwandeln, was sich positiv auf den Wert eines Anteils auswirken soll. Verwaltungsratspräsident Jürgen Habichler verrät zwar nicht die einzelnen Einstandspreise, aber auf der Homepage kann man die aktuelle Zusammensetzung des Portfolios einsehen. Beteiligungen bestehen bei der auf erneuerbare Energien und Emissionshandel spezialisierten Schweizer PURE Klimaschutz AG, der Sinosol-Gruppe (Projektierer und Anbieter von schlüsselfertigen Solarparks), der Zonzoo-Group (Aufbereitung und Recycling von Mobiltelefonen) sowie den (beiden börsennotierten) Unternehmen Ralos New Energies AG und Identive Group (ID-Technologien für Zugangskontrollen).

Kontakt:

- Cleantech Invest AG, Dufourstraße 121, CH-9001 St. Gallen, Tel.: 0041/44/783 80-41, E-Mail: contact@cleantech-invest.ch, www.cleantech-invest.ch

CoOpera Beteiligungen AG

Die 1990 gegründete Coopera Beteiligungen AG will generell »neue Entwicklungen« ermöglichen. Hilfestellung wird einerseits in Form von Anteilen oder

Darlehen gegeben, andererseits durch Beratung der betreffenden jungen Unternehmen. Seit 1990 hat sich die Gesellschaft an nicht börsennotierten kleineren Unternehmen beteiligt, u.a. in der ökologischen Landwirtschaft (Bio Partner Schweiz AG, Biomilk AG, Biofrischdienst Horai AG) im Hotelsektor (L'Aubier SA), im Öko-Textilbereich (Remei AG, Ruckstuhl Teppichfabrik AG) und im Finanzierungsbereich (Alternative Bank ABS AG).

Die Bilanzsumme der CoOpera Beteiligungen AG betrug Ende 2009 fast 19 Mio. Franken (CHF), der Reingewinn rund 0,33 Mio. CHF (Vorjahr 0,41 Mio. CHF, Gewinnausschüttung 3,25%). Rund 13,7 Mio. CHF waren in zwölf Schweizer und einem deutschen Unternehmen investiert, weitere rund 5,1 Mio. CHF als Darlehen vergeben. Dabei machten die drei »markantesten Engagements« (inkl. Darlehen), nämlich die Bio Partner Schweiz AG, die Co-Opera Leasing und Witzig the Office Company, zusammen über 80 Prozent der Bilanzsumme aus. Hauptaktionärin der CoOpera Beteiligungen AG ist die CoOpera Sammelstiftung PUK, die über 85 Prozent des Aktienkapitals von 11,8 Mio. CHF hält. Neben den Aktien ist auch eine Obligationenanleihe von vier Mio. CHF ausgegeben.

Kontakt:

- CoOpera Beteiligungen AG, Talweg 17, Postfach 160, CH-3063 Ittigen, Tel.: 0041/31/921 88 22, E-Mail: beteiligungen@coopera.ch, www.coopera.ch

New Energies Invest AG

Nicht börsennotierte Unternehmen im Sektor erneuerbare Energien sind Schwerpunkt dieser Beteiligungsgesellschaft. Mit einer Mindestanlagesumme von 50000 Franken ist sie allerdings nicht für Kleinanleger gedacht. Diese können erst nach einem später geplanten Börsengang einsteigen. Jeweils zwei der fünf Mitglieder des Investment-Komitees kommen von der Bank Sarasin (Andreas Knörzer und Dr. Eckhard Plinke) und des Partners Remaco Merger AG (Georg Fankhauser und Pascal Böni), der als Investment Advisor fungiert.

Für die Auswahl der Beteiligungen sind wichtige Investitionskriterien, dass das Management überdurchschnittlich qualifiziert ist, dass es einen Vorsprung in der Technologie und/oder beim Marktzugang gibt und dass das Wachstumspotenzial – absolut und im Industrievergleich – hoch ist. Zu den wichtigsten der rund ein Dutzend Beteiligungen zählten (2011) die dänische SSP Technology (ca. 6,7 Mio. Euro für 19%, Windkraftrotorblätter), die Hokawe Holzkraftwerke Eberswalde GmbH (ca. 23% Anteil), und die Solarwatt AG (31%), die inzwischen über 300 Mio. Euro Jahresumsatz macht und auch eine börsennotierte Solaranleihe emittiert hat. Einige Millionen stecken auch im österreichischen Windparkentwickler Ventureal, dessen Parks und Projekte in Tschechien, der Slowakei, Rumänien und Bulgarien rund 4000 MW Leistung umfassen. Der »Nettosteuerwert« der New-Energies-Invest-Aktie stieg zwischen 2004 und 2007 von CHF 175 auf CHF 336, fiel aber bis 2009 wieder auf CHF 154 zurück.

Kontakt:

- New Energies Invest AG, c/o Bank Sarasin & Cie, Elisabethenstraße 62, CH-4002 Basel, Tel.: 0041/61/2777477, E-Mail: info.newenergies@newenergies.ch, www.newenergies.ch

New Value AG

Die im Jahr 2000 gegründete New Value AG investiert in nicht börsennotierte »Wachstumsunternehmen mit ethisch-innovativer Grundhaltung« und unterstützt die meist noch sehr jungen Beteiligungsfirmen auch aktiv mit Managementleistungen (z.B. Controlling). Die von Rolf Wägli (VR) und Peter Letter (CEO) ausgewählten zehn Beteiligungen, die im Jahr 2011 gehalten wurden, lassen sich je zur Hälfte den Sektoren »Cleantech« und »Gesundheit« zuordnen, z.B. die Solar Industries AG (18% Gewichtung im Portfolio) und Mycosym International AG (4%, Pflanzentechnologie) bzw. Swiss Medical Solution AG (13%, Diagnostik) und Idiag (10%, Diagnostik). Die vorbörsliche Beteiligung am Schweizer PV-Zulieferer Meyer Burger Technology AG brachte nach dem Börsengang – als noch nicht der gesamte Bestand verkauft worden war – sehr hohe Gewinne. Auch die 3 S Swiss Solar Systems AG war bei der New Value AG einmal hoch (2005 über 25%) gewichtet, brachte beim Börsengang schöne Gewinne – und wurde später von der Meyer Burger Technology AG übernommen.

Der Kurs der auch in Deutschland gehandelten rund 3,3 Mio. New-Value-Aktien (Nominalwert 10 Franken (CHF)) lag aber meist unter dem inneren Wert (»net asset value«) von rund 20 CHF (März 2011) und pendelte in den letzten Jahren in einem relativ engen Korridor um 10 Euro. Bis auf 2008 (4,91 CHF Verlust pro Aktie) fielen in den letzten fünf Jahren immer Gewinne an, 2007 war es ein Rekord von 7,78 CHF pro Aktie. Hauptaktionärin ist mit rund 20 Prozent die Personalvorsorgekasse der Stadt Bern. Vorbildlich transparent sind die Beteiligungen und deren Bewertungen in Quartalsberichten auf der Homepage dargestellt.

Kontakt:

- New Value AG, Bodmerstraße 9, Postfach, CH-8027 Zürich, Tel.: 0041/43/3443838, E-Mai: info@newvalue.ch, www.newvalue.ch

Solviva AG

Das 1992 gegründete und früher als OC Group AG bzw. Oeko Casa Investment- und Beteiligungsgesellschaft AG firmierende Winterthurer Unternehmen versteht sich selbst nicht als Beteiligungsholding, sondern als Managementfirma. Die früheren Beteiligungen im Energie- bzw. Immobilienbereich (Enercontract AG und Eco Bauhaus AG) bestehen nicht mehr. Seit einigen Jahren hat man sich auf den Bereich der Pflegeheime bzw. Altenpflege konzentriert und hält nur mehr (jeweils 100 %) Beteiligungen an der Pflegeheim Berntor AG und der Alters- und Pflegeheim Rialto AG. Die seit 2007 bei der BEKB gelisteten Solviva-Aktien – die Kapitalerhöhung 2001 kam zum Preis von 24 Franken (CHF) heraus – waren zuletzt zu Kursen um CHF 20 gesucht. Seit 2008 wurde begonnen, eine bescheidene Dividende zu zahlen. 2010 wurde – bei einem wegen geringerer Bettenauslastung leicht rückläufigen Gruppenumsatz von 10 Mio. CHF – ein Reingewinn von 0,04 Mio. CHF erzielt. Die Mehrheit der 374 000 Aktien à 10 CHF halten die beiden Hauptaktionäre, die Unternehmerfamilie Willi Gyger und die Wigra Gruppe. Daneben gibt es noch rund 300 Kleinaktionäre.

Kontakt:

- Solviva AG, Wartstraße 131, CH-8408 Winterthur, Tel.:00 41/52/508 03 20, E-Mail: info@solviva.ch, www.solviva.ch

Sustainable Performance Group AG

Die seit 1997 börsennotierte Sustainable Performance Group AG (SPG) investiert ähnlich einem Investmentfonds in börsennotierte Unternehmen, die nach den Kriterien des hauseigenen Sustainability-Index ausgewählt werden. Daneben wurden – nach dem Slogan »die Zukunft in einer Aktie« – auch Beteiligungen an nicht notierten Unternehmen erworben. Von der versprochenen »langfristig attraktiven Performance« bei der Erstausgabe (der Ausgabepreis lag bei 400 Franken) haben die Anleger allerdings noch kaum etwas gespürt. Da der SPG-Kurs zudem meist erheblich unter dem inneren Wert der Aktie lag, hat die Hauptversammlung Mitte 2011 beschlossen, die Beteiligungs-AG in einen »nachhaltigen« Luxemburger Investmentfonds einzubringen. Dieser »Globalance Sokrates Fund« wird von der Globalance Bank AG verwaltet und nach dem Inventarwert gehandelt (siehe Kap. 2.6.2.4).

Kontakt:

- Sustainable Performance Group AG, Josefstraße 218, CH-8005 Zürich, Tel.: 00 41/44/687 22 66, E-Mail: info@zukunftsaktie.ch, www.zukunftsaktie.ch

2.10 Immobilien und Sachwerte

Der Grundstückskauf zur Rettung von Natur vor drohender Verbauung bzw. anderweitiger Nutzung (z.B. militärischer) ist heute keine Seltenheit mehr. Unter dem Slogan »Die Au braucht Kröten« wurden z.B. in Österreich schon vor über 25 Jahren einige Mio. Euro aufgebracht, um erhaltenswerte Auenlandschaften in das Eigentum des *World Wide Fund For Nature (WWF)* zu bringen. Die dabei ausgegebenen »Au-Anteilscheine« hatten jedoch nur Symbolwert. Die Einzahlungen waren rechtlich gesehen Spenden, Grundbucheigentum wurde auf diese Weise nicht erworben. Zu ähnlichen Aktionen riefen auch andere Umweltschutzorganisationen auf, z.B. der *BUND* mit der Aktion »Grünes Band«, bei der Grundstücke am ehemaligen innerdeutschen Grenzstreifen angekauft worden sind.

Anders verhält es sich, wenn Grundstücke, auf denen z.B. eine Autobahn oder ein Truppenübungsplatz gebaut werden soll, als Ganzes angekauft werden und dann stückweise an möglichst viele engagierte Anrainer oder Umweltschutzaktivisten weiterverkauft werden. Auf diese Weise wird erreicht, dass eine Vielzahl von Personen Parteienstellung bei Bauverhandlungen bzw. vor Gericht erlangen, dadurch Zeit gewonnen wird und die geplanten Bauten verzögert oder verhindert werden können.

2.10.1 Öko-Häuser

Neben den grünen Banken gibt es inzwischen auch eine Reihe konventioneller Banken, die für ökologische Immobilieninvestitionen vergünstigte Zinssätze anbieten. In Deutschland kamen in den 1990er-Jahren die ersten »Öko- und Sozial-Immobilien« auf den Markt, an denen man sich als Privatanleger direkt beteiligen konnte. So z.B. bei dem 1997 von der Ökobank aufgelegten (aber relativ schwer platzierbaren) geschlossenen Öko-Immobilienfonds Rommelmühle, durch den in der Nähe von Stuttgart ein Öko-Kaufhaus samt Wohnungen und ausgewählter Dienstleistungsunternehmen (als Mieter) finanziert wurde. Das Öko-Kaufhaus-Konzept ging jedoch wegen zu geringer Besucherfrequenz nicht auf, wie sich schon nach wenigen Jahren zeigte.

Kleine Initiativen wie die Wohnungs- und Siedlungsgenossenschaft Ökodorf eG in Beetzendorf oder die Wogeno in München gibt es schon länger als große Öko-Immobilienfonds in Form einer Kommandit- oder Aktiengesellschaft. Doch auch Genossenschaften können scheitern. Die 1996 zum Zweck der zivilen Umnutzung der Prinz-Karl-Kaserne gegründete Augsburger Baugenossenschaft Neue Wege eG wurde aufgelöst, nachdem die Finanzierung ins Stocken geriet, obwohl es anfangs – bundesweit – eine große Nachfrage nach den Genossenschaftsanteilen gab. Neben ökologischen und sozialen Aspekten (z.B. Rollstuhlfähigkeit einiger Wohnungen) wurde auch der generationenübergreifende Charakter des Wohnobjekts gelobt. Aufgrund des damals novellierten Eigenheimzulagengesetzes (EigZulG) erhielten Anleger mit Kindern sehr attraktive staatliche Förderungen. Bedingt durch die Förderrichtlinien gab es allerdings einen Wermutstropfen, weil nur etwa ein Drittel der eingesammelten Gelder tatsächlich in das Projekt investiert werden konnte. Rund zwei Drittel mussten im Sinne einer verzinslichen Kapitalanlage für die spätere Auszahlung der »reinen« Investoren angespart werden, sodass nach acht Jahren – als die ersten Anleger kündigen konnten – ungefähr wieder die Anfangssumme erreicht war. Für eine Anlegerfamilie mit drei Kindern ergab sich anfangs bei einer aus Anlegersicht optimalen Einlage von rund 5000 Euro – so der Wille des Gesetzgebers – tatsächlich eine jährliche (steuerfreie) staatlich-stattliche Rendite von bis zu 18 Prozent auf das eingezahlte Kapital: drei Prozent plus das jährliche »Baukindergeld« von über 750 Euro. Insgesamt wurden bis 1998 rund 900 Mitglieder geworben – danach wurde die Mitgliederwerbung erheblich erschwert, da aufgrund einer Gesetzesanpassung die staatliche Bauförderung (Eigenheimzulage) nur noch den tatsächlich einziehenden Mitgliedern gewährt wurde. Bis Ende 2000, dem Jahr, in dem die 38 Wohnungen bezugsfertig wurden, konnte ein Eigenkapital von über sechs Mio. Euro eingesammelt werden. Doch dann tauchten Liquiditätsprobleme auf, und die Genossenschaftsmitglieder beschlossen die Selbstauflösung der Genossenschaft und den Verkauf der Wohnungen an den Bayerischen Rundfunk, der auch Immobilien ankauft, um mit den Erträgen die Firmenpensionen zu finanzieren. Statt Genossenschaftswohnungen sind es nun Mietwohnungen mit entsprechend höheren monatlichen Kosten. Aber die Genossen haben – auch dank der staatlichen Zuschüsse – trotz der Liquidation einen Großteil ihres eingesetzten Kapitals wieder zurückerhalten.

Neben den auf den folgenden Seiten kurz vorgestellten Immobilienbeteiligungen gibt es eine Reihe von Investmentfonds, die z.B. Aktien von Unternehmen rund um das Thema »green building« enthalten (also z.B. Immobilienentwickler, Baustoff- oder Dämmstoffhersteller) oder direkt Immobilien erwerben wie der im Mai 2009 für Schweizer Anleger aufgelegte Credit Suisse Real Estate Fund Green Property, für dessen Anteile eine Börsennotierung geplant ist. Daneben gibt es geschlossene Fonds für Immobilien im Bereich von (Kur-)Kliniken oder anderen Einrichtungen mit sozialem oder ökologischem Zweck. In den USA – und seit 2007 auch in Deutschland – sind sogenannte REITs (Real Estate Investment Trusts) als Aktien börsennotiert, von denen einige als Investitionsbereich Krankenhäuser oder Pflegeheime gewählt haben.

Ein als AG gestartetes deutsches Unternehmen im Gesundheitsimmobiliensektor, die Stiller Berg AG, hat ihre Planung mangels Aktiennachfrage wieder einstellen müssen. Auch die vor Jahren geplante Errichtung eines Öko-Studentenwohnheims in Marburg ist gescheitert, nachdem die Öko-Wohnbau GmbH nicht genügend Mittel sammeln konnte und die Erstinvestoren damit ihr Geld abschreiben mussten. Die Genossenschaft Studentendorf Berlin-Schlachtensee eG hatte 2003 vom Berliner Senat das Studentendorf Schlachtensee erfolgreich erworben und vermietet seitdem die Bestände.

Erfolgreich gestartet sind 2009 zwei Berliner Aktiengesellschaften, die sich den Erwerb und die ökologische bzw. energetische Sanierung von Berliner Miethäusern auf die Fahnen geschrieben haben. Beide haben inzwischen (2010 bzw. 2011) das erste Objekt mit jeweils über zwei Dutzend Wohnungen erworben. Bei der einen AG erfolgte die Finanzierung mittels Ausgabe neuer Aktien, bei der anderen über eine Anleihe. Das Umfeld passt: »Grünes« Bauen und Wohnen ist hoffähig geworden. Inzwischen wünschen sich 70 Prozent der Deutschen ökologische Standards für ihre Wohnung. Auch die öffentlichen Förderungen, Gesetze und Labels wurden verbessert, ebenso haben Kapitalanlagegesellschaften das Thema aufgegriffen wie z.B. Union Investment (www.nachhaltige-immobilien-investments.de) – aber es gibt immer noch kaum »grüne« Investmentangebote im Immobilienbereich.

KlimaGut Immobilien AG

Die im Mai 2009 in Berlin von 17 privaten und institutionellen Investoren aus Deutschland, der Schweiz und Österreich gegründete KlimaGut Immobilien AG sieht sich als Entwickler für grüne Immobilienfonds. Sie hat in einer ersten außerbörslichen Kapitalerhöhung (2010) Aktien zum Ausgabepreis von 2 Euro platziert und mit einem Teil (knapp 0,3 Mio. Euro) des Erlöses Anfang 2011 das erste Objekt erworben. Es handelt sich dabei um ein Haus mit 21 Wohnungen und zwei Gewerbeobjekten (insgesamt 1253 qm Nutzfläche) in der Berliner Edisonstraße (Oberschöneweide). Einschließlich Planungs- und Sanierungskosten wird sich das Investment auf gut eine Mio. Euro belaufen: Es sind z.B. ein Biogas-Blockheizkraftwerk zur Wärmeversorgung sowie eine architektonisch ansprechende Sanierung der straßenseitigen Fassade des Vorderhauses geplant, die lärm- und energiedämmend wirkt. Die straßenseitigen Wohnungen sollen – ertragssteigernd – zimmerweise (»studentisches Wohnen«) vermietet werden, an einige der rund 5000 Studenten der in der Nähe gelegene neuen Hochschule. Die Mietpreise sollen nach erfolgter Sanierung (die künftig vor allem Heizkosten sparen wird) von derzeit 3,00 Euro pro qm auf 4,50 bis 5,00 Euro angehoben werden – damit liegt man aber immer noch unter dem Schnitt des Bezirks Treptow-Köpenick bzw. Berlins. Die jährlichen Mieteinnahmen werden sich auf rund 70 000 Euro belaufen. Im Fokus der KlimaGut Immobilien AG steht vorerst die Sanierung von Berliner Mietshäusern. Auf Basis ökologischer Energiekonzepte (Energiesparmaßnahmen, Blockheizkraftwerke) will Vorstand (und Hauptaktionär) Tacke die Wärme- und Stromversorgung der Immobilien klimaneutral betreiben. Der Immobilienmanager ist seit fast 20 Jahren in der Berliner Stadterneuerung tätig und hat bisher Immobilienprojekte vorwiegend in den Bereichen Wohnen, Soziales und Kultur betreut. Zusammen mit der UmweltBank AG – seit 2005 ist Fabian Tacke Mitglied in deren Umweltbeirat – hat er 2003 einen ersten Immobilienfonds aufgelegt (Stadtwerk Berlin KG). Doch nicht nur die Investoren sollen ihre Rendite haben, auch die Mieter profitieren von der energetischen Modernisierung: Die laufenden Betriebskosten sinken deutlich.

Neben dem ersten eigenen Objekt sollen noch zwei bis vier weitere (eigene oder »fremde«) Objekte in einen ersten KlimaGut-Fonds gepackt werden, wobei dann mögliche Interessenkonflikte zwischen den Kaufpreiserwartungen der Aktionäre und Kommanditisten auszugleichen sind. Die Kommanditisten stellen das nötige Eigenkapital zur Verfügung und erhalten eine laufende Mietrendite.

Das Geschäftsmodell der KlimaGut Immobilien AG hingegen ist auf die Entwicklung, Planung, Fondskonzeption und Fondsplatzierung (zu zwei Dritteln über Vertriebspartnern) konzentriert und bietet – bei höherem Risiko – höhere Ertragsspannen. Laut Businessplan fallen noch Anlaufverluste an, bevor die AG 2014 mit einem Ergebnis von 330 000 Euro in die Gewinnzone kommen soll: Dies entspräche unter der Voraussetzung einer zweiten Kapitalerhöhung von derzeit 458 000 auf 808 000 Stück Aktien einem Gewinn von rund 0,41 Euro pro Aktie.

Kontakt:

- KlimaGut Immobilien AG, Köpenicker Straße 48/49, D-10179 Berlin, Tel.: 030/44 35 94 18, E-Mail: post@klimagut.ag, www.klimagut.ag

Samonig AG

Diese ebenfalls 2009 in Berlin gegründete AG weist ein inhaltlich ähnliches Modell (energetische Modernisierung von Altbauten) auf, hat aber statt Aktien eine mit 7,5 Prozent verzinste, nicht börsennotierte »EnergiePlus«-Anleihe auf den Markt gebracht. Die Laufzeit beträgt fünf Jahre (bis 14.6.2015), die Stückelung 1000 Euro, das Volumen bis zu 10 Mio. Euro, wovon inzwischen mehr als 1 Mio. Euro gezeichnet sind. Auch diese AG kann ein erstes Referenzobjekt vorweisen, das für rund 1,05 Mio. Euro erworben worden ist: Es handelt sich um ein um 1900 erbautes Miethaus mit 27 Wohnungen in der Weserstraße, einer ruhigen Neuköllner Wohnlage, die in dem von der Samonig AG »bevorzugten Berliner Entwicklungskorridor« liegt. Neben der Dämmung der Fassade, der Kellerdecke und der obersten Geschossdecke sollen auch Fenster und Heizung (derzeit noch Kohleöfen) erneuert bzw. »nachhaltig ökologisch« saniert werden. Dabei soll der jährliche Energieverbrauch von ca. 245 kWh/qm um rund 70 Prozent auf ca. 75 kWh/qm sinken. Durch die Kombination von Anleihekapital und günstigeren Fremdmitteln (70% Anteil von der Bank, mit 3% verzinst) ergibt sich laut Prospekt ein Mischzinssatz von rund 4,35 Prozent. Neben dem Kaufpreis (mit Nebenkosten) von ca. 1,15 Mio. Euro werden rund 0,6 Mio. Euro für die Sanierung benötigt, 0,36 Mio. Euro davon sind für die Dämmung vorgesehen. Vorstand Karl Samonig war als Unternehmensberater bei Andersen Consulting und als Prokurist für die Douglas AG tätig, ehe er 1996 in die Immobilienbranche wechselte.

Kontakt:

- Samonig AG, Grolmanstraße 36, D-10623 Berlin, Tel.: 030/547 07 48-0, E-Mail: energieplus@samonig.ag, www.samonig.ag

Grundbesitz Emissionshaus 24 GmbH

Die schon seit 2002 im Einkauf, der Entwicklung, Bewirtschaftung und Vermarktung von Mehrfamilienhäusern und Wohnanlagen vor allem im Hamburger Raum tätige Grundbesitz 24 Emissionshaus GmbH hat sich in letzter Zeit vor allem auf die energetische Sanierung konzentriert, nachdem laut Geschäftsführer Christoph Marloh – er ist auch Europäischer Energiemanager (IHK) – die Raumheizung »heute für über 30% der deutschen Energieimporte verantwortlich« ist. Er bietet deshalb »Renditefonds für Nachhaltige Wohnimmobilien« an, die in »Mehrfamilienhäuser und Wohnanlagen in deutschen Metropolregionen ab Baujahr 1960« investieren und diese dann energetisch nachhaltige bewirtschaften. Der »Nachhaltige Wohnimmobilien Renditefonds Nord« strebt in Kooperation mit der B.A.U.M.-Group einen Primärenergieverbrauch von unter 100 kWh/qm an, was für alle geplanten Portfolioimmobilien zusammen einer Einsparung von 102 Mio. kWh bzw. 10,2 Mio. Liter Heizöl entspricht. Im November 2010 wurde bereits ein Portfolio von 56 Wohneinheiten erworben, die energetischen Modernisierungen sollen »weitgehend warmmietenneutral« erfolgen. Mit den Sozialbehörden wurden Verhandlungen geführt, damit Mieter, deren staatliche Zuwendungen (Hartz IV) bisher auf Basis der Nettokaltmiete berechnet worden sind, durch die Modernisierung nicht benachteiligt werden. Für die Anleger soll der Fonds eine Rendite nach Steuern von 6,9 Prozent p.a. liefern. Das Management erhält eine Erfolgsprämie von 10 Prozent jener Rendite, die 5 Prozent p.a. übersteigt.

Kontakt:

- Grundbesitz 24 Emissionshaus GmbH, Am Heestern 26, D-21218 Seevetal, Tel.: 041 05/690 08 00, E-Mail: willkommen@gb24fonds.com, www.gb24fonds.com

Elag Immobilien AG

Im April 2005 kam in Österreich die erste »soziale Immobilien-Anleihe« – Mindestzeichnung 500 Euro – auf den Markt. Die Linzer Firma Elag AG errichtet und verwaltet Gebäude, die teilweise kirchlich-sozialen Zwecken dienen, wie etwa Kindergärten, Altenheime oder Flüchtlingswohnungen. Bei einem Fix-Kupon von zwei Prozent liegt der jährliche Ertrag für die Anleger unter dem von Bundesanleihen. Die Rückzahlung erfolgt nach zehn Jahren (2015) zum Preis von 108 Prozent des Nominalwertes, was effektiv 2,71 Prozent p.a. vor Kapitalertragsteuer ergibt. Garantin für Zinsen und Tilgung ist die Bischöfliche St. Florian-Stiftung.

Kontakt:

- Elag Immobilien AG, Rudigierstraße 10, A-4020 Linz, Tel.: 00 43/732/60 41 38, E-Mail: office@elag.at, www.elag.at

Wogeno München eG

Mitglied bei der 1993 gegründeten Wohnungsgenossenschaft wird man mit der Zeichnung eines Geschäftsanteils von 1500 Euro. Ab dem zweiten Anteil hat man Anspruch auf bis zu vier Prozent Dividende. Bewohner müssen mindestens einen Anteil besitzen bzw. zahlen eine entsprechend geringere Miete, wenn sie mehrere Anteile kaufen. Über die GLS Bank eG, die OekoGeno eG und die Raiffeisenbank München eG (allesamt Genossenschaften) wurden Wogeno-Sparbriefe aufgelegt, über die auch Nichtmitglieder diese Form des Wohnbaus unterstützen konnten, denn die Genossenschaft erhielt aus diesen Mitteln für ihre Projekte relativ günstige Hypothekardarlehen. Neben eigenen Objekten will die Wogeno »ihr Dach über weitere selbstverwaltete Hausgemeinschaften spannen und damit die Idee des sozial vernetzten Wohnens im Rahmen genossenschaftlicher Wirtschaftsweise stärken«. Die Tochter CoHaus München GmbH hat als Ziel »die Verbindung von Wohn- und Arbeitswelten mit menschlichen und nachhaltigen Maßstäben und kooperativen Methoden«.

Der Jahresüberschuss der Wogeno von zuletzt (2009) rund 0,24 Mio. Euro deckte den für die vier Prozent Dividende auf die freiwilligen Geschäftsguthaben der Mitglieder benötigten Betrag (rund 0,19 Mio. Euro) ab. 2009 stieg das Volumen der freiwilligen Anteile auf rund 5,23 Mio. Euro (+27 %), die wohnungsbezogenen Pflichtanteile auf 4,44 Mio. Euro (+12 %) und die weiteren wohnungsbezogenen Anteile auf 2,99 Mio. Euro (+16%). Zusammen mit den Pflichtanteilen (1,81 Mio. Euro, +14%) betrug die Eigenkapitalbasis Ende 2009 rund 15,27 Mio. Euro (+21%), die Eigenkapitalquote unverändert 43 Prozent. Da die gekündigten Anteile – Ende 2009 waren dies 1610 Anteile (bzw. 5,3%) – meistens wieder um ein Jahr verlängert werden, mussten nur rund 0,6 Prozent aller gezeichneten Anteile ausbezahlt werden, also weniger als 0,1 Mio. Euro. Ende 2009 gab es bei 198 Eintritten und 27 Austritten 1242 Mitglieder.

Kontakt:

- Wogeno München eG, Aberlestraße 16 Rgb., D-81371 München, Tel.: 089/890 57 18-30, E-Mail: info@wogeno.de, www.wogeno.de

Wohnungs- und Siedlungsgenossenschaft Ökodorf eG

Auch diese Gesellschaft verbindet genossenschaftliches Immobilieneigentum mit individuellen Wohnrechten. Nach rund acht Jahren Vorbereitungszeit entstand 1997 in der Nähe von Poppau das Ökodorf »Sieben Linden«. Nach Schaffung der Infrastruktur (u.a. Zuwege sowie eine Pflanzenkläranlage und ein Teich) wurden ein Regionalzentrum, ein Gästehaus und ein Freilichttheater erbaut, Ende 2000 schließlich auch die ersten Wohnhäuser – teilweise in Strohballen-Bauweise. Auf dem 82 Hektar großen Areal, davon 47 Hektar Wald und 21 Hektar Acker, die verpachtet sind, leben nun über 120 Menschen in fünf »Nachbarschaften«. Die Wohnungs- und Siedlungsgenossenschaft Ökodorf eG hat schon zweimal den Tatorte-Preis »für die Entwicklung und Realisierung einer sozialökologischen Modellsiedlung im ländlichen Raum« erhalten. Der Kiefernmonokultur-Forst wird in Mischwald umgestaltet, daneben betreibt man ökologischen Gartenbau. Zeichner weiterer Anteile und auch Darlehensgeber sind nach wie vor willkommen.

Kontakt:

- Wohnungs- und Siedlungsgenossenschaft Ökodorf e.G., c/o Freundeskreis Ökodorf e.V., Sieben Linden 1, D-38489 Beetzendorf-Poppau, Tel.: 03 90 00/512 35, E-Mail: info@siebenlinden.de, www.siebenlinden.de

Aller Wohnen eG

Die 1997 eingetragene Genossenschaft »Aller Wohnen« erwarb Wohnräume im Ökozentrum in Verden an der Aller (Attac Deutschland hatte dort sein erstes Bundesbüro und die Bewegungsstiftung hat dort ihren Sitz) und einen acht Kilometer entfernten ehemaligen Bauernhof. Neben Genossenschaftsanteilen wurden auch Privatdarlehen eingeworben, um eine günstigere Zinsquote zu erzielen. Daneben finanzierte auch die Deutsche Ausgleichsbank das Ökologische

Zentrum mit einem Förderkredit. Tilgungen und Zinsen konnten bisher bedient werden.

Ende 2009 betrug das Eigenkapital der Genossenschaft mit der Prämisse »Alle Objekte sind dauerhaft jeglicher Spekulation entzogen und bleiben sozial gebundenes Eigentum« rund 1,8 Mio. Euro. Davon entfallen 757 000 Euro auf die Geschäftsguthaben von Bewohnern, die keine Gewinne ausgeschüttet bekommen, rund 830 000 Euro stammen von Genossenschaftsmitgliedern, die nicht dort wohnen, und 217 000 Euro bilden die aus einbehaltenen Gewinnen gebildeten Rücklagen. Der Wert der Gebäude und Grundstücke ist mit rund 1,44 Mio. Euro bilanziert, ein Teil der Rücklagen wurde anderen Projekten (Ökozentrum, Gemeinschaftssiedlung Neumühlen) geliehen. Die externen Mitglieder, die »ihr Geld bewusst aus ethischen Gründen in der Aller Wohnen angelegt haben«, sind mit drei Prozent Gewinnausschüttung zufrieden. Jüngstes Projekt (seit 2010) ist das »Allerhaus« in der Nähe der Innenstadt von Verden.

Kontakt:

- Aller Wohnen eG, Artilleriestraße 6, D-27283 Verden, Tel.: 042 31/957-300, E-Mail: info@allerwohnen.de, www.allerwohnen.de

Solarsiedlung GmbH / Sonnenschiff-Fonds GmbH & Co. KG

Die vom bekannten Öko-Architekten Rolf Disch entworfenen »komfortablen Stadthäuser in Plus-Energiebauweise« sind nur wenige Minuten von Freiburgs Altstadt entfernt. Ab 5000 Euro – früher lag das Minimum bei 25 000 Euro – konnte man sich an insgesamt vier Freiburger Solarfonds beteiligen (Immobilienfonds in der Rechtsform KG). Die Prognosen (Renditeerwartung 5 %) wurde laut Homepage »in allen Punkten erreicht oder sogar übertroffen«. Und das soll auch so bleiben, wenn es keine größeren Mietausfälle oder Leerstände gibt. Da diese Fonds fast ausschließlich mit Eigenmitteln arbeiten, sind auch die möglichen Renditen nach Steuern etwas niedriger als mit einem »Kredithebel«, wie er bei anderen Projekten üblich ist.

Auch die Gewerbeimmobilie »Sonnenschiff« wurde in »Plusenergie«-Bauweise errichtet und produziert somit mehr Energie als sie verbraucht. Inzwischen sind für die Finanzierung zwei Sonnenschiff-Fonds aufgelegt und platziert worden, fast alle Büros im Sonnenschiff waren Mitte 2011 vermietet. Bauträger der 2008 in Freiburg gegründeten zweiten Sonnenschiff-Fonds GmbH & Co. KG ist die Solarsiedlung GmbH, Geschäftsführer ist Jürgen Wetzel. Im »worst case« würden die Mieteinnahmen nach Ablauf der zehnjährigen Grundmietzeit um 20 Prozent sinken, was bei einem Investment von 15 000 Euro einen Rückfluss von insgesamt 24 141 Euro bedeuten würde und somit einer durchschnittlichen Rendite von jährlich rund 3,13 Prozent. Im »best case« käme der Anleger auf »fast das Vierfache« seines Einsatzes an Rückflüssen.

Kontakt:

- Solarsiedlung GmbH, Merzhauser Straße 177, D-79100 Freiburg, Tel.: 07 61/45 94 40, E-Mail: info@freiburgersolarfonds.de, www.freiburgersolarfonds.de

Weiberwirtschaft eG

Das 1989 gegründete Berliner Gründerinnenzentrum, das mit rund 7100 qm Nutzfläche das größte in Europa ist und u.a. einen Anerkennungspreis des NABU für ökologisches Bauen erhalten hat, vermietet seine Büroräumlichkeiten in einem ehemaligen Fabrikgebäude an über 60 Frauenbetriebe, Vereine und Verbände und funktioniert schon seit vielen Jahren als »Genossinnenschaft«. Über 1650 Frauen sind beteiligt, Männer sind ausgeschlossen. Ein Anteil kostet 103 Euro zuzüglich einer einmaligen Beitrittsgebühr von 30 Euro. Mit dem Geld werden die Bankkredite, die auf der Immobilie lasten (2009: rund 4,9 Mio. Euro), langsam abgelöst. Die »hohen Zinszahlungen von 270 000 Euro pro Jahr für die Bankkredite belasten die Genossenschaft stark«.

Die Erlöse gingen 2009 – bei einem Personalaufwand von 0,19 Mio. Euro und Abschreibungen von über 0,31 Mio. Euro – um knapp zwei Prozent auf rund 0,95 Mio. Euro zurück. Der Fehlbetrag lag wieder über 0,16 Mio. Euro, sodass der aufgelaufene Bilanzverlust auf über 3,0 Mio. Euro gestiegen ist. Da die Genossenschaft ein Eigenkapital von rund 0,77 Mio. Euro ausweist, war sie Ende 2009 mit über 2,2 Mio. Euro bilanziell überschuldet, nicht aber rechtlich, denn durch den Wertzuwachs der Immobilie (Verkehrswert) wurden stille Reserven von rund 10 Mio. Euro aufgebaut.

Kontakt:

- Weiberwirtschaft eG, Anklamer Straße 38, D-10115 Berlin, Tel.: 030/44 02 23-0, E-Mail: infos@weiberwirtschaft.de, www.weiberwirtschaft.de

Women's Prosperity Fund No. 1

Ein ähnliches Projekt wie die Weiberwirtschaft, allerdings in Form einer GmbH & Co. KG, wurde 2001 in Bonn realisiert: Die Dr. Mechthild Upgang Women Business Park GmbH & Co. KG – wie der offizielle Name der nach der Gründerin und (Frauen-)Finanzdienstleisterin benannten Immobilienfirma lautet – hat Beteiligungen in Form von Kommanditanteilen angeboten (Volumen rund 4,5 Mio. Euro). Der Business-Park für Unternehmerinnen in Bonn entstand durch Umbau eines früheren (Militär-)Bischofssitzes. Zwar erfolgte die Renovierung aus Kostengründen nicht ausnahmslos im »Öko-Stil«, aber mit umweltfreundlichen Materialien wie einem Eiche-Vollholzparkett in allen Räumen, Holzfenstern und einer wärmegedämmten Putzfassade. Der Fonds wurde 2003 geschlossen, Ende 2013 endet die Laufzeit des Fonds. Nach zwei turbulenten Anfangsjahren, als die damalige Internet-Blase platzte, ist der Women's Business Park seit 2004 durchgehend voll vermietet. In den Seminarräumen treffen sich regelmäßig verschiedene Frauen-Netzwerke, zwischen den Mieterinnen gibt es erfolgreiche Kooperationen. Auch die Finanzmarktkrise konnte dem Fonds wenig anhaben, obwohl ein Teil der Rücklagen auch in (ökologisch ausgerichteten) Aktienfonds angelegt war, der Großteil jedoch in Rentenpapieren.

Kontakt:

- Women's Prosperity Fund No.1, Dr. Mechthild Upgang Women Business Park GmbH & Co KG, Kaiserstraße 139-141, D-53113 Bonn, Tel.: 02 28/915 24-0, E-Mail: info@upgang.de, www.upgang.de

Stadtwerk Berlin KG

Die »Stadtwerk Berlin« hat nichts mit den Berliner Verkehrs- oder Versorgungsbetrieben zu tun, sondern ist ein ökologischer Immobilienfonds mit »Verantwortung und Engagement« – so der Prospekt-Slogan. Der Fonds wurde im Jahr 2000 von Fabian Tacke gegründet, einem ehemaligen Hausbesetzer, der sich zum Immobilienmanager und Stadterneuerungsexperten entwickelt hat. Der bis 2025 laufende Fonds mit knapp sechs Mio. Euro Investitionsvolumen begann 2002 mit einem Sanierungsprojekt in Berlin-Lichtenberg, bei dem die Umwelt-Bank AG über 60 Prozent des Kaufpreises von über 0,5 Mio. Euro als Darlehen gewährt hatte, als Bau(neben)kosten waren rund 1,7 Mio. Euro veranschlagt. Über die Stadtwerk Berlin KG konnte man sich auch als privater Anleger am Erwerb von Berliner Miethäusern beteiligen, die dann – auch mithilfe von Fördermitteln – ökologisch saniert worden sind. Während der Sanierungsphase wohnten die Mieter in Ersatzwohnungen. Der Bezirk zahlt für zwölf Monate einen Mietausfall-Zuschuss, sodass daraus auch keine Verluste entstehen. Das Fondsmanagement hat auf einen »einvernehmlichen Umgang mit den Mietern«, auf baubiologische Aspekte und vor allem auf Energiesparen Wert gelegt.

Die Substanz- und Ertragsperspektiven für den Investor ergeben sich einerseits aus dem Besitz von als relativ sicher geltenden Wohn- und Gewerbeimmobilien und deren potenzieller Wertsteigerung sowie den daraus resultierenden Mieteinnahmen (Ausschüttungsprognose 4 % bis 5 %) und steuerlichen Verlustzuweisungen in den Anfangsjahren im Bereich von 5 bis 15 Prozent.

Kontakt:
- Stadtwerk Berlin KG, Köpenicker Straße 48/49, D-10179 Berlin, Tel.: 030/44 35 94 18, E-Mail: ftacke@stadterneuerung.de, www.stadterneuerung.de

2.10.2 Plantagen und Bäume

Nicht nur Verbraucher legen zunehmend Wert auf die Herkunft von Holzprodukten, auch Anleger scheinen immer stärkeres Interesse an nachhaltiger Forstwirtschaft zu haben. Auf den Kapitalmarkt kommen immer mehr Angebote für Beteiligungen an Öko-Plantagen, Edelholz-Termingeschäfte oder sogenannte Baumsparverträge. Denn auch die Renditechancen erscheinen überproportional. Legt man den »Timberland Index« des National Council of Real Estate Investment Fiduciaries (NCREIF) in Chicago zugrunde, lieferten Investments in Wälder in den letzten 20 Jahren im Schnitt jährliche Renditen von rund 15 Prozent – nicht selten steuerfrei. Laut Studien ergibt sich die »Holzrendite« vor allen aus drei Komponenten: im Schnitt zu 75 Prozent aus dem Mengenwachstum, zu 20 Prozent aus dem Holzpreisanstieg und zu 5 Prozent aus steigenden Grundstückspreisen.

Sehr verbreitet ist die Investition in Edelhölzer wie Teak. Im Vergleich zu Indien bzw. Asien, wo über 90 Prozent der weltweit sechs Mio. Hektar (ha) Teakbäume bewirtschaftet werden, wachsen die Bäume in Costa Rica fast doppelt so schnell und sind schon mit rund 20 Jahren für den Export geeignet. Immer mehr Anbieter können darauf verweisen, dass die entsprechenden Flächen nach den strengen Grundsätzen des Forest Stewardship Councils (FSC, www.fsc-deutschland.de) zertifiziert sind – das erleichtert den Vertrieb.

Dieses Gütesiegel ist für ökologisch orientierte Investoren das glaubwürdigste – und für EU-Importeure inzwischen Pflicht. Denn der von der Holzwirtschaft selbst entwickelte PEFC-Standard (»Programme for the Endorsement of Forest Certification Schemes«) hat nicht nur weit geringere Anforderungen, sondern wird auch nicht selten ohne Prüfung von Unternehmen, Wäldern bzw. Plantagen für ganze Regionen vergeben. In Österreich ist z.B. seit 2002 jeder Wald, das sind insgesamt fast 4 Mio. Hektar, PEFC-zertifiziert, in Deutschland sind es 7,3 Mio. Hektar und somit über 65 Prozent.

Plantagenbeteiligungen in Süd- oder Mittelamerika sind nicht so einfach zu erklären wie ein Windparkangebot vor Ort, auch wenn die Laufzeit mit bis zu 20 Jahren durchaus ähnlich ist. Ein Vergleich der in den Beteiligungsprospekten angeführten Kosten und möglichen Erträge ist wegen der oft sehr unterschiedlichen Konzeptionen eher schwierig. Insgesamt liegt das Volumen der im deutschsprachigen Raum platzierten »Wald«-Finanzprodukte bereits im dreistelligen Millionenbereich. Im Folgenden werden mehr als zwei Dutzend Anbieter kurz beschrieben.

Internetadressen der Anbieter

- http://2012.com.pa
- www.aquila-waldinvest.de
- www.bauminvest.de
- www.bosquesnaturales.com
- www.deutscherwald.de
- www.ecobosques.com / www.ecoforests.eu
- www.ecosuissegroup.com
- www.forestfinance.de / www.baumsparkasse.de / www.baumsparvertrag.de
- www.foret.de
- www.forstinvest.de
- www.global-forest.de
- www.green-planet-ag.com
- www.jaederberg.de
- www.jamestown.de
- www.lifeforestry.com / www.teakinvestment.de
- www.lignumag.de
- www.miller-investment.de
- www.my-teakinvest.com
- www.nordcapital.com
- www.preciouswoods.ch
- www.robinia-invest.com
- www.sharewood.com
- www.teak-ag.com
- www.terra-vitalis.nl
- www.tree-partner.com
- www.we-grow.de
- www.woodsource.eu

Prinzipiell lassen sich die Investmentmöglichkeiten in vier Kategorien einteilen:

1.) Börsennotierte – und damit jederzeit handelbare – »Holz«-Aktien bzw. -Investmentfonds oder -Zertifikate, in denen diese Aktien enthalten sind. Dabei gibt es jedoch ein breites Spektrum an Unternehmen, von (konventionell orientierten) Plantagenbetreibern bis zu Holzverarbeitungsfirmen.
2.) Geschlossene Fonds, die Eigentum an Forst- bzw. Aufforstungsflächen erwerben und bewirtschaften.
3.) Direktbeteiligungen, bei denen der Anleger Eigentümer von Grund und Boden wird, meist in Kombination mit einem Dienstleistungsvertrag zur Bewirtschaftung bzw. Holzernte.
4.) Warentermingeschäfte, bei denen Bäume oder Holz gekauft werden bzw. Ansprüche auf den Erlös beim Verkauf, der erst in ferner Zukunft liegt.

In den meisten Fällen geht der Investor sehr lange Bindungsfristen ein, meist mindestens 15 Jahre. Zudem gibt es im Plantagen-/Holz-Investmentsektor schwer kalkulierbare Risikofaktoren wie etwa das Wetter oder eine mögliche Veränderung politischer Rahmenbedingungen, und die Ziele der Initiatoren decken sich nicht immer mit denen der Investoren. Risikobereitschaft und einen langen Atem braucht man bei Investitionen in ökologische Holzwirtschaft in allen Fällen, aber die Hebelwirkung ist dafür relativ groß, vor allem solange rund um den Globus immer noch Regenwaldflächen von »Kahlschlagkonzernen« oder zum Bau von Öl-Pipelines abgeholzt werden.

Trotz manch negativer Erfahrung und einiger Pleiten, vor allem bei mittelamerikanischen Tropenholz-Plantagenprojekten holländischer Anbieter, werden seit 2003 verstärkt deutsche und Schweizer Investoren umworben. Seit 2002 gibt es auch börsennotierte Aktien im Bereich der FSC-zertifizierten Forstwirtschaft: Der Kurs der Precious Woods Holding AG, die nach zehn Jahren harter Vorarbeit 2002 mit Aktien zum Preis von 60 Franken an die Züricher Börse gegangen ist, stieg innerhalb von fünf Jahren auf 150 Franken, fiel dann aber wieder auf derzeit unter 15 Franken zurück, nachdem größere Verluste im operativen Geschäft anfielen. Während das Unternehmen nun schon über 20 Jahre alt ist, haben viele andere die ersten fünf Jahr nicht überstanden bzw. nicht genügend Investoren gefunden. Holländische Plantagen-Unternehmen wie »Green Fund«, »Robinia«, »Terra Vitalis« oder »Tropeco Deutschland« haben sich nach vergeblichen Versuchen, auf dem deutschen Markt Fuß zu fassen, wieder zurückgezogen; Terra Vitalis hat laut Homepage rund 3300 Investoren und über 4000 Hektar Teakholzplantagen in Costa Rica.

Auch die spanische (nicht notierte) Bosques Naturales SA, die vor 2005 Aktien zu drei Euro ausgegeben hatte, hat keinen Vertrieb mehr in Deutschland – und auf der Homepage war im Juni 2011 als aktuellster Jahresabschluss der aus dem Geschäftsjahr 2006/7 abrufbar. Auf der Website der 2004 gegründeten spanischen ecoBosques SA stammt der letztverfügbare Geschäftsbericht (www.ecobosques.com / www.ecoforests.eu) gar aus dem Jahr 2005. Die AG mit Sitz in Alicante hat ihre Plantagen in Costa Rica und Argentinien.

Ihr Angebot ganz zurückgezogen hat 2011 die Günter Manfred Raabe Unternehmensberatung, die Website (www.premiumforest.de) wurde eingestellt.

Nach wie vor hat es die Kölner Forêt-2000-FSC-Tropenholzplantage AG & Co. KG nicht geschafft, mehr als eine Handvoll Anleger zu gewinnen. Trotz einer Renditeprognose von 19 Prozent war das Echo auf das Angebot verschwindend gering, auf der Homepage steht unter »Aktuelles« das »Vorwort zum Prospekt Januar 2004«. Der Initiator, der Kölner Biologe Jörg Maas, hatte bereits 1997 mit der »Forêt 95-GbR« Plantageninvestoren geworben; allerdings gab es bisher keine Gewinne, sondern – über den Tausch in nicht börsennotierte Fiam-Plantagen-Aktien – größere Verluste.

Mit Gewinn endete – nach kurzer Zeit – das folgende Angebot:

Tropenwald_1 / Schrader Umweltmanagement Malaysia GmbH & Co. KG
Nachdem der erste Anlauf – damals unter der Fondsbezeichnung »Green Growth 1 – Malaysia« – nicht geklappt hatte, startete die Schrader Umweltmanagement Malaysia GmbH & Co. KG mit dem 68-seitigen Prospekt »Tropenwald_1« den zweiten Versuch. Statt 6,2 Mio. Euro Fondsvolumen ging es um eine Summe von 3,5 Mio. Euro, wobei von den Investoren ab einer Mindestbeteiligung von 5000 Euro jeweils ein Viertel als KG-Einlage, der Rest als Gesellschafterdarlehen einzuzahlen war. Die KG wiederum finanziert die operative Gesellschaft in Malaysia mittels Darlehen. Dieses Mal war die Platzierung kein Problem. Denn nachdem rund 21 Prozent platziert waren, griff Ende 2003 eine Platzierungsgarantie für den Rest von M.M. Warburg & Co. Die vor über 100 Jahren als Baumschule in Deutschland gegründet Firma Schrader dehnte ihr Geschäft 1997 auch nach Malaysia aus. Im Jahr 2001 wurde ca. 50 Kilometer nordwestlich von Kuala Lumpur vom Staat eine Fläche von rund 5000 Hektar für 60 Jahre zum Zweck einer nachhaltigen Forstwirtschaft gepachtet. Neben der Verwertung der Bestände einer früheren Akazienplantage für Sägeholz sollten die Fondserträge vor allem aus der Aufforstung mit verschiedenen Edelhölzern nach FSC-Zertfizierung sowie teilweise auch aus anderen Nutz- und Medizinalpflanzen kommen. Doch soweit kam es dann gar nicht mehr. Denn durch die »rasante Stadtentwicklung traten grenznah an der Projektfläche im Jahr 2006 Nutzungsänderungen ein« und die Projektgesellschaft in Malaysia wurde verkauft: »Die Anteilseigner sind im Sommer 2008 mit einer mehr als 20-prozentigen Rendite ausbezahlt worden«.

Precious Woods Holding AG
Als erste fungible Beteiligung im FSC-Tropenholzbereich kamen im Frühjahr 2002 die Aktien der Precious Woods Holding AG an die Börse in Zürich, an der sie bis heute notieren. Der Ausgabepreis betrug 60 Franken pro Aktie (Nennwert 50 Franken). Das 1990 in der Schweiz bzw. Costa Rica gegründete und vor allem in Süd- und Mittelamerika in der nachhaltigen Holzwirtschaft tätige Unternehmen konnte nach dem Börsengang recht gute Kennzahlen vorweisen: 2004 nahm der Umsatz z. B. um 40 Prozent auf 15,5 Mio. US-Dollar zu, der Gewinn verdoppelte sich auf 3,33 Mio. Dollar. Ein Teil des Gewinns stammte dabei aus der Aufwertung der »biologischen Aktiva«, d. h. der in der Bilanz sichtbaren Wertzunahme des Baumbestandes. Precious Woods besaß damals rund 2450 Quadratkilometer Waldfläche, umgerechnet rund 1800 Quadratmeter pro Aktie.

Ein 600-Hektar-Wiederaufforstungsprojekt von Precious Woods in der Region Sapoa in Nicaragua wurde für den Bio Carbon Fund der Weltbank ausgewählt. Im Lauf der Jahre bildete der Verkauf von CO_2-Zertifikaten – neben dem Holzverkauf – eine steigende Einnahmequelle, auch wenn in den USA für CO_2-Zertifikate – auf freiwilliger Basis – weit weniger bezahlt wird als auf dem europäischen Markt. Die land- und forstwirtschaftlichen Bio-Carbon-Fund-Projekte entlasten nicht nur die Umwelt, sondern dienen auch der Bekämpfung der ländlichen Armut. Als Kapitalgeber für den Fonds betätigten sich nicht nur Regierungen in Europa und Kanada, sondern z. B. auch japanische Stromversorger.

Der Kurs der Precious-Woods-Aktie hat sich an der Börse anfangs relativ schnell auf über 120 Franken verdoppelt, ist aber inzwischen wieder weit – auf unter 15 Franken – zurückgefallen, nachdem es herbe Millionenverluste im operativen Geschäft gab: nicht nur bei den erworbenen Beteiligungen an Forstwirtschaftsunternehmen in Afrika, sondern vor allem auf dem Hauptmarkt in Brasilien. Dort haben sich die Rahmenbedingungen in der Branche bzw. für den Export verschlechtert: einerseits durch bürokratische Hemmnisse – wer wie Precious Woods ohne Schmiergeld agiert, wartet oft sehr lang auf behördliche Bewilligungen –, andererseits durch den Anstieg des brasilianischen Real gegenüber anderen Währungen. Ohne frisches Geld aus Aktionärskreisen, darunter einige Schweizer Pensionskassen, wäre es in manchem Verlustjahr schwierig geworden. Denn vom Zuwachs der biologischen Aktiva allein kann man keine Löhne und Gehälter zahlen. Ähnliche Situationen gibt es auch bei der zweiten börsennotierten »FSC-Holz-Aktie«, die in Österreich an die Börse kam.

Teak Holz International AG

Die Teak Holz International AG mit Sitz in Linz hat ihren Baumbestand in den Plantagen (rund 2000 ha, davon 850 ha FSC-zertifiziert) Ende März 2011 mit über 124 Mio. Euro bilanziert: über 7 Mio. Euro mehr als ein halbes Jahr zuvor. Dieser Zuwachs entspricht dem Zehnfachen des Umsatzes, der bei knapp 0,7 Mio. Euro im Halbjahr lag. Erst 2016, wenn die Teakbäume in Costa Rica 25 m hoch und bis zu 35 cm dick sind, soll die erste große Ernte kommen, bei der dann der »naturgegebene Zins durch Wachstum« fällig wird. Dann wird sich zeigen, ob die Rechnung aufgeht – und die geernteten Mengen den Prognosen entsprechen und auch tatsächlich zu Weltmarktpreisen verkauft werden können. Im Frühjahr 2008 startete die THI-Aktie an der Wiener Börse mit einem Emissionspreis von 9,00 Euro, die ursprüngliche Preisspanne von 11,60 bis 14,00 Euro wurde mangels Investorennachfrage herabgesetzt. Der Kurs sank bis Ende 2008 auf ein Niveau von 2,00 Euro, erholte sich aber bis Mitte Juni 2011 wieder auf über 7,00 Euro. Damit stieg der Börsenwert des Unternehmens zwar wieder auf rund 44 Mio. Euro, aber der Kurs liegt immer noch relativ weit unter dem »Net Asset Value« von berechneten 17 Euro pro Aktie. Im Sommer 2010 wurden Wandelschuldverschreibungen (50 000 Euro Mindestinvestment,

5 Jahre Laufzeit, 5 % Verzinsung) mit einem anfänglichen Wandlungspreis von 5,00 Euro pro Aktie ausgegeben.

BaumInvest GmbH und Co. KG (1 und 2)

Die Freiburger Querdenker GmbH – gegründet und geleitet von Leo Pröstler, der seinerzeit auch den Waschbär-Versand für Öko-Produkte aufgebaut hat – hat bis dato zwei geschlossene Fonds aufgelegt: 2007 den »BaumInvest« (Volumen 7,8 Mio. Euro) und 2009 den »BaumInvest 2« (Volumen 8,35 Mio. Euro, ebenfalls 100 % Eigenkapital), dessen Platzierung im März 2010 abgeschlossen war.

Stefan Pröstler, der Sohn, betreibt auf der Finca San Rafael im Norden Costa Ricas eine Baumschule und forstet dort für den »BaumInvest 1« 140 Hektar Weideland mit Tropenholz auf. Zu den 630 Anlegern gehörten auch einige bekannte Unternehmer wie Georg Salvamoser, der inzwischen verstorbene Gründer der Freiburger Solarfabrik. Laut Fondsprospekt können die Investoren (Minimum waren 50 000 Euro) in 20 bis 25 Jahren mit einer jährlichen Rendite zwischen 2 und 11 Prozent rechnen. Initiator Leo Pröstler prognostiziert 7 Prozent, wenn der Holzpreis jährlich um etwa zwei Prozent steigt – und der Dollar gegenüber dem Euro nicht allzu viel verliert. Von den 100 000 gepflanzten Bäumen sind die ältesten schon mehr als zehn Meter hoch, rund die Hälfte sind jedoch keine Teakbäume, sondern kleinere heimischen Arten wie Almendro oder Cebo. Dazwischen bauen die Mitarbeiter, die rund 25 Prozent mehr verdienen als den gesetzlichen Mindesttageslohn von nicht einmal 1000 Colones (1,36 Euro), z. B. Bananen oder Ingwer an.

Mit dem Geld des »Bauminvest 2« will man rund 350 der 500 Hektar großen Finca in La Virgen aufforsten, die ebenfalls im Norden des Landes liegt. Pro Hektar, der die 740 Anleger rund 23500 Euro gekostet hat, sind 700 Setzlinge vorgesehen, von denen dann in 20 Jahren rund 240 ausgewachsene Bäume geerntet werden sollen. Wenn sich die Anleger bis dahin zu Nachpflanzungen entscheiden, könnte auf Dauer wieder ein Waldgebiet daraus werden. Für 2012 ist der dritte Fonds geplant.

Eco Suisse Group AG

Seit 2010 bietet diese neu gegründete Schweizer Firmengruppe diverse Varianten von Holzinvestments an, z. B. unter der Bezeichnung »ecowood« (0,5 ha Edelholzbestände – Teak, Mahagoni, Paulownia – für 14 950 Euro, bis 22 Jahre Laufzeit), »ecomix« (0,5 ha Mischwaldbestände für 5200 Euro, bis 12 Jahre Laufzeit), oder »ecobambo« (0,25 ha Bambusbestände für 3750 Euro, bis 6 Jahre Laufzeit), jeweils mit prognostizierten IRR-Renditen (IRR = Internal Rate of Return, »interner Zinsfuß«) zwischen 5 und 14 Prozent p.a.. Die Baumart Paulownia, auch als Blauglocken- oder Kaiserbaum bezeichnet, in Japan als »Kiri«

bekannt, wurde nach der Zarentochter und späteren niederländischen Königin Anna Pawlowna benannt. Da dies auch der Lieblingsbaum des österreichischen Kaisers Franz Joseph war, stehen noch heute viele davon in Schlossgärten in Europa wie z. B. in Wien-Schönbrunn.

Die Eco Suisse Group AG verfügt bisher über Plantagen in Panama und Paraguay. Bei der Auswahl der Standorte nach dem »ecoDiligence«-System sind »politische Rahmenbedingungen und natürliche Gegebenheiten« die beiden Hauptkriterien. Ein halber Hektar Teak-Pflanzung beginnt mit 550 Bäumen. So viele wurden inzwischen als Geschenkbäume verkauft. Die meisten Kunden – bis Mitte 2011 waren es gut 50 – haben sich für Bambus entschieden. Mehr als die Hälfte der Anlagegelder kommt aus Deutschland.

Forest Finance GmbH

Die Forest Finance-Gruppe, laut eigener Pressemeldung »größter Anbieter von Walddirektinvestments in der EU«, bewirtschaftet inzwischen für über 7000 Investoren mehr als 3500 Hektar Forstflächen vor allem in Panama, daneben in Vietnam und ab 2011 auch in Kolumbien und Peru. Ab einer Rate von monatlich 30 Euro für mindestens ein Jahr gibt es einen »BaumSparVertrag«. Im Angebot sind sechs verschiedene Produkte:

1.) Beim »BaumSparVertrag« pachtet der Kunde ein Grundstück, auf dem jährlich mindestens zwölf Bäume gepflanzt und nach 25 Jahren geerntet werden.
2.) Das »WaldSparBuch« (einmalig 2900 Euro) umfasst 1000 qm tropisches Wald-Grundstück mit rund 100 Bäumen sowie eine Rückkaufgarantie.
3.) »WoodStockInvest« steht für FSC-zertifizierte Aufforstungsflächen ab 10 000 qm. Die Hektar-Kosten liegen derzeit zwischen 25 000 Euro als Pächter und 31 000 Euro als Grund-Eigentümer, enthalten sind jeweils die Bewirtschaftungskosten für 25 Jahre.
4.) Das Agro-Forstprodukt »Cacao-Invest« ist ein Mix aus jeweils 50 Prozent Bio-Kakaobäumen und Edelholz mit jährlichen Ausschüttungen ab dem zweiten Jahr. Die Anbaugebiete liegen in Panama bzw. ab 2011 auch in Peru. Als Agroflächen sind sie nicht FSC-zertifiziert, eine Rainforest-Alliance-Zertifizierung ist angestrebt. Rund 150 Kunden haben innerhalb des ersten Jahres (2009/10) über 100 Hektar der ersten Flächen gekauft (Mindestinvestmentgröße: 0,25 ha, 0,5 ha kosten 9900 Euro). Für die 25 Jahre Laufzeit wird eine Rendite von bis zu 8,5 Prozent (IRR) pro Jahr »aus der Vermarktung des Holzes, des Bio-Kakaos sowie Erträgen aus dem Verkauf von Samen und Setzlingen und CO_2-Zertifikaten« erwartet. Gut 500 Anleger haben bisher über 5,3 Mio. Euro investiert. Auch die zweite Tranche 2011 mit ca. 200 Hektar ist schon fast ausverkauft.

5.) Als Nachfolgeprodukt für das ausverkaufte »GreenTeak«, wobei ein Hektar 24000 Euro kostete und die Teak-Monokulturplantagen in Mischwald umgewandelt werden, gibt es nun »GreenAcacia«. Das Kurzläufer-Produkt (ab 2250 Euro) hat derzeit schon 750 Kunden mit rund 4,4 Mio. Euro Volumen erreicht und erbringt als »Forstgeldkonto« eine jährliche Rendite sowie eine Abschlusszahlung nach 7 Jahren Laufzeit. Auch hier werden bereits aufgeforstete Monokulturen zu einem »nachhaltigen Mischforst« weiterentwickelt.
6.) Das jüngste Produkt, »Wilde Buche Deutschland«, gibt es seit April 2011. In Kooperation mit B.A.U.M. werden die bis zu 200 Jahre alten Bäume eines großen Buchen(ur)waldes in der rheinland-pfälzischen Gemeinde Hümmel »zum Zeitpunkt ihres maximalen ökologischen (und ökonomischen!) Wertes stillgelegt und aus der wirtschaftlichen Nutzung genommen, zugunsten des Erhalts und Schutzes dieses ökologisch besonders wertvollen und seltenen Waldlebensraums«. Details dazu findet man unter www.wildebuche.de.

Bei den Tropenholzangeboten mit zusammen 6400 Kunden und rund 21 Mio. Euro Volumen (inkl. »Geschenkbäumen«) sind im Preis eine Feuerversicherung für die ersten 5 Wachstumsjahre sowie 5 Prozent »Sicherheitsflächen« enthalten. Neben diesen Produkten gibt es noch den Geschäftsbereich »CO_2OL« (www.co2ol.de) für Beratungsdienstleistungen im Bereich betrieblicher Klimaschutz und Klimaneutralität. 2010 erzielte Forest Finance laut Geschäftsführer Harry Assenmacher – er war früher Geschäftsführer bei der Umweltschutzorganisation B.U.N.D. – rund 12 Mio. Euro Umsatz, für 2012 peilt er bereits über 20 Mio. Euro an, weil dann die entsprechenden Flächen und eingeschulte Mitarbeiter zur Verfügung stehen sollen. Stolz ist Assenmacher darauf, dass CO_2OL bereits seit 1997 CO_2-Bindung anbietet und dass die Firma gleich drei internationale Standards erfüllt: neben dem FSC-Siegel auch die Anforderungen von CarbonFix und CCBA, wie sie in einer gemeinsamen Studie des Global Nature Fund und der Tropenwaldstiftung Oro Verde im April 2011 publiziert worden sind. Die Studie »Investieren in Waldklimaprojekte – Leitlinien für Unternehmen und private Investoren« ist auf den Webseiten von www.globalnature.org und www.oroverde.de kostenlos verfügbar. Sie soll zeigen, »wie wirklich gute Waldprojekte aussehen sollten, die wirksam zum Klimaschutz beitragen und dabei gleichzeitig den Schutz der biologischen Vielfalt und die Wahrung der Interessen der lokalen Bevölkerung sicherstellen«.

Forest Finance legt Wert auf deutschen Verbraucherschutz – insbesondere auch Rücktrittsrechte – und veranstaltet mehrmals im Jahr Besichtigungsreisen nach Panama, auch Individualbesuche sind möglich. Kunden erhalten jährlich einen Forst-Wirtschaftsbericht sowie Informationen über ihr Kundenkonto. Was viele Anbieter erst noch vor sich haben, nämlich zu zeigen, dass Logistik und Händlerkontakte bei der (Zwischen-)Ernte auch funktionieren, hat die Forest Finance-Gruppe erstmals 2010 in Panama absolviert: Bei einigen Hundert Hektar, die zwischen 1997 und 2000 aufgeforstet worden sind, wurden Teak- (sowie Amarillo-, Mahagoni- und Zapatero-)Bäume geerntet und als Rundholz mit 20 bis 40 cm Durchmesser an einen indischen Holzhändler verkauft, der es dann in Container zum Export nach Indien verladen ließ. Die erzielten Festmeterpreisen von 120 bis 300 US-Dollar je nach Baumart und Durchmesser lagen dabei um 50 bis 150 Prozent über den ursprünglichen Preisprognosen.

Global Forest
Die Vorfahren des Initiators Volker Grannass, einem Volks- und Betriebswirt aus Wanne-Eickel, waren in Ostpreußen bzw. im Spessart in der Forstwirtschaft tätig. Er selbst hat u. a. Waldflächen in Polen aufgekauft, wo er seit 1997 Weihnachtsbaumkulturen und Walnussbaumplantagen betreibt. In den letzten fünf Jahren hat Grannass rund 10 000 Hektar Buschland in Paraguay (Aregua) erworben, aus dem wieder tropischer Regenwald werden soll. Seit Anfang 2010 forstet er mithilfe von bis zu 100 einheimischen Mitarbeitern diese Flächen als Mischwald mit sieben verschiedenen Baumarten wieder auf – von Eukalyptus über Paulownia und Teak bis zum teuer importierten Bambus. Mit dem Kapital von inzwischen rund 50 Anlegern, die Pachtverträge abgeschlossen haben, wurden bereits über 200 Hektar angepflanzt, die ersten Holz-Erlöse sollen nach 11 Jahren anfallen. Die Pachtverträge laufen über seine Haranni Consulting GmbH, die Grannass umbenennen will, da sie inzwischen nur mehr den einen Geschäftsbereich Forstwirtschaft umfasst. Seinen »Global Forest«-Waldpächtern stellt er Renditen von 9,5 bis 11 Prozent in Aussicht. Die »Basisinvest«-Summe von 2750 Euro entspricht einer Pacht von einem halben Hektar (5000 qm) inkl. dem Flächenmanagement bis zur Ernte bzw. Vermarktung, die zwischen dem 11. (Nutzholzvariante) und 25. Jahr (Edelholz) geplant ist (formell läuft der Pacht- und Dienstleistungsvertrag bis zu 30 Jahre lang). Interessierte Pächter können (mit max. zwei Begleitpersonen) zwei Wochen kostenlos Urlaub (Übernachtung und Frühstück) machen im Global-Forest-Haus in Aregua (»unweit des Flughafens und nahe am malerischen San-Bernadino-See«) – oder auf dem firmeneigenen Bauernhof in Masuren.

KiriFonds Deutschland GmbH & Co. KG
Die 2009 von Allin Gasparian und dem Wissenschaftler Peter Diessenbacher gegründete Bonner Initiatorin WeGrow GmbH hält die Rechte an der von

Diessenbacher nachgezüchteten »NordMax 21«-Sorte des aus Asien stammenden Kiri-Baums. Unter den klimatischen Bedingungen in Deutschland – die Plantage liegt in Birlinghoven bei Bonn – sollen die Bäume jährlich rund 2 Meter wachsen und so innerhalb von 12 Jahren im Schnitt rund 380 Kubikmeter Edelholzertrag pro Hektar liefern. Pro Kubikmeter rechnen die Initiatoren mit einem Verkaufspreis von 280 Euro. Bis Mitte 2011 hat die WeGrow GmbH bzw. deren Vertriebspartner rund 170 Investoren für den Fonds gewinnen können, die über 1,7 Mio. Euro eingezahlt haben (Gesamtvolumen 5 Mio. Euro, Mindestanlage 5000 Euro, 5% Agio). Nach einer Laufzeit von 12 Jahren sollen insgesamt rund 224 Prozent des Geldes zurückgeflossen sein. Die Gebühren für das Fondsmanagement sind mit rund 1,4 Prozent p.a. moderat, nur am Schluss fällt eine Erfolgsprämie in Höhe von 11,5 Prozent der Mittelrückflüsse an. Bis dato wurde rund ein Viertel des Geldes für Landkauf, Landpacht, und Jungpflanzen investiert, die Rücklagen sind auf einem Tagesgeldkonto angelegt, bis sie für weitere Ankäufe bzw. die Pflegekosten gebraucht werden.

Life Forestry Switzerland AG
Das Unternehmen mit Sitz in Stans bewirtschaftet vor allem Teakplantagen in Costa Rica und Ecuador und bietet seinen Kunden an, Eigentümer von Teakbäumen zu werden, die alle FSC-zertifiziert sind. Die Life Forestry Costa Rica SA bzw. die Life Forestry Ecuador SA sind dabei Eigentümer des Grund und Bodens und kümmern sich als Dienstleister (Kosten im Kaufpreis inkludiert) um die Bewirtschaftung und – nach ca. 20-jährigem Wachstum – um den Verkauf des Holzes. Die Kunden erhalten eine Baumeigentums-Urkunde, auf der die nummerierten und mittels GPS registrierten Teakbäume aufgelistet sind. Selbst wenn alle Unternehmen der Gruppe insolvent werden würden, »würden die Anleger Eigentümer der Bäume bleiben, da der Boden unabhängig von den darauf wachsenden Pflanzen veräußerst würde«. Im Sinn einer zusätzlichen Sicherheitsmaßnahme fungiert die Liechtensteiner Life Forestry Foundation als Treuhänder für die Kundengelder bzw. für die mündelsichere Veranlagung der Rücklagen.

Geschäftsführer Lambert Liesenberg kalkuliert – bei einer Neupflanzungsdichte von 800 bis 1100 Teakbäumen pro Hektar – in 20 Jahren insgesamt mit einem kommerziell verwertbaren Holzertrag von rund 258 Kubikmetern. Das würde bei gleich bleibenden Teakholzpreisen einen jährlichen Durchschnittsertrag von rund 5 bis 7 Prozent ergeben, bei weiter steigenden Preisen entsprechend mehr. Die Life Forestry Gruppe ist um Transparenz bemüht und einer der wenigen Anbieter, die die FSC-Zertifizierung bereits in den AGB festgeschrieben haben. Auf ihrer Website weist sie auch hin auf die von der deutschen Bundesanstalt für Finanzdienstleistungsaufsicht (BaFin) herausgegeben Broschüre »Geldanlage – wie Sie unseriöse Anbieter erkennen«. Anmerkung am Rande: Im Zuge der Recherchen zu diesem Handbuch fiel auf der Webutation-Website, bei der jedermann (ohne Identitätsangaben) Erfahrungen mit Anbietern posten kann, ein Posting vom 9. Mai 2011 auf, das jemand mit dem Namen »M. Deml« eingestellt hat, der jedoch nichts mit dem Buchautor Max Deml zu tun hat.

Lignum Edelholz AG

Die Berliner Lignum Edelholz AG (Vorstand Dr. Andreas Nobis) bzw. die Lignum Edelholz Investitionen AG (Vorstand Andreas Rühl), die früher brasilianische Teak-Baumbestände des niederländischen Kooperationspartners Floresteca Holding N.V. in Form von Kommanditanteilen (bis 2001 unter dem Namen Quadris) bzw. individuell wählbarer Holzmengen verkauft hat, kam 2005 mit Robinien-Aufforstungsflächen in Bulgarien auf den deutschen Markt. Seit 2009 bietet Lignum nur mehr europäische Hölzer an, die Flächen in Bulgarien sind seit 2006 durchgängig FSC-zertifiziert, Teakverträge werden nicht mehr angeboten. Die Vermögensanlagen haben bei Lignum Anfang 2011 die Marke von 35 Mio. Euro überschritten. Lignum spricht dabei nicht von Wald, sondern von Pflanzungen, da die Bäume im Abstand von 5 × 5 Metern gepflanzt werden. Die inzwischen über 2000 Kunden sind auch keine Waldbesitzer, sondern erwerben beim Produkt »LIGNUM nobilis« mit IDW-konformem Verkaufsprospekt bestimmte Rundholzmengen zu einem festen Erntezeitpunkt. Die späteren Verkaufserlöse müssen, da es sich nicht um Wald handelt, nicht als Einkünfte aus Land- und Forstwirtschaft versteuert werden.

Über die Hälfte der Anlagen ist in Robinien investiert, daneben kann man noch Maulbeere, Kirsche und Schwarznuss einzeln oder in Kombination kaufen. 2010 wurden Robinie (43,4 % des Volumens von über 10 Mio. Euro) und Maulbeere (20,6 %, wird seit 2009 gepflanzt) am stärksten nachgefragt. Die 65 bulgarischen Lignum-Pflanzungen mit insgesamt über 1400 Hektar liegen etwa 200 Kilometer entlang der Donau bzw. im Süden Bulgariens am Schwarzen Meer. Die Lignum-Gruppe beschäftigt neben rund 20 Mitarbeitern in Deutschland über 430 Mitarbeiter in Bulgarien sowie fast 80 Personen eines externen Wachdienstes.

JC Indian Sandalwood 2 GmbH & Co. KG

Auch Sandelholz ist in Deutschland ein Investmentthema geworden, seit sich die Hamburger Jäderberg & Cie. GmbH dessen angenommen hat. Neben der JC Indian Sandalwood 1 GmbH & Co. KG , für die im Rahmen eines Private Placement (Minimum 0,3 Mio. Australische Dollar (AUD) bzw. rund 220 000 Euro) bis Mitte 2011 rund 27 Mio. AUD platziert bzw. reserviert waren, rechnet man beim geschlossenen Publikumsfonds JC Indian Sandalwood 2 GmbH & Co. KG damit, dass zum Ende des Geschäftsjahres 2010/2011 Mitte 2011 das Kommanditkapital (inkl. Agio) die Grenze von 2 Mio. AUD (Mindestbeteiligung 25 000 AUD exkl. 5% Agio, Gesamtvolumen bis zu 15 Mio. AUD, Laufzeit 15 Jahre) erreicht bzw. überschritten hat. Beide Fonds sollen noch bis Ende Dezember 2011 zu zeichnen sein. Beim Publikumsfonds ist die erste Ausschüttung (24% der Einlage) für das Jahr 2014 geplant, insgesamt soll der Rückfluss über 500 Prozent der Einlage betragen.

Sandelholzbäume, in Indien auch als »heilige Bäume« bezeichnet, gehören neben Teak zu den teuersten Tropenhölzern. Das daraus gewonnene Öl kostet bis zu 2000 Euro pro Kilogramm und wird vor allem für Parfums und Arzneien verwendet. Auch Räucherstäbchen aus Sandelholz sind in Asien sehr beliebt. Während Sandelholz in Indien durch Raubbau fast vom Aussterben bedroht ist, wird es in Australien seit 1998 auf Plantagen angebaut. Dort betreibt die börsennotierte TFS (Tropical Forestry Services) nicht nur die weltweit größte Plantagenfläche (3700 ha) mit indischem Sandelholz, sondern auch die weltgrößte Sandelholz-Destillerie. An deren 2011 neu bepflanzten Plantagen hat sich nun eben auch die Jäderberg & Cie. beteiligt, neben einem US-Forstinvestor und einem arabischen Staatsfonds. Die KG-Anleger sind dabei auch am Erlös der Öl- und Holzprodukte beteiligt.

Milestone Consulting AG

Die Schweizer Milestone Consulting AG besitzt in Panama Teak-Aufforstungsflächen, die in den nächsten Jahren auf bis zu 1000 Hektar erweitert werden sollen. Milestone-Chef ist Nubu Migmar, der vorher jahrelang als Marketingleiter bei der Prime Forestry AG tätig war: »Für die Sicherheit der Baumpartner wurde (2010) in Lichtenstein die Woodsource Foundation gegründet«, argumentiert er. Als kleinste Einheit wird Wald auf einem Zehntel Hektar – für 3190 Euro – angeboten. Im »Bauminhaberzertifikat« stehen u. a. die Nummern und die GPS-Koordinaten der erworbenen Bäume, die von der Terraland Panama S.A. bewirtschaftet werden. Bei der Schlussernte nach 20 Jahren erhält der Anleger 85 Prozent der Bruttoholzverkaufserlöse, wenn die Prognosen aufgehen. In der Ecoreporter-Wachhund-Rubrik wird zur Vorsicht bei diesem Angebot geraten.

Miller Forest Investment AG

Das 2006 vom Reiseunternehmer Josef Miller gegründete schwäbische Unternehmen bietet südamerikanische Grundstücken an, entweder zur Pacht (Minimum 1500 Euro für 0,25 ha auf 20 Jahre) oder zum Kauf (32 000 Euro für 5 ha), jeweils einschließlich Bewirtschaftung bis zur Ernte samt Holzverkauf.

Die Mischwald-Aufforstung in Paraguay sieht z.B. rund 50 Prozent Eukalyptusarten, 15 Prozent Edelhölzer und 35 Prozent Kiefern und andere schnell wachsende Nadelbäume vor. In den ersten 5 Jahren hat Miller über 2300 Hektar Brach- und Weideland aufgeforstet und mehr als 2 Mio. Bäume gepflanzt. Als Investorenvertretung wurde ein Waldrat (Verein) gegründet. Ökologische und soziale Aspekte will Miller berücksichtigen, FSC-Zertifizierungen gibt es hingegen nicht. Erst für Ende 2012 ist für eine Teilfläche (800 ha auf der »Estancia Curuzú«) eine FSC-Zertifizierung geplant. Noch etwas unterscheidet Miller von den meisten anderen Anbietern: Er garantiert die Rücknahme der Beteiligung bis zu einer Höhe von 10 000 Euro und einer Dauer bis zu 5 Jahren mit 2,5 Prozent fester Verzinsung.

my-teakinvest GmbH

Als jüngster Anbieter auf dem Markt startete die Kemptner Firma erst Mitte 2011 mit dem Vertrieb von Teakbaumsetzlingen, die im Frühjahr 2012 gepflanzt werden und 20 Jahre lang – auf Wunsch ist bis kurz vor der Schlussernte eine Verlängerung bis 25 Jahre möglich – von der my-teakinvest Costa Rica S.A. betreut werden. 1100 Teakbäume auf der Fläche von einem Hektar kosten 32 890 Euro (Minimum sind 275 Bäume auf 0,25 ha für 8635 Euro), Ausgaben für FSC-Zertfizierung, Pflege, Transport und Vermarktung inklusive. Das ist aufgrund der hohen Grundstückspreise in der nordwestlichen Provinz Guanacaste etwas teurer als in den anderen sechs Provinzen Costa Ricas, aber laut Geschäftsführer Richard Marlin bescheinigt eine Studie (Pérez/Kanninen 2005) der Provinz Guanacaste die besten Boden- und Klimabedingungen für die Teakaufforstung in Costa Rica.

Von den anfänglich 1100 Bäumen bringen 600 (in den ersten 8 Jahren ausgeforstete) keinen Erlös. Die restlichen 500 werden nach dem 12., 16. bzw. 20. Jahr mit Durchmessern von 28, 34 bzw. 40 cm geerntet und sollen insgesamt 265 Kubikmeter kommerziell nutzbares Holz liefern. Der Großteil des Hektar-Holzverkaufserlöses wird mit der letzten Ernte (175 m^3 nach 20 Jahren) kalkuliert. Je nach Holzpreissteigerung würde sich bei einem Kubikmeter-Preis (Stand 2010) von 560 Euro für den Käufer ein Nettoerlös zwischen rund 105 000 Euro (0 %-Preissteigerung) und rund 320 000 Euro (6 %-Preissteigerung) ergeben, was einer IRR-Rendite zwischen 6 und 12 Prozent entspricht. Formell werden die Baumverwertungsrechte für den Bauminvestor von einem Treuhänder gehalten, der Inhaber der Nießbrauchsrechte ist.

Sowohl die Plantagengrundstücke (Eigentümerin ist die my-teakinvest Tierra S.A., 20 % sind als Naturreservat vorgesehen) als auch der Baumbestand werden aus Sicherheitsgründen (keine Verwertung bei Insolvenz etc.) »im Vermögen der my-teakinvest-Stiftung in Liechtenstein gehalten«.

Als einer der wenigen Anbieter legt my-teakinvest auch Wert darauf, dass die in der Stiftung geparkten Rücklagen (79 % des Investitionskapitals) nach ethisch-ökologischen Kriterien angelegt worden, z.B. in Form von Anleihen skandinavischer Staaten.

rainforest-invest S.A.
Die 2006 gegründete und in der Wiederaufforstung tätige rainforest-invest S.A. residiert seit Anfang 2010 in Panama-City. Die deutschen »Aussteiger« Stefan Mudry und Achim Wendland, früher für die Berliner rainforest-invest GmbH tätig, haben 350 Kilometer westlich von Panama City Landflächen erworben, um auf der »Finca Bayano 2012« eine große Krise (»Kälte, Hunger, Geldentwertung, Gewalt und Krieg«) als Selbstversorger überdauern zu können. Bis zu 100 Gleichgesinnte können sich den beiden anschließen, zu Hektarpreisen, die nach dem aktuellen Goldpreis kalkuliert werden. Wer will, kann auch – ab 10 000 Euro – gleich ein Haus dazu bestellen oder sich später selber errichten.

Robinia Invest GmbH
Wie der Name schon sagt, bietet die Firma – ein deutscher Ableger eines holländischen Anbieters – Robinien als Investment an. Seit April 2011 kann man dort auch einen sogenannte »Paulownien-Sparvertrag« abschließen. Wer ein Jahr lang monatlich 38 Euro (insgesamt 456 Euro) einzahlt, für den werden 5 Paulownia-Bäume gepflanzt und nach 12 Jahren geerntet, was einen Gesamtgewinn von 198 Prozent ergeben soll, wenn man vom Holzverkaufspreis (1600 Euro) noch 15 Prozent Kosten für Ernte, Verarbeitung und Verkauf abzieht. Dabei wird angenommen, dass sich pro Baum ein halber Kubikmeter Rundholz ergibt sowie – ausgehend vom aktuellen Preis von 400 Euro pro Kubikmeter – eine Preissteigerung von 4 Prozent p.a.

ShareWood Switzerland AG
Die Anfang 2007 mit 200 000 Franken gegründete ShareWood Switzerland AG mit Sitz in Zürich (der Geschäftsführer Peter Möckli war vor deren Insolvenz als Finanzvorstand bei Prime Forestry tätig) hat eine Tochtergesellschaft in Brasilien, die vor Ort nachhaltige Forstwirtschaft betreibt und sich später auch um den Absatz kümmern soll. In Mato Grosso stehen über 2400 Hektar für Anpflanzungen zur Verfügung, daneben »drei Projekte mit über 154 000 Hektar Regenwald«. 2011 wurde in Liechtenstein die ShareWood Foundation gegründet, die Cash-Reserven verwalten soll, zur »Sicherstellung der Finanzierung für die Bewirtschaftung, Ausforstung und Vermarktung aller Teakholz-, Balsaholzbäume und anderer Pflanzen, welche sich auf den von der ShareWood Switzerland AG, Zürich, vermarkteten Plantagen befinden und im Eigentum von Dritten

stehen«. Investoren können Bäume kaufen oder Regenwaldflächen mit Grundbucheintragung. Wer 2007 für 1100 einjährige Teakbäume 26500 Euro (oder 28000 Euro für zweijährige) investiert hat, dem wurden bis zur Ernte (um 2026) Renditen von bis zu 14 Prozent versprochen, aktuell werden laut Homepage nur mehr 6 Prozent avisiert. In den Jahren 9 und 14 sollen Zwischenernten erste Erträge bringen, von denen die Anleger 85 Prozent erhalten. Laut AG-Satzung erfolgt die wirtschaftliche Tätigkeit »in Zusammenarbeit mit Behörden und Schutzorganisationen nach den Standards der FSC-Zertifizierung«.

The Tree Partner Company AG / Prime Forestry Switzerland AG (liquidiert)
Viele Dutzend Mio. Euro haben Tausende Anleger bei der Prime Forestry Switzerland AG verloren, die 2003 auf dem Markt kam und ihren »Baumpartnern« – man sprach dabei von Kunden, nicht von Investoren – Teakbäume in Panama angeboten hat (111 Teakbäume für 3200 Euro). Neben einer aufwändigen Ligatus-Internet-Werbung versuchte Kurt Meier mit rund fünf Dutzend Telefonverkäufern, an neue Kunden zu kommen. Sie versprachen – von Zürich bzw. Toronto aus – für das Produkt »Treedirect« jährliche Renditen von bis zu 14 Prozent. 2006 hat die Eidgenössische Bankenkommission die Liquidation der Prime Forestry Switzerland AG angeordnet, da diese »gegen das Verbot der gewerbsmäßigen Entgegennahme von Publikumsgeldern« verstoßen hat, weil weder Bäume übereignet worden sind, noch ein Eigentumsnachweis in Panama möglich war. Das Unternehmen war außerdem überschuldet. Die ehemalige Prime-Forestry-Verwaltungsrätin (und frühere Chefin des WWF), Dr. Carol Franklin Engler, bemühte sich um Schadensbegrenzung und formte die Nachfolgegesellschaft Forests for Friends AG, um – mit weiterem Geld – doch noch einen Teil der Investments zu retten. Deutsche Anleger können sich nun über Aktien der »The Tree Partner Company AG« mit Sitz in Glarus/Schweiz oder Kommanditanteile an der The Tree Partner Company GmbH & Co. KG beteiligen. Die Firmenstruktur ist sehr schlank, für die operative Führung ist nicht einmal eine Vollzeitstelle erforderlich. Die 100%-prozentige Tochtergesellschaft, The Tree Partner Company Panama Inc, besitzt und bewirtschaftet die Plantagen.

Auch Dominique Leuba, der Geschäftsführer der seinerzeitigen Tochtergesellschaft, Prime Forestry Panama, wurde wieder aktiv, und zwar bei der in Panama samt einer Schweizer Niederlassung neu gegründeten Firma Tecaland Plantation Properties. Für diese wiederum war dann die Düsseldorfer Futura Mind Consulting GmbH als »Telefonkeilerfirma« tätig. Die Websites von Tecaland und Futura Mind sind inzwischen wieder offline.

Forstinvest GmbH & Co. KG
Das Unternehmen mit Sitz im norddeutschen Soltau (nicht zu verwechseln mit der Münchner Deutsche Forst Invest GmbH, die institutionellen Anleger berät) verkauft bzw. verpachtet Flächen für Aufforstungsprojekte im Osten Paraguays. Bei der Kaufvariante wird man grundbuchlicher »Eigentümer eines Grundstücks in einer deutschgeprägten Wachstumsregion«. Forstinvest pflanzt dort »mindestens 1000 Bäume je Hektar« und pflegt diese bis zur Ente nach 20 Jahren. Die Eintragung in das Grundbuch erfolgt über einen Notar. Ein Hektar kostet bei Eukalyptus 6950 Euro, bei Edelholz 8950 Euro.

Green Planet AG
Die 2003 als AG gegründete Firma bietet einen »SmartTeak-Sparvertrag« an, hat jedoch für die Recherchen zum Buch nur einen Teil der gestellten Fragen beantwortet, sodass sie nach wie vor auf der grau-grünen Liste steht. Mittels monatlichen Sparraten von 33 Euro ergibt sich in einem Jahr (Mindestansparzeit) eine Summe von 396 Euro, für die 10 Teakholz-Bäume in Costa Rica, der Dominkanischen Republik und künftig auch in Kamerun gekauft werden, die nach 20 Jahren eine Rendite von 13 Prozent und mehr pro Jahr nach IRR bringen sollen. Die Bewirtschaftung – keines der Grundstücke hat bisher eine FSC-Zertifizierung – erfolgt nach dem »Permakulturprinzip mit nur 500–600 Bäumen pro ha« und einer »revolutionierenden Mineralstoff-Blatt-Düngung«, bei der Kalzit statt über die Wurzeln – nanotechnisch – über die Blätter aufgenommen werden soll. Dadurch sollen Qualität und erzielbare Verkaufspreise deutlich höher liegen als bei der Konkurrenz. Laut Website gab es auch das Angebot, Aktien zu erwerben, doch über Ausgabepreise bzw. aktuelle Kennzahlen der AG wollte der Vorstand keine Auskunft geben. Laut www.ebundesanzeiger.de hat die Green Planet AG 2009 – bei einem gezeichneten Kapital von rund 47 000 Euro und einer Bilanzsumme von rund 143 000 Euro – einen Verlust von rund 38 000 Euro erwirtschaftet.

Aquila Waldinvest III
Das Hamburger Emissionshaus Aquila Capital, das u. a. auch Farminvestments in Neuseeland (Aquila Agrarinvest III bzw. IV ab Mitte 2011) anbietet, will mit diesem 2010 platzierten Fonds in Brasilien bis zu 1 Mio. Hektar tropischen Regenwald schützen. Das Gesamtvolumen betrug 10 Mio. Euro, die Mindestanlage 10 000 Euro, das Agio 5 Prozent, Auszahlungsprognose für die etwa 15 Jahre Laufzeit: 315 Prozent vor Abgeltungsteuer. Das Geld wurde in eine Eukalyptusplantage investiert, FSC-Zertifizierung war bis dato kein Thema.

Jamestown Timber 2

Mit diesem Fonds bietet das Kölner Emissionshaus JAMESTOWN US-Immobilien GmbH Investments u. a. in Kiefernwälder im Süden der USA, wo die Bäume wesentlich schneller als in Deutschland wachsen – und auch die Holznachfrage für z. B. Bauholz gesichert erscheint. Der Fonds ist ausschließlich mit Eigenkapital finanziert, wobei die Investoren Kündigungs- bzw. Rückgaberechte haben. Ökologische Aspekte spielen bei diesem Angebot allerdings kaum eine Rolle.

Nordcapital Waldfonds 2

Nach erfolgreicher Platzierung des »Waldfonds 1« (mit 60 Mio. Euro Fondskapital) wird bei diesem Nachfolgefonds in bestehende Mischwälder in Rumänien investiert, wo die Einstandspreise nicht selten 50 bis 75 Prozent unter denen in Westeuropa liegen. Das Gesamtvolumen beträgt 29,7 Mio. Euro, die Mindestanlage 15 000 Euro, das Agio 5 Prozent, die Renditeprognose rund 7,5 Prozent p. a. für die Laufzeit von 11 Jahren. Mit der Erschließung und der »nachhaltigen Bewirtschaftung« wurde der bekannte private österreichische Forstbetrieb Esterházy beauftragt. Neben den geplanten jährlichen Barausschüttungen von 4 Prozent hofft man auf höhere Verkaufspreise beim späteren Verkauf der Waldflächen, die z. B. nach 12 Jahren 100 bis 200 Prozent über dem jetzigen Einkaufspreis liegen können, je nachdem wie schnell sich die Preise innerhalb der EU nivellieren.

Neben den bisher kurz beschriebenen Angeboten gibt es noch weitere, für die keine Prospekte vorliegen, hier einige Beispiele:

Die 1999 von der Unternehmensgruppe Walter Vogel gegründete Firma Ouro Verde Agrosilvopastoril Ltda pflanzt im Norden Brasiliens (Roraima) Bäume an, die über einen »Timber Growth Fund« auf den Markt gebracht werden sollen. Die 1984 in Panama gegründete Reforestadora El Tecal SA kauft Land in der Provinz Chiriquí an der Nordgrenze Panamas zu Costa Rica. Auf Parzellen zu mindestens 1 Hektar werden dann rund 1200 Teakbäumchen aus einer eigener Baumschule angepflanzt. Von Kopenhagen aus agiert die Greenwood Management ApS., die Eukalyptus-Plantagen in Brasilien anbietet. Zurückgezogen wurde die in Deutschland angebotene Beteiligung an der GVA Waldfonds AG & Co. KG, nachdem der Vertrieb über bis dato nur »konventionelle« Kanäle kaum Interesse bei Investoren wecken konnte. Die damalige Kooperationspartnerin global-woods International AG mit Sitz in Freiburg, die vom ehemaligen FDP-Bundestags- und Europaabgeordneten Dr. Manfred Vohrer geleitet wird, ist weiter in der Beratung von Aufforstungsflächen tätig und betreibt auch selbst Projekte in Uganda, Paraguay und Argentinien.

3 Altersvorsorge und Risikoabsicherung

»Es grünt so grün ...« gilt inzwischen auch für die Versicherungsbranche. Ein gutes Dutzend verschiedener öko-sozialer Varianten und Anbieter tummelt sich allein auf dem deutschen Markt. Bei einer Öko-Lebensversicherungs-Police soll durch die Veranlagung der Gelder nach ökologischen Kriterien auch die Umwelt als Lebensgrundlage geschützt werden. Neben Gesellschaften und Maklern, die nebenbei auch (umwelt-)fondsgebundene Policen anbieten, gibt es mit der Oeco Capital in Hannover seit 1996 – immer noch weltweit einmalig – eine eigene Versicherungsgesellschaft, die sich ausschließlich den Öko-Policen widmet.

Der »Normalfall" sieht jedoch anders aus. Anfang 2011 publizierte die Stiftung Warentest in ihrer Zeitschrift Finanztest, dass von 174 befragten Versicherungen nur ganze 12 eine Veranlagung in Aktien von Streubombenherstellern glaubhaft ausschließen konnten. Der Großteil des Geldes – bis Ende März 2011 betrug allein das Vermögen von rund 15 Mio. deutschen »Riester-Renten«-Kunden rund 7,6 Mrd. Euro – wird ohne Ausschlusskriterien wie z. B. »Rüstung« angelegt.

Von dem Anfang 2002 in Deutschland in Kraft getretenen Altersvorsorgegesetz (Einführung der »Riester-Rente«), das alle Anbieter verpflichtet zu berichten, ob ethisch-ökologische Kriterien bei der Veranlagung der Gelder eine Rolle spielen oder nicht, erhofften sich einige Anbieter grüner Altersvorsorgeprodukte einen deutlichen Aufschwung. Bislang ist davon allerdings erst wenig zu spüren – trotz solcher Maßnahmen wie der UNEP-Umwelterklärung.

UNEP-Umwelterklärung

Seit November 1995 haben in Kooperation mit dem UNO-Umweltprogramm (UNEP) weltweit über 100 Versicherungsgesellschaften, darunter Gerling, R&V, Schweizer Rück, Skandia, Vienna Insurance Group und Oeco Capital, eine gemeinsame »Erklärung der Versicherungswirtschaft zum Einsatz für die Umwelt« unterschrieben. Darin gehen die Versicherungsgesellschaften einige Selbstverpflichtungen ein, beispielsweise die stärkere Berücksichtigung ökologischer Aspekte bei der Entwicklung zukünftiger Versicherungsprodukte und bei der Vermögensverwaltung. Wörtlich heißt es in der Erklärung: »Eine nachhaltige Entwicklung verlangt ein Wirtschaften, das den gegenwärtigen Bedürfnissen Rechnung trägt, ohne die Chancen zukünftiger Generationen auf Befriedigung ihrer Bedürfnisse in Frage zu stellen. So zu handeln sehen wir als vernünftiges Wirtschaften an.« Hinsichtlich der Produktgestaltung und

Vermögensverwaltung befürwortet man »Versicherungsprodukte und -dienstleistungen, die durch geeignete Vertragsbedingungen oder durch begleitende Maßnahmen, etwa der Schadenverhütung, umweltschonend wirken. Neben Sicherheit und Rentabilität als den wesentlichen Grundnormen der Vermögensverwaltung bemühen wir uns, Umweltgesichtspunkte einzubeziehen.« Der verbindliche Charakter dieser Erklärung geht dabei weit über eine 1992 lancierte UN-Umwelt-Erklärung der Banken hinaus.

Doch Papier ist geduldig, und nur wenige der Unterzeichner haben bisher die ausgetretenen Pfade verlassen. Selbst beim Kölner Gerling-Konzern, der maßgeblich zum Zustandekommen der UNEP-Erklärung beitrug, waren in der Veranlagungspolitik anfänglich keine großen Änderungen festzustellen. Erst Jahre später wurde ein erster Umweltfonds aufgelegt, und im Zuge der Riester-Rente wurde 2002 eine erste Öko-Police lanciert. Über die Gerling-Tochter Gerling Sustainable Development Project GmbH wurden allerdings einige Projekte direkt finanziert, die dem Treibhauseffekt entgegenwirken sollen.

3.1 Lebensversicherungen

Große Rückversicherungen wie die Schweizer Rück oder die Münchner Rück machen sich zunehmend Gedanken über die enorm steigenden Schadensfälle (z.B. durch Überschwemmungen), die mit der von Menschen verursachten Klimabelastung zu tun haben, und holen zu diesem Zweck auch den Rat von Umweltschutzorganisationen wie Greenpeace ein. Die Überlegungen sind nicht ganz uneigennützig. Denn schließlich müssen die Gesellschaften für den finanziellen Schaden der Naturkatastrophen aufkommen. Hinzu kommt, dass immer mehr Versicherte nach dem Verwendungszweck ihrer Gelder fragen.

In Großbritannien, wo fondsgebundene Lebensversicherungen traditionell stark vertreten sind, gibt es seit 1984 auch entsprechende Ethik- und Umweltfonds, die über Renten- bzw. Lebensversicherungen angeboten werden. Auf dem europäischen Kontinent hingegen sind entsprechende Initiativen erst seit 1992 festzustellen. Damals brachte der Öko-Versicherungspionier Ticino Leben in der Schweiz erstmals eine »Öko-Police« auf den Markt. Im Folgenden werden verschiedene Öko-Lebensversicherungen beschrieben, wobei grundsätzlich drei Arten zu unterscheiden sind:

1. Kapitallebensversicherungen mit eigenem Abrechnungskreis,
2. fondsgebundene Versicherungen,
3. konventionelle Policen mit indirekter Finanzierungswirkung.

3.1.1 Kapitallebensversicherungen mit eigenem Abrechnungskreis

Die aufwändigste Form einer Öko-Versicherung ist nicht umweltfondsgebunden, sondern hat einen eigenen Abrechnungskreis. Das bedeutet, das Geld aller Versicherten wird nicht nur in Form von Investmentfondsanteilen veranlagt, sondern in allen nach den Vorschriften des deutschen Versicherungsaufsichtsgesetzes (VAG) möglichen Formen wie z. B. auch Immobilien oder Hypothekendarlehen für ökologische Bauvorhaben. Die 1994 von der Mannheimer Versicherungen AG und vom Verbund der Fairsicherungsläden entwickelte »Ökolife«-Police hatte anfangs einen eigenen Abrechnungskreis, danach wurden – mangels Volumen – nur die vom Vertrieb der Versiko/Ökorenta eingesammelten Kundengelder in grüne Fonds veranlagt. Mit der Übernahme der in finanzielle Probleme geratenen Mannheimer durch die österreichische Uniqa-Gruppe verschwand das Produkt aber wieder vom Markt.

Oeco Capital Lebensversicherung AG

Im Normalfall wissen die Versicherten nicht, wie die Versicherung die Beiträge ihrer Kunden anlegt. Einen völlig neuen Weg ist hier – als weltweiter Vorreiter – die 1996 gegründete Oeco Capital Lebensversicherung AG mit Sitz in Hannover gegangen. Von der Anlage definitiv ausgeschlossen sind Veranlagungen in den Bereichen: Rüstungsindustrie, Atomindustrie, Gentechnologie, Rohstoffindustrie (mit Ausnahme der nachwachsenden Rohstoffe), Automobilindustrie und Chemieindustrie. Auch Banken und Versicherungen sind Bestandteil dieser Negativ-Liste, »soweit nicht ein direkter Zusammenhang zu ökologischen Investitionen nachgewiesen werden kann«. Als besonders unterstützenswert gelten hingegen Maßnahmen, Projekte und Unternehmen in den Bereichen:

- Klima-, Gewässer- und Bodenschutz,
- Natur- und Artenschutz,
- Lärm- und Strahlenschutz,
- erneuerbare Energien,
- Energieeinsparung und Recycling,
- Abluft- und Abwasserreinigung,
- Altlastensanierung.

Die »ökologische Bonität« der Kapitalanlagen wird bei Bedarf durch unabhängige Rating-Agenturen überprüft. Der Großteil der Anlagen sind festverzinsliche Papiere, die von der Versicherung direkt erworben werden. Daneben gibt es noch den Spezialfonds »Oeco Capital Inka«, für den die Bethmann Bank in Frankfurt am Main zuständig ist. Im Portfolio dieses nach einer Risiko minimierenden Strategie gemanagten Spezialfonds befinden sich alle Aktienbestände der Versicherung (u. a. Titel aus dem nx-25-Index), aber auch beispielsweise Anleihen der Eurofima (Finanzierung des rollenden Eisenbahnmaterials auf europäischen Schienen, siehe Kap. 2.4.2) oder der Kommunalkredit Austria (Umweltfinanzierungen in Österreich und Mittel- bzw. Osteuropa, siehe Kap. 2.4.1).

Über die ökologische Gesamtausrichtung des »Anlageuniversums«, aber auch der Versicherung selbst (inkl. Umweltmanagement) wacht ein Beirat, der sich derzeit aus folgenden Personen zusammensetzt: Ise Bosch, Musikerin, Filia-Frauenstiftung, Max Deml, Chefredakteur Öko-Invest, und Ulf Doerner, Umwelt-Ingenieur (Beiratsvorsitzender).

1999 hat die Oeco Capital als erster deutscher Versicherer auch Minimalbedingungen für eine nachhaltige Forstwirtschaft – in Anlehnung an die Zertifikats-Bedingungen des Forest Stewardship Council (FSC) – in den Kriterienkatalog für die Kapitalanlagen aufgenommen. Bei Hypothekardarlehen wird den Oeco-Capital-Kunden ähnlich wie bei der UmweltBank ein vierstufiger Umweltbonus in Form von Zinsvergünstigungen gewährt, wenn sie sich beim Hausbau für bestimmte ökologisch sinnvolle Investitionen entscheiden, wie etwa Solaranlagen oder Regenwassernutzungsanlagen. Durch all diese Maßnahmen hat die Oeco Capital die Selbstverpflichtung der UNEP-Umwelterklärung mit Abstand am weitesten umgesetzt.

Wer steht hinter der Oeco Capital? Die in München gegründete Lebensversicherung ist nach der Übernahme von den Gründungsaktionären (Gothaer Rück, Schweizer Rück, Manufacturers Life Insurance, Kontiko GmbH und den ersten Vorständen) seit 1998 zu 100 Prozent im Besitz der Concordia-Versicherungsgruppe in Hannover.

Die Oeco Capital strebt eine möglichst hohe Transparenz an, sowohl bei der Veranlagungspolitik als auch bei den Tarifen und Kostenstrukturen. Auf der Produktseite gibt es die klassischen Kapital- und Rentenversicherungen sowie Zusatzversicherungen beispielsweise für Berufs- oder Erwerbsunfähigkeit. Angeboten werden auch günstigere Nichtraucher-Tarife. Guten Anklang auf dem Markt fand die Police »juniorBasic« für Kinder zwischen sieben und zwölf Jahren, die einerseits in Fällen von Invalidität oder Pflegebedürftigkeit unterstützt, die von den üblichen Unfallversicherungen nicht abgedeckt werden, und anderseits zur Vermögensbildung des Kindes beiträgt. Seit 2009 gibt es die »oeco futur«-Altersvorsorge mit einem Zusatzschutz im Pflegefall: Hier wird schon ab Pflegestufe I eine erhöhte Altersrente gezahlt. Die Oeco Capital war außerdem die erste Versicherung, die mit Hilfe von Öko-Ratings die Aktienkauf-Kandidaten eingehend unter die Lupe nehmen ließ.

Die Risiko-Lebensversicherungsverträge enthalten eine Umtauschoption. Bis zum Ende des zehnten Versicherungsjahres kann der Vertrag in eine Kapital bildende Versicherung umgewandelt werden. Eine »Nachversicherungsoption« erlaubt anlassbezogen, die Versicherungssumme zu erhöhen. Außerdem kann innerhalb der ersten zehn Versicherungsjahre der Vertrag einmalig verlängert werden. Diese Optionen stehen in der Regel offen, ohne dass noch einmal die Gesundheitsfragen beantwortet werden müssen. Zu den Pionieren auf dem deutschen Versicherungsmarkt gehörte Oeco Capital auch mit der Kombination aus einer klassischen Risikoversicherung mit einer »terminal illness«-Komponente (vorgezogene Todesfall-Leistung) und einem »preferred-risk-Konzept« für besonders risikobewusste Kunden.

Mit rund 25 000 Versicherten und rund 250 Mio. Euro veranlagtem Kapital ist die Oeco Capital zwar noch vergleichsweise klein, aber die Wachstumsraten liegen nach wie vor über dem Branchenschnitt. Dazu tragen vor allem die UmweltBank und die GLS Bank als Vertriebspartner im Bankenbereich bei sowie unabhängige Vermittler und Versicherungsmakler. Im Jahr 2010 stiegen die laufenden Beiträge um 11 Prozent, die Einmalbeiträge um 20 Prozent und damit die Beitragseinnahmen um 13,5 Prozent. Das Neugeschäft konnte um 82 Prozent gesteigert werden. Der Garantiezins lag Mitte 2011 im Schnitt bei 3,16 Prozent.

Kontakt:

- Oeco Capital Lebensversicherung AG, Karl-Wiechert-Allee 55, D-30625 Hannover, Tel.: 05 11/57 01-21 91, www.oecocapital.de

3.1.2 Fondsgebundene Versicherungen

Schon seit über 17 Jahren gibt es in Deutschland die Möglichkeit, den Ertrag seiner Lebensversicherungspolice an einen oder mehrere ethisch-ökologische Investmentfonds zu binden.

ProVita Police

Die Stuttgarter ProVita GmbH hat in Kooperation mit der Skandia Lebensversicherung schon 1994 die Fondspolice mit der größten Auswahl an ethisch-ökologischen Fonds konzipiert, inzwischen schon über 60 an der Zahl: vom ABN AMRO Socially Responsible Equity Funds und dem Allianz Dresdner Global Sustainability Euro bis zum UniSector Naturetech und dem Vontobel Fund Global Trend New Power Tech A1. Das ProVita-Fondsportfolio wird – ähnlich dem Dachfonds »ProVita world fund« – mittels Stop-Loss-Technik gemanagt, d. h., bei schlechter laufenden Aktienmärkten wird z. B. in Öko-Rentenfonds umgeschichtet und umgekehrt.

Für den Risikoanteil wird ein Nichtraucher-Rabatt gewährt, zwischen den Fonds kann man wechseln. Die Mindestsummen sind 35 Euro beim Monatssparplan bzw. 5000 Euro als Einmalanlagebetrag. Bis 2011 konnte Pro Vita mit über 200 Geschäfts- bzw. Vertriebspartnern in Deutschland ein Beitragsvolumen von über 240 Mio. Euro vermitteln. Neben der Lebensversicherung gibt es auch die »ProVita Rente«, bei der man einen Todesfallschutz von 10 bis 60 Prozent der Beitragssumme vereinbaren kann.

Kontakt:

- ProVita GmbH, Stuttgarter Straße 100, D-70469 Stuttgart, Tel.: 07 11/810 67-67, www.provita-gmbh.com

Life Time Öko, Versi Life, Cosmos

Die Münchner Continentale Lebensversicherung aG hat 1994 im Rahmen ihrer Flexiblen Fondspolicen die »Life Time Öko« eingeführt, bei der die Sparanteile der Beitragszahlungen in mehrere Öko-Fonds fließen, 2010 waren dies vor allem der Ökoworld Ökovision Classic und der gemischte Fonds OekoSar Portfolio (mit jeweils 30 % Gewichtung). Die Continentale brachte auch die »Versi Life« der Versiko AG auf den Markt, bei der – seit Ende 1994 – im Sinne einer 100-prozentigen Öko-Investment-Police (mit teilgezillmertem Tarif) die Kapitalanlagebeträge wie bei der »Life Time Öko« in ökologischen Fonds angelegt werden. Inzwischen findet der Versicherte (Stand Mitte 2011) zehn Öko-Fonds unter den über 80 von der Continentalen angebotenen Fonds.

Eine ähnliche Variante dieser Öko-Fondspolice bietet auch die Cosmos Lebensversicherungs AG an: Seit 1996 gibt es hier eine umweltfondsgebundene Lebensversicherung, die seinerzeit an den SEB Invest Ökolux gebunden war, heute an den Pioneer Global Ecology. Da Cosmos als Direktversicherung keinen teuren Außendienst unterhalten muss, gehört sie zu den günstigsten Anbietern von Öko-Policen. Auch die übrigen Konditionen wie etwa die Möglichkeit des Umtausches in eine Rentenversicherung oder Kapitallebensversicherung oder das Fonds-Switchen (bis zu dreimal jährlich ohne Kosten) sowie eine sofortige Überschussbeteiligung sind sehr verbraucherfreundlich gestaltet (inkl. Beitragsermäßigung für Nichtraucher). Allerdings ist die Auswahl an Fonds im Öko-Bereich derzeit sehr beschränkt: Von den über 50 Fonds ist nur einer »grün«, und zwar ein reiner Aktienfonds.

Kontakt:

- Continentale Lebensversicherung a.G., Baierbrunner Straße 31-33, D-81379 München, Tel.: 089/51 53-0, www.continentale.de
- Versiko AG, Liebigstraße 11-13, D-40721 Hilden, Tel.: 021 03/929-0, www.versiko.de
- Cosmos Lebensversicherungs-AG, Halbergstraße 50-60, D-66101 Saarbrücken, Tel.: 06 81/966-66 66, www.cosmosdirekt.de

3.1.3 Konventionelle Policen mit indirekter Finanzierungswirkung

Bei dieser Art von Policen gibt es keinen eigenen Abrechnungskreis und auch keine Bindung an einen Fonds. Nur die Gelder, die über einen bestimmten Vertriebsweg bzw. ein eigenes Label bei einem konventionellen Versicherer eingehen, werden nach bestimmten Öko-Kriterien veranlagt. In der Regel liegt dieser Anteil weit unter einem Prozent des gesamten Anlagetopfes. Letztlich gilt damit auch für alle konventionell Versicherten exakt die gleiche gemixte Anlagestruktur wie für die Öko-Policen-Kunden. Überschussbeteiligungen hängen also nicht nur von der Entwicklung der »grünen« Renditen ab. Der Vorteil: Zumindest ein Bruchteil des Geldstroms wird in eine bestimmte Richtung gelenkt.

Transparente

Das Konzept für die »Transparente« wurde 1996 vom Verein für alternative Versorgungskonzepte (V.A.V.) in Zusammenarbeit mit dem H+H Versicherungskontor Hamburg ins Leben gerufen. Der Vorstand der Hamburger Neue Leben Lebensversicherung AG garantierte dabei den Kunden, dass seine Gesellschaft für Transparente Refinanzierungsmittel für ökologisch-soziale Kapitalanlagen mindestens in Höhe der Beitragszahlungen zur Verfügung stellt. Die Anlagerichtlinien des Vereins für alternative Versorgungskonzepte e.V. umfassen sowohl einige positive Anwendungsbereiche von ökologischen Bauweisen bis zu »ökologisch effizienter Produktherstellung und Vermarktung« als auch die bekannten Ausschlusskriterien, z.B. Unternehmen oder Projekte, die direkt oder indirekt gefährliche Produkte wie Waffen oder Giftstoffe herstellen oder vertreiben oder der Atomindustrie und ihren Zulieferern zuzurechnen sind. Bevorzugte Investitionsbereiche sind:

- ökologische Architektur,
- umweltfreundliche Energieerzeugung,
- fortschrittliche Bildungseinrichtungen,

- soziale Wohnprojekte,
- Unternehmen mit herausragenden Sozialleistungen,
- ökologisch effiziente Verkehrssysteme,
- Herstellung und Vermarktung ökologischer Produkte.

Neben diesen Nachhaltigkeitsaspekten wird auch darauf geachtet, dass die Projekte »über eine solide und gesicherte wirtschaftliche Basis verfügen«. Rund drei Mio. Euro flossen z.B. in das Gesundheitszentrum St. Pauli, ein ehemaliges Hafenkrankenhaus (inklusive Krankenstube für Obdachlose), das sonst hätte schließen müssen. Eine halbe Mio. Euro der Transparente-Gelder wurde anfangs beim Investmentfonds Prime Value Mix (siehe Kap. 2.6.2.3, fortgeführt als: Dr. Hoeller Prime Values Income) veranlagt. Inzwischen (Stand Mitte 2011) wurden rund 5,0 Mio. Euro in Fonds und Dachfonds veranlagt, der Großteil des Geldes (über 20 Mio. Euro von inzwischen rund 2000 Versicherten) ging jedoch in regionale Projekte bzw. Direktbeteiligungen in den Bereichen Gesundheit (6,2 Mio. Euro), Dorf- und Wohnprojekte (5,4 Mio. Euro) sowie erneuerbare Energie (8,8 Mio. Euro). Ein jährlicher Anlagebericht ist auch auf der Homepage verfügbar.

Die »Transparente« wird in vier Tarifen angeboten, darunter auch die »Riester-« und »Rürup«-Variante. Inzwischen ist neben der »Neue Leben« auch die Stuttgarter Lebensversicherung a.G. Partner der »Transparente« geworden.

Kontakt:

- Transparente – Nachhaltige Vorsorgeprodukte GmbH, Sierichstraße 157, D-22299 Hamburg, Tel.: 040/899 70 02-0, www.transparente.de

3.2 Rentenversicherungen: Riester- und Rürup-Renten

Früher erhielten Frauen wegen der durchschnittlich (derzeit um rund 5 Jahre) höheren Lebenserwartung bei gleichen Beiträgen geringere Rentenzahlungen. Laut eines Urteils (vom 1.3.2011, Az. C-236/09) des Europäischen Gerichtshofs (EuGH) darf das Geschlecht nicht mehr als Risikofaktor in die Kalkulation eingehen.

Eigentlich waren diese »Unisex«-Tarife gemäß Gleichstellungsrichtlinie 2004 schon seit Ende 2007 vorgesehen, wurden aber von der Versicherungswirtschaft nur schleppend umgesetzt. Bei der »Riester«-Rente gibt es bereits den Einheitstarif, nun bleibt noch Zeit bis 21. Dezember 2012, auch alle anderen Tarife umzustellen. Altverträge sind nicht betroffen, Ausnahmefälle soll es danach nicht mehr geben.

In Deutschland gibt es zwei staatlich geförderte Varianten von Rentenversicherungen, nach den jeweiligen Erfindern auch Riester- oder Rürup-Renten genannt. Seit 2005 werden in Deutschland auch Altersbezüge zunehmend mit Einkommensteuer belastet. Abzugsmöglichkeiten gibt es dann nur mehr bei Rürup-Policen, die dafür jedoch nicht vererblich, nicht übertragbar, nicht belehnbar und nicht kapitalisierbar sind. Die meisten der hier beschriebenen ökologischen Varianten kann man auch in der beliebteren Riester-Form abschließen, bei der sich z. B. die Kinderanzahl und andere Faktoren günstig auswirken. Einen relativ großen Riester-Anteil hatte bisher z. B. die Oeco Capital zu verzeichnen, die sich auch um die periodisch wiederkehrenden Antragsformalitäten kümmert. Nachfolgend eine Auswahl von Rentenpolicen, die an die Erträge von Öko-Fonds bzw. Windparks gekoppelt sind.

Die an die Erträge von Windparks gekoppelte »Windlife«-Versicherung mit einem sehr hohen Mindestjahresbeitrag (10 000 Euro) fand anscheinend zu wenig Interessenten, die Homepage (www.windlife.de) des norddeutschen Anbieters (Creativ Concept Energy GbR) ist jedenfalls nicht mehr online.

Oeco-Net

Bei dieser privaten Rentenversicherung will Initiator Josef Wiechers, Chef des Fairsicherungsladens in Münster, ökologische Kriterien mit einem modernen Finanzmanagement verbinden. Je nach der vom Kunden gewählten Anlagestrategie – es stehen mit Classic, Balance und Wachstum drei zur Auswahl – investiert Oeco-Net in unterschiedlicher Gewichtung in ökologische Renten-, Aktien- und Mischfonds. Umstellungen der Gewichtung sind kostenlos möglich. So kann man z. B. bei nahem Rentenalter ein großes Aktienkursrisiko meiden und ohne finanziellen Aufwand auf festverzinsliche Papiere umsteigen. Auch bei der Höhe der Einzahlungen ist man flexibel und kann diese ohne Zusatzkosten ändern. Die ökologische Ausrichtung der Fonds wird vom Netz für Selbstorganisation e. V. und der Stiftung Fairmächtnis bewertet, die finanziellen Kennzahlen von der Schweizerischen Rentenanstalt, die die Oeco-Net-Rentenversicherung auflegt.

Kontakt:

- Fairsicherungsladen Wiechers GmbH, Bahnhofstraße 5, D-48143 Münster, Tel.: 02 51/39 93 80, www.fairsicherungsladen-wiechers.de, www.oeco-net.de

Pro Vita-Rente

Die Stuttgarter Pro Vita GmbH bietet neben den oben erwähnten Lebensversicherungspolicen auch eine Rentenversicherung mit ähnlicher ökologischer Ausrichtung an.

Kontakt: siehe Kap. 3.1.2

Umweltaktien Rente

Die Umweltaktien Rente ist eine Fondspolice mit der Möglichkeit der Verrentung. Einer der ökologisch orientierten Fonds, die man auswählen kann, ist der Ökoworld Ökovision Classic. Er ist in allen drei Produktvarianten hoch gewichtet: beim »OekorentWachstum« und »ÖkorentStabil« mit 40 Prozent bzw. 20 Prozent, beim »Ökovision« zu 100 Prozent. Ein Fondswechsel ist jederzeit möglich (alle vier Wochen kostenlos) – oder man vertraut dem »Ablaufmanagement«. Zusätzlich gibt es die Option auf Todesfallschutz (10% bis 200%) und Beitragsfreistellung (bis zu 3 Jahre).

Kontakt:

- Ökorenta AG, Kornkamp 2, D-26605 Aurich, Tel.: 049 41/604 97-0, www.oekorenta.de

3.3 Pensionskassen

Während es in Österreich seit Mitte 1990 die ersten betrieblichen und überbetrieblichen Pensionskassen-Aktiengesellschaften gibt und seit 1997 auch die erste grüne Variante, sind in Deutschland noch kaum erste Ansätze zu beobachten. In der Schweiz hingegen wurde das Thema Nachhaltigkeit bei der Veranlagung der Pensionskassenvermögen schon einige Jahre vorher umgesetzt. Dort entstanden sogenannte Anlage- oder Sammelstiftungen, die ihre gesamte Anlagepolitik oder zumindest eine Anlagegruppe nach ethisch-ökologischen Kriterien führen.

3.3.1 Anlage- und Sammelstiftungen in der Schweiz

Ethos

Nicht die erste, aber inzwischen die weitaus größte ethische Pensionskasse ist die Genfer Ethos – Schweizerische Anlagestiftung für nachhaltige Entwicklung, die 1997 auf Initiative von Dr. Dominique Biedermann entstanden ist. Er hat damals als Direktor der Pensionskasse des Kantons Genf begonnen, das Kassenvermögen nach Nachhaltigkeitskriterien anzulegen. Der 1997 gegründeten Ethos, die anderen Pensionskassen offen steht, haben sich mittlerweile über 100 öffentliche und private Pensionskassen (jeweils mit einem Teil ihres Vermögens) angeschlossen und insgesamt über eine Mrd. Franken eingebracht.

Die Tochter Ethos Services ist für die nachhaltige Veranlagung und Beratung weiterer Mandate verantwortlich. In Summe werden für Anlagefonds (Pictet-Ethos (CH) Swiss Sustainable Equities, Raiffeisen Pension Invest, Pictet-Environmental Megatrend Selection), Zertifikate (BKB-Ethos Sustainable Tracker, Focus Swiss Small/Mid Caps), den Private-Equity-Dachfonds »Unigestion – Ethos Environmental Sustainability« und individuelle Vermögen zurzeit fast zwei Mrd. Franken nach dem »SRI«-Ansatz (Socially Responsible Investment) verwaltet.

Transparenz und Information sind den Initiatoren ein besonderes Anliegen. Damit möchten sie bei den Mitstiftern das Bewusstsein für Corporate Governance und für eine Dialogkultur mit den Unternehmen fördern. Jeweils zu den Generalversammlungen der im Portfolio vertretenen Unternehmen wird ein mehrseitiges Unternehmensprofil mit Finanz-, Öko- und Sozialrating verschickt. Die Umwelt- und Sozialbewertung positioniert das jeweilige Unternehmen im Vergleich zum Durchschnitt seiner Branche. Ethos übt derzeit bei rund 100 schweizerischen und über 250 ausländischen Aktiengesellschaften ihre Stimmrechte aus. Beispielsweise beim britischen Ölkonzerns BP, bei dessen Hauptversammlung im April 2011 – ein Jahr nach der »Deepwater Horizon«-Ölkatastrophe im Golf von Mexiko – 43 Prozent der Aktionäre gegen die Wiederwahl des Vorsitzenden des Verwaltungsratsausschusses für Sicherheit, Ethik und Umwelt gestimmt haben. Ethos kritisierte u.a., dass im BP-Jahresbericht 2010 »klare Aussagen, wie der Verwaltungsrat ökologische Risiken beurteilt, bewirtschaftet und kontrolliert oder wie er diese künftig erkennen will« fehlen. Außerdem fehlten konkrete Umsetzungspläne für die langfristige BP-Unternehmensstrategie, in deren Mittelpunkt der »Wandel zu einer CO_2-ärmeren Wirtschaft« steht.

Kontakt:

- Ethos, Schweizer Anlagestiftung für ein nachhaltiges Wachstum, Place Cornavin 2, Postfach, CH-1211 Genf 1, Tel.: 0041/22/716 15 55, www.ethosfund.ch

Nest Sammelstiftung

Zeitgleich mit der Vorbereitung des Gesetzes über die berufliche Vorsorge (BVG) – entstand 1983 die Nest Sammelstiftung. Verschiedene Betriebe hatten das Bedürfnis, das Pensionskassengeld für die versicherten Mitarbeiter so anzulegen, dass dem Prinzip der Achtung vor dem Menschen und seiner Umwelt Rechnung getragen wird. Inzwischen hat die Nest-Sammelstiftung die betriebliche Vorsorge für rund 2200 Klein- und Mittelbetriebe verschiedener Branchen mit rund 12600 Versicherten übernommen. In den ersten Jahren blieb das Nest-Pensionskassen-Kapital großteils in den eigenen Kreisen der Zürcher Selbstverwalter-Szene und wurde in Form von Hypotheken an Mitgliederbetriebe oder Liegenschaften, die an Mitgliederbetriebe vermietet wurden, angelegt. Nur ein kleiner Teil war in Anleihen investiert. Gegen Ende der 1980er-Jahre hat sich dann ein gewisser Wertewandel vollzogen, und die Aktie hielt Einzug in das Portfolio. Außerdem wuchs das Vermögen – inzwischen über eine Mrd. Franken – an, und Aktien dienten zugleich dazu, eine breitere Diversifikation zu erreichen.

In den fast 30 Jahren ihrer Existenz hat die Nest Sammelstiftung ihre Grundsätze – die Förderung einer nachhaltigen Wirtschaftsweise, um mit der Umwelt und dem Wohl künftiger Generationen verantwortungsvoll umzugehen – mittels eines strengen ökologischen Auswahlverfahrens umgesetzt. Dabei werden jene Unternehmen ausgewählt, »die durch ihre Produkte, Produktionsprozesse und ihre ökologische Strategie eine nachhaltige Entwicklung vorantreiben«. Das Rating erfolgt für Öko- und Finanzbeurteilung – jeweils vierstufig, von durchschnittlich bis herausragend. Eine Investition erfolgt aber nur, wenn die auf diese Weise gefundenen Unternehmen auch finanziell Erfolg versprechend sind. Anlageschwerpunkte sind Obligationen (in Franken und Fremdwährungen, insgesamt fast 50 %, Stand 2010) und Immobilien (über 25 %), die Aktien (über 20 %) werden über Raiffeisen-Futura-Fonds gehalten. Die Wertentwicklung schwankte mit Ausnahme des Krisenjahres 2008 (Verlust -9,2 %) in den Jahren 2004 bis 2009 zwischen +2,6 Prozent (2007) und +10,6 Prozent (2009).

Nest bietet im Unterschied zu traditionellen Pensionskassen auch einige interessante Zusatzleistungen. Nicht nur Witwen, sondern auch Witwer erhalten eine Rente. Eine IV-Rente gibt es bereits ab 25 Prozent Invalidität. Man hat die

Wahl zwischen Rente und (Teil-)Kapitalauszahlung und kann den Zeitpunkt der Pensionierung (Frühpensionierung oder Aufschub der Pensionierung) selbst bestimmen. Auch hinsichtlich der Transparenz und der Mitbestimmungsmöglichkeiten kann Nest als Pionier gelten. Die Versicherten erhalten - auch über Internet - Einblick in die Geschäftstätigkeit und die Geldanlage. Betriebe und Versicherte können über die Personalvorsorge-Kommission Einfluss auf wesentliche Entscheidungen ausüben.

Aus der Nest Sammelstiftung ist 1995 die Nest Anlagestiftung hervorgegangen, die allen steuerbefreiten Vorsorgeeinrichtungen in der Schweiz wie Pensionskassen oder Wohlfahrtsfonds offen steht. Sie verwaltet ihr Vermögen bankenunabhängig, gesetzeskonform (nach der Verordnung »BVV2« für die Alters-, Hinterlassenen- und Invalidenvorsorge) und natürlich ebenfalls nach ethisch-ökologischen Auswahlkriterien.

Kontakt:

- Nest Sammelstiftung, Molkenstraße 21, Postfach 1971, CH-8026 Zürich, Tel.: 00 41/44/444 57 57, www.nest-info.ch

Stiftung Abendrot

Im Mittelpunkt der Anlagepolitik der Stiftung Abendrot soll der Mensch stehen. Gesundheit, Umwelt und Gerechtigkeit dienen als weitere Eckpfeiler. Ausgeschlossen werden deshalb Investments in Rüstung, Kernkraftwerke und Großprojekte, die gegen »ökologische Gebote« verstoßen. Die aus der schweizerischen Selbstverwaltungsszene hervorgegangene Pensionskasse stammt aus einer Phase sehr emotional geführter Debatten um Kernkraftwerke. Viele Pensionskassen hatten damals bedeutende AKW-Anteile in ihren Portfolios, womit sich viele engagierte Versicherte nicht identifizieren konnten. Die ersten angeschlossenen Betriebe waren die Arzt- und Anwaltspraxen, Architekturbüros der Initiatoren selbst, die rund 70 bis 80 Versicherte einbrachten. Bis heute ist diese Struktur der über 1100 Betriebe mit rund 8300 Versicherten ähnlich geblieben: Kleinstbetriebe (akademische Berufe) mit durchschnittlich drei bis vier Angestellten und Non-Profit-Organisationen mit sozial engagierter Mission, die besondere Erwartungen an ihre Pensionskasse haben.

Das Volumen stieg bis Ende 2010 auf über 788 Mio. Franken. Während man früher hauptsächlich in Immobilien und Hypotheken anlegte, wuchs mit zunehmender Kompetenz im Aktiengeschäft auch der Aktienanteil. 1996 lag er noch bei unter 5 Prozent, 1998 bei 16 Prozent, 2010 bei 18 Prozent. Der Anteil der Obligationen lag zuletzt (2010) bei gut 44 Prozent, Hypothekardarlehen machten rund 19 Prozent, Immobilien rund 31 Prozent aus. Die Performance kann sich sehen lassen: 2009 waren es +10,1 Prozent, 2010 +2,4 Prozent, nachdem bei Fremdwährungspapieren größere Wechselkursverluste gegenüber dem Franken eingetreten sind. Insgesamt bietet die Stiftung Abendrot rund zwei Dutzend verschiedene Vorsorgepläne an. 2010 gab es 550 Personen, die bereits Rente bezogen haben.

Kontakt:
- Stiftung Abendrot, Güterstraße 133, Postfach 953, CH-4002 Basel, Tel.: 0041/61/269 90 20, www.abendrot.ch

Coopera Sammelstiftung PUK

Vom Volumen her mit rund 275 Mio. Franken nur etwa ein Drittel so groß wie Abendrot ist die Coopera Sammelstiftung PUK – die ehemalige Pensionskasse für Unternehmen, Künstler und Freischaffende. Dem Gründungsmotiv und der Anlagephilosophie liegt ein anthroposophisches Weltbild zugrunde. Die einstige »Teestübli«-Clique aus dem ältesten Berner Vegetarier-Restaurant wollte nicht zusehen, wie mit ihren Geldern der »Zwangsvorsorge« Geschäfte unterstützt werden, über die sie keine Übersicht hat. Die Coopera Sammelstiftung PUK strebt ganz bewusst keine Rendite-Maximierung an, sondern will für eine vernünftige Geldwert-Erhaltung sorgen. Investiert werden soll in Betriebe und Institutionen, die »sich am notwendigen Fortschritt der kulturellen, sozialen und wirtschaftlichen Verhältnisse orientieren, wie er sich aus einem zeitgemäßen Erfassen eines das Geistige in Mensch und Natur umfassenden Weltbildes ergibt«. Viele der derzeit rund 120 PUK-Einzelmitglieder bzw. 330 Betriebe mit rund 3300 Versicherten sind nach anthroposophischen Wertvorstellungen geführte Institutionen – beispielsweise Rudolf Steiner-Schulen, aber auch Künstler und andere Freischaffende. Die Anlagestrategie bevorzugt Immobilien und grundpfandrechtlich gesicherte Darlehen (zusammen rund 80%). Aktien und Beteiligungen machen weniger als fünf Prozent des Vermögens aus. Die PUK will sich an Initiativen sinnvollen Wirtschaftens beteiligen, tut dies jedoch nur mittelbar über die Beteiligungsgesellschaft Coopera AG, die u.a. Titel wie die der Alternativen Bank Schweiz AG hält.

Kontakt:
- Coopera Sammelstiftung PUK, Talweg 17, Postfach 160, CH-3063 Ittigen, Tel.: 0041/31/922 28 22, www.coopera.ch/puk

Gepabu Personalvorsorgestiftung

Die kleinste und älteste der hier vorgestellten Pensionskassen ist bereits drei Jahre vor der Einführung der Versicherungspflicht von einem Kreis von Spät-Achtundsechzigern aus der Berner Alternativszene aus der Taufe gehoben worden. Man wollte nicht mehr länger zusehen, wie das Stadtbild von Bern langsam »verwüstet« wurde, weil alte Häuser profitableren Gebäudekomplexen weichen mussten. Die eigenen Vorsorgegelder sollten für den Kauf und die ökologische Renovation von Berner Liegenschaften eingesetzt werden; mit diesem Motiv ist die Gepabu 1982 gegründet worden.

Heute sind ihr rund 135 Betriebe mit über 670 Versicherten (25 sind nun in Rente) angeschlossen, der Großteil des nachhaltig angelegten Vermögens von über 50 Mio. Franken war (2009) in Immobilien(fonds) (28%) und Aktien(fonds) (34%) investiert. Durch die relativ hohe Aktienquote fiel der Verlust im Krisenjahr 2008 mit 22 Prozent hoch aus, 2009 wurde eine Performance von 11 Prozent erzielt.

Kontakt:

- Gepabu, Gemeinsame Personalvorsorgestiftung alternativer Bernischer Unternehmungen, Tavelweg 23, CH-3006 Bern, Tel.: 0041/31/352 31 83, www.gepabu.ch

Weitere Pensionskassen

Parallel zum Investmentfonds UBS Eco Performance kam Mitte 1997 – durch eine von rund 50 Anlagegruppen – die Gruppe Aktien Welt Oeko-Performance der Anlagestiftung der UBS für Personalvorsorge auf den Markt, bei der ebenfalls der Begriff »Öko-Effizienz« im Vordergrund steht.

Die Swisscanto Anlagestiftung (bis Ende 2004 bekannt als Prevista Anlagestiftung) hatte als Pensionskasse der Kantonalbanken 1997 Teile der Anlagestiftung ASA (Coop-Gruppe) übernommen, die u.a. auch eine »Öko-Invest«-Gruppe anbot. Diese verlor durch Missmanagement mit außerbörslichen Aktien (IFTA-Skandal) viel Geld und musste saniert werden. Heute werden die Teilvermögen Oeko-Invest und BVG Oeko der Swisscanto Anlagestiftung Avant von einem Fondsmanager betreut, der auch für mehrere »grüne« Swisscanto-Investmentfonds verantwortlich ist.

Daneben gibt es in der Schweiz noch ein paar ethisch-ökologisch interessante Einzelinitiativen von größeren Kassen wie die der Bernischen Lehrerversicherungskasse, die 1904 gegründet wurde und für rund 16000 Versicherte sowie über 6000 Rentner über vier Mrd. Franken Vermögen verwaltet. Der Stiftungsrat (www.blvk.ch) beschloss, rund zwei Prozent des Vermögens in Venture Capital zu investieren. So beteiligte sich die Kasse z.B. an einer Pharmaforschungsfirma, die Wirkstoffe auf pflanzlicher Basis entwickelt, an einem Betrieb für biologischen Anbau von Heilpflanzen und an einem Hersteller von biologischen Fruchtsäften.

Die Anfang 2005 aufgetretene »Altra – die andere Versicherung«, die eine nachhaltige Veranlagung im Versicherungsbereich angestrebt hatte, scheiterte an der Aufbringung des nötigen Kapitals für ein Bewilligungsverfahren.

Kontakt:

- Anlagestiftung der UBS für Personalvorsorge, Postfach, CH-8098 Zürich, Tel.: 0041/44/2341111, www.ubs.com
- Swisscanto Anlagestiftung Avant (Oeko-Invest), Waisenhausstraße 2, CH-8021 Zürich, Tel.: 0041/58/3444588, www.swisscanto.ch

3.3.2 Österreich

In Österreich war die 1996 vom Winterthur-Konzern gegründete *Bonus Pensionskassen AG* – sie gehört heute zu 87,5 Prozent der Zurich Financial Services Group und zu 12,5 Prozent der Generali-Gruppe – der Pionier. Als »grüne« Variante mit einem eigenen Abrechnungskreis wurde die weitgehend nach ethisch-ökologischen Kriterien ausgerichtete »Veranlagungs- und Risikogemeinschaft 1« (VRG 1) eingeführt. Sie legte anfangs nicht nur in festverzinslichen Euro-Wertpapieren (z.B. Eurofima, Kommunalkredit Austria-Umweltanleihen) und Investmentfonds an, sondern – und das war eine Ausnahme bei Pensionskassen – auch in Einzelaktien wie z.B. Mayr-Melnhof Karton oder BWT.

Danach wurde ein »core/satellite«-Konzept eingeführt, bei dem rund 80 Prozent der Anlagen aus einem von SAM Zürich zusammengestellten und überwachten »Sustainability«-Universum stammten, der Rest floss in verschiedene unabhängige Anlagen. Ihren Ursprung hatte diese grüne VRG, die später zu einer »konventionellen« VRG verschmolzen wurde, in der 1998 vollzogenen Privatisierung der Pensionsansprüche von Politikern. Das Startkapital kam aus Übertragungen von Ansprüchen gegenüber dem Bund von Abgeordneten verschiedener Parlamentsparteien. Der Veranlagungsausschuss für diese VRG war mehrheitlich von den Versichertenvertretern besetzt.

Die wesentlich größere *VBV Pensionskassen AG* (sie verwaltet inzwischen rund 5 Mrd. Euro für über 260000 Anwartschafts- und Leistungsberechtigte) hat Ende 2004 ebenfalls Überlegungen angestellt, zumindest eine eigene ethisch-ökologische Veranlagungsgruppe zu gründen. Das ist bisher nicht erfolgt, es wird jedoch bei allen Gruppen zusätzlich auf ethische Aspekte Wert gelegt. Doch im Vergleich zu den später gegründeten Vorsorgekassen (siehe Kap. 3.4) tut sich bei den österreichischen Pensionskassen in Richtung nachhaltige Veranlagung noch wenig.

Kontakt:
- Bonus Pensionskassen AG, Traungasse 14-16, A-1030 Wien, Tel.: 0043/1/51602-0, www.bonusvorsorge.at
- VBV Pensionskassen AG, Obere Donaustraße 49-53, A-1020 Wien, Tel.: 0043/1/24010-0, www.vbv.at

3.3.3 Deutschland

Nach den betrieblichen Pensionskassen, die für die Mitarbeiter von Großkonzernen schon seit über 100 Jahren bestehen, sind überbetriebliche Pensionskassen in Deutschland erst langsam im Entstehen. Eine »grüne« Pensionskasse gibt es noch nicht, gleichwohl spielen auch nicht-finanzielle Kriterien eine gewisse Rolle in der Diskussion, z. B. beim Branchenriesen *Metallrente*.

Dem von der IG Metall und dem Arbeitgeberverband Gesamtmetall 2001 im Zuge der Einführung der neuen deutschen Rentengesetze gegründeten überbetrieblichen Altersversorgungswerk *Metallrente* haben sich auch die Stahlindustrie und die Branchen Holz, Kunststoff und Textil angeschlossen. Bei den rechtlich selbstständigen Pensionskassen dürfen bis zu 75 Prozent Aktien enthalten sein, die Versicherten können bei einem Wechsel des Arbeitgebers ihre Ansprüche aus dem Pensionsfonds übertragen. Für die Verwaltung des Vermögens wurden anfangs vier Unternehmen ausgewählt, nämlich die Allianz, die bis heute Konsortialführerin ist, die Victoria Versicherung, die WestLB und die BHW-Gruppe, an der die Gewerkschaftsholding BGAG mit 35 Prozent beteiligt war, bevor dieser Anteil 2005 an die Postbank verkauft worden ist. 2011 betreut die Metallrente über 18000 Kundenunternehmen: Bei mehr als 350000 Verträgen kommen jährlich mehr als 2 Mrd. Euro Beitragsvolumen zusammen. Die Metallrente hat zwar einen Beirat zwecks jährlicher Prüfung einzelner Engagements, verzichtet aber laut Geschäftsführer Heribert Karch auf einen engen Kriterienkatalog im Sinne sozialer, ethischer oder ökologischer Aspekte. Seine Begründung: »Der Arbeitnehmer möchte für sein Geld die größtmögliche Rendite – das hat bei uns oberste Priorität.«

Kontakt:
- Metallrente GmbH, Dorotheenstraße 37, D-10117 Berlin, Tel.: 030/20 65 85-0, www.metallrente.de

3.4 Vorsorgekassen

In Österreich ist seit dem 1. Juli 2002 das Betriebliche Mitarbeitervorsorgegesetz (BMVG) in Kraft. Es regelt für alle neuen Arbeitsverhältnisse ab 2003 die sogenannte *Abfertigung neu*, wonach jeder Arbeitgeber 1,53 Prozent des monatlichen (Brutto-)Entgeltes seiner Arbeitnehmer in eine eigens dafür gegründete Vorsorgekasse (VK, früher: Mitarbeitervorsorgekasse) einzahlen muss. Seit 2008 gilt dieses Modell auch für Selbstständige. Für ältere Dienstverhältnisse ist eine Übertragung ins neue System auf freiwilliger Basis möglich. Wer den Arbeitgeber wechselt, dessen Abfertigungsanspruch wird auf die Vorsorgekasse des neuen Arbeitgebers übertragen.

2002 wurden neun solcher Kassen gegründet, 2010 kam als zehnte Kasse die »Fair Finance« auf den Markt, die weder österreichische Banken noch Versicherungen oder einen Industriekonzern (wie Siemens) als Eigentümer hat. Die Zulassung bei der Aufsichtsbehörde (FMA) erfolgte allerdings erst, nachdem mit der GLS Bank und der Concordia-Versicherungsgruppe zwei deutsche Investoren die Mehrheit übernommen haben. Newcomer Fair-finance (Performance 2. Halbjahr 2010 rund 2,5 %) erwartet sich mittelfristig – durch Übertragungen und Neukunden – einen Marktanteil von über 3 Prozent, was derzeit einem Anlagevolumen von über 110 Mio. Euro entspricht.

Fast alle dieser VK – außer Siemens – haben sich inzwischen verpflichtet, die Gelder nach ethisch-ökologischen Kriterien zu veranlagen, die Mehrheit hat sich auch (jeweils für das vorangegangene Geschäftsjahr) einer VK-Nachhaltigkeitszertifizierung über die ÖGUT (Österreichische Gesellschaft für Umwelt und Technik, siehe www.gruenesgeld.at) unterzogen und einen positiven Bestätigungsvermerk erhalten.

Am ausgereiftesten erscheint das Konzept der mit über 35 Prozent Marktanteil führenden VBV VK, die schon Ende 2002 einen eigenen externen Ethik-Beirat installiert hat, ohne dessen Bewilligung keine Fonds oder andere Wertpapiere gekauft werden dürfen. Hinter der VBV stehen Erste Bank, der Sparkassensektor, Vienna Insurance Group, Bank Austria, GRAWE, Donau-Versicherung u. a.. Bei den anderen Vorsorgekassen nehmen teilweise Anlageausschuss oder Kundenbeirat eine Kontrollaufgabe wahr.

2010 wuchs die Anzahl der Konten bei den VK auf über 5 Mio., und das Anlagevolumen – die lfd. Beiträge stiegen um rund 11 Prozent auf 757 Mio. Euro – um 26 Prozent auf 3,56 Mrd. Euro. Bei der Anlagestrategie liegt das Schwergewicht auf Anleihen, denn es besteht eine gesetzlich festgelegte Kapitalgarantie auf die geleisteten Beiträge. Die Kassen veranlagen in der Regel nicht in Einzelaktien bzw. -anleihen, sondern in Fonds. Bei der BUAK ist Mitte 2011 z. B. der Dexia Sustainable North America mit über 3 Prozent am höchsten gewichtet, im Anleihenbereich der BAWAG P.S.K. Öko Sozial Rent mit rund 21,4 Prozent. Bei der BAWAG Allianz Vorsorgekasse stehen der Allianz Invest Nachhaltigkeitsfonds bzw. österreichische Staatsanleihen an erster Stelle, bei der VBV der ESPA VINIS Stock Global und der VBV VK Sustainability Bond.

Trotz einer gesetzlich erlaubten Aktienquote von bis zu 40 Prozent sind in den Portfolios im Schnitt nur rund 10 Prozent in Aktien(fonds) investiert, sodass in »normalen« Börsenzeiten (nach Abzug der Verwaltungs- und Managementkosten) jährliche Renditen von 3 bis 4 Prozent erzielt werden. Im schwierigen Börsenjahr 2008 ergaben sich bei allen Anbietern sogar mehr oder weniger große Verluste (im Mittel -2%), sodass der annualisierte Ertrag der Jahre 2004 bis 2010 im Schnitt bei nur etwas über 2,5 Prozent liegt (Schwankungsbreite von 2,2 bis 3,3% p.a.). Angesichts dessen mehrt sich die Kritik am derzeitigen Modell, das sich im Spannungsfeld zwischen Ertrag und Sicherheit bewegt.

In Sachen »nachhaltiges Investment« brachte die »Abfertigung Neu« einen großen Aufschwung in Österreich. Fast alle Anbieter bekannten sich bereits am Start oder zumindest im Laufe der Zeit zur Integration sozialer und ökologischer bzw. ethischer Anlagekriterien, wobei die Individualität der Konzepte sehr groß ist, und damit die Qualitäten sehr unterschiedlich ausgeprägt sind. So gibt es Kassen, die sich zwar »Nachhaltigkeit« auf die Fahnen schreiben, dann z.B. aber in »konventionelle« Total-Return-Fonds investieren, die mangels Ausschlusskriterien z.B. auch Atomkraftaktien im Portfolio haben. Einige Kassen bzw. deren Fondsmanager haben Agenturen wie Oekom Research oder Sustainalytics mit der Prüfung von Nachhaltigkeitskriterien beauftragt, andere investieren in »nachhaltige« Dach- oder eigens aufgelegte Spezialfonds, die z.B. nur ausgewählte Einzelanleihen kaufen.

Kontakt:

- APK Vorsorgekasse AG, Stahlstraße 2-4, A-4020 Linz, Tel.: 0043/050275-5600, www.apk-vk.at
- BAWAG Allianz Vorsorgekasse AG, Hietzinger Kai 101-105, A-1130 Wien, Tel.: 0043/1/87807-80181, www.vk-service.at
- Bonus Vorsorgekasse AG, Traungasse 14-16, A-1030 Wien, Tel.: 0043/1/9949974, www.bonusvorsorge.at
- BUAK Betriebliche Vorsorgekassen GmbH, Kliebergasse 1a, A-1050 Wien, Tel.: 0043/0579579/3000, www.buak.at
- Fair-finance Vorsorgekasse AG, Alser Straße 21/8, A-1080 Wien, Tel.: 0043/1/4057171-0, www.fair-finance.at
- Niederösterreichische Vorsorgekassen AG, Neue Herrengasse 10, A-3100 St. Pölten, Tel.: 0043/2742/90555-7100, www.noevk.at

- Siemens Mitarbeitervorsorgekasse AG, Siemensstraße 90, A-1210 Wien, Tel.: 0043/05 17 07-342 44, www.cee.siemens.com/web/austria/de/corporate/mvk
- Valida Plus AG, Ernst-Melchior-Gasse 22, A-1020 Wien, Tel.: 0043/1/316 48-12 00, www.valida.at
- VBV Vorsorgekasse AG, Obere Donaustraße 49–53, A-1020 Wien, Tel.: 0043/1/219 90 12, www.vbv.at
- Victoria-Volksbanken Vorsorgekasse AG, ERGO Center, Businesspark Marximum/Objekt 3, Modecenterstraße 17, A-1110 Wien, Tel.: 0043/1/313 41-0, www.victoria.at

3.5 Krankenversicherungen

Im Herbst 2010 ließ die 1875 gegründete, deutschlandweit agierende Krankenversicherung BKK advita in einer Presseaussendung mit der Überschrift »Erste deutsche Krankenkasse als Vorreiter für Ökologie und Nachhaltigkeit« aufhorchen. Sie arbeitet nach wie vor eng mit den ehemaligen Trägern Schott AG, Carl Zeiss AG, KSB AG und Zwiesel Kristallglas zusammen. Aber auch andere Partnerunternehmen (es gibt rund 5000 Firmenkunden) werden auf Wunsch von der BKK advita z. B. beim betrieblichen Gesundheitsmanagement unterstützt.

Vorstandsvorsitzender Norbert Pasternack setzt – trotz weitgehend gesetzlich normierter Leistungen – auf »ganzheitliche und nachhaltige Methoden«, auch in der Prävention. »Versicherte, die sich bewusst für eine gesunde und umweltverträgliche Lebensweise entscheiden, erwarten nicht nur Beitragsvorteile.« Ganz im Trend zu gesunder Ernährung bietet man ein »Bio-Gesund-Paket« an. Modellversuche bezüglich ökologischer Ausstattung und Ernährungsangebot haben bereits in fünf Kindertagesstätten begonnen. Unterstützung fand die BKK advita bei Bioland, Pro Natur und Erich Margrander, dem Herausgeber des bioPress-Magazins, der lieber von Gesundheitsvorsorge statt Krankenkasse spricht.

Auch in der Verwaltung verweist die BKK advita auf Öko-Zertifikate bzw. eine Ökologisierung im Bereich Geschäftsreisen und Beschaffung. Kunden können auf der Homepage bzw. www.öko-your-life.de nicht nur alle deutschen Ärzte mit der Zusatzbezeichnung »Naturheilverfahren« abrufen, sondern auch alle Vertragshebammen (mit 24-stündiger Rufbereitschaft) für Hausgeburten bzw. Geburtshäuser oder Tipps zu »biologisch/ökologisch korrekten Einkaufsmöglichkeiten«.

Die Barmenia, die 2009 ihren ersten Nachhaltigkeitsbericht erstellt hat, verspricht beim Krankheitskosten-Vollversicherungs-Kompakttarif »VCN« nicht nur Leistungen »beider Therapiewege Schulmedizin und Naturheilkunde«, sondern auch, dass »Teile der Alterungsrückstellung (...) u.a. in nachhaltigen Publikumsfonds angelegt« werden.

Kontakt:
- BKK advita Pflegekasse, Mainzer Straße 5, D-55232 Alzey, Tel.: 067 31/94 74-0, www.bkk-advita.de
- Barmenia Krankenversicherung a.G, Kronprinzenallee 12-18, D-42094 Wuppertal, Tel.: 02 02/438-00, www.barmenia.de

3.6 Sachversicherungen

Auch bei anderen Versicherungssparten spielen Umweltaspekte eine größere Rolle als früher: Anlässlich der 5. UN-Klimakonferenz Ende 1999 in Bonn stellte die Rheinland Versicherung ihre *Cool-Invest* vor. Als Beitrag zum Klimaschutz wird dabei eine Kfz-, Wohngebäude- oder Betriebsversicherung mit einer Investition in die Aufforstung tropischen Regenwaldes verbunden. Der »Baumsparvertrag« (siehe auch Kap. 2.10.2) wurde als Bausparvertrag mit CO_2-Neutralität, 4,25 Prozent Zinsgarantie & Cool-Bonus beworben. Rund 830 Quadratmeter neu gepflanzter Regenwald mit 40 Bäumen und Unterholz reichen aus, um das Kohlendioxid, das durch einen Pkw erzeugt wird, wieder zu binden. Durch die Vermarktung der Bäume nach etwa 25 Jahren soll Cool-Invest Kapitalerträge liefern, die »höher sind als die Kfz-Versicherungsbeiträge in der ganzen Laufzeit«. Für die Pflanzungen, Pflege und Ernte ist der FSC-zertifizierte Forstbetrieb Forest Finance in Panama verantwortlich, der auch privaten Investoren Anteile anbietet. Rheinland gehört zu den Unterzeichnern der UNEP-Initiative der Versicherungswirtschaft und hat 1997 erstmals einen Umweltbericht mit betrieblicher Umweltbilanz veröffentlicht. 1996 hat Rheinland eine umweltorientierte Autoversicherung eingeführt, bei der Besitzer einer Bahncard oder anderer Jahreskarten für den öffentlichen Personenverkehr einen ermäßigten Versicherungstarif erhalten.

Der Versicherungskonzern Gerling (inzwischen zu HDI-Gerling bzw. dem Talanx-Konzern gehörig) hat mit dem *Öko-Tarif Kraftfahrt* für umweltfreundliche Erdgasfahrzeugen günstigere Prämien eingeführt. Ausschließlich mit Erdgas betriebene (monovalente) Pkw erhalten 15 Prozent Prämienvorteil auf die normale Haftpflicht- und Kaskoprämie, Fahrzeuge mit kombiniertem Antrieb (bivalent) noch 10 Prozent.

Seit 2009 bietet die Helvetia Kfz-Versicherung einen Öko-Rabatt (8%) für Autos, die einen CO_2-Ausstoß von höchstens 140 Gramm pro Kilometer haben und weniger als 12000 Kilometer im Jahr gefahren werden. Damit wurde manchem Autofahrer, der die »Abwrackprämie« nutzen wollte, der Umstieg zusätzlich erleichtert.

Auch die Volkswohl Bund Sachversicherung AG sieht beim Kfz-Tarif »GreenLine« Ermäßigungen für Autos bis zu höchstens 130 Gramm CO_2-Ausstoß pro Kilometer vor (und bei der Schwester-Gesellschaft im Lebensbereich haben die Versicherten inzwischen bei allen fondsgebundenen Policen Öko-Fonds zur Auswahl).

Fast die Hälfte der deutschen Kfz-Versicherer bietet inzwischen umweltbezogene Rabatte oder spezielle Tarife z.B. für Elektroautos an; die Ermäßigungen bewegen sich allerdings meist nur im einstelligen Prozentbereich. In der Schweiz reichen die Rabatte sogar bis zu 25 Prozent bei Hybrid- und 50 Prozent bei Elektrofahrzeugen.

Kontakt:

- Helvetia Schweizerische Versicherungsgesellschaft AG, Berliner Straße 56–58, D-60311 Frankfurt, Tel.: 069/13 32-0, www.helvetia.de
- Rheinland Versicherung, Rheinland-Platz, D-41460 Neuss, Tel.: 021 31/290-0, www.rheinland-versicherungen.de
- Talanx Deutschland AG, Riethorst 2, D-30659 Hannover, Tel.: 05 11/645-0, www.hdi-gerling.com
- Volkswohl Bund Sachversicherung AG, Südwall 37-41, D-44137 Dortmund, Tel.: 02 31/54 33-0, www.volkswohl-bund.de

4 Finanzdienstleister für ethisch-ökologische Investments

Mit dem Boom der Wind- und Solarparks, der Etablierung »alternativer« Banken und über 200 verschiedener nachhaltiger Investmentfonds ist auch der grüne Finanzdienstleistungssektor im deutschsprachigen Raum zwischen 1990 und 2010 sehr schnell gewachsen. Einen erheblichen Anteil an dieser Entwicklung hatten in Deutschland vor allem die GLS Bank (samt der später von ihr übernommenen Ökobank) und die UmweltBank (gegründet 1997) sowie die Alternative Bank Schweiz (gegründet 1990) mit jeweils mehreren Tausend Gründern bzw. Zehntausenden von Kunden. Entsprechend der Nachfrage und einer Vielzahl neuer Produkte stieg auch der Bedarf an Beratung und Vermittlung im Bereich der Finanzierung ethisch-ökologischer Vorhaben. Neben mehreren Dutzend spezialisierter Öko-Finanzdienstleister haben auch einige zuvor »konventionell« agierende Vermittler Nachhaltigkeit, Ethik oder Ökologie zu einem neuen Schwerpunkt ihrer Arbeit gemacht.

Doch die Blütezeit dieses neuen Öko-Finanzsegments, in der einzelne Berater (vor dem Jahr 2000) innerhalb weniger Wochen Papiere im Wert von mehreren Mio. Euro bei ihren Kunden platzieren konnten, währte nur wenige Jahre. Nachdem die ersten Unternehmen – darunter viele »Start-ups«, die auf Risikokapital angewiesen waren – in die Insolvenz schlitterten, gab es auf Seiten mancher Anleger lange Gesichter. Einige gaben dabei den Vermittlern die Hauptschuld an ihrem Totalverlust, obwohl dieses Risiko zumindest im Kleingedruckten nicht verheimlicht worden war. Manche Vermittler mussten sich nun mit verärgerten Kunden oder gar Schadenersatzklagen plagen und verloren einen Teil ihrer Klientel. Manche Berater und Vermittler, die nur die schnelle Provision im Auge hatten oder selbst gutgläubig auf windige Firmen hereinfielen und deren überteuerte Aktien an den Mann brachten, mussten schließen. Oder sie wurden insolvent, nachdem sie (wie z. B. die Hermerlin-Gruppe) größere Pakete der später wertlosen Aktien in ihren Eigenbestand genommen hatten. Insofern haben alle Öko-Finanzdienstleister, die nun schon mehr als 12 bis 15 Jahre existieren, zumindest gezeigt, dass sie auch Krisen überstehen können.

Dieses Kapitel soll einen kurzen aktuellen Überblick über die Öko-Finanzdienstleister und ihre Arbeitsweise geben. Die jeweiligen Kontaktadressen (inkl. Internetadresse, Telefonnummer und Informationen zum jeweiligen Leistungsspektrum) dieser mehr als 100 Unternehmen bzw. »Einzelkämpfer« im deutschsprachigen Raum finden sich am Schluss dieses Kapitels.

4.1 Deutschland

Von den im Kapitel 2.1 genannten »grünen Banken« hat sich bis dato nur die Nürnberger *UmweltBank AG* ins Börsenemissionsgeschäft gewagt (um die Jahrtausendwende waren die Aktien von Plambeck Neue Energien und Umweltkontor unter den ersten). Sie bietet ihren Kunden auch entsprechende Beratung sowie Wertpapierdepots bzw. erhöhte Zuteilungsquoten bei Neuemissionen. Die in *Oekogeno* umbenannte ehemalige Ökobank-Genossenschaft suchte sich neue Geschäftsfelder, um auch ohne Vollbanklizenz »den alten Zielen der Ökobank gerecht« zu werden, z.B. in der Beratung und im Vertrieb von Windpark- oder anderweitigen Beteiligungen an öko-sozialen Unternehmen. Nach den bei der Ökobank angelaufenen Verlusten und dem Austritt von mehr als 3000 Mitgliedern sind der Oekogeno noch rund 20 000 Mitglieder und über 2 Mio. Euro Genossenschaftskapital verblieben, um die neuen Bereiche aufzubauen. Einige Jahre nach dem Ende der Ökobank, deren Bankgeschäft saniert und dann von der GLS Gemeinschaftsbank übernommen wurde, waren auch noch ein paar der ehemaligen Ökobank-Agenten aktiv (z.B. Ökofinanz Dresden).

Einige der Finanzdienstleister, die wie *»Das Grüne Emissionshaus«* aus Freiburg hauptsächlich oder ausschließlich im Bereich der Wind- und Solarenergiefonds tätig sind, findet man im Kapitel 2.3. Andere Unternehmen wie die, die von der Gründungsberatung bis hin zur Platzierung von Aktien alle Dienstleistungen anbieten, haben wir im Kapitel 2.9.3 näher behandelt.

Die Berliner *Umweltfinanz AG* hat sich in den ersten Jahren auf die Vermittlung von außerbörslichem Risikokapital an junge grüne Unternehmen (mit Flops wie Intensys Solar AG und Tops wie SolarWorld AG) spezialisiert. In einigen Fällen gelang es nicht, die Kapitalerhöhungen entsprechend dem Finanzbedarf zu platzieren, was nicht selten zur Insolvenz führte, obwohl das jeweilige Geschäftskonzept durchaus Chancen gehabt hätte. Inzwischen ist die Umweltfinanz AG wesentlich breiter aufgestellt und vermittelt u.a. Investmentfonds, Genussrechte und Anleihen. Daneben wird ein Handel mit rund einem Dutzend außerbörslicher Umweltaktien angeboten, von der *ABO Wind AG* über die Berliner *Phönix Sonnenwärme AG* bis zur *Wind7 AG*. Aktien der bayerischen *Phoenix Solar AG* konnte man kurz vor dem Börsenlisting (2004) hier noch günstig – d.h. unter vier Euro – kaufen.

Bei der Depot VG Depotverwaltungsgesellschaft handelt es sich um einen Zusammenschluss von über 200 Öko-Investoren, die ihre Papiere »gepoolt« haben. Das hat nicht nur den Vorteil, dass man sie untereinander spesengünstig handeln kann (siehe Kap. 2.5.2), sondern auch bei Hauptversammlungen mit einer gebündelten Stimmenmacht auftreten kann. GbR-Geschäftsführer Bernhard Ruck wurde so schon mehrmals zum Aufsichtsrat gewählt.

Welche jährlich vermittelten Volumina tatsächlich im Spiel sind, geben die kleinen und mittleren Unternehmen meist nicht bekannt, anders als die großen, die wegen der Börsennotiz auch mehr Publizitätspflichten haben. Eher sparsam mit Informationen geht auch die seit 1999 mit Vorzugsaktien an der Börse gehandelte Öko-Finanzdienstleisterin Versiko AG um. Nach hohen Verlusten in der Verwaltung eigenen Vermögens (bzw. des Vermögens der Sonne und Wind Beteiligungen AG) sank die Versiko-Aktie vom früheren Höchststand von 90 Euro um mehr als 90 Prozent. Cash-Cow für Versiko ist jedoch die seinerzeit von der krisengeschüttelten Ökobank übernommene Kapitalanlagegesellschaft *Ökoworld Lux. S.A.*, die mit der Verwaltung von Fonds in dreistelliger Millionenhöhe gute Gewinne abwirft.

Viele der Berater bzw. Vermittler beginnen als Einzelkämpfer vom Heimbüro aus und konnten sich im Lauf der Zeit einen dreistelligen Kundenstamm aufbauen. Doch aller Anfang ist schwer, und so haben Einzelunternehmen wie z.B. die *Civis Consult,* die erst im allgemeinen Börsentief der Jahre 2000/2001 an den Start ging, nach kurzer Zeit wieder aufgegeben. Andere sind mehr oder weniger erfolgreich schon viele Jahre aktiv, z.B. die *Folio Ökologische Finanzberatung Gerd Meyer.* Die Erlanger *Ökodirekt GmbH* vermittelt überwiegend Beteiligungen aus dem Bereich regenerativer Energie und zählt inzwischen mehr als tausend Kunden. Die Nürnberger *Umwelt Direkt Invest Beratungs-GmbH* (UDI) wird von Georg Hetz geleitet, der früher bei der UmweltBank tätig war. UDI bietet neben geschlossenen Fonds im Wind- und Solarstrombereich auch Umwelt-Investmentfonds und andere Instrumente an. Norbert Drews bietet seit dem Jahr 2000 mit seiner Einzelfirma *Eco-Best-Invest* in Hamburg einen Online-Shop für Investmentfonds an, »die sowohl in höchstem Maße ethisch-ökologisch arbeiten als auch beste Performances erreichen bzw. in der Vergangenheit erreicht haben«. Ebenfalls in Hamburg ist Frauke Hammermann tätig, die Ihre Beratungsleistungen im Nachhaltigkeitssektor erst seit Sommer 2011 auf einer eigenen Homepage anbietet, aber schon seit einigen Jahren im Umweltbeirat der Umweltbank sitzt.

Seit über 10 Jahren gibt es auch speziell auf die Bedürfnisse von Frauen zugeschnittene Vermögens- und Versicherungsberatungsunternehmen, die meist auch ethisch-ökologische Produkte wie Umweltinvestmentfonds vermitteln, z.B. die Hamburger *Frauen Finanzgruppe Susanne Kazemieh* oder die Kölner *Frauen Finanzdienst Vermittlungs GmbH* von Heide Härtel-Herrmann. Auf der Internetseite www.finanzfachfrauen.de finden sich über 20 Anlaufstellen in ganz Deutschland.

Zu den kritischen Vermittlern, die sich alle Projekte sehr genau ansehen, bevor sie sie in ihr Programm aufnehmen, zählt die 1995 gegründete *Ökofinanz Ingo Scheulen* mit Sitz in Bad Salzuflen. Ingo Scheulen ist auch

Initiator des Vereins Ökofinanz21, der inzwischen mehr als 20 Berater in ganz Deutschland umfasst.

Ein loses Netz von rund 20 eigenständigen Versicherungsmaklern bzw. -beratern bilden seit über 20 Jahren die sogenannten *Fairsicherungsläden* (www.fairsicherung.de), die sich für die Marke »FAIR« einem Ehrenkodex unterworfen haben und auch zahlreiche Öko-Produkte in ihrem Programm haben. Relativ neu auf dem Beratermarkt sind hingegen auf nachhaltige Investments spezialisierte Firmen wie die Mehrwert GmbH, die NFN AG oder die SRI Concepts GmbH, die unter ihrem Dach jeweils mehrere Mitarbeiter an mehreren verschiedenen Standorten zusammenfassen.

Zur Aus- und Fortbildung – auch von Bankberatern – wird von der Dortmunder ECOeffekt GmbH seit einigen Jahren erfolgreich der Fernlehrgang »Eco-Anlageberater« (www.eco-anlageberater.de) angeboten. Dessen Absolventen können sich dann zertifizierte »Fachberater/in für Nachhaltiges Investment« nennen. Neben all den vorstehend genannten Beratern gibt es noch eine ganze Reihe von Firmen, die meist nur die eigenen, d. h. von Mutter- oder Schwesterfirmen entwickelten Produkte anbieten.

Betrügereien

In den letzten Jahren gab es einige unfreiwillige Firmenauflösungen im Öko-Finanzdienstleistungssektor. So hat die 1997 in München gegründete *Ökofinanz Ueber GmbH,* die vor allem Direktbeteiligungen wie Arra Terra oder Asbest Ex Verwertungs GmbH angeboten hat, nach der Verhaftung eines Mitarbeiters (wegen Untreueverdachts) ihren Betrieb wieder eingestellt.

Das »grüne Emissionshaus«, wie sich die 1992 gegründete *Wirtschaftsanalyse und Beratung AG (Wabag)* gerne selbst nannte, hatte trotz teurer Kampagnen nie ein gutes Image. Einige der Initiatoren stammten aus der in Anlegerschutzkreisen verpönten »Göttinger Gruppe«, die Wabag-Emissionsprospekte enthielten teilweise seitenlange Passagen, die wortwörtlich – nur die Namen waren ausgetauscht – abgekupfert waren. Fast alle der von der Wabag auf den außerbörslichen Markt gebrachten Aktiengesellschaften waren in den neuen Bundesländern angesiedelt und u. a. aufgrund der Geschäftsbereiche relativ riskant, obwohl meist hohe staatliche Investitionsförderungen gewährt wurden. Statt der von der Wabag prognostizierten Erträge bzw. »Kursgewinne« bei Aktien (z. B. Trentec, Trentec II, Biokraftwerk Zittau, K.U.R.S., Z.E.N.I.T.H., Kompact AG) haben die Anleger meist ihr gesamtes eingesetztes Kapital verloren. Die Verantwortlichen wurden unter Betrugs- und Untreueverdacht verhaftet und zu Gefängnisstrafen bis zu acht Jahren verurteilt.

4.2 Schweiz

Während in Deutschland neben den »alternativen« Banken meist nur kleinere Betriebe bzw. Einzelfirmen als selbstständige ethisch-ökologische Finanzdienstleister tätig sind, gibt es in der Schweiz einige größere Unternehmen.

Die 1995 gegründete *Sustainable Asset Management AG (SAM)* richtet sich an private und institutionelle Großanleger und hat schon sehr früh den sogenannten »Sustainable Shareholder Value« in die traditionelle Finanzanalyse integriert. Die Gruppe hat verschiedene eigene Investmentfonds, Beteiligungsgesellschaften und seit 1999 in Kooperation mit Dow Jones die Sustainability-Indizes (siehe Kap. 2.8.2) auf den Markt gebracht. Aufgrund der schlechten Börsenentwicklung sind aber die mit dem konventionellen Markt ziemlich parallel laufenden Indizes und jene Produkte, die erst im Jahr 2000 oder 2001 lanciert wurde, zeitweise stark in der Verlustzone geraten.

Seit kurzem legen Institute wie die Globalance Bank AG – sie wurde 2010 von Reto Ringger gegründet, der seine Mehrheit an SAM einige Jahre zuvor verkauft hat – Wert auf eine sogenannte »Weißgeldstrategie«, d. h., sie akzeptieren nur versteuertes Vermögen, was die Kunden mit ihrer Unterschrift unter die allgemeinen Geschäftsbedingungen bestätigen.

Für den Schweizer Pionier der ethisch-ökologischen Finanzdienstleistungsbranche, die 1990 gegründete und zwischenzeitlich über 40 Mitarbeiter zählende *VTZ Versicherungstreuhand Zürich AG,* kam im Jahr 2001 das Aus. Die VTZ hatte vor allem außerbörsliche Aktienemissionen im Energiebereich (z. B. die inzwischen auch insolvente Bomin Solar/PowerPulse) vermittelt, aber auch aus anderen Branchen (z. B. Oeko Casa AG, Spagomed AG). Neben diesen meist durch Managementfehler verursachten Ausfällen ist die VTZ bei der ökologischen Neuausrichtung der Genfer GEO Bank AG auch an betrügerischen Einzelpersonen gescheitert – der deutsche Möchtegern-Bankier Bernhard Bienemann wurde zu fünf Jahren Haft verurteilt (nachdem er einen Teil verbüßt hatte, kam er auf Bewährung frei und wurde Gärtner). Den durch diesen Ausfall verursachten Imageschaden – Anleger verloren über 15 Mio. Franken –, eine zu risikoreiche Strategie sowie statutenwidrige Investitionen des VTZ-Chefs Martin Brenner bei Verwaltungsmandaten (Terra Trust Investment AG) hat die VTZ letztlich nicht verkraftet. Die aus den Resten der GEO Bank AG hervorgegangene *EPS Finanz AG* (EPS steht für »Environmental Portfolio Systems«) bietet nach einer ökologischen Vermögensverwaltung nun eher Unternehmensberatungsleistungen an bis hin zur Vorbereitung eines Börsengangs.

Auch eine Reihe von primär konventionellen Vermögensberatern und -verwaltern hat sich in den letzten Jahren hohe Kompetenzen im ethisch-ökologischen Investment erworben. Hierzu zählen vor allem das *Bankhaus Sarasin*, das neben dem Management mehrerer Öko-Investmentfonds auch zahlreiche andere Verwaltungsmandate errungen hat, die Zürcher Kantonalbank und die Swisscanto-Fondsgruppe mit einer breiten Palette von Nachhaltigkeitsprodukten. Aber nicht nur Banken, auch kleine Unternehmen haben interessante Nischen in der Schweiz gefunden. Zum Beispiel sind bei der *Marti + Partner Vermögensberatung* von Stephan Marti in Langenthal rund die Hälfte ethisch-ökologisch orientierte Kunden. Er ist einer der wenigen Finanzdienstleister, die ihren Kunden auch interessante außerbörsliche und börsennotierte Aktien empfehlen wie z.B. – noch vor dem Listing – die *Phoenix Solar AG*.

4.3 Österreich

In Österreich ist die Öko-Investment-Szene in den vergangenen Jahren breiter geworden, auch wenn es noch kaum zugehörige Finanzdienstleister im engeren Sinn gibt. Den Markt dominieren die auch im Ausland bekannten milliardenschweren Umweltanleihen der Kommunalkredit Austria (siehe Kap. 2.4.1), Investmentfonds und einzelne börsennotierte Aktien. In den Jahren 2001/2002 kam eine Reihe neuer Ethikfonds verschiedener Groß- und Regionalbanken auf den Markt. Daneben gibt es noch einzelne außerbörsliche Aktien im Ökostrom- und Windkraftbereich. Doch das bankunabhängige Geschäft mit der Vermittlung von Öko-Fonds und Aktien ist allgemein schwieriger geworden.

Der österreichische Öko-Finanzpionier, die 1991 gegründete *Tokos Vermögensberatung GmbH,* hat seinen Betrieb 2003 eingestellt. Seither gab es mehrere Unternehmen wie z.B. die *Ökoinvest Grosslercher & Hellwig OEG,* die sich aber nach meist nicht einmal zwei bis drei Jahren wieder aufgelöst haben. Übrig blieb die 2000/2001 in Wien gegründete Firma *Josef E. Jilek Ethical Investments,* die vorwiegend Fonds und Immobilien vermittelt. Josef Jilek war auch einer der Initiatoren des Vereins Humaninvest (»zur Förderung nachhaltiger Veranlagungs-, Wirtschafts- und Lebensformen«), der sich um kompetente Öko-Finanzberater als Mitglieder bemüht und auch Öko-Anlageprodukte unter die Lupe nimmt, bevor er sie seinen Mitgliedern nahelegt. Da es noch keine eigene grüne Bank in Österreich gibt, überlegt die GLS Gemeinschaftsbank, im Lauf der nächsten Jahre eine Österreich-Filiale aufzubauen (mit der 30% Beteiligung an der Fair Finance Holding AG, der Muttergesellschaft der gleichnamigen Vorsorgekasse, hat die GLS Bank seit 2010 ein erstes Standbein in Wien).

4.4 Finanzdienstleister für ethisch-ökologische Investments in D/CH/A

Unternehmen	Telefon	Internet www.	Angebote Vv	Fo	KG	aA	VP	H	S	Jahr der Gründung	Anzahl der Mitarbeiter	Volumen (in Mio. Euro)	K	H	B
Deutschland															
3 P FINANZ AG	06151/3605010	3p-ag.eu		v	v		v	v	v	2004	20	10	3		SG
Allgäufinanz Stefan Huber e.K.	0831/9603750	greenfonds.de		v	v		v	v	v	2004	3		2	v	
Alpha Consult Hamburg GmbH	040/27876635	alpha-consult-hamburg.de		v	v		v		v	2005	3	1	2		
Antana GmbH	0611/2385080	-	v							2000	2	7	1		
Building Venture Investment Consulting GmbH	06146/8189650	buildingventure.com	v	v	v	v		v	v	2005	1		1	v	
Die Nachhaltigkeitsmaklerin	0228/3904877	ute-tacke.de		v	v		v	ja	v	2007	1	1	2	v	
Dr. Eduard Belotti Zukunftsinvestitionen	0821/6502965	zukunftsinvestitionen.com		v	v		v	v	v	2004	1	0,6	2	v	
Dr. Upgang AG	0228/915240	upgang.de		v			v	v		2001	10	2		v	
eco-best-invest Umweltfinanzen Norbert Drews	040/6918588	eco-best-invest.com		v			v		v	2000	1		1		
EthikBank (Filiale der Volksbank Eisenberg)	036691/862345	ethikbank.de		v						2002	9	107	3		
F FINANZ GmbH Beratung + Vermittlung	0531/2408323	finanz-gmbh.de		v			v	v	v	1981	2	0,5	2	v	
fairsicherungsladen Wiechers GmbH	0251/39938-0	oeco-net.de		v	v		v			1982	25	15	3		
FAIRsicherungsmakler Pe Sturm	0234/9730158	firstpolice.de		v			v	v	v	2003	1	0,5	2	v	
FIBUR – Die ethisch-ökologische Finanzberatung Benjamin Urbanke	0203/98418361	fibur.de	v	v	v		v	v	v	2010	1		1	v	
Finanzberatung Bernhard Winklhofer	030/75514640	bw-finanz.de		v			v		v	2007	1		2		
Finanz-Beratungs-Service Paul Dohmen e. K.	02456/918-0	invest-solar.de		v	v			v		1984	2	7	1	v	
folio Gerd Meyer Ökologische Finanzberatung	04162/600401	-	v	v	v					1997	1		1		

Unternehmen	Telefon	Internet www.	Angebote Vv	Fo	KG	aA	VP	H	S	Jahr der Gründung	Anzahl der Mitarbeiter	Volumen (in Mio. Euro)	K	H	B
Fonds-Shop Metzingen	07123/910049	in-fonds.de		v	v		v	v	v	2000	1	1,5	2	v	
frau & vermögen Ute Regina Voß e.K.	04326/288646	frau-und-vermögen.de		v				v	v	2006	1		1	v	
Frauenfinanzdienst Heide Härtel-Herrmann	0221/9128070	frauenfinanzdienst.de		v	v		v	v		1987	6		3	v	
Frauenvermögensverwaltung AG	089/20208866-0	frauenvermögen.de		v	v		v	v	v	2002	6	20	2	v	GS
Frauke Hammermann	0178/1631179	frauke-hammermann.de		v	v		v	v	v	2007	1	1	1	v	
Geldwelt Oliver Rumpf	04185/5844-0	geldwelt.de			v				v	1995	1		2		
GLS Gemeinschaftsbank eG	0234/5797-0	gls.de	v	v	v		v		v	1974	358	2040	3		G
Grimm Vermögensberatung	08171/3650308	grimm-vermoegensberatung.de		v	v		v	v	v	2009	1	1	1	v	
grünanlagen GbR – freie ökologische Finanzberatung	030/34628946	geld-ist-gruen.de		v	v		v	v	v	2004	2		1	v	
GrünAnlagen GmbH	040/41426655	gruenanlagen.de		v			v			2004	1		1	v	
grünePortal GmbH	0451/48977058	grueneportal.de		v	v		v		v	2009	5		3		
Grünes Geld GmbH	06021/421329	gruenesgeld24.de	v	v	v		v	v	v	2007	2		2	v	
Guido Dahm Anlagenberatung	06359/82577	ecofonds-shop.de		v	v		v		v	2001	1		1		
GutesGeld – Nachhaltiges Investment GmbH	0221/3992099	gutesgeld.eu		v	v	v	v	v	v	2006	1	0,9	1	v	
Hans Feddersen Ökologische Kapitalanlagen	04841/800654	oeko-kapital.de		v	v			v		2001	1		2		
Hans-Joachim Braun Econanlageberater	0721/8302742	eco-finanzkonzepte.de		v	v		v	v		1999	1		1	v	
investinlife GmbH	0221/500858-0	investinlife.de		v	v		v	v	v	2008	4	10	2	v	
KARL & HEMMER Finanz- und Versicherungsmakler GmbH	09505/950130	finanzoekologen.de		v	v		v	v	v	2005	6		2	v	
KONSENS Versicherungsmakler KG	06081/57 66 57	konsens-kg.de		v	v		v	v		2001	4		2	v	K

Unternehmen	Telefon	Internet www.	Angebote Vv	Fo	KG	aA	VP	H	S	Jahr der Gründung	Anzahl der Mitarbeiter	Volumen (in Mio. Euro)	K	H	B
Konvivent Vermögensberatung – Unternehmensberatung	089/121 12-803	konvivent.de	v	v	v			v		2010	1		1	v	
Konzept & Verantwortung Vers.makler GmbH	0731/2770 30	kuv.de		v			v	v		1990	6		3	v	
Kris Hauf Private Vermögensbetreuung	040/472805	hauf-invest.de	v	v	v		v	v	v	1997	5		2	v	
Lutz Ramlich	0163/7265424	ramlich.de		v	v		v	v	v	2003	3	1	3	v	
Margarete Krümpel – Die Finanzplanerin	030/3156 1589	die-finanzplanerin.de		v	v		v	v	v	2003	1		1	v	
Martin Lessing	0211/6999 0001	martin-lessing.de		v	v			v	v	2006	1	0,5	1	v	
MehrWert GmbH für Finanzberatung und Vermittlung	0951/30 12 55-65	mehrwert-finanzen.de		v	v		v		v	2010	16	5	3		
MF Market Consult GmbH	0170/1651538	mfmarketconsult.com			v			v	v	2010	1		1	v	
Nachhaltige Finanzberatung Henny Willecke	040/76 103092	nachhaltige-finanzberatung.de		v	v		v	v	v		1				
nachhaltiges-vermoegen.de Olav Ternes	04193/5080805	nachhaltiges-vermoegen.de		v	v		v	v	v	2007	1			v	
Nachhaltigkeits-Institut	06151/101681-0	nachhaltigkeitsinstitut.de		v						2009	1				
Neue Finanzkonzepte Ulrike Müller	0421/3479334	neuesgeldbewusstsein.de		v	v		v		v	1988	1		3		
N FAKTOR Nachhaltige Geldanlagen Robert Voigt	030/36 28 18 22	finanz-n-faktor.de		v	v		v	v		2010	1	0,5	1	v	
NFN AG Nachhaltiges Finanznetzwerk	0221/67 77 71-0	nfn.de		v	v		v		v	2010	3		2		
OekoGeno eG	0761/40 11 20-6	oekogeno.de		v	v		v	v	v	1988	6		3		G
ÖKODIREKT GmbH	09131/972 08-0	oekodirekt.com		v	v					1999	7		3		
Ökofinanz Dresden Matthias Domke	0351/848 14 92	oekofinanz.de		v	v		v	v	v	1995	1	0,3	2	v	
ÖkoFinanz Ingo Scheulen	05222/9777-91	oekofinanz-scheulen.de	v	v	v			v	v	1995	3		2	v	

Unternehmen	Telefon	Internet www.	Angebote Vv	Fo	KG	aA	VP	H	S	Jahr der Gründung	Anzahl der Mitarbeiter	Volumen (in Mio. Euro)	K	H	B
Ökol. Finanz- u. Man.beratung Reinhard Böttger	08861/256851	-		v	v					2000	1		1		
oeko planfinanz GmbH	040/53933-200	oekoplanfinanz.de	v	v	v		v		v	2005	12		3		
ÖkoRenta AG	04941/60497-0	oekorenta.de		v	v		v			1999	30		3		
Osiris Investments GmbH	06691/9156-88	osirisinvest.de		v	v		v	v		2006	8	8	2	v	
Plansecur Elke Fischer	09261/627424	plansecur-berater.de/ e.fischer		v	v		v	v	v	1998	3	1	2	v	
ProVita GmbH	0711/81067-67	provita-gmbh.com		v	v		v			1994	4	23	3		
Rune Finanz GmbH	030/31504410	rune-finanz.de		v	v		v	v	v	1996	4		2	v	
Schallehn Family Office GmbH	0611/157570	s-fo.de						v	v	1980	4			v	
Schatzhaus Michael Stumpf e.K.	089/28701070	schatzhaus.info		v	v		v	v	v	2004	2		2	v	
Service 2000 Dienstleistungs GmbH	0511/9666746	clever-investiert.de			v						2				
SRI Concepts GmbH	07621/1687199	SRI-concepts.de	v	v	v		v		v	2009	14		3		
Steyler Bank GmbH	02241/12050	steylerbank.de	v	v					v	1964	21	292	3		
tetrateam - Nachhaltige Konzepte OHG	030/6110188-0	tetrateam.de		v	v		v	v	v	2009	3	5	5	v	
Tino Rosa Sinnvest	030/6098886-114	sinnvest.de		v	v			v	v	2005	2		2	v	
Triodos Bank N. V. Deutschland	069/71719100	triodos.de		v					v	2009	31	20	3		(A)
Trion eG	08223/9664937	-	v					v	v	1989	1			v	
UmweltBank AG	0911/5308-123	umweltbank.de		v	v		v		v	1997	162	1.743	3		A,GS
UmweltDirektInvest Beratungs GmbH	911/929055-0	udi.de		v	v					1998	27	20	3		
Umweltfinanz Wertpapierhandelshaus AG	030/8892070	umweltfinanz.de		v	v	v	v		v	1997	10	25	3		
Uwe Pössel – Nachhaltige Vermögensberatung	0345/52377970	poesselfinanz.de	v	v	v		v	v	v	2009	2	4	2	v	

Unternehmen	Telefon	Internet www.	Angebote Vv	Fo	KG	aA	VP	H	S	Jahr der Gründung	Anzahl der Mitarbeiter	Volumen (in Mio. Euro)	K	H	B
Vermögen & Vorsorge & Finanzierung J. Döppeler	2102/185206	vvf-beratung.de	v	v	v		v	v	v	2002	2	3	2	v	
versiko AG	02103/929-0	versiko.de		v			v		v	1975	30		3		A
WerteWachstum Hartl, Korth & Co. GmbH	02241/879612	wertewachstum-gmbh.de	v	v	v			v	v	2007	5	35	2		
Zento GmbH	06638/9188-92	zento-gmbh.de		v	v			v	v	2009	2	10	2	v	
Schweiz															
Alternative Bank ABS AG	062/2061616	abs.ch		v		v			v	1990	80	886	3		A
Care Group AG	044/2020204	caregroup.ch	v	v					v	1997	5		1	v	
EcoTrust AG - Bartholdi Vermögensberatung	071/2222055	ecotrust.ch	v					v	v	1987	6		1	v	
FAIRINVEST.info Othmar B. Ulrich	044/5866910	fairinvest.info		v				v	v	2007	1		1	v	
Forma Futura Invest AG	044/2872287	formafutura.com	v	v					v	2006	11		2		
Freie Gemeinschaftsbank eG	061/2698100	gemeinschaftsbank.ch	v				v		v	1984	14	181	3		G
Globalance Bank AG	044/2155565	globalance-bank.com	v							2010	18		1		
Independent Capital Management AG	044/25616-16	independent-capital.com	v	v				v	v	2004	6		1	v	
Marti + Partner GmbH	062/923923-0	finanzblog.com	v	v	(v)	v	(v)	v	v	1996	1		1	v	
SAM Sustainable Asset Management	044/3971010	sam-group.ch	v	v		v			v	1995	101		2		
Österreich															
100prozentig.at - Bernhard Schuster	0699/12907816	100prozentig.at		v	v			v	v	2003	1		1	v	
Alternativ-Invest Assetmanagement GmbH	0664/4636050	ai-asset.at	v	v			v	v	v	2005	3		2	v	
Bankhaus Schelhammer & Schattera AG	01/53434-2074	schelhammer.at	v	v			v	v	v	1832	100	772	3		
Fair Investieren Valentin Heppner	0650/5515014	fair-investieren.com		v	v	v	v	v	v	2006	1		1	v	
ipe.finance Ing. Peter Eigler	0662/432341-10	eigler.at	v	v	v		v	v	v	2002	2		2	v	

Unternehmen	Telefon	Internet www.	Angebote Vv	Fo	KG	aA	VP	H	S	Jahr der Gründung	Anzahl der Mitarbeiter	Volumen (in Mio. Euro)	K	H	B
Josef E. Jilek ethical investments	0699/19532546	-		v	v	v	v	v		2000	1		2	v	
Maunz & Partner GmbH	0650/7000771	wertorientierung.at		v	v		v	v		1997	1	1	2	v	
Pecunia Solutions Michael Hantsch	0676/7367467	pecunia-solutions.at	v	v	v	v	v	v	v	2003	1		1	v	
Steyler Bank GmbH Zweigniederlassung	02236/803134	steyler-bank.at		v	v				v	2002	2	34	3		
Summe											1257	6277			

Legende: Abkürzungen für die angebotenen Dienstleistungen

Vv = Vermögensverwaltung
Fo = Vermittlung von Investmentfonds
KG = Vermittlung von KG/GbR-Fonds
aA = Vermittlung von außerbörslichen Aktien
VP = Vermittlung von Versicherungspolicen
H = Honorarberatung
S = Sonstiges

Das Volumen p.a. bezieht sich auf die ungefähr im letzten Geschäftsjahr vermittelte Gesamtsumme der Anlagen/Beiträge bzw. Bilanzsumme bei Banken.

Die Kundenanzahl (K) haben wir in die Kategorien bis 100 (1), bis 1.000 (2) und über 1.000 (3) eingeteilt.

Bei der Spalte Honorarberatung (H) ist ein »v« angegeben, wenn auch Leistungen auf Stundenhonorarbasis abgerechnet werden können bzw. dies sogar ausdrücklich erwünscht ist, um von Vermittlungsprovisionen unabhängig zu sein.

Schließlich gibt es noch eine Spalte »B«, die zeigt, ob man sich auch an den Finanzdienstleitungsunternehmen selbst beteiligen kann, und zwar mittels A = Aktie, G = Genossenschaftsanteil, GS = Genussschein, K = Kommanditeinlage, SG = Stille Gesellschaft.

Leere Felder in der Tabelle bedeuten in der Regel, dass die Produktkategorien nicht angeboten werden bzw. das betreffende Unternehmen keine Angaben zu Volumina etc. gemacht hat.

5 Stiftungen, Spenden und Sponsoring

Auch eine Spende ist im weitesten Sinne eine »Investition«. Das finanzielle Engagement kommt nicht einem selbst, sondern Hilfe bedürftigen Menschen zugute – so sollte es wenigstens sein. Berichte über einzelne Skandale – auch bei seriösen Organisationen – verunsichern aber nicht wenige Spender.

Es würde den Rahmen dieses Buches sprengen, hier auch nur einen annähernden Überblick zu den Spenden werbenden Organisationen geben zu wollen, ganz zu schweigen von der Einschätzung der Wirksamkeit einer Spende. Denn nicht jede »Hilfe« hilft auch wirklich. Viele, gerade auch staatlich finanzierte Projekte haben mehr geschadet als genutzt, weil sie an den Bedürfnissen der Menschen vorbei geplant wurden.

5.1 Spenden und Sponsoring

Wer mehr über die wichtigsten Organisationen wissen möchte, die Arten der Spendenwerbung, Anschriftengewinnung, Datenschutz, Verwaltungskosten und Rücklagenbildung, kann unabhängige Prüfstellen wie das Deutsche Zentralinstitut für soziale Fragen (DZI) in Berlin, die Zentralstelle für Wohlfahrtsunternehmen (ZEWO) in Zürich oder das Österreichische Institut für Spendenwesen (ÖIS) kontaktieren. Wer Zusendungen von unbekannten Organisationen erhält, kann sich erkundigen, welche Daten dazu vorliegen. Auf der Internetseite www.besser-spenden.de gibt Ise Bosch wertvolle Hinweise – auch um sich selbst klarer zu werden, was man mit einer Spende erreichen will. Die folgende Checkliste gibt praktische Tipps für Spender.

Checkliste: Zehn Tipps für Spender

- ✓ Fordern Sie ausführliches Informationsmaterial der Organisation an, der Sie spenden möchten.
- ✓ Prüfen Sie anhand dieser Unterlagen, ob die Aufgabenstellung und die Zielsetzung der Organisation Ihren Vorstellungen entsprechen.
- ✓ Beachten Sie die Art der Werbung: Wird die Würde des Menschen in Wort und Bild respektiert oder wird der Mensch zum »Spendenobjekt« herabgesetzt?
- ✓ Stellen Sie sicher, dass Sie für Ihre Spende immer eine steuerbegünstigte Spendenquittung erhalten (in Österreich nicht möglich). In Deutschland ist eine Gemeinnützigkeitsbescheinigung des örtlichen Finanzamtes die Voraussetzung dafür (Freistellung von der Kapitalertrags-, Vermögens- und Körperschaftssteuer).
- ✓ Nehmen Sie Einblick in die Rechenschaftsberichte und überzeugen Sie sich dadurch von der satzungsgemäßen Verwendung der Mittel.
- ✓ Überprüfen Sie, wie viel von Ihrer Spende in die Projekte fließt und wie viel für Marketing und Verwaltung aufgewendet wird.
- ✓ Hinterfragen Sie, welche Prüfungsgremien das Finanzgebaren der Organisation kontrollieren.
- ✓ Stellen Sie sicher, dass zweckgebundene Spenden möglich sind, falls Sie darauf Wert legen.
- ✓ Erfragen Sie, ob die spendensammelnde Organisation bei der Planung, Durchführung, Abrechnung und Erfolgskontrolle der Projekte mitbeteiligt ist oder alle Entscheidungen von einer Zentrale im Ausland getroffen werden.
- ✓ Überzeugen Sie sich, ob der Einsatz Ihrer Spende vom Eingang bei der Organisation Ihres Vertrauens bis zur Verwendung im Projekt lückenlos überprüfbar ist.

Umwelt- und Sozial-Sponsoring

Auch für die Wirtschaft kann die Unterstützung von Umwelt- oder Naturschutz bzw. sozialen Anliegen sinnvoll sein. Wie für Sport und Kultur kann sich ein Unternehmen auch in diesen Bereichen im Sinne eines Sponsorings finanziell engagieren. Aber was genau versteht man eigentlich unter »Sponsoring«? Manfred Bruhn definiert den Begriff »Sozio- und Umweltsponsoring« folgendermaßen: »Sponsoring bedeutet die Planung, Organisation, Durchführung und Kontrolle sämtlicher Aktivitäten, die mit der Bereitstellung von Geld- und Sachmitteln oder Dienstleistungen durch Unternehmen für Personen und Organisationen zur Erreichung unternehmerischer Marketing- und Kommunikationsziele verbunden sind.« Die Melinda und Bill Gates Stiftung, die als eine der größten Stiftungen der Welt über eine zweistellige Milliardensumme verfügt, engagiert sich weltweit u. a. bei medizinischen Hilfsprogrammen und Projekten zur Bekämpfung der Armut.

Zahlreiche Banken und Versicherungskonzerne sind in den letzten Jahren als Sponsoren für soziale Zwecke oder im Rahmen von Klimaschutzinitiativen aufgetreten. Einige Umweltprojekte finden sich auch auf einer schon 1993 gegründeten Sponsoring-Börse im Internet.

Kontakt:

- ESB Europäische Sponsoring-Börse, Brunneggstraße 9, Postfach 519, CH-9001 St. Gallen, Tel.: 0041/71/22378-82 bzw. Büro Köln, Dürener Straße 225-227, D-50931 Köln, Tel.: 0221/80061424, www.esb-online.com

Berliner Erklärung zum Umweltsponsoring

1994 wurde im Rahmen des Kongresses »Umweltsponsoring« von den Teilnehmern aus Verbänden, Wissenschaft und Wirtschaft folgende Erklärung erarbeitet.

Definition des Umweltsponsoring

Unter Umweltsponsoring wird eine partnerschaftliche Kooperation von Umweltschutzorganisationen (Verbänden und Institutionen) und Unternehmen auf dem Gebiet des Umweltschutzes zum beiderseitigen Nutzen verstanden.

Ziele des Umweltsponsoring ...

... aus der Sicht von Verbänden und Institutionen:

Ziel der Umweltschutzverbände ist es, durch das Sponsoring Unterstützung für ihre Arbeit, d.h. für Schutz und Erhalt von Natur und Umwelt sowie zur Entwicklung naturnaher Lebensräume zu bekommen. Es sollen Projekte verwirklicht werden, zu deren Durchführung die Verbände aus anderen Einnahmequellen die Mittel möglicherweise nicht hätten aufbringen können.

... aus der Sicht von Unternehmen:

Von unternehmerischer Seite wird mit dem Umweltsponsoring eine Optimierung der Kommunikation angestrebt. Dabei soll durch die Demonstration der Übernahme gesellschaftlicher Verantwortung das Unternehmensimage verbessert werden. Umweltsponsoring zielt ferner auf eine erhöhte Akzeptanz der Produkte, den intensiveren Dialog mit Umweltorganisationen bzw. dem Unternehmensumfeld sowie auf eine Verbesserung der Mitarbeitermotivation.

Thesen und Leitlinien zum erfolgreichen Umweltsponsoring

- Umweltsponsoring ist durch eine starke emotionale Betroffenheit bei der Diskussion gekennzeichnet und erfordert gegenseitiges Vertrauen. Das macht eine Versachlichung des Themas erforderlich, bietet dem Sponsor aber auch Profilierungschancen, wobei gleichzeitig die Überzeugungskraft gegenüber Kunden und Öffentlichkeit erhöht werden kann. Dies verpflichtet zugleich aber auch zu einer besonders einfühlsamen Konzeption und Durchführung.

- Umweltsponsoring muss in der Öffentlichkeit glaubwürdig erscheinen und kann deshalb nicht isoliert, sondern nur als Teil eines umfassenden Kommunikationskonzeptes eingesetzt werden, das die Umwelt als wichtigen Orientierungsfaktor berücksichtigt.
- Das Bekenntnis zum Umweltschutz ist durchaus ein wesentliches Thema der Unternehmenskommunikation. Es sollte eine Orientierung in Richtung einer das gesamte Unternehmen betreffenden Umweltstrategie erkennbar sein. Das erfordert konsequentes Unternehmensverhalten zur glaubwürdigen Durchsetzung des Umweltschutzes innerhalb und außerhalb des Unternehmens.
- Aus Gründen der Glaubwürdigkeit und der Akzeptanz empfiehlt sich für beide Seiten zusätzlich eine offene, nachvollziehbare Publikation der Zielsetzung der gemeinsamen Kooperation, um so Fehlinterpretationen und der möglicherweise daraus resultierenden Kritik vorzubeugen.
- Das Engagement eines Unternehmens im Umweltsponsoring ist Ausdruck der erkannten ökologischen Verantwortung. Ein solches Engagement muss nicht bedeuten, dass das Unternehmen pauschal als »umweltfreundlich« oder »ökologisch unbedenklich« gelten kann, aber auf jeden Fall als eines, das einen Schritt in Richtung umweltorientierter Unternehmensführung realisiert hat.
- Die Kooperation von Wirtschaftsunternehmen und Umweltorganisationen beim Umweltsponsoring sollte einen kreativen Beitrag zur langfristigen Sicherung unserer Wirtschaft und Gesellschaft leisten.
- Dazu erscheint es notwendig, stärker als bisher Angebote zur Umwelterziehung und -bildung in das Sponsoring einzubeziehen. Dies fördert ein entsprechendes Bewusstsein bei den Mitarbeitern und führt damit auch zu konkreten Verhaltensänderungen innerhalb und außerhalb des Unternehmens.
- Der Empfänger von Leistungen aus dem Umweltsponsoring muss im Rahmen der geförderten Maßnahme frei sein im Mitteleinsatz. Dafür leistet er eine Offenlegung der Verwendung der Mittel gegenüber dem Sponsor. Bei Umweltorganisationen kann ein Teil der Sponsormittel auf Lobbyarbeit entfallen.
- Mit Geldern aus dem Umweltsponsoring dürfen keine Projekte gefördert werden, für die bereits Verpflichtungen aus dem Verursacherprinzip oder für die rechtlich vorgesehene Fördermöglichkeiten bestehen.
- Umweltschutzziele sollten als Unternehmensziel in den Unternehmensgrundsätzen festgeschrieben werden.

- Es ist sinnvoll, die betroffenen Unternehmensbereiche rechtzeitig in die Entscheidungsprozesse einzubeziehen und mit den notwendigen Ressourcen auszustatten.
- Es ist für beide Partner wünschenswert, klare vertragliche Regelungen über Inhalt, Konditionen und Laufzeit des Projektes zu treffen.
- Die organisatorische und inhaltliche Unabhängigkeit einer Umweltorganisation darf durch die Kooperation in keinem Fall gefährdet werden.

Die vorstehende Erklärung wird von zahlreichen bedeutenden Umweltorganisationen getragen.

5.2 Zweck und Vermögensstruktur von Stiftungen

Spenden an Umweltstiftungen, sogenannte Nachstiftungen oder auch die Mitgründung einer Stiftung sind kein Öko-Investment im engeren Sinn. Doch das in Organisationen wie Greenpeace oder den World Wide Fund For Nature (WWF) investierte Geld bewirkt zuweilen mehr als jede noch so schöne Finanzierung »rentabler« Umweltprojekte. Und wer Geld oder Güter an Stiftungen spendet, tut nicht nur ein gutes Werk, sondern kann diese Zuwendungen meist auch steuerlich absetzen (in Österreich erst seit 2010 in größerem Rahmen, aber nur für soziale Zwecke). Nach dem deutschen Stiftungsrecht sind Spenden an eine gemeinnützige Stiftung bis zu einer Höhe von 20 000 Euro steuerlich abzugsfähig, und ererbtes Vermögen, das in eine Stiftung eingebracht wird, ist von der Erbschaftsteuer befreit.

Spendenwerbende Organisationen gibt es inzwischen wie Sand am Meer. Natürlich gibt es auch im Umwelt-, Natur- und Tierschutzbereich einige »schwarze Schafe«, bei denen nur ein Bruchteil der eingesammelten Gelder tatsächlich zweckgemäß verwendet wird. Uneigennützige Spendensammelorganisationen haben jedoch meist einen guten Ruf.

Was versteht man unter einer Stiftung?

Stiftungen haben meist folgende Charakteristika:

- Sie sind auf unbeschränkte Zeitdauer angelegt.
- Sie haben vom Stifter (bzw. den Stiftern) ein gewisses Vermögen erhalten, aus dessen Erträgen ein bestimmter, meist gemeinnütziger Zweck, der satzungsmäßig festgelegt ist, gefördert wird.

- Sie haben keine Eigentümer. Es gibt zwar – je nach dem Willen der Gründer – bestimmte Stiftungsorgane, aber wenig Kontrollmöglichkeiten. Oft bleibt nur die staatliche Aufsichtsbehörde.

Der Begriff der *Gemeinnützigkeit* kann bei Unternehmensstiftungen unter Umständen irreführend sein: Gemeinnützig muss nur die Verwendung des Ertrags sein, nicht die Tätigkeit eines stiftungseigenen Unternehmens. Oftmals bezieht sich die Gemeinnützigkeit auch nur auf einen sehr eingeschränkten Personenkreis, z.B. die Mitarbeiter oder ehemaligen Mitarbeiter eines bestimmten Unternehmens, die aus Mitteln einer Stiftung in bestimmten Fällen oder Notlagen Zuwendungen erhalten. Und diese Stiftung kann zugleich auch Eigentümer des gesamten Unternehmens sein.

Warum werden überhaupt solche Unternehmensträger-Stiftungen errichtet? Elisabeth Stern nennt in ihrem Buchbeitrag »Die Stiftung als Unternehmer« folgende Gründe:

- Ein Unternehmensgründer will sein »Lebenswerk« verewigen.
- Die Rechtsform soll Unabhängigkeit gewährleisten (z.B. bei der »Stiftung Warentest«).
- Zufällige Ergebnisse der Erbfolge sollen ausgeschaltet werden, die Auszahlung von Erbansprüchen aus der Unternehmenssubstanz soll verhindert werden.
- Die Aufteilung oder Zerschlagung des Unternehmens soll verhindert werden.
- Das Unternehmen soll von schädlichen Interessen zukünftiger Eigentümer freigehalten werden.
- Gewinne sollen nicht den Kapitaleignern, sondern z.B. den Werksangehörigen oder anderen Zwecken zufließen.
- Und – nicht zuletzt: Durch Stiftungen lassen sich Steuern sparen.

Viele deutsche Stiftungen sind von ihrer Zweckbestimmung her ethisch-ökologisch interessant – aber wenden sie bei der Veranlagung des Stiftungsvermögens auch tatsächlich ökologische Richtlinien an?

Bis dato machen sich nur wenige Stiftungsleitungen die Mühe, auf die Anlage des Stiftungsvermögens die eigenen satzungsgemäßen Zweckbestimmungen anzuwenden. Obwohl es bei einigen Stiftungen, vor allem wenn große Vermögen zu verwalten sind, hierfür sogar eigene Portfoliomanagement-Abteilungen gibt.

Zur Ehrenrettung vieler Stiftungen muss jedoch gesagt werden, dass trotz großer Ausgaben häufig nur ein geringes Stiftungsvermögen besteht, das für längerfristige Veranlagungen zur Verfügung steht. Eingehende Spenden werden oft nur kurzfristig angelegt – beispielsweise bis zur Finanzierung des nächsten Projekts oder zur Weiterleitung zweckgebundener Spenden. Viele Stiftungen sind auf regelmäßige staatliche Gelder angewiesen, um ihrem Zweck einigermaßen gerecht werden zu können.

Die meisten Stiftungen geben nur ungern Auskunft darüber, welches Vermögen sie wie angelegt haben. Bei den Umweltstiftungen, die ihre Finanzstruktur offen gelegt haben, dominiert die Anlage in festverzinsliche Wertpapiere (85 bis 100 %). Viele Stiftungen legen fast alle eingehenden Spenden vorübergehend in Festgeld an, nur vereinzelt – vor allem bei sehr großen Stiftungsvermögen – sind auch Aktien zu finden. Kaum ins Gewicht fallen Investmentfonds und Immobilien (meist nur das eigene Verwaltungsgebäude). Ein ethisch-ökologisches Screening ist so gut wie nirgendwo etabliert. Es gibt jedoch einige Stiftungen, die in den letzten Jahren ihre Anlagepolitik nach ethisch-ökologischen Kriterien ausgerichtet haben.

5.3 Deutsche und internationale Beispiele

Die folgende Auswahl von Stiftungen mit ethisch-ökologischer Zielsetzung bezieht sich primär auf den deutschsprachigen Raum, wo es über 18 000 Stiftungen gibt. Rund die Hälfte davon ist in den Bereichen Soziales oder Bildung und Erziehung tätig. Immerhin knapp 900 Stiftungen (rund 5 %) widmen sich satzungsgemäß dem Schutz von Umwelt, Landschaft und Natur.

Unter *www.stiftungsindex.de* kann man Stiftungen in Deutschland nach Schlagworten suchen, fast 900 sind z. B. unter »Umwelt« registriert, gut 400 unter »Naturschutz«, ein knappes Dutzend unter »Ökologie«.

Bewegungsstiftung

Privates Vermögen für politischen Wandel einsetzen – lautet das Motto der neun Stifter der Bewegungsstiftung, die im März 2002 mit einem Startkapital von 250 000 Euro in Berlin gegründet wurde. Die Bewegungsstiftung will »Anstöße für soziale Bewegungen geben und Kampagnen und Projekten Geld für sozialen und politischen Wandel zur Verfügung stellen«. Unter den ersten geförderten Projekten waren z. B. das Internetmedium ngo-online.de, die Kampagne der Coordination gegen Bayer Gefahren (CBG) gegen Tantalit-Exporte aus dem Kongo oder die Öffentlichkeitsarbeit des Bundeskongresses entwicklungspolitischer Aktionsgruppen (BUKO). Die Förderobergrenze lag zunächst bei 1500 Euro (später bei 5000 Euro), denn man erwartete, dass jährlich nur rund 10 000 Euro, das sind vier Prozent aus der Verzinsung des

Stiftungskapitals, vergeben werden können. Inzwischen ist die Zahl der Stifter auf rund 120 angewachsen, das Vermögen auf 4,7 Mio. Euro (Ende 2010), was – bei gut drei Prozent Ertrag eine jährliche Fördersumme von 150 000 Euro ermöglicht. Förderbeträge gingen bisher u.a. an Organisationen wie Attac, Urgewald, Mehr Demokratie oder die Kampagne gegen Biopiraterie. Investiert wurde in den Werkhof in Lübeck, die Windenergieanlage »MasseWind« oder das Miethäusersyndikat in Freiburg. Seit Mai 2004 hat die Stiftung einen eigenen Anlageausschuss. Neben Negativ- und Positiv-Kriterien (z.B. Investments in Unternehmen, die »eine soziale oder technische Innovation erproben«) wird auch das Kriterium »Hebel der Veränderung« beachtet und gefragt, »wie viel Einfluss wir als Stiftung durch unsere Geldanlage ausüben können«, z.B. bei Aktien durch Nutzung von Rede- und Stimmrechten in Hauptversammlungen.

In den Anlagekriterien (Stand Mai 2009) wurden auch »Korridore der Vermögensanlage festgelegt«, nämlich »40 bis 50% festverzinsliche, sichere Anlagen, 10 bis 15% Darlehen an Projekte, die im Sinne der Förder- und Anlagerichtlinien wirtschaften, 15 bis 20% Direktbeteiligungen, d.h. Anlageformen, in denen die Stiftung haftendes Eigenkapital zur Verfügung stellt« und 10 bis 15% Aktien und Aktienfonds. Aus Risikostreuungsgründen darf »ein einzelner Empfänger mit seiner Anlage nicht mehr Risiko darstellen als die Stiftung sicher in demselben Jahr mit anderen Anlagen erwirtschaften kann«. Vorbildlich ist die Transparenz: Nicht nur die Anlagerichtlinien sind auf der Website veröffentlicht, sondern es wird auch – und das macht kaum eine andere Stiftung – das komplette Anlageportfolio regelmäßig aktualisiert.

Um ihren Zweck erfüllen zu können, ist die Bewegungsstiftung auf Zustiftungen angewiesen, die ab 5000 Euro möglich sind (damit ist man – auf Lebenszeit – im Beirat der Stifter stimmberechtigt). Mit Seminarthemen wie »Mit Geld die Welt verändern«, Testamentsgestaltung, strategisch Spenden und ethischer Geldanlage ist man in verschiedenen Städten und Regionen unterwegs und will zur Nachahmung animieren.

Kontakt:

- Bewegungsstiftung, Artilleriestraße 6, D-27283 Verden, Tel.: 042 31/95 75 40, www.bewegungsstiftung.de

Deutsche Bundesstiftung Umwelt

Im Oktober 1989 hat die Bundesregierung auf Vorschlag des damaligen Finanzministers Theo Waigel beschlossen, mit dem Erlös aus dem Verkauf des Salzgitter-Konzerns (fast 1,3 Mrd. Euro) eine Umweltstiftung einzurichten. Mit diesem Vermögen ist die Deutsche Bundesstiftung Umwelt eine der reichsten

Stiftungen in ganz Europa mit einem Vermögen von inzwischen rund 1,8 Mrd. Euro. Zu den Förderungsaufgaben zählen laut Satzung:

- Forschung, Entwicklung und Information im Bereich umwelt- und gesundheitsfreundlicher Verfahren und Produkte unter besonderer Berücksichtigung kleiner und mittlerer Unternehmen,
- Förderung der Umweltberatung und Umweltbildung,
- Bewahrung und Sicherung national wertvoller Kulturgüter vor schädlichen Umwelteinflüssen.

Von den jährlich bei der Geschäftsstelle in Osnabrück eingehenden rund 2000 Förderungsanträgen werden meist 20 bis 25 Prozent unterstützt. Insgesamt wird jährlich eine Summe bis zu rund 100 Mio. Euro ausgeschüttet. In den ersten 20 Jahren wurden auf diese Weise mehr als 7800 Umweltprojekte mit über 1,4 Mrd. Euro gefördert. Bei der Vermögensveranlagung werden jedoch kaum ökologische Aspekte berücksichtigt, sondern z. B. DAX-Aktien(-fonds) gekauft.

Kontakt:

- Deutsche Bundesstiftung Umwelt, An der Bornau 2, D-49090 Osnabrück, Tel.: 05 41/96 33-0, www.dbu.de

Ethecon – Stiftung Ethik & Ökonomie

Ende 2004 war diese 2003 gegründete Stiftung von zwei Stiftern und mehreren Förderern mit über 400 000 Euro ausgestattet, inzwischen sind es rund 20 Mitstifter. Der Name, eine Verbindung der Begriffe »Ethics« und »Economics«, ist programmatisch: Stiftungsvorstand *Axel Köhler-Schnura* (Konzernkritiker und Träger des Preises für Zivilcourage 2000) hat eine »internationale und sozial bewegte Stiftung zur weit in die Zukunft reichenden Sicherung ethischer Prinzipien zum Wohl von Ökologie und Gesellschaft« im Auge, die z. B. soziale Bewegungen wie Attac unterstützen soll. Auf diese Weise soll verhindert werden, dass Profit »zum einzigen Kriterium für das gesellschaftliche Leben und für den Umgang mit der Umwelt« wird.

Die Stiftung vergibt jährlich zwei undotierte Preise: Der »International Ethecon Blue Planet Award« ehrt Personen, »die sich in herausragender Weise für die Rettung und den Erhalt unseres Blauen Planeten einsetzen«. Der »International Ethecon Black Planet Award« hingegen »prangert Personen an, die in schockierender Weise Zerstörung und Ruin des Planeten betreiben«. Einiges Aufsehen und Medienecho erregte die Übergabe des Black Planet Awards bei der Hauptversammlung im April 2011 an die Verantwortlichen von BP.

Köhler-Schnura hat auch den Umweltfonds e.V. (später auf ProSolidar umbenannt) ins Leben gerufen, aus dessen Erträgen – ähnlich wie bei den Charityfonds – ökologische und sozialpolitische Initiativen unterstützt werden, vor allem die Coordination gegen Bayer-Gefahren (www.cbgnetwork.org, siehe auch Kap. 2.5.3). Dieser Umweltfonds ist kein Investmentfonds, aber eine Einzahlung in ihn »unterscheidet sich von einer Spende, weil er zielgerichtet rückzahlbare Einlagen investiert«. Die Gelder – 2011 war es rund 1 Mio. Euro, im Schnitt betragen die Einlagen mehr als 5000 Euro pro Person – werden verzinslich bei der GLS Bank und der EthikBank angelegt. 2010 wurden rund 16 000 Euro Erträge erzielt, im letzten Jahrzehnt waren es rund 120 000 Euro. Die größte Unterstützung erhielt 2010 »Stop Bayer-Gentechnik!« von der Coordination gegen Bayer-Gefahren.

Kontakt:
- Ethecon – Stiftung Ethik & Ökonomie, Wilhelmshavener Straße 60, D-10551 Berlin, Tel.: 030/22 32 51 45, www.ethecon.org
- ProSolidar e.V., Schweidnitzer Straße 41, D-40231 Düsseldorf, Tel.: 02 11/261 12 10, www.prosolidar.net

Filia – die Frauenstiftung

»Wir haben die Vision von einer gerechten, menschenwürdigen, vielgestaltigen Welt, in der Frauen eine entscheidende Rolle spielen« steht in der Präambel von Filia – die Frauenstiftung. Gegründet wurde Filia 2001 von neun Frauen in Wiesbaden, inzwischen haben sich weitere 30 Frauen angeschlossen. Der Vorstand besteht aus Dr. Marita Haibach, Fundraising-Beraterin und Autorin, Susanne Bächer, Künstlerin und Autorin, und Dr. Melinda-Madew, Erziehungswissenschaftlerin und interkulturelle Trainerin. Sieben Stiftungsrätinnen sind an der Stiftungsarbeit beteiligt.

Filia ist nach dem Ende der den Grünen nahen »Frauenanstiftung« in Deutschland ein neuer Anstoß für eine Gemeinschaftsstiftung von Frauen für Frauen. Empowerment (engl. für »Ermächtigung«, hier im Sinne von »Selbstbestimmung« und »Selbstverantwortung«) steht im Zentrum des Förderprogramms. Schon im ersten Jahr wurden einige soziale Initiativen von Frauen unterstützt, vor allem im Ausland, 2008 konnte bereits – aus Erträgen und Spenden – eine Fördersumme von über 265 000 Euro vergeben werden. In Deutschland, wo rund ein Fünftel der Gelder vergeben wird, ist einer der Schwerpunkte das Thema »Frauen und Philanthropie«. Filia ist Teil des jungen International Network of Womens' Funds (INWF), in dem sich autonome Frauenstiftungen global zusammengeschlossen haben, darunter auch Frauenstiftungen in Nepal, der Mongolei, der Ukraine und Chile. Gute Kontakte bestehen auch zum 1998 gegründeten Pecunia Erbinnen-Netzwerk (www.pecunia-erbinnen.net), das inzwischen über 50 Mitglieder aus Deutschland und der Schweiz hat. »Niemand kann Erbinnen so gut beraten wie die Erbinnen selbst«, sagt *Ise Bosch*, Stiftungsrätin bei Filia und auch beim Pecunia Erbinnen-Netzwerk aktiv. Das Netzwerk veranstaltet eine mehrtägige Jahrestagung sowie Regionaltreffen im kleineren Kreis, nicht selten auch zu Themen der ethisch-ökologischen Veranlagung von Erbschaften. Von den zwischen 2000 und 2010 in Deutschland vererbten Mitteln, mit einem geschätzten Umfang von 2000 Mrd. Euro, ist fast die halbe Bevölkerung betroffen, sei es als Erblasser oder als Erben.

Kontakt:

- Filia - die Frauenstiftung, Alte Königstraße 18, D-22765 Hamburg, Tel.: 040/38 03 81 99-0, www.filia-frauenstiftung.de

Right Livelihood Stiftung

Der schwedisch-deutsche Schriftsteller Jakob von Uexküll verkaufte seine wertvolle Briefmarkensammlung und gründete aus dem Erlös 1980 die »Right Livelihood Stiftung«. Right Livelihood - im Buddhismus die fünfte Stufe auf dem achtfachen Pfad zur Erleuchtung - bedeutet »verantwortungsvolle Lebensführung«. Jährlich verleiht die Stiftung ein bis drei Tage vor der Nobelpreispräsentation in Stockholm mehrere »alternative Nobelpreise für richtige Lebensführung« an Menschen oder Organisationen, die an »anwendbaren und beispielhaften Lösungen für die tatsächlichen Probleme unserer Zeit arbeiten«. Seit 1980 wurden über 140 Preisträger aus rund 60 Ländern ausgewählt, darunter Hermann Scheer, Johan Galtung, IBFAN (International Baby Food Action Network), Ken Saro-Wiwa, Astrid Lindgren, Vananda Shiva, Mordechai Vanunu, Robert Jungk, Petra Kelly oder auch die afrikanische Umweltaktivistin Wangaari Maathai. Das Preisgeld von jährlich rund 200 000 Euro (Stand 2010) fließt nicht an die jeweiligen Personen, sondern wird zur weiteren Unterstützung an die betreffenden Projekte geleitet. In Fragen der eigenen Vermögensverwaltung - konsequent nach ethisch-ökologischen Kriterien, teilweise auch im Aktienbereich - nutzt der Stiftungsvorstand den Rat externer Experten.

Kontakt:

- Right Livelihood Award Foundation, P.O. Box 15072, S-10465 Stockholm, Tel.: 00 46/8/702 03 40, www.rightlivelihood.org

Soros Foundation/Open Society Foundation

Als äußerst großzügig hat sich der ungarische Philosoph, Fondsmanager und Devisenhändler George Soros gezeigt, der 1992 mit unkonventionellen Devisenspekulationen gegen die Bank von England über eine Mrd. Euro Gewinn gemacht hat. Soros hat zahlreiche nationale Open Society Foundations ins Leben gerufen, die Initiativen im Bereich Demokratiebewegung, Gerechtigkeit, Bildung, Gesundheit, Minderheitenschutz oder unabhängige Medien finanzieren. Informationsfreiheit und Bekämpfung von Korruption sind internationale Schwerpunkte. Neben neunstelligen Dollarbeträgen an seine Stiftungen vermachte er z.B. den bosnischen Moslems einmal ein Weihnachtsgeschenk von 50 Mio. Dollar. Materieller Besitz bedeutet Soros wenig, aber sein Geschäft, aus Geld noch mehr Geld zu machen, hat er konsequent und erfolgreich wie kaum ein anderer betrieben.

Kontakt:

- Soros Foundation/Open Society Foundation, 400 West 59th Street, USA-New York, NY 10019, Tel.: 001/212/548-06 00, www.soros.org

Stiftung die Schwelle

Die 1979 vom Bremer Unternehmer und Philosoph Dirk Heinrichs und seiner Frau Ruth-Christa gegründete Stiftung setzt sich »für Frieden, Gerechtigkeit und Bewahrung der Schöpfung ein, ausgehend von der Überzeugung, dass sowohl in Kriegs- und Nachkriegsgesellschaften als auch in Deutschland Veränderungen notwendig sind, um größere Gerechtigkeit und ein friedliches Zusammenleben zu erreichen«. Sie verfügt inzwischen über rund 4,3 Mio. Euro Vermögen. Mit den Erträgen (im Schnitt rund 4 %) und laufenden Spenden (rund 180 000 Euro im Jahr) kann »die Schwelle« jährlich rund 340 000 Euro für »Beiträge zur Friedensarbeit« zur Verfügung stellen. Die Stiftung hat ethisch-ökologische Anlagekriterien (Rüstungsindustrie und Atomenergie sind z.B. ausgeschlossen) und ist in der Berichterstattung vorbildlich offen. Aus Sicherheitsgründen wird »grundsätzlich nicht in Aktien angelegt, sondern in der Regel in festverzinslichen Wertpapieren wie Pfandbriefen, Staatsanleihen oder ähnlichen Papieren«. Das Stiftungsvermögen war zu 62 Prozent in festverzinslichen Wertpapieren (Rendite 3,1 %), zu 29 Prozent in Unternehmensanleihen (Rendite 4,5 %) und zu 9 Prozent in Beteiligungen (Rendite 6,6 %) investiert.

Kontakt:

- Stiftung die Schwelle, Wachmannstraße 79, D-28209 Bremen, Tel.: 04 21/30 32-575, www.dieschwelle.de

Stiftung Medico International

Laut Satzung ist es der Zweck der Stiftung »die Gesundheit der Menschen zu fördern, wobei Gesundheit als Zustand des vollständigen physischen, psychischen und sozialen Wohlbefindens verstanden wird«. Gefördert werden neben der öffentlichen Gesundheitsfürsorge auch Entwicklungshilfeprogramme »zur Verbesserung von Einkommen, Ernährung und Hygiene« und »die Hilfe für Verfolgte, Flüchtlinge sowie Opfer von Krieg, Vertreibung und ökologischen Katastrophen«. Das Stiftungsvermögen wird nach »ethisch/nachhaltigen Kriterien« veranlagt, ausgeschlossen sind z. B. Wertpapiere von Unternehmen, »die mit der Produktion von Rüstungsgütern, Kernenergie, Chlor- und Agrochemikalien, genmodifiziertem Saatgut, Tabakwaren und Pornographie beschäftigt sind. Dasselbe gilt für Automobilfirmen, Fluggesellschaften und Glücksspielbetriebe sowie für Staaten, die ABC-Waffen ohne konkrete Abrüstungspläne besitzen, ein aktives Lobbying zum Ausbau der Kernenergie betreiben, die Todesstrafe vollstrecken und die Menschenrechte missachten.« Veranlagt wird in ethisch-nachhaltig zertifizierte und mit einer hohen Sicherheitsstufe bewertete Rentenfonds und gemischte Fonds, wobei der Aktienanteil 7,5 Prozent des Gesamtvermögens nicht übersteigen darf.

Kontakt:

- Stiftung Medico International, Burgstraße 106, D-60389 Frankfurt, Tel.: 069/944 38-0, www.stiftung-medico.de

Stiftung Mitarbeit

Diese 1963 gegründete Stiftung fördert neue Initiativen, Projekte und Gruppen im sozial-politisch-kulturellen Bereich mit grundsätzlich nicht mehr als 500 Euro. 2010 wurden Starthilfezuschüsse an Dutzende von Vereinen und Initiativen vergeben, vom Afrikarat-Nord e. V. (Hannover) über den Pfadfinderbund Mecklenburg-Vorpommern (Greifswald) bis zur Freiwilligen-Agentur »zeitweise« (Bremen). Über die Unterstützung der formlosen Projektanträge entscheidet ein Beirat. In der alternativen und Selbstverwaltungs-Szene ist die Stiftung eine beliebte Anlaufstelle.

Kontakt:

- Stiftung Mitarbeit, Bornheimer Straße 37, D-53111 Bonn, Tel.: 02 28/604 24-0, www.mitarbeit.de

Stiftung Nord-Süd-Brücken

Das Kapital der 1994 gegründeten Stiftung von rund 17 Mio. Euro stammt aus dem Vermögen des Solidaritätskomitees der ehemaligen DDR, das sich aus vielen kleinen Einzelspenden zusammensetzte. Mit den Erträgen werden seit der Wiedervereinigung vor allem ostdeutsche entwicklungspolitische Nichtregierungsorganisationen zum Zweck der entwicklungspolitischen Bildungs- und Öffentlichkeitsarbeit und der Entwicklungszusammenarbeit gefördert, bis dato mit mehr als 11 Mio. Euro. Zu den Schwerpunkten der Förderung zählen die Themen Trinkwasser-, Lebensmittel- und Gesundheitsversorgung, Einkommen schaffende Maßnahmen, Bildung, Umweltsicherung und Menschenrechte.

Bei der Anlage des Stiftungsvermögens werden ethische, ökologische und soziale Kriterien beachtet. Dies gilt vor allem für den Anteil (rund 20 bis 30 %), der nicht in festverzinsliche Wertpapiere wie Staatsanleihen investiert ist. Hiervon wurde die Hälfte in Nachhaltigkeits-Aktien- und Rentenfonds angelegt. Für alle Geldanlagen – ein kleiner Teil wird auch in Einzelaktien, Darlehen oder Beteiligungen angelegt – gilt der Ausschluss von Rüstungstiteln, was auch in den entsprechenden Vermögensverwaltungsverträgen festgehalten wurde.

Kontakt:

- Stiftung Nord-Süd-Brücken, Greifswalder Straße 33a, D-10405 Berlin, Tel.: 030/42 85 13-85, www.nord-sued-bruecken.de

Stiftung Zukunftserbe

Die 2000 vom Freiburger Öko-Institut gegründete Stiftung hat in den ersten Jahren u.a. Vergleichsstudien zu Öko-Investmentfonds und Öko-Lebensversicherungen mitfinanziert, deren Ergebnisse im Öko-Test-Magazin publiziert worden sind. Leider waren die Studien mit einigen methodischen Fehlern behaftet, da das beauftragte Öko-Institut zwar viel Know-how in Fragen der ökologischen Bewertung, aber eher wenig in Fragen der Konstruktion von Finanzprodukten hatte.

Das Stiftungsvermögen von derzeit rund 1,2 Mio. Euro ist u. a. in Nachhaltigkeitsfonds, Energieeinsparprojekte und – zum größten Teil – in der Öko-Immobilie »Sonnenschiff« in Freiburg angelegt.

Kontakt:

- Stiftung Zukunftserbe, Merzhauser Straße 173, D-79100 Freiburg, Tel.: 07 61/476 77-95, www.zukunftserbe.de

Stiftung Zukunftsfähigkeit

Der Hamburger Diplomkaufmann Klaus Milke, der schon vor über 20 Jahren als »kritischer Aktionär« vor allem bei Banken aufgetreten ist, hat mit seinem Erbteil als Grundstock 1997 die Stiftung Zukunftsfähigkeit gegründet. Zentrales Anliegen ist das Thema »Sustainable Development« in Nord und Süd. Die Stiftung mit Sitz in Bonn und einem Vermögen von rund 0,7 Mio. Euro fördert aus den jährlichen Erträgen vor allem die Initiative *Germanwatch e. V.*, die sich schon länger mit Entwicklungs-, Umwelt- und Menschenrechtsfragen beschäftigt. Zwischenzeitlich wurden auch Neugründungen wie die Klimaschutzinitiative »Atmosfair« – eine gemeinnützige GmbH i.G. – unterstützt.

Ungewöhnlich an der Stiftung Zukunftsfähigkeit ist die ebenfalls nach ethisch-ökologischen Kriterien ausgerichtete Anlage des Stiftungsvermögens (u.a. in ethisch-ökologische Aktien- und Rentenfonds). Das Fördervolumen seit Gründung beläuft sich auf rund 0,25 Mio. Euro. Neben dem Vorstand gibt es noch ein Kuratorium und einen Beirat. Interessierte können sich mit Zustiftungen bzw. Spenden anschließen. Die Stiftung Zukunftsfähigkeit war und ist auch eine der treibenden Kräfte für eine »Lenkung der Kapitalströme im Sinne einer nachhaltigen Entwicklung«. Sie hat sich z.B. als Lobbygruppe bei der Gesetzesnovelle betätigt, durch die im Jahre 2002 die Berichtspflicht für alle Altersvorsorgeanbieter in Deutschland eingeführt wurde. Sie geht mit gutem Beispiel voran und will auch andere Stiftungen »anstiften«, die eigene Anlagepolitik umzustellen. Empfohlen wird ein Schlüssel von 55 bis 70 Prozent in festverzinsliche nachhaltige Wertpapiere und 25 bis 40 Prozent in Form von Aktien oder Nachhaltigkeits- und Umweltinvestmentfonds.

Kontakt:

- Stiftung Zukunftsfähigkeit, Kaiserstraße 201, D-53113 Bonn, Tel.: 02 28/604 92-33, www.stiftungzukunft.de

Umverteilen! Stiftung für eine, solidarische Welt

Die Entstehungsgeschichte dieser Stiftung klingt fast wie ein Märchen: »Der Verkauf von Geschäftsanteilen eines Pharma-Unternehmens im Jahr 1986 überschwemmt einen linken Kreuzberger Erben mit so vielen Mio. Mark, dass dieser beschließt, dieses Geld nicht behalten zu wollen.« Mit diesem Satz beginnt eine Selbstdarstellungsbroschüre der Stiftung »Umverteilen!«, die der Berliner Ulf Mann kurz vor Weihnachten 1986 mit rund 15 Mio. Euro aus seinem Erbe eingesetzt hat. Der Stifter selbst wird laut Satzung durch einen monatlichen Bezug gemäß Bundesangestelltentarif versorgt. Stiftungsangestellte werden nicht höher als ein Chemiefacharbeiter entlohnt.

Zweck der Stiftung ist u.a. auch die Förderung des Umweltschutzes. Der Schwerpunkt liegt jedoch in der Entwicklungshilfe bzw. der Umverteilung des Reichtums. Dabei wird Entwicklungshilfe so verstanden, dass sie »nicht in erster Linie Hunger stillen soll, sondern den Ursachen von Hunger an den Kragen« geht, wie es Ulf Mann in der Präambel ausdrückt.

Die Finanzierung diverser Projekte erfolgt ausschließlich aus den Erträgen des Stiftungsvermögens, es sei denn die Stiftungsorgane beschließen eine Vermögensentnahme, wenn dadurch der Stiftungszweck »in ganz besonders sinnvoller Weise erfüllt« wird. Das Stiftungsvermögen darf jedoch nie unter fünf Mio. Euro sinken. Bei der Verwaltung des Stiftungsvermögens stehen »die Sicherheit einer Anlage und die Beachtung von Grundprinzipien ethischen Investments« im Vordergrund. Das Vermögen ist in Festgeldkonten, Wertpapieren und Immobilien sozialer und ökologischer Modellprojekte angelegt. Eine im Stiftungseigentum befindliche Villa am Stadtrand von Berlin wurde einem Projekt für ausländische Drogenabhängige zur Verfügung gestellt, bei einem Mehrfamilienhaus in Kreuzberg wird ein Mieter-Selbstverwaltungsmodell versucht.

In den ersten 20 Jahren hat die Stiftung Umverteilen rund 5000 Projekte mit durchschnittlich rund 4000 Euro gefördert, was sich auf eine Gesamtsumme von knapp 20 Mio. Euro summiert hat (16,5 Mio. Euro davon stammten aus den Erträgen der Stiftung). Außenstehende können der Stiftung jederzeit Geld zuwenden, sei es zur Finanzierung der laufenden Projekte oder zweckgebunden zur Vermehrung des Stiftungsvermögens.

Kontakt:

- Umverteilen! Stiftung für eine solidarische Welt, Merseburger Straße 3, D-10823 Berlin, Tel.: 030/785 98 44, www.umverteilen.de

Weitere Stiftungen

In der vom Bundesverband Deutscher Stiftungen (www.stiftungen.org, die 6000 zugehörigen Stiftungen repräsentieren rund drei Viertel des gesamten deutschen Stiftungsvermögens) herausgegebenen Broschüre »Umweltstiftungen stellen sich vor« findet man zahlreiche interessante Selbstporträts, darunter z.B. die folgender Stiftungen:

- Allianz Umweltstiftung (Vermögen ca. 50 Mio. Euro, gestiftet von der Allianz SE, über 50 Mio. Euro Fördervolumen seit Gründung 1990),
- Deutsche Umweltstiftung (Vermögen ca. 150 000 Euro, Gründungskapital 137 000 DM 1982 von rund 450 Stifterinnen und Stiftern),

- EuroNatur Stiftung (Vermögen ca. 1,27 Mio. Euro, Gründungskapital 150 000 DM, Fördervolumen seit Gründung 1987 über 20 Mio. Euro),
- Hermann-Scheer-Stiftung (Vermögen 125 000 Euro bei der Gründung 2010),
- Niedersächsische Bingostiftung für Umwelt und Entwicklungsarbeit (Vermögen 1,5 Mio. DM, Fördervolumen 0,6 Mio. Euro seit der Gründung 1989),
- Ökumenische Stiftung für Schöpfungsbewahrung und Nachhaltigkeit (Vermögen ca. 50 000 Euro, Gründung 2005),
- Schweisfurth-Stiftung (Vermögen ca. 15 Mio. Euro, Fördervolumen seit Gründung 1985 über 19 Mio. Euro),
- Software AG-Stiftung (Vermögen ca. 900 Mio. Euro, Fördervolumen im Umweltbereich seit 1999 ca. 20 Mio. Euro),
- Umweltstiftung Greenpeace (Vermögen ca. 2,2 Mio. Euro, Gründung 1999 mit 0,26 Mio. Euro).

Mitte 2010 hat Transparency International Deutschland e. V. gemeinsam mit dem Bundesverband Deutscher Stiftungen, dem Deutsche Fundraising Verband, dem Deutschen Spendenrat und weiteren Partnern aus dem gemeinnützigen Sektor die »Initiative Transparente Zivilgesellschaft« (www.transparente-zivilgesellschaft.de) lanciert. Dabei werden die rund 590 000 Vereine und über 18 000 Stiftungen in Deutschland ermutigt, als Mindeststandard für Transparenz »freiwillig in einem einheitlichen Format zu zehn Fragen Informationen über ihre gemeinnützige Organisation zu veröffentlichen«.

Laut einer Studie des Bundesverbandes Deutscher Stiftungen liefern die Stiftungen zwar die von Finanzamt und Stiftungsaufsicht verlangten Berichte, aber nur 13 bzw. 9 Prozent veröffentlichen wirtschaftliche Angaben gedruckt bzw. im Internet. Um eine Erhöhung der Transparenz und Standards der Berichterstattung bemüht sich auch das »Netzwerk Wandelstiften« (www.wandelstiften.de), an dem sich rund 20 Stiftungen, darunter einige der in diesem Kapitel genannten, beteiligt haben.

6 Information ist alles: Research- und Ratingorganisationen

Gerade bei ethisch-ökologischen Geldanlagen ist eine Vielzahl von Informationen notwendig, um eine tragfähige Basis für die eigene Auswahl der Investments zu finden. Konkrete Hilfestellung geben verschiedene Forschungsinstitute und Dokumentationsstellen, die ihre Dienste sowohl Privatanlegern als auch professionellen Fondsmanagern anbieten.

Solange nicht alle Unternehmen die von der »Global Reporting Initiative« (GRI) geplanten, international vergleichbaren Richtlinien für die Berichterstattung über soziale und Umweltaktivitäten umsetzen, müssen Informationen aus verschiedensten Quellen gesammelt werden.

6.1 Aktienanalysten

Bereits vor dem Jahr 2000 sind die ersten deutschen Unternehmen aus der Wind- und Solarenergiebranche an die Börse gegangen, seither ist ethisch-ökologisches Investment verstärkt ins Blickfeld geraten. Inzwischen geben viele Banken – nicht nur die in Emissionskonsortien vertretenen – entsprechende Branchenstudien und Sektor- bzw. Einzelaktienanalysen heraus. Bankenunabhängige Analysen finden sich aber relativ selten, eine der wenigen Ausnahmen ist der Börsenbrief Öko-Invest (siehe Kap. 6.2.1), der z.B. seit 2005 jährlich eine umfangreiche Solaraktienstudie publiziert, in der alle weltweit notierten Solarunternehmen behandelt werden.

6.2 Informationsdienste

Mittlerweile gibt es eine große Zahl von Informationsdiensten, Zeitungen, Zeitschriften und Magazinen zum Thema Geldanlage – ja sogar mehrere Fernsehkanäle. Fast jede größere Bank gibt einen eigenen, meist kostenlosen Dienst heraus. Nur wenige jedoch befassen sich – über die finanziellen Informationen hinaus – auch mit ökologischen oder sozial-ethischen Aspekten. Der älteste anbieterunabhängige deutschsprachige Börsenbrief ist der Öko-Invest, der seit 1991 alle vierzehn Tage mit meist 12 bis 16 Seiten erscheint.

6.2.1 Printmedien: Öko-Invest

Der Börsendienst hat den Untertitel »Investment mit Erfolg und Verantwortung« und ist nur im Abonnement per Post erhältlich. Eigene bankenunabhängige Aktien- und Anleiheanalysen samt Kursgrafiken und jeweils ein Musterdepot mit rund 40 verschiedenen börsennotierten und einem knappen Dutzend außerbörslichen Wertpapieren bilden den Hauptteil des Heftes. Zu den bislang besten Aktienempfehlungen zählen die Aktien von Tomra Systems (Kursanstieg rund 6000 Prozent zwischen 1993 und 2000), SolarWorld (über 13 000 Prozent Plus zwischen Oktober 2002 und Mitte 2008) und Green Mountain Coffee (über 6000 Prozent Plus zwischen Anfang 2004 und September 2011).

Auf den ersten zwei bis fünf Seiten wird jeweils eine bestimmte Branche analysiert oder es werden Schwerpunktthemen wie Alternativbanken oder bestimmte Länder behandelt. Die von Öko-Invest entwickelten Aktienindizes nx-25 und PPVX (siehe Kap. 2.8) werden mit sämtlichen Index-Titeln und deren Entwicklung regelmäßig abgedruckt. Daneben werden Updates zu früher besprochenen Unternehmen und die »Graugrüne Liste« veröffentlicht (siehe Kap. 7.9), rund 200 Börsendienste und Zeitschriften ausgewertet, Neuemissionen vorgestellt, neue Literatur, Tagungsberichte oder Veranstaltungshinweise präsentiert. Quartalsweise werden die Performance-Tabellen von über 200 Ethik- und Umwelt-Investmentfonds bzw. -zertifikaten abgedruckt sowie deren Portfolios kritisch begleitet.

Mehr als 60 Prozent der über 4000 Leser wohnen in Deutschland, die Hälfte der Abonnenten sind Privatanleger, der Rest professionelle Vermögensverwalter, Vertreter von Banken, Umweltorganisationen oder Umweltbeauftragte in Unternehmen sowie Wirtschafts- und Umweltmagazine.

Mit einem Netz von weltweit rund 25 Korrespondenten in 12 Ländern kann der Börsendienst häufig direkt vor Ort recherchieren lassen. Einzelhefte können nachbestellt werden, ein aktuelles Probeheft ist gratis.

Kontakt:

- Öko-Invest-Verlags-GmbH, Schweizertalstraße 8-10/5/1, A-1130 Wien, Tel.: 00 43/1/876 05 01, oeko-invest@teleweb.at

6.2.2 Internet: Ecoreporter und andere

Was der Öko-Invest seit 1991 im Printbereich ist Ecoreporter.de seit 1997 im Internet: Der vom Umweltpublizisten und Juristen Jörg Weber in Dortmund gegründete Dienst liefert tagesaktuelle Meldungen, Interviews,

Hintergrundberichte, eine »Wachhund-Rubrik« sowie Performancezahlen zu Aktien, Anleihen, Sparprodukten und Fonds. In den ersten Jahren war die Nutzung kostenlos, seit 2004 sind die meisten Inhalte kostenpflichtig. Die Schlagzeilen mit den Links zu den Berichten kann man sich als kostenlosen E-Mail-Newsletter zuschicken lassen. Gelegentlich erscheint auch ein E-Mail-Magazin im pdf-Format oder als Printpublikation, die gegen Rechnung auf dem Postweg verschickt wird.

Kontakt:
- Ecoreporter.de AG, Weidenbohrerweg 15, D-44269 Dortmund,
  Tel.: 02 31/47 73 59-60 und -61, info@ecoreporter.de, www.ecoreporter.de

Im Folgenden sind einige Dutzend ausgewählter Internetadressen mit jeweils einer kurzen Beschreibung aufgeführt. Waren früher manche Informationen schwer zu bekommen, muss man heute aus der Informationsflut des Internets herausfiltern, was ethisch-ökologisch orientierte Anleger interessieren könnte: neben konkreten Anlageangeboten vor allem gründlich recherchierte Fakten, aber auch Meinungen und Stimmungen.

Die Internetadressen vieler Unternehmen, Fonds, Banken, Finanzdienstleister, Aktienhändler oder Rating-Agenturen haben wir in der Regel direkt an den betreffenden Stellen im Buch angeführt. Hier sind deshalb meist unternehmensunabhängige Informationsquellen – in Deutsch oder Englisch – aufgeführt:

Deutschsprachige Seiten

www.bafin.de
Bei der deutschen Finanzmarktaufsicht (BaFin) sind alle prospektpflichtigen Angebote sowie über 300 000 Berater von Banken und Sparkassen registriert.

www.besser-spenden.de
Auf ihrem Portal rund um Sinn und Nutzen von Spenden gibt Ise Bosch monatlich einen Tipp, sei es zu Spenden oder sei es ein Kommentar zu neuen Büchern.

www.bmu.de
Auf dieser Seite des deutschen Umweltministerium kann man u. a. die kostenlose Broschüre »Mehr Wert: Ökologische Geldanlagen« bestellen oder herunterladen.

www.bnef.com
Das 2004 gegründete und inzwischen von Bloomberg übernommene Londoner Consulting-Unternehmen (new energy finance) bietet (großteils kostenpflichtig) Infos zu börsennotierten und Private-Equity-Anlagen im Bereich der erneuerbaren Energien.

www.boerse-frankfurt.de/nachhaltig
Die Deutsche Börse AG liefert auf ihrem Portal (kostenlos) Sustainalytics-Ratingzahlen (zwischen 0 und 100) von über 1800 Unternehmen, allerdings ohne Angabe der Details, woraus sich die jeweiligen Punktezahlen für die drei Bereiche Umwelt, Soziales und Unternehmensführung errechnen.

www.boerse-online.de
www.financial.de
www.onvista.de
Diese und viele andere »konventionelle« Onlinedienste bringen manchmal auch ausführliche Berichte zu Öko-Aktien.

www.boxer99.de
Der »Boxer«-Infodienst mit Meldungen und einer umfangreichen Datenbank für Unternehmen im Bereich erneuerbare Energien.

www.comdirect.de
www.cortalconsors.de
www.dab-bank.de
Neben dem Online-Handel, Aktienkursen und Meldungen bieten diese und andere Direktbroker meist auch für Nichtkunden die Möglichkeit, ein persönliches Musterdepot einzurichten.

www.cric-online.org
Der Verein »Corporate Responsibility Interface Center« will die Diskussion über ökologische und soziale Aspekte zwischen (nicht nur kirchlichen) Investoren und im Dialog mit Unternehmen fördern.

www.ebundesanzeiger.de
Auf dem vom deutschen Justizministerium betriebenen Portal veröffentlichen deutsche Aktiengesellschaften (und auch manche größere GmbHs) ihre Bilanzen bzw. Jahresabschlüsse.

www.ecoreporter.de
Das vom Umweltjournalisten Jörg Weber schon in den 1990er-Jahren gegründete Öko-Finanz-Infoportal ist nach wie vor das umfangreichste und aktuellste seiner Art: mit täglichen – großteils kostenpflichtigen – Meldungen zu Aktien, Fonds, Beteiligungen, daneben auch mit Interviews, Videos und einem Fachbegriffslexikon (www.anlageabc.de).

www.eco-anlageberater.de
Absolventen des von der Dortmunder ECOeffekt GmbH angebotenen Fernlehrgangs (bzw. Präsenzveranstaltungen) erhalten ein Zertifikat als »Fachberater/in für Nachhaltiges Investment«.

www.facundagreen.com
2010 gestartetes Portal zu »greentech, cleantech und sustainability« mit Inhalten aus der eigenen Redaktion sowie von Kooperationspartnern. Datenbank zu Indizes im Aufbau.

http://green.finanztreff.de
Kurse, Nachrichten, Meinungen, Interviews und andere Informationen vor allem zu (grünen) Fonds und Aktien, daneben auch Vorstellungen von Produkten abseits des Finanzsektors.

www.fma.gv.at
Die österreichische Finanzmarktaufsicht (FMA) bietet u.a. ein Verzeichnis der zugelassenen Wertpapier-Dienstleistungsunternehmen und prüft Prospekte für öffentliche Anlageangebote.

www.forum-ng.org
Das 2001 gegründete Forum Nachhaltige Geldanlagen koordiniert die Anliegen seiner über 120 Mitglieder aus dem Banken-, Investment-, Berater und Researchbereich.

www.geldmitsinn.de
Online-Magazin des 2010 in München gegründeten Vereins, der mit seinem Veranstaltungsprogramm einen verständlichen Einstieg ins Thema »Nachhaltige Geldanlage« bietet und dazu motivieren will, »im Finanzmarkt eine selbstbestimmte und aktive Rolle einzunehmen«.

www.glocalist.com
Ein von Christian Neugebauer gegründetes Portal, das neben täglichen Meldungen zu CSR- und Nachhaltigkeitsthemen auch Wochen- bzw. Monats-PDF-Magazine bietet, fallweise zu »Grünen Geldanlagen«.

www.greenvalue.de
Daniel Kellermanns Überblick über alle aktuell in Deutschland angebotenen Wind-, Solar- und Biomassefonds sowie das Inhaltsverzeichnis der entsprechenden-Ratgeber-Publikationen.

www.gruenes-geld.de
Dokumentationen und Vorschauen für jährlich mehrere Tagesveranstaltungen bzw. Ausstellungen »Grünes Geld« in Städten wie Berlin, Frankfurt am Main, Freiburg, Hamburg, München und Stuttgart.

www.gruenesgeld.at
Die von der ÖGUT-Plattform »Ethisch-ökologische Geldanlagen« lancierte Seite enthält u. a. Begriffsdefinitionen, Terminhinweise und Kontaktdaten zu Beratern und Anbietern.

www.handelsblatt-nachhaltigkeit.de
Der von Susanne Bergius konzipierte und redigierte Newsletter – seit März 2011 kostenlos erhältlich – analysiert nachhaltige Investmentkonzepte und Trends zum »Mainstreaming« öko-sozialer Anlagekriterien.

www.humaninvest.at
Der 2010 von gewerblichen Vermögensberatern in Wien gegründete Verein zur Förderung nachhaltiger Veranlagungs-, Wirtschafts- und Lebensformen bietet Infos zu ausgewählten Produkten und Kontaktdaten zu seinen Mitgliedern.

www.inwo.de
Initiative für natürliche Wirtschaftsordnung: Freiwirtschaftsgedanken, Bücher und Termine.

www.iwr.de
Das Hauptportal für regenerative Energiewirtschaft vom Internationalen Wirtschaftsforum Regenerative Energien (IWR) enthält auch die Börsenkurse entsprechender Aktien.

www.kritischeaktionaere.de
Der Dachverband informiert (über) seine Mitglieder hinsichtlich sozialer und ökologischer Aspekte und Aktivitäten bei deutschen Aktiengesellschaften.

www.miza.at
Eine von software-systems.at betreute Datenbank, die Mittelzu- und -abflüsse auch bei Öko-Investmentfonds erfasst – bei einem billionenschweren Gesamtfondsvolumen.

www.nachhaltiges-investment.org
Von der European Business School mittels Sponsoren finanzierte Datenbank zu ethisch-ökologisch orientierten Investmentfonds, Aktien und Indizes. Enthält ausführliche Daten (auch zur Performance und den größten Positionen) für Hunderte Fonds.

www.oekomedia.org
Eine von Basel aus betriebene Infoseite mit Archiv-Funktion des bis 2004 erschienenen deutschsprachigen Umweltmedienspiegels.

www.sonnenseite.com
Die von Dr. Franz Alt und seiner Frau betriebene Seite bringt laufend Meldungen zu Solarenergiethemen und weit darüber hinaus.

www.umweltjournal.de
Verfügt neben aktuellen Meldungen über ein umfangreiches Online-Umweltlexikon, das auch Suchbegriffe im Öko-Finanzsektor erklärt.

www.unternehmensgruen.org
Deutscher Unternehmerverband zur Förderung umweltgerechten Wirtschaftens mit Neuigkeiten, Projekten, Publikationen und Terminen.

www.urgewald.de
Eine NGO, die Informationen (und Kritik) zu internationalen Aktivitäten von Banken und Konzernen liefert.

www.wallstreet-online.de
Ausführliche Kursinformationen, Berichte und Suchfunktionen nach Stichworten oder Aktien. Im Diskussionsforum »Grüne Aktien« posten meist Teilnehmer mit Pseudonymen.

www.windbranche.de
Windkraftbranchenportal des Internationalen Wirtschaftsforums Regenerative Energien (IWR).

www.wirtschaft-der-freude.org
Initiative (mit Blog) zur gemeinschaftlichen Realisierung von Projekten auf Basis der »Stärkung des Sozialkapitals als sinnvollste und effektivste Währung«.

Englischsprachige Seiten

www.bankwatch.org
Bietet eine Fülle von Informationen über die Aktivitäten/Kreditvergaben von Banken in Mittel- und Osteuropa sowie Vorschläge für verantwortungsvolle Alternativen.

www.ceres.org
Homepage der 1989 nach dem Exxon-Valdez-Tankerunfall gegründeten »Coalition for Environmentally Responsible Economies« (CERES) mit den 10 CERES-Prinzipien und Links zu allen (rund 80) Mitgliedsunternehmen.

www.climatebonds.net
Die »Climate Bonds Initiative« baut eine Datenbank zu Emittenten (z. B. aus der Solar-, Wind- oder Finanzbranche) von Anleihen auf, mit deren wachsendem Volumen der Übergang zu einer »low-carbon«-Wirtschaft beschleunigt werden soll.

www.corpwatch.org
Die »Mutter« aller Unternehmens-Watchdog-Seiten bzw. -kampagnen.

www.corporatepredators.org
Listet u. a. die 100 »top-kriminellen« Unternehmen der 1990er-Jahre auf, angeführt von F. Hoffmann-La Roche Ltd. mit einer 500-Mio.-Dollar-Strafe für Vitamin-Preisabsprachen über ein Jahrzehnt.

www.csrwire.com
Pressemitteilungen und Nachrichten aus einem Netzwerk von Unternehmen, Agenturen und NGOs. Hinter dem Betreiber csrwire steht die US-Investmentbank Meadowbrook Lane Capital.

www.environmental-finance.com
Das britische Monatsmagazin befasst sich nicht nur mit Investment-, sondern auch mit Emissionshandels-, Umweltmanagement- und Klimafragen.

www.eurosif.org
Der europäische Verband für nachhaltige Geldanlagen (European Social Investment Forum) liefert Informationen und Studien u. a. zur Entwicklung des Volumens entsprechender Produkte bzw. Fonds.

www.globalreporting.org
Die internationale »Global Reporting Initiative« (GRI) bemüht sich um eine Standardisierung der sozialen und ökologischen Berichterstattung von Unternehmen und eine künftig jährliche Publikation (analog zu den Geschäftszahlen).

www.goodmoney.com
Umfangreiches Archiv mit Suchfunktion und Links zu US-SRI-Fonds, Beratern, Verbänden und kritischen Internetseiten.

www.greenmoneyjournal.com
Das 1992 von Cliff Feigenbaum lancierte US-amerikanische »Greenmoney Journal« bietet (neben der kostenpflichtigen Printversion) Artikel, Kommentare und Links zu Büchern.

www.sec.gov
Homepage der US-Börsenaufsichtsbehörde SEC (Securities and Exchange Commission) mit zahlreichen und sehr umfangreichen Datenbanken.

www.socialfunds.com
Berichte über ethisch-ökologisch orientierte US-Investmentfonds samt Meldungen.

www.socialinvest.org bzw. ussif.org
Homepage des US-amerikanischen US SIF: The Forum for Sustainable and Responsible Investment – früher: Social Investment Forum (SIF) – mit Fondsdaten und Berichten zur Marktentwicklung.

www.thehungersite.com
Besucher können einmal täglich und kostenlos eine Handvoll Reis bzw. Lebensmittel spenden, finanziert von Firmen, die auf dieser Seite werben.

www.unepfi.ch
Die 2005 auf Anregung der UNEP Finance Initiative formulierten SRI-Veranlagungs-Selbstverpflichtungen haben weltweit fast 200 Banken, Versicherungen und Investmenthäuser unterschrieben.

www.unpri.org
Ähnlich wie bei der UNEP-Finanzinitiative haben sich bis Mitte 2011 weltweit rund 750 Asset Manager (mit über 25 Billionen US-Dollar Vermögen) und über 160 Beratungs- bzw. Researchorganisationen den »Principles for Responsible Investment« angeschlossen.

www.wbcsd.org
Das »World Business Council for Sustainable Development« ist ein Netzwerk von rund 200 Unternehmen aus gut 30 Ländern bzw. 20 Branchen, die sich für eine nachhaltige Entwicklung einsetzen und Vorschläge für Wirtschaft und Politik ausarbeiten.

6.3 Forschungsinstitute und Ratingorganisationen

Anfang der 90er-Jahre tauchte erstmals der Begriff *Öko-Rating* im Bereich des ethisch-ökologischen Investments auf. Darüber hinaus ist er jedoch noch wenig bekannt. Zum Vergleich: Auch der weltweit etablierte Begriff des (finanziellen) Bonitäts-Ratings konnte sich in den ersten zehn bis zwanzig Jahren auch nur schwer durchsetzen.

Seinen Durchbruch schaffte das Öko-Rating in den Jahren 1994 bis 1998. In dieser Zeit wurden regelmäßig Öko-Ratings im Anlegermagazin Börse Online, einem der größten Magazine dieser Art in Deutschland, und weiteren Medien abgedruckt. Monatlich konnten so rund 500 000 Leser die Öko-Ratings des Auftraggebers Öko-Invest lesen.

Die beim Öko-Rating verwendete Notenskala von -5 bis +5 basierte auf der Addition von bis zu 300 Punkten, die bei Bewertungskriterien wie Produktentwicklung, Produktion, Managementorganisation, Beschaffung und Logistik vergeben worden sind. Einige Jahre danach hat die Firma Oekom Research dieses Schema analog dem Finanzrating durch zwölf Stufen von A+ bis D- ersetzt.

Noch ist es längst nicht so weit, aber wenn einmal eine allseits anerkannte »Öko-Skala« zur Unternehmensbewertung entwickelt werden kann, ist zu erwarten, dass so ein Öko-Rating auch die Aktienkurse bzw. die Platzierbarkeit von Anleihen beeinflussen wird. Von den weltweit über 50 Instituten bzw.

Organisationen, die unabhängig von Banken oder Fondsgesellschaften ein ethisch-ökologisches Research betreiben, hat fast ein Viertel seinen Sitz im deutschsprachigen Raum. Zunächst ein Blick auf diese Länder, danach auf das übrige Europa bzw. die USA und andere Regionen.

6.3.1 D-A-CH: Deutschsprachiger Raum

Imug

Im Lauf der 1990er-Jahre entstanden in Deutschland und der Schweiz mehrere Rating-Organisationen wie z.B. das Imug in Hannover (Institut für Markt – Umwelt – Gesellschaft). Es wurde 1992 in der Rechtsform eines eingetragenen Vereins als ein praxisorientiertes Forschungsinstitut an der Universität Hannover gegründet. Das Imug wird von der Theodor-Lessing-Stiftung finanziell unterstützt und arbeitet u.a. auch im Auftrag von Ministerien oder EU-Behörden. Ein großes Echo fanden die in den 1990er-Jahren als Ratgeber-Taschenbücher veröffentlichten »Unternehmenstester« zu verschiedenen Branchen, in denen Firmen aus der Sicht von Verbraucher- und Umweltverbänden beurteilt wurden. Die aus solchen Einkaufsführern gewonnenen Erfahrungen mit sozial-ökologischen Unternehmensbewertungen wurden zum Aufbau des Forschungsbereichs Ethisches Investment genutzt, bei dem das Imug mit dem Londoner Ethical Investment Research and Information Service (Eiris) kooperiert.

Rund ein Drittel der fast drei Dutzend Imug-Mitarbeiter befasst sich mit Fragen des ethischen Investments. Das Corporate Research liefert Informationen an Fondsgesellschaften, aber auch an Verbraucherorganisationen. Über die EIRIS-Datenbank »Ethical Portfolio Manager« (EPM) kann, sortiert nach diversen ethisch-ökologischen Kriterien, auf die Daten von fast 3000 europäischen, amerikanischen und sonstigen börsennotierten Unternehmen zugegriffen werden.

Neben dem Einzelaktien-Research entwickelt das Imug auch Kriteriensysteme und Kennzahlen, beurteilt Fondsprodukte, erhebt repräsentative Marktdaten zu Präferenzen, Informationsinteressen und Anlegerverhalten. So halten laut einer Imug-Studie »fast die Hälfte der befragten 1200 Haushalte Geldanlagen in Unternehmen, die besondere soziale und ökologische Leistungen erbringen, für attraktiv oder sehr attraktiv«. Kernproblem sei allerdings der Vertrieb dieser Produkte: »Nur 3 Prozent der Haushalte haben solche Geldanlagemöglichkeiten schon einmal angeboten bekommen«.

1995 wurde die Imug Beratungsgesellschaft für sozial-ökologische Innovation mbH gegründet. Sie berät Unternehmen und Organisationen, die mit sozialen und ökologischen Innovationen am Markt erfolgreich sein wollen.

Der Kundenkreis reicht von Transfair bis zum Otto Versand oder Volkswagen. Über das hauseigene Marktforschungsstudio (CATI-Studio) können auch bundesweite Repräsentativbefragungen durchgeführt werden.

Kontakt:

- Imug (Institut für Markt-Umwelt-Gesellschaft), Brühlstraße 11, D-30169 Hannover, Tel.: 05 11/121 96-0, www.imug.de

Oekom Research AG

Im Öko-Rating hat sich vor allem die Münchner Oekom (seit 1993 als GmbH) einen Namen gemacht. Oekom bietet seine Dienste seit 1998 auch online an und hat bereits zahlreiche Unternehmen und Branchen untersucht. Die Kosten für solche Ratings liegen zwischen einigen Hundert (ein Unternehmen) und mehreren Tausend Euro für eine Branchenübersicht mit 20 bis 30 Unternehmen.

Die Oekom Research AG ist derzeit die einzige deutschsprachige Rating-Agentur, an der man sich auch als Privatanleger mittels Aktien beteiligen kann. 1999 wurde die AG aus der Oekom – Gesellschaft für ökologische Kommunikation mbH ausgegliedert, die u.a. die Zeitschrift »Politische Ökologie« und zahlreiche Bücher verlegt. Die ersten Aktien wurden zum Preis von 1,50 Euro den Mitarbeitern und den rund 80 stillen Gesellschaftern der Oekom GmbH nicht-öffentlich angeboten und in kurzer Zeit platziert. Nach Anlaufverlusten in den ersten Jahren arbeitet die AG profitabel, die Aktien werden fallweise zu Preisen um drei Euro oder höher gehandelt.

Zu den Oekom-Research-Kunden zählen viele Fondsgesellschaften und Asset Manager, die die Bewertungen von weit über 1000 sehr großen Unternehmen und mehreren Hundert Unternehmen in gefragten Branchen wie erneuerbare Energien, ökologische Landwirtschaft und Gesundheit abrufen können. Nach der Jahrtausendwende wurde der Aktienresearch-Dienst um das Segment der Anleihen erweitert. In sogenannten Country-Ratings werden Staatsanleihen nach über 130 ethisch-ökologischen Kriterien auf Basis des Frankfurt-Hohenheimer-Leitfadens getestet. Zu einzelnen Themen wie z.B. Nanotechnologie verfasst Oekom auch Grundsatzpapiere, die den Stand der Forschung bzw. die Risiken gut zusammenfassen. Rund 40 Voll- und Teilzeitmitarbeiter betreuen die Kunden, die insgesamt eine Summe von rund 100 Mrd. Euro managen.

Kontakt:

- Oekom Research AG, Goethestraße 28, D-80336 München, Tel.: 089/54 41 84-90, www.oekom-research.com

Sustainalytics

Das aus den drei Nachhaltigkeits-Ratingagenturen Scoris (D, im Jahr 2000 in Hannover gegründet), DSR (Dutch Sustainability Research, NL) und AiS (Analistas Internacionales en Sostenibilidad, E) hervorgegangene Unternehmen (die Siri Group bzw. die Siri Company hat sich im September 2008 einvernehmlich aufgelöst) gehört mit weltweit über 80 Mitarbeitern zu den größten seiner Art. Untersucht und bewertet werden die »Nachhaltigkeitsleistungen von Unternehmen und Ländern« nach ESG-Kriterien (Environment, Social und Governance). Mehrheitsgesellschafter ist die Triodos Bank, CEO der Kanadier Michael Jantzi, der 2000 den ersten kanadischen Ethik-Aktienindex entwickelt und sein Unternehmen Jantzi Research ebenfalls in Sustainalytics eingebracht hat. Sustainalytics hat seinen Sitz in Amsterdam und betreibt mit weiteren Büros in Deutschland, Belgien, Dänemark, Frankreich, Spanien, Rumänien, Kanada und den USA nicht nur Research für andere, sondern betreut auch Aktienindizes wie die STOXX Global ESG Leaders Indices, den S&P/TSX Clean Technology Index und den Jantzi Social Index.

Kontakt:

- Sustainalytics, Mainzer Landstraße 211, D-60326 Frankfurt, Tel.: 069/33 29 65 62, www.sustainalytics.com

Südwind

Das 1991 von Mitgliedern verschiedener christlicher Konfessionen als Verein gegründete Südwind-Institut hat sich auf theologische und ethische Fragestellungen in der »Zwei-Drittel-Welt« spezialisiert. Auf der Suche nach den wirtschaftlichen Ursachen weltweiter Armut fühlt man sich der »Option für die Armen« verpflichtet und versucht, Möglichkeiten aufzuzeigen, wie und in welche Richtung Veränderungen erreicht werden können.

In Zusammenarbeit mit Gemeinden, Gruppen und Verbänden werden Forschung und Aktion verknüpft. Träger des kirchennahen ökumenischen Instituts sind über 100 Kirchengemeinden und -verbände sowie Vereine und rund 300 Einzelpersonen als (Förder-)Mitglieder. Aus dem Arbeitsbereich »Ethische Geldanlagen« gingen bereits mehrere Bücher wie z.B. »Mein Geld soll Leben fördern. Hintergrund und Praxis ethischer Geldanlagen« von Antje Schneeweiß hervor.

Für Eigenprojekte oder Forschungsaufträge werden Themen wie soziale und ökonomische Standards im Welthandel, Verschuldungskrise und Schuldenumwandlung, Prostitutionstourismus oder Auswirkungen von Altkleiderhandel auf die Zwei-Drittel-Welt behandelt. Das Institut finanziert sich durch

Auftragsforschung sowie Mitglieds- und Förderbeiträge. Neben Recherchen betreibt das Institut auch Bildungsarbeit (über Veranstaltungen, Tagungen und Symposien) und beteiligt sich an Kampagnen (u.a. Bananen, Verschuldung, Altkleider, Textil/Bekleidung).

Kontakt:

- Südwind-Institut für Ökonomie und Ökumene e.V., Lindenstraße 58–60, D-53721 Siegburg, Tel.: 022 41/536 17, www.suedwind-institut.de

Blue Value AG

Die 2002 in der Schweiz gegründete Blue Value AG will durch einen Ethik-Transfer »Wirtschaft und Kapital für eine bessere Welt aktivieren«, eine zivilgesellschaftliche Ökonomie aufbauen, »die ein neues Bündnis zwischen Ethik und Markt, Lebensdienlichkeit und Ökonomie sowie Ethik und Gewinn anstrebt«. Der Researchansatz beruht auf dem »Stakeholder-Modell«. Im Jahr 2004 wurde ein eigener Ethik-Rentenfonds mit Vertrieb in Liechtenstein konzipiert, der jedoch mit einem Volumen von rund drei Mio. Euro relativ klein geblieben ist.

Kontakt:

- Blue Value AG, Schlüsselgasse 3, Postfach, CH-8022 Zürich, Tel.: 00 41/44/212 63 23, www.bluevalue.ch

Care Group AG

Die 1997 gegründete Care Group AG managt nicht nur seit 2003 einen eigenen Dachfonds (CG Global Sustainable Fund of Funds), sondern analysiert und bewertet auch – in Kooperation mit der GOE Gesellschaft für Organisation und Entscheidung mbH – für Dritte die (Research-)Qualität, das Engagement und die Transparenz von Nachhaltigkeitsfonds (www.srifundsadvice.com). Daneben berät die Care Group noch Investmentfondsmanager wie den des »Asselsa Swiss Small und Mid Caps«-Fonds.

Kontakt:

- Care Group AG, Gartenstraße 36, CH-8002 Zürich, Tel.: 00 41/44/202 02 05, www.caregroup.ch

Covalence SA

Die 2001 gegründete Firma Covalence SA mit Hauptsitz in Genf beobachtet rund 600 große Unternehmen in 18 Branchen nach ethisch-ökologischen Aspekten und stellt die Ergebnisse in ihrem »EthicalQuote« dar. Seit 2005 gibt es ein monatliches Update dieser Daten, das die Kunden (z.B. Fondsmanager oder NGOs) erhalten. Manche Details sind auch öffentlich auf der Homepage einsehbar. Covalence bietet u.a. Einzel- und Branchenreports an. In den »Covalence Ethical Snapshots« werden monatlich Unternehmensprofile erstellt. Derzeit werten 15 Analysten täglich an die 2000 Meldungen aus verschiedensten Quellen aus.

Kontakt:

- Covalence SA, 1, avenue Industrielle, CH-1227 Carouge Geneva, Tel.: 0041/22/80008-55, www.ethicalquote.com

Ecos AG

Die u.a. durch ihr 1986 gestartetes umfangreiches Zeitschriften-Artikelarchiv (www.oekomedia.org mit über 70000 Abstracts zu Umweltthemen) bekannt gewordene Ecos AG ist seit 1996 mit der Abteilung »Ecos Invest« bzw. über ihre »Corporate Responsibility Ratings (CRR)« auch für Fondsgesellschaften aktiv, vor allem für die beiden von der Schweizer Großbank UBS lancierten UBS Eco Performance und UBS Global Innovators. Neben diesen Nachhaltigkeitsanalysen von börsennotierten Werten ist Ecos für das BASE Investment Forum bei der Suche bzw. Auswahl von nicht notierten Unternehmen im Bereich erneuerbarer Energien tätig. An der Uni Bern steuert Ecos zum Zertifikatekurs »Nachhaltige Entwicklung« das Modul »Nachhaltiges Investment« bei. Im Auftrag des Netzwerks für sozial verantwortliche Wirtschaft (NSW) entwickelte die Ecos Invest-Abteilung unter Pierre Strub ein Sozial-Label, »das sozial überdurchschnittliche Unternehmen, Verwaltungen und Organisationen auszeichnet«.

Daneben entwickelt Ecos »Modelle, die Investments in kleinere und lokal orientierte Projekte mit tieferen Renditen ermöglichen. Diese basieren auf Public-Private Partnerships (PPP) und bewirken einen verstärkten privaten Kapitalfluss in ärmere Länder.«

Kontakt:

- Ecos AG, Elisabethenstraße 22, CH-4001 Basel, Tel.: 0041/61/20510-10, www.ecos.ch

Inrate

Die Agentur für Nachhaltigkeitsratings wurde 2001 als Tochterfirma der Pensionskasse Nest und dem Forschungsunternehmen Infras gegründet. Beim sogenannten Inrating werden Umwelt- und Sozialverträglichkeit von Investitionen bzw. Unternehmen bewertet. Zu den ersten Kunden von Inrate zählten neben Nest u.a. die vier Raiffeisen-Futura-Fonds, zu den jüngsten Swisscanto (seit Anfang 2011) mit rund drei Mrd. Franken Volumen in der Palette der Nachhaltigkeitsfonds. Seit 2009 werden auch Private-Equity-Anlagen nach Nachhaltigkeitskriterien bewertet. 2010 erfolgte die Fusion mit dem 1990 in Fribourg – dort verblieb auch der zweite Standort – gegründeten Centre Info, das Aktionären die Möglichkeit bot, »eine aktive Rolle mittels zielgerichteter Ausübung ihrer Rechte wahrzunehmen«, und Stimmempfehlungen für Generalversammlungen und Analysen zu Corporate-Governance-Strukturen vor allem großer europäischer Aktiengesellschaften erstellt hat. 2005 hat das Centre Info »envIMPACT«, »das erste quantitative Modell zur Beurteilung der Auswirkungen des Klimawandels über die gesamte Wertschöpfungskette von Unternehmen hinweg« auf den Markt gebracht. Und beim Portfolio-Screening und -Monitoring gehörte das Centre Info (ab 1999 eine GmbH) schon vor 20 Jahren zu den Pionieren in der Schweiz. Inzwischen bietet Inrate Analysen zu mehr als 2600 Unternehmen sowie CO_2-Kennzahlen zu rund 2000 Unternehmen.

Im Auftrag von Solidar Suisse (vormals Arbeiterhilfswerk) hat Inrate Mitte 2011 erstmals einen Kriterienkatalog und ein »Solidar-Gemeinderating« publiziert. Von den bezüglich entwicklungspolitischem Engagement und Beschaffungspraxis untersuchten 88 Schweizer Gemeinden haben Zürich (89 von 100 Punkten), Küsnacht (85) und Genf (82) am besten abgeschnitten, einige (wie z.B. Appenzell) erreichten null Punkte. Gemeinden ab 76 Punkten wurden symbolisch mit fünf Globen prämiert (»die Gemeinde trägt aktiv zu einer global gerechteren Welt bei«). Unter sechs Punkten gab es einen Globus (»ungenügendes globales Verantwortungsbewusstsein. Die Gemeinde kümmert sich nicht um die Folgen ihrer Handlungen«). Hauptkriterium bei der Bewertung des entwicklungspolitischen Engagements war der Quotient aus jährlichen Ausgaben für Projekte in der Entwicklungszusammenarbeit oder humanitären Hilfe (EZA) und dem Netto-Steuerertrag der Gemeinden. Wer hier mindestens ein Promille erreichte, erhielt die vollen 25 Punkte.

Kontakt:

- Inrate, Blinzstraße 23, CH-8045 Zürich, Tel.: 0041/58/3440020, www.inrate.ch

Invera Investment Ethics Research & Advisory AG

Das auf Ethik- und Nachhaltigkeits-Analysen spezialisierte Unternehmen ist aus dem seit 1995 bestehenden Ethik-Research-Team der 1982 von Dr. Elisabeth Höller gegründeten (und 2005 an eine Bank verkauften) Zürcher Vermögensverwaltung hervorgegangen. Beim Portfolio-Screening und anderen Beratungsmandaten wird das Invera-Team von einem Ethik-Komitee unterstützt.

Kontakt:

- Invera Investment Ethics Research & Advisory AG, Bahnhofstraße 37, CH-8001 Zürich, Tel.: 0041/44/2201133, www.invera.ch

RepRisk AG

Das Unternehmen ist zwar keine Ratingagentur im engeren Sinn, bietet aber mit der in mehreren Sprachen abrufbaren Web-Datenbank »RepRisk« negative Meldungen zu rund 17000 Unternehmen und 3600 Projekten. Die Bandbreite der Themen reicht dabei von Arbeits- und Umweltrechtsaspekten bis zu Korruption und Geldwäsche. Die aus Tausenden Quellen (Medien, Internet etc.) gesammelten reputationsrelevanten Daten – ein Maß für das Risiko ist der »Reputational Risk Index (RRI)« – können von den RepRisk-Kunden abgerufen werden, die dafür eine pauschale Lizenzgebühr von mindestens 10000 Franken im Jahr zahlen. Anfang 2011 hat RepRisk wieder die »Top 10«-Liste jener Unternehmen mit den negativsten Sozial- bzw. Umweltmeldungen veröffentlicht, dieses Mal kamen mehr als die Hälfte aus dem Bereich fossiler Brennstoffe: Transocean, BP, Vedanta Resources, ExxonMobil, Foxconn Electronics, Chevron, BG Group, Royal Dutch Shell, Sinar Mas Group und die – nicht börsennotierte – Magyar Aluminium (MAL), die für die großflächige Überschwemmung mit giftigen Abwässern in Ungarn verantwortlich war.

Das »RepRisk«-Tool wurde 2006 von der Ecofact AG entwickelt, die 2010 den neuen Namen RepRisk AG erhielt. Die übrigen (Consulting-)Aktivitäten wurden in eine neue Ecofact AG (www.ecofact.com) ausgegliedert. Gründer der unabhängigen Firmengruppe war 1998 Olivier Jaeggi, der vorher bei der UBS im Bereich Kreditrisikokontrolle speziell für Umweltrisiken zuständig war. Die RepRisk AG hat einige Dutzend Kunden, vor allem im Finanzbereich, von der Schweiz bis Australien.

Über einen »RepRisk Webshop« sind auch einzelne Unternehmensreports abrufbar, das Musterbeispiel Walt Disney ist kostenlos. Im asiatischen Bereich arbeitet RepRisk mit Responsible Research (www.responsibleresearch.com) und dem Japan Research Institute (www.jri.co.jp) zusammen, in der Schweiz mit der Kommunikationsagentur Burson-Marsteller (www.b-m.ch).

Kontakt:

- RepRisk AG, Stampfenbachstraße 42, CH-8006 Zürich, Tel.: 00 41/43/300 54-40, www.reprisk.com

Finance & Ethics Academy

In Diex bei Klagenfurt hat sich 2003 die Finance & Ethics Academy (www.fea.at) der Software-Systems.at etabliert, die den Fonds- und Aktienmarkt auf »zukunftsfähige Investments« hin durchleuchtet. Darunter versteht Gründer Richard Lernbass »Wertpapiere, welche den Transparenzvorgabekriterien von Finance & Ethics Research entsprechen, die Global-Compact-Prinzipien einhalten, gegen die Ausbeutung von Lebewesen wirken und eine überdurchschnittliche Performance aufweisen«. Ansprechpartner sind nicht Privatanleger, sondern die institutionellen Partner und Sponsoren. Es lassen sich nicht nur die Full Holdings (vollständige Liste der Portfoliotitel) aller einschlägigen Investmentfonds abrufen, sondern auch die Veränderungen der Gewichtungen einzelner Aktien in den Fondsportfolios im Lauf der Zeit nachvollziehen sowie die Mittelzu- und -abflüsse. Mit der Kennzahl »EDA« (Ethisch Dynamischer Anteil) werden einzelne Aktien rechnerisch für die Bewertung von Fonds erfasst. 2011 startete Software-Systems.at mit sechs »nachhaltigen« Fondsindizes, die 25 bzw. 50 Fonds bestimmter Länder (D/A/CH) bzw. Regionen (Europa, Emerging Markets, Global) enthalten. Der »IX EDA 25 Aktien SK75 Deutschland« besteht aus 25 Fonds, bei denen die »Standard-Kriterien zu mindestens 75 Prozent erreicht« werden. Neben ethisch-ökologischen Faktoren werden auch Performancedaten, Risikokennzahlen oder z. B. Kurs-Gewinn-Verhältnisse erhoben.

Kontakt:

- Finance & Ethics Academy, Software-Systems.at Börsensoftware & Datenbankservice GmbH, Haus 204, A-9103 Diex, Tel.: 00 43/42 31/255 55-16, www.software-systems.at

GreenTec Invest AG

Die 2007 in Wien gegründete GreenTec Invest AG (GTI) stellt Kontakte zwischen Kapital suchenden Unternehmen und Investoren bzw. Beteiligungsgesellschaften her, die Kapital für Unternehmen und Projekte u. a. aus dem Bereich der erneuerbaren Energien, Umweltschutztechnologien, E-Mobilität, Bio-Lebensmittel bzw. »social entrepreneurs« zur Verfügung stellen. Daneben ist die GTI auch im Aktienresearch und in der Fonds- bzw. Indexentwicklung tätig, verfügt über ein Archiv von Geschäfts- und Researchberichten zu rund 800 kleinen und mittleren börsennotierten »grünen« Unternehmen und erstellt auftragsbezogen entsprechende Ratings bzw. Porträts, seit Mitte 2011 auch zu außerbörslichen Öko-Aktien im deutschsprachigen Raum.

Kontakt:

- GreenTec Invest AG, Alser Straße 21/8, A-1080 Wien, Tel.: 0043/699/13070128, www.greentecinvest.at

6.3.2 USA und übriges Europa

Investor Responsibility Research Center Institute (IRRCI)

Das unabhängige Forschungsinstitut mit Sitz in New York wurde mit Mitteln aus dem Verkaufserlös des US-amerikanische Forschungszentrums IRRC 2006 gegründet. Das schon 1972 gegründete IRRC war zu dem Zeitpunkt mit über 80 Mitarbeitern weltweit das größte Institut seiner Art und wurde von Institutional Shareholder Services, dann Risk Metrics und schließlich MSCI (siehe nächster Abschnitt) übernommen, die diese Researchbereiche profitorientiert weiterführen. Das neue Institut hingegen will die Tradition der unabhängigen, nicht profitorientierten Forschung fortsetzen. Eine der Studien (2010) gibt z.B. einen Überblick über die Parteispenden der 500 großen US-Unternehmen im S&P 500 Index. An dieser Stelle ein historischer Rückblick:

Die Motive für die Gründung des IRRC gehen auf die sechziger Jahre zurück, als die Anti-Vietnamkriegsbewegung ihren Höhepunkt erreichte. Damals protestierten viele Studenten gegen ihre Universitätsverwaltungen, weil deren Pensionskassen Aktien von Rüstungsunternehmen hielten, die Waffen nach Vietnam lieferten. Daneben waren Themen wie Südafrikageschäfte, Atomenergie und Rüstungsproduktion Gegenstand unzähliger Aktionärsresolutionen. In ihrer Eigenschaft als Aktionäre mussten sich die Vertreter verschiedenster Institutionen mit diesen Themen befassen. Da es eine Menge Arbeitsaufwand bedeutete, sich in die jeweiligen Sachgebiete einzuarbeiten, und um fundierte Entscheidungen treffen zu können, überlegten vor allem die Universitätsverwaltungen, eine unabhängige Forschungsstelle zu gründen, die alle relevanten Daten sammeln und aufbereiten kann. Von dort sollte jeder die für ihn wichtigen Ergebnisse abrufen können. Mit einem Startzuschuss von Seiten der *Ford-*, *Carnegie-* und *Rockefeller-Stiftung* wurde schließlich das IRRC gegründet.

In den Folgejahren nutzten Hunderte institutionelle Anleger, Banken, Finanzberater usw. die Dienste des Zentrums, das als nichtkommerzielle und unparteiische Einrichtung auch bei der strengen Börsenüberwachungskommission SEC (Securities and Exchange Commission) zugelassen war. Neben der Erfassung von Aktionärsresolutionen (Proxy Issues Reports) standen die Erforschung und Dokumentation von Themen wie Energie und Umwelt, Rüstung und Militär, globales Investment oder Risikomanagement im Mittelpunkt. Ausführliche Studien des IRRC wurden auch als Bücher publiziert, die jedoch wegen der geringen Auflage relativ teuer waren: über 10 000 Dollar kostete beispielsweise das dreibändige Lexikon »Corporate Environmental Profiles«, in dem 500 US-Unternehmen nach ihren Leistungen und Verfehlungen (z. B. Umweltstrafen) gelistet und teilweise mit Branchenindexwerten verglichen worden sind.

Kontakt:

- Investor Responsibility Research Center Institute (IRRCI), One Exchange Plaza, 55 Broadway, 11th Fl., USA-New York, NY 10006, Tel.: 001/212/344-24 24, www.irrcinstitute.org

MSCI Inc.

Der von der New Yorker Investmentbank Morgan Stanley abgespaltene Index- und Informationskonzern MSCI (Morgan Stanley Capital International) bietet seit Mitte 2011 die Plattform »MSCI ESG Manager« an (ESG steht für environmental, social und governance). Darauf sind alle ESG-Daten (und der »ESG Impact Monitor«) zu allen Unternehmen des MSCI World Index abrufbar, sodass sich z. B. Fondsmanager darüber informieren können, bei welchen Unternehmen es Kontroversen oder Gesetzesverstöße gibt.

Der MSCI-Konzern kam 2007 an die Börse und ist nun mit fast fünf Mrd. Dollar bewertet, nachdem er Mitte 2010 das seinerzeit ebenfalls börsennotierte New Yorker Unternehmen RiskMetrics (für 1,55 Mrd. Dollar) übernommen hat. RiskMetrics hat sich vor allem mit Risikomanagement und Fragen der Unternehmensführung (»corporate governance«) als Dienstleister für die Finanzbranche befasst. RiskMetrics hatte vorher nicht nur das IRRC und Innovest, sondern auch das private Unternehmen KLD Research & Analytics, Inc. in Boston aufgekauft, das seit über 20 Jahren eines der führenden ESG-Research- und Indexunternehmen (u. a. Domini-Social-Index-Familie) in den USA war. Nun werden in viele »konventionelle« Analysen die ethisch-ökologischen Daten und Kennzahlen eingebaut. ESG-Research ist jedoch nur einer der Geschäftsbereiche. Denn MSCI berechnet mit rund 2000 Mitarbeitern für über 5000 Kunden laufend rund 120 000 Börsen-Indizes (der erste kam 1969 auf den Markt) und stellt Analyse- und Risikomanagement-Software zur Verfügung.

Kontakt:

- MSCI Inc., One Chase Manhattan Plaza, 44 th Floor, USA-New York, NY 10005, Tel.: 001/212/804-39 00, www.msci.com

Ethical Investment Research Service (Eiris)

Das britische Forschungs- und Serviceinstitut Eiris wurde 1983 mit finanzieller Unterstützung verschiedener religiöser Vereinigungen (z. B. der anglikanischen Kirche und den Quäkern) gegründet. Eiris untersucht alle im FTSE (Financial Times)-Gesamtindex enthaltenen Unternehmen nach bis zu 30 quantifizierbaren Kriterien (z. B. Rüstungsanteil am Gesamtumsatz), trifft aber keine moralischen Werturteile über deren Aktivitäten. Mittels eines Kriterienrasters, das man einfach über alle britischen – und mittlerweile auch Hunderte nicht-britische – Aktien legt, kann man auf Knopfdruck eine Liste all jener Unternehmen abrufen, die eine bestimmte Kriterienkombination erfüllen oder nicht erfüllen. Neben einer »acceptable list« von z. B. 35 Aktien bietet Eiris auch diverse Sparten-Übersichten, z. B. den »Controversial Weapons Monitor« zu Unternehmen, die mit Rüstungsproduktion zu tun haben. Schon 1987 hat Eiris einen Ethikfonds-Führer herausgegeben. In einer der neueren Publikationen (»Climate Change Tracker 2011: Cool Brands versus Hot Brands?«) werden z. B. die Klimaschutzbemühungen der 300 größten FTSE-Index-Unternehmen und der 100 größten Markenunternehmen der Welt untersucht. Neben dem Hauptsitz in London gibt es auch Büros in Paris und Boston.

Kontakt:

- Eiris, 80–84, Bondway, GB-London SW8 1SF, Tel.: 00 44/20/78 40-57 00, www.eiris.org

Ethibel

Auch in Brüssel gibt es seit 1992 ein Forschungsinstitut, das nicht nur den belgischen Aktienmarkt nach ethischen Kriterien untersucht. Ethibel bietet nicht nur einen Researchservice und diverse Unternehmensprofile an, sondern hat auch selbst Kriterien entwickelt, auf denen eine Unternehmensdatenbank bzw. ein Investitionsregister basiert. Aus den Titeln dieses Registers wurde der Ethibel Sustainability Index erstellt. Diese Liste von Aktien und Rentenpapieren stellt das Universum dar, das Fonds für ihre Auswahl nützen können, wenn sie das Ethibel-Label anstreben.

Das Bewertungsverfahren, die Kriterien und das Gütezeichen sind in den Benelux-Ländern als offizielles Qualitätslabel registriert. Das Label garantiert den Investoren primär die Glaubwürdigkeit von ethischen Anlageprodukten der »vierten Generation«. Die sogenannte »dritte Generation« von ethischen Finanzprodukten, die einem langfristigen Stakeholder-Ansatz folgt, macht in Belgien Gebrauch von diesem Label. Als »erste« Generation werden jene Fonds verstanden, die fast nur Negativkriterien (kein Bezug zu Rüstung, Atomindustrie, Tabak etc.) angewandt haben, die »zweite« Generation betrachtete meist nur die ökologisch oder sozial positiven Produkte eines Unternehmens.

Der Verein Ethibel hat 2002 zusammen mit dem Schweizer Prüf- und Zertifizierungskonzern SGS und anderen für Researchaufgaben die Aktiengesellschaft Stock at Stake gegründet. Diese wurde Ende 2005 mit der französischen Agentur Vigeo zur Vigeo-Gruppe fusioniert.

Kontakt:

- Ethibel vzw, Vooruitgangstraat 333/7, B-1030 Bruxelles, Tel.: 00 32/2/206 11 11, www.ethibel.org

GES Investment Services

GES Investment Services mit Hauptsitz in Stockholm und Niederlassungen in Dänemark, Polen und der Schweiz bietet neben ESG-Research und Unternehmensratings auch »Risiko-Ratings« für Mitglieder internationaler Aktienindizes (mit Noten von Aa bis Cc, die auf die Branche und das einzelne Unternehmen bezogen sind) an. Außerdem unterstützt GES Investoren in Sachen Shareholder-Engagement, d. h. beim Dialog mit den Unternehmen.

Kontakt:

- GES Investment Services, Kungsgatan 35, SE-111 56 Stockholm, Tel.: 00 46/8/787 99 10, www.ges-invest.com

Vigeo

Die von den beiden Banken Caisses d'Epargne und Caisse des Dépôts schon 1996 gegründete französische Recherche- und Analyseagentur Analyses et Recherches Sociales sur les Entreprises (Arese S.A.) ging in der 2002 gegründeten Vigeo auf, die 2005 – noch vor der Fusion mit der belgischen Stock at Stake bzw. der Übernahme der italienischen Avanzi SRI Research (2006) – mit einem Grundkapital von 13 Mio. Euro (von 52 Aktionären großteils aus der Finanzbranche) und 40 Mitarbeitern zu den größten Agenturen dieses Sektors gehörte. Die Methodologie zur Umwelt- und Sozialanalyse von Großunternehmen wird laufend weiterentwickelt, die Kriterien decken u. a. die Bereiche Aktionäre,

Gesellschaft, Kunden und Lieferanten, Mitarbeiter und Umwelt ab. Neben dem Research für Fondsmanager und der Betreuung von Indizes (ASPI Eurozone, ESI) will Vigeo (mit inzwischen rund 90 Mitarbeitern in Paris, Brüssel, Mailand und Casablanca) auch Unternehmen dabei unterstützen, nachhaltige Geschäftsprinzipien zu implementieren. 2007 erreichte die Agentur – bei rund 6,5 Mio. Euro Umsatz – erstmals die Gewinnzone. 2008 ist Vigeo mit Oekom Research eine Partnerschaft im Anleihen-Researchbereich eingegangen. Seit Mitte 2010 lässt Vigeo auch die Transparenz und Integrität von Lobbyismus-Aktivitäten in die Unternehmensbewertung einfließen.

Kontakt:

- Vigeo, Les Mercuriales, 40 rue Jean Jaurès, F-93170 Bagnolet, Tel.: 00 33/1/55 82 32-44, www.vigeo.com

6.3.3 Sonstige Institute und Interessenverbände

Neben den beschriebenen Forschungsinstituten in Europa und den USA gibt es noch eine Reihe weiterer Organisationen, die sich zum Teil kommerziell mit Fragen ethisch-ökologischen Investments befassen. Hier eine Auswahl der wichtigsten Anlaufstellen:

Association for Sustainable & Responsible Investment in Asia (ASrIA)
2A, Worldwide Commercial Building, 34 Wyndham Street, Central Hong Kong, Tel.: 00 85/2/31 05 37 01, www.asria.org

Ein von Tessa Tennant (vormals NPI bzw. Henderson Investors, London) aufgebautes SRI-Netzwerk im asiatischen Bereich, das u.a. einen E-Mail-Newsletter herausgibt.

CRIC (Corporate Responsibility Interface Center) e.V.
Hanauer Landstraße 114-116, D-60314 Frankfurt, Tel.: 069/405-666 91, www.cric-online.org

CRIC, ein mehr als 100 (großteils aus dem kirchlichen Sektor kommende) Mitglieder zählender Verein für ethisch orientierte Investoren, »dient ethisch motivierten Anlegern als Plattform. CRIC leistet Unterstützung bei der Integration von ethischen Kriterien in die Kapitalanlage und verschafft der Idee des ethischen Investments mehr öffentliches Gehör.« Grundlage ist der 1997 erstmals veröffentlichte »Frankfurt-Hohenheimer-Leitfaden«.

Eurosif (European Sustainable and Responsible Investment Forum)
La Ruche, 84 quai de Jemmapes, F-75010 Paris, Tel.: 00 33/1/48 03 92 01, www.eurosif.org

Im 2001 gegründeten Eurosif haben sich nationale Verbände und andere Institutionen bzw. Unternehmen zusammengeschlossen. Er publiziert u.a. den Eurosif-Report »Socially Responsible Investment among European Institutional Investors« mit einem Marktüberblick.

Forum Nachhaltige Geldanlagen e.V.
Rauchstraße 11, D-10787 Berlin, Deutschland, Tel.: 030/26 47 05 44, www.forum-ng.de

Das 2001 in Berlin gegründete Forum sieht sich als Dachverband ähnlich dem britischen Social Investment Forum und ist auch Mitglied beim Eurosif. Ziel des Forums mit über 120 Mitgliedern (auch aus der Schweiz und Österreich) ist die Förderung nachhaltiger Geldanlagen bzw. entsprechender politischer Rahmenbedingungen u.a. durch Veranstaltungen, Öffentlichkeits- und Pressearbeit.

Interfaith Center on Corporate Responsibility
Suite 1842, 475 Riverside Drive, USA-New York, NY 10115, Tel.: 001/212/870-22 95, www.iccr.org

Das 1971 gegründete Zentrum für kirchliche Aktionsprogramme und Aktionärsresolutionen zur Beeinflussung der Geschäftspolitik von amerikanischen Konzernen wird von knapp 300 Kirchen(gemeinden) getragen und verfügt inzwischen über 100 Mrd. US-Dollar »under management«.

ÖGUT-Plattform Ethisch-ökologische Veranlagung
Hollandstraße 10/46, A-1020 Wien, Tel.: 00 43/1/315 63 93-20, www.gruenesgeld.at

In Österreich bietet seit Anfang 2002 die ÖGUT-Website zahlreiche Informationen zum Thema »Grünes Geld«, basierend auf der – nach deutschem Vorbild – vom Umweltministerium herausgegebenen Broschüre »Mehr Wert: Ökologische Geldanlagen«, die auf der Homepage bestellt werden kann.

Pensions Investment Research Consultants (PIRC)

6 th Floor, 9 Prescot Street, GB-London E1 8AZ, Tel.: 00 44/20/72 47-23 23, www.pirc.co.uk

Die 1986 gegründete Beraterfirma verwendet ethische Kriterien im Bereich von Investmentfonds und Pensionsvorsorge und fördert Aktionärsaktivitäten.

Responsible Investment Association Australasia (RIAA)

Level 2, 60 Castlereagh Street, Sydney NSW 2000, Tel.: 00 61/2/82 28 81 00, www.responsibleinvestment.org

Ein 1999 (als Ethical Investment Association, EIA) gegründeter Verband für Australien und Neuseeland.

Social Investment Forum (Canada)

184 Pearl Street, 2 nd Floor, CAN-Toronto, Ontario M5H 1L5, Tel.: 001/416/461-60 42, www.socialinvestment.ca

Kanadischer Verband von SRI-Investoren und Beratern.

Sustainable Business Institute (SBI)

Burgstraße 4, D-65375 Oestrich-Winkel, Tel.: 067 23/996 30, www.instoec.de

Forscht und betreibt mit öffentlichen Zuschüssen bzw. Sponsorengeldern eine umfangreiche Datenbank (www.nachhaltiges-investment.org) zu allen »Fonds, die angeben, in besonderer Weise soziale, ökologische oder auch ethische Kriterien zu berücksichtigen«. Koordiniert wissenschaftliche Studien wie »Herausforderung Klimakompetenz: Kundenerwartungen an Finanzdienstleister« (www.cfi21.org).

UKSIF – the sustainable investment and finance association (United Kingdom)

Holywell Centre, 1 Phipp Street, GB-London EC2A 4PS, Tel.: 00 44/20/77 49 99 50, www.uksif.org

Britischer Verband von Fondsgesellschaften, Pensionskassen, Anlageberatern, Investoren und Instituten im Bereich des Ethical Investments (mit Kontaktdaten aller Mitglieder).

US SIF – The Forum for Sustainable and Responsible Investment

910 17th Street NW, Suite 1000, USA-Washington, DC 20006, Tel.: 001/202/872-5361, www.ussif.org

US-amerikanischer Verband von rund 400 Anlageberaterfirmen, Investoren und Informationsdiensten, die sich mit ethischen bzw. sozial verantwortlichen Geldanlagen befassen. Reichhaltige Liste von Studien.

6.4 Prinzipien und Standards

Ceres-Prinzipien

Seit mehr als 20 Jahren müssen sich Dutzende von Großkonzernen in den USA auf den Hauptversammlungen mit Resolutionen befassen, die ihre umweltbewegten Aktionäre vorbereitet haben. Die Anzahl der umweltbezogenen Anträge ist von 6 im Jahre 1989 auf nunmehr jährlich weit über 200 gestiegen.

Ihren Ausgang nahm die Bewegung mit der Öl-Katastrophe des Tankers Exxon Valdez. Damals wurde ein Katalog von Verhaltensregeln, die sogenannten »Valdez-Prinzipien«, zur Unterschrift vorgelegt. Die später in »Ceres-Prinzipien« umbenannten Selbstverpflichtungen fordern unter anderem, dass die Unternehmen Rohstoffe sparsam verwenden sollen, ihre Abfälle verringern, Emissionen filtern und Umweltschutzexperten einen Sitz im Aufsichtsrat gewähren sollen. Die Ceres-Prinzipien lauten im Einzelnen:

1. Schutz der Biosphäre.
2. Maßvoller Umgang mit natürlichen Rohstoffen.
3. Reduzierung und Entsorgung von Abfällen.
4. Effizienter Einsatz von Energie.
5. Gesundheitsschutz für Arbeitsplatz und Umgebung.
6. Sichere Produkte und Konsumentenschutz.
7. Haftung und Schadenersatz.
8. Transparenz und Veröffentlichung.
9. Mindestens ein Umweltexperte im Management.
10. Jährlicher Rechenschaftsbericht.

Die Selbstverpflichtung zur Einhaltung dieser Prinzipien haben mehr als 100 große US-Aktiengesellschaften unterschrieben.

Neben den Ceres-Prinzipien, die sich vor allem auf ökologische Aspekte der Unternehmenspolitik beziehen, sind in den USA schon länger die sogenannten Sullivan-Prinzipien erstellt worden, die Menschenrechte und menschenwürdige Arbeitsbedingungen zum Inhalt haben.

Kontakt:

- Ceres, 99 Chauncy Street, 6th Floor, USA-Boston, MA 02111, Tel.: 001/617/247-07 00, www.ceres.org

Global Reporting Initiative (GRI)

Die 1997 von Ceres und dem Umweltprogramm der UNO (UNEP) lancierte Global Reporting Initiative (GRI) entwickelt und verbreitet Standards bzw. Richtlinien (Sustainability Reporting Guidelines) zur freiwilligen Berichterstattung über ökonomische, soziale und ökologische Entwicklungen bzw. Kennzahlen von Unternehmen mit dem Ziel, ähnliche international anerkannte Standards zu erreichen wie in der finanziellen Bilanzierung. Inzwischen berichten weltweit viele Hundert Unternehmen nach GRI-Standards.

Nach einigen Jahren der Entwicklung und Verfeinerung (inkl. Verbesserungsvorschlägen seitens NGOs) stand dann 2002 ein GRI-Leitfaden mit Grundsätzen der Berichterstattung wie z.B. Einschließlichkeit (Einbeziehung aller Anspruchsgruppen), Genauigkeit (möglichst niedrige Fehlerquote der Informationen), Klarheit und Zweckmäßigkeit (Frequenz und Informationsdichte den Bedürfnissen der Anspruchsgruppen entsprechend), Neutralität (ausgewogene Berichterstattung hebt die Qualität und Glaubwürdigkeit), Transparenz (Offenlegung aller Prozesse und Annahmen bei der Berichterstellung), Überprüfbarkeit (Archivierung der Rohdaten für Kontrollzwecke), Vergleichbarkeit (Konsistenz, Offenlegung von veränderten Rahmenbedingungen) und Vollständigkeit (aller Informationen bezüglich Reichweite, Zeitrahmen etc.)

Kontakt:

- Global Reporting Initiative (GRI), Metropool Building, 5 th Floor, Weesperstraat 95, NL-1018 Amsterdam, Tel.: 00 31/20/531 00 00, www.globalreporting.org

SA 8000

Seit 1998 gibt es die Norm SA 8000 (Standard for Social Accountability), nach der sich Unternehmen ihre sozialen Standards zertifizieren lassen können. Basis dafür sind die Konventionen der ILO (International Labor Organisation) und der UN-Erklärungen über die Menschenrechte und die Rechte des Kindes. Ziel ist eine »nachhaltige Entwicklung und der Aufbau eines weltweit gültigen Zertifizierungs- und Kontrollsystems auf der Ebene jedes einzelnen Unternehmens«. Im Gegensatz zu Umweltnormen wie ISO 14001 werden dabei auch die

Beschäftigten sowie Interessengruppen wie Gewerkschaften befragt. Untersucht werden u. a. die Bereiche Kinderarbeit, Zwangsarbeit, Gesundheits- und Sicherheits-Standards, Arbeitszeiten, (Mindest-)Löhne und Managementsysteme. Ähnlich, aber nicht ganz so umfassend wie beim Verhaltenskodex der auf die Textilproduktion bezogenen Clean Clothes Campaign (CCC), werden auch die Zulieferbetriebe einbezogen. Betreut wird der Sozialstandard SA 8000 von Social Accountability International, einer Organisation zur Förderung der Menschen- bzw. Arbeitnehmerrechte. Leiterin des Instituts ist Alice Tepper Marlin, die zuvor 30 Jahre lang den Council on Economic Priorities (CEP) geleitet hat und u. a. den SA-8000-Standard mitentwickelt hat.

Kontakt:

- Social Accountability International (SAI), 15 West 44th Street, 6 th Floor, USA-New York, NY 10036, Tel.: 001/212/684-14 14, www.sa-intl.org

ISO 14001 und ISO 26000

Umweltmanagementsysteme nach der Norm ISO 14001 sollen bei den zertifizierten Unternehmen gewährleisten, dass Umweltziele definiert und umgesetzt werden, »die über das Niveau der relevanten Umweltgesetze hinausgehen«. Die Norm wird von der International Organization for Standardization (ISO), dem Dachverband der nationalen Normungsinstitute entwickelt und überwacht. Die Zertifizierung wird von privaten, dafür zugelassenen Gesellschaften erteilt und kann – spätestens alle drei Jahre – erneuert werden. Ziel ist die laufende Verringerung von Umweltbelastungen, allerdings ohne konkrete Vorgaben in absoluten oder prozentuellen Zahlen oder für bestimmte Bereiche.

Beim Standard »ISO 26 000« handelt es sich nicht um eine zertifizierbare Managementsystem-Norm, sondern um einen (nach über sieben Jahren der Entwicklung) 2010 veröffentlichten Leitfaden mit »erstrebenswerten beispielhaften Anwendungen« (Best Practices) für gesellschaftlich verantwortliches Handelns von Unternehmen bzw. Organisationen. Sieben Prinzipien dienen dabei als Basis: Rechenschaftspflicht, Transparenz, ethisches Verhalten sowie die Beachtung der Interessen der Stakeholder, der Rechtsstaatlichkeit, internationaler Verhaltensstandards und Menschenrechte.

Kontakt:

- International Organization for Standardization (ISO), 1, ch. de la Voie-Creuse, CP 56, CH-1211 Genf 20, Tel.: 0041/22/7490111, www.iso.org

7 Anlegerservice und Anlegerschutz

Gesetzliche Regelungen schaffen Rahmenbedingungen für wirtschaftliches Handeln und treffen Schutzvorkehrungen gegen Missbrauch und Betrug. Allerdings reagiert der Gesetzgeber häufig erst auf Regelungslücken, die zuvor ausgenutzt worden sind. Daher empfiehlt es sich, im Zweifels- und Streitfall eine Rechts- oder Steuerberatung in Anspruch zu nehmen.

Jeder sollte die rechtlichen und vertraglichen Grundlagen eines Beteiligungsangebotes und die damit verbunden Risiken verstehen. Auch steuerliche Aspekte sollten bei einer Investition einbezogen werden. Dazu haben wir einige Hintergrundinformationen zusammengestellt. Außerdem führen wir einige Beispiele von negativ aufgefallenen Anbietern an. Helfen können auch die das Kapitel abschließenden Kontaktdaten von privaten und öffentlichen Einrichtungen, die sich dafür einsetzen, Ihre Position als Anleger zu schützen.

7.1 GmbH (& Co. KG) und andere Rechtsformen

Je nach Zielsetzung und Umfang eines Projekts haben unterschiedliche Rechtsformen bestimmte Vor- und Nachteile. Die Rechtsformen sind in eigenen Gesetzen – insbesondere im Handelsgesetzbuch (Österreich: Unternehmensgesetzbuch) – geregelt. Hier eine Auswahl der gängigsten Formen:

GmbH

Die Gründung einer Gesellschaft mit beschränkter Haftung (GmbH) können eine oder mehrere Personen (Gesellschafter) vornehmen. Der Gesellschaftsvertrag bedarf der notariellen Form. In Deutschland ist ein Kapital von mindestens 25 000 Euro (Österreich: 35 000 Euro) einzubringen. Denkbar ist aber in Deutschland auch die Gründung einer Unternehmergesellschaft (§ 5a GmbH-Gesetz) mit einem geringeren Kapital (auch »Ein-Euro-GmbH« genannt). Die Haftung des Unternehmens ist bei dieser Rechtsform, wie es der Name ausdrückt, auf das Gesellschaftskapital beschränkt.

Bei Beteiligungskonstruktionen wird die GmbH beispielsweise sogenannte stille Gesellschaften anbieten, da für die Stammanteile keine die persönliche Steuerbemessung mindernden Verlustzuweisungen möglich sind. Noch häufiger gründet man eine – steuerlich ebenfalls interessante – Kommanditgesellschaft (KG) in Form einer GmbH & Co. KG.

GmbH & Co. KG

Eine typische KG besteht aus den persönlich voll haftenden, geschäftsführenden Komplementären – in der Regel den Initiatoren – und den mit ihrem Kapitalanteil haftenden Kommanditisten (Anlegern). Die GmbH & Co. KG ist eine Sonderform der KG, bei der als Vollhafter eine GmbH eingesetzt wird. So wird einerseits wieder die Haftung beschränkt, andererseits bleiben trotzdem die steuerlichen Vorteile einer Personengesellschaft, wie z.B. die individuelle Verlustzuweisung, für die Kommanditisten erhalten.

Zwischen der KG und der GmbH (der Initiatoren) wird ein Vertrag geschlossen, der u.a. die Höhe der Geschäftsführungsvergütung regelt.

GbR mbH

Eine Gesellschaft bürgerlichen Rechts mit beschränkter Haftung (GbR mbH) kommt wesentlich seltener vor. Sie hat – anders als die KG – keine Bilanzierungspflicht und kann so wegen der einfacheren Buchführung Kosten für Steuerberatung etc. einsparen. Aus Sicht der Anleger gibt es jedoch einen gravierenden Nachteil: Sie haften – wie bei einer normalen GbR – über den Kapitalanteil hinaus auch mit ihrem gesamten Privatvermögen. Insbesondere dann, wenn z.B. versäumt wurde, bei allen Außenkontakten (z.B. Geschäftspartner, Lieferanten, Kunden) auf die im Innenverhältnis vertraglich vereinbarte Beschränkung hinzuweisen.

Auch im Falle einer Unterversicherung kann es brenzlig werden: Kommt es zu einem Betriebsunfall mit unbeteiligten Dritten, die nichts von der GbR mbH bzw. Haftungsbeschränkung wissen, haften alle Gesellschafter auch mit ihrem Privatvermögen, selbst wenn der Gesellschaftsvertrag die Haftung ausschließt.

Genossenschaft

In einer Genossenschaft können beliebig viele natürliche Personen Mitglied werden (in Deutschland: mindestens drei), indem sie mindestens einen Geschäftsanteil übernehmen. Oberstes Organ ist die Generalversammlung, die Vorstand und Aufsichtsrat wählt, wenn die Satzung, die gerade in Österreich große Gestaltungsmöglichkeiten bietet, nichts anderes vorsieht. Außerdem gibt es noch eine externe Kontrolle durch Prüfungsverbände, die jede Genossenschaft mindestens alle zwei Jahre hinsichtlich Geschäftsführung, Mittelverwendung und Vermögenslage überprüft. Im Vergleich zu anderen Rechtsformen sind die Gründung und der Betrieb einer Genossenschaft relativ aufwändig, sie werden jedoch stark von den Verbänden unterstützt. Eine Nachschusspflicht der

Mitglieder im Insolvenzfall muss ausdrücklich durch die Satzung ausgeschlossen sein (§ 105 deutsches Genossenschaftsgesetz).

Fonds

Hauptzweck eines Fondsmodells im Beteiligungsbereich – nicht zu verwechseln mit den staatlich stark regulierten Investmentfonds – ist das Sammeln von Kapital, welches dann in bestimmte Vorhaben oder Unternehmen investiert wird. Neben seriösen und langjährig bewährten Fondskonstruktionen (wie z. B. die der GLS Bank oder bei Windparks) mit einem bestimmten Zweck gibt es aber auch sogenannte »Blind-Pools«, bei denen nicht angeben ist, wann und wo »Umweltinvestitionen« getätigt werden sollen. Hier sollte man besonders vorsichtig sein.

7.2 Prospekte und Prognosen

Ohne Prospekt kein Geld. Anleger müssen aufgrund eines sogenannten Emissionsprospektes in der Lage sein, Beteiligungsangebote zu prüfen, bevor sie investieren. Das geplante Vorhaben wird darin beschrieben, Prognosen über die zukünftige Entwicklung werden erstellt, Chancen und Risiken erläutert.

Der Gesetzgeber, die Gerichte sowie Verbraucher- und Anlegerschutzvereinigungen fordern gewisse Standardelemente für Form, Inhalt und Vollständigkeit von Beteiligungsprospekten. Eine rechtliche Grundlage bietet das Verkaufsprospektgesetz. Der Prospekt sollte möglichst in gebundener Form vorliegen, die Vertragstexte und Prognosedaten sollten erläutert werden. Der Prospekt ist bei der Bundesanstalt für Finanzdienstleistungsaufsicht (BaFin) einzureichen und darf als Angebot erst veröffentlicht werden, wenn die Bundesanstalt dies gestattet hat. Die Freigabe durch die BaFin gibt keine Aussage über die inhaltliche Richtigkeit des Angebots ab.

Da es später – insbesondere im Fall von Konkursen etc. – manchmal zu juristischen Auseinandersetzungen mit den Initiatoren kommen kann, empfiehlt es sich für Anleger, neben dem Prospekt auch alle anderen schriftlichen Unterlagen, die für die Anlageentscheidung wichtig sind, aufzubewahren.

Prospekthaftung

Wer als Initiator falsche oder unzureichende Angaben in einem Prospekt macht, kann gemäß § 264a (Kapitalanlagebetrug) des Strafgesetzbuchs bzw. Bestimmungen des BGB sowie des Gesetzes gegen unlauteren Wettbewerb zur

Rechenschaft gezogen werden. Möglich sind Geldstrafen und Haftstrafen (bis zu drei Jahren). Um sich gegen diese Haftungsrisiken weitgehend abzusichern, lassen viele Initiatoren ihre Unterlagen vor der Veröffentlichung durch einen Wirtschaftsprüfer kontrollieren.

Prospektprüfung

Für eine Prospektprüfung im formalen Sinne auf Vollständigkeit durch die BaFin – in Österreich: Finanzmarktaufsicht (FMA) – sind seit Juli 2005 Einzelheiten in der Vermögensanlagen-Verkaufsprospektverordnung geregelt. Schon zuvor hatten sich gewisse Methoden und Standards des Instituts der Wirtschaftsprüfer in Deutschland e. V. (IDW), Düsseldorf, etabliert. Der mit Eintritt der Verordnung modifizierte IDW-Standard geht im Bereich der wirtschaftlichen, steuerlichen und rechtlichen Angaben über die von der Verordnung geforderten Einzelangaben hinaus und beschreibt, welche Funktionen die Prospektprüfung erfüllt (IDW S 4):

»Zu einer Prospektbeurteilung i.S. dieses IDW Standards gehören damit Feststellungen zur Vollständigkeit, Richtigkeit und Klarheit der Prospektangaben einschließlich der Plausibilität der im Verkaufsprospekt enthaltenen Werturteile, der Schlüssigkeit von Folgerungen sowie der Darstellung der mit der Vermögensanlage verbundenen Risiken. (...) Die Beurteilung erfolgt aus der Sicht eines durchschnittlich verständigen und vorsichtigen Anlegers, der über ein Grundverständnis für die wirtschaftlichen Gegebenheiten der angebotenen Vermögensanlage verfügt (Anleger). (...) Eine Prospektbeurteilung durch Wirtschaftsprüfer kann keine Gewähr für den Eintritt des wirtschaftlichen Erfolgs und der steuerlichen Auswirkungen der Vermögensanlage bieten, da diese von unsicheren künftigen Entwicklungen abhängen. (...) Die Auswirkungen der Vermögensanlage bei dem einzelnen Anleger sind nicht Gegenstand.«

Bei kleineren Projekten wird eine Prospektprüfung durch einen Wirtschaftsprüfer meist aus Kosten- und Zeitgründen nicht durchgeführt, bei größeren Investitionssummen von mehreren Millionen Euro sollte dies aber selbstverständlich sein. Anleger können den Prüfbericht anfordern und daraus entnehmen, wer der Prüfer war und mit welchen Methoden gearbeitet wurde.

Prospektinhalte

Der Inhalt ist im Einzelnen in der Vermögensanlagen-Verkaufsprospektverordnung geregelt. »Die wesentlichen tatsächlichen und rechtlichen Risiken im Zusammenhang mit den angebotenen Vermögensanlagen einschließlich der mit einer Fremdfinanzierung einhergehenden Risiken sind in einem gesonderten Abschnitt, der nur diese Angaben enthält, darzustellen. Dabei ist das den Anleger treffende maximale Risiko in seiner Größenordnung zu beschreiben.«

Nach dem Inhaltsverzeichnis hat der Prospekt u. a. folgende Abschnitte zu enthalten:

- Personen oder Gesellschaften, die für den Inhalt des Verkaufsprospekts die Verantwortung übernehmen,
- Vermögensanlagen (z. B. Erwerbspreis, Kosten, steuerliche Aspekte, Übertragbarkeit von Anteilen),
- Emittent, dessen Kapital, Vermögens-, Finanz- und Ertragslage, Gründungsgesellschafter und Geschäftstätigkeit,
- Anlageziele und Anlagepolitik der Vermögensanlagen,
- gewährleistete Vermögensanlagen.

Vorsicht ist geboten, wenn dubiose Auslandsadressen (oft Briefkastenfirmen) auftauchen oder die Emittenten Rechtskonstruktionen wählen, die im Inland unbekannt sind. Zur Beschreibung des künftigen Standorts und der wirtschaftlich-politischen Rahmenbedingungen gehören auch Informationen über den Stand der Planungen bzw. der erforderlichen Genehmigungen und Patente.

Dreh- und Angelpunkt eines Prospekts ist meistens die *Ertragsprognose*, die als solche klar zu kennzeichnen ist. Um abschätzen zu können, wie realistisch die Prognosen sind, helfen »Worst-Case«- und »Best-Case«-Szenarien. Anhand derer lässt sich zumindest der Spielraum für die Entwicklung der nächsten Jahre abschätzen. Alle erkennbaren Risiken bzw. Maßnahmen zur Verringerung dieser Risiken sollten in diesem Zusammenhang aufgelistet sein. Weitere wichtige Fragen sind: Wie sicher sind feste Abnahmeverträge oder gesetzlich geregelte Vergütungen für Strom aus erneuerbaren Energien? Welche Lebensdauer und Betriebssicherheit haben die Anlagen?

7.3 Die Art der Beteiligung

Unabhängig von der Rechtsform der Beteiligungsgesellschaft werden wiederum unterschiedliche Möglichkeiten der Beteiligung angeboten:

- Beteiligung als Gesellschafter (Aktionär, Kommanditist),
- Beteiligung als stiller Gesellschafter,
- Beteiligung als Darlehensgeber.

Wichtig sind in diesem Zusammenhang auch Informationen zu den Bereichen
- Geschäftsführung und Kontrollorgane,
- Bindung und Haftungsumfang Ihrer Beteiligung,
- Treuhänder und Mittelverwendungskontrolle,
- Rückabwicklung.

Als Gesellschafter einer GbR mbH oder KG beteiligen Sie sich direkt am Unternehmen und nehmen entsprechend Ihrem Kapitalanteil an Gewinn und Verlust teil. Außer bei der GbR ist die Haftung der Anleger normalerweise auf ihren gezeichneten Kapitalanteil beschränkt.

Einfluss- und Kontrollmöglichkeiten

Neben den finanziellen Fragen sind auch die Einfluss- und Kontrollmöglichkeiten zu beachten. Die Kontrollorgane sollten möglichst von den Anlegern und nicht von der Geschäftsführung selbst bestimmt werden können. Gerade in der Startphase junger Unternehmen haben sich aus der Sicht des Anlegerschutzes auch die Instrumente einer Treuhänderschaft bzw. Mittelverwendungskontrolle bewährt. Der Treuhänder, meist ein unabhängiger Wirtschaftsprüfer, Steuerberater oder Rechtsanwalt, gibt dabei die Anlegergelder nur nach und nach entsprechend dem Investitionsplan bzw. nach Baufortschritt frei. Die Gesellschaft kann nicht direkt über die Gelder verfügen, sondern erst nach entsprechenden Nachweisen.

Für den Fall, dass ein Projekt nicht realisiert werden kann, müssen die Modalitäten einer sogenannten Rückabwicklung vertraglich festgelegt sein: In welchem Zeitraum fließt welcher Anteil der Anlegergelder zurück? In welchem Ausmaß müssen die Initiatoren die Vorlaufkosten (ggf. inkl. der eigenen Geschäftsführervergütungen) selbst tragen?

Beteiligung als typischer stiller Gesellschafter

Typische stille Gesellschafter sind in der Regel am Gewinn beteiligt, nicht aber am Verlust. Deshalb können Sie auch keine steuerlich wirksamen Verlustzuweisungen geltend machen, sondern Ihre Einkünfte unterliegen – als Einkünfte aus Kapitalvermögen – den für Sie geltenden Einkommensteuersätzen.

Beteiligung als atypischer stiller Gesellschafter

Hier ist man nicht nur am Gewinn, sondern auch am Verlust und am Unternehmenswert beteiligt und kann als Mitunternehmer steuerlich interessante

Verlustzuweisungen beanspruchen. Die Einkünfte zählen als Einnahmen aus Gewerbebetrieb und werden mit dem persönlichen Spitzensteuersatz besteuert.

Beteiligung als Darlehensgeber

Darlehen auf dem freien Kapitalmarkt sind etwas völlig anderes als Spareinlagen oder Festgelder bei einem Kreditinstitut, die selbst im Fall einer Bankpleite nicht verloren gehen (gesetzliche bzw. erweiterte Einlagensicherung). Das Ausfallsrisiko bei Darlehen an Unternehmen ist dagegen wesentlich größer. Nicht selten nehmen Initiatoren Darlehen als Ersatz für Eigenkapital, um z.B. bei Banken entsprechende Sicherheiten bieten zu können. Der Darlehensgeber riskiert so – oft auf fünf bis zehn Jahre gebunden – sein Geld, hat aber weder eine Beteiligung am Unternehmen noch einen Anteil am Wertzuwachs, noch Kontroll- oder Mitspracherechte.

Ein Sonderfall sind die sogenannten *partiarischen Darlehen,* mit denen z.B. die GLS Beteiligungs AG der GLS Bank (z.B. GLS Weleda Fonds) recht erfolgreich arbeitet. Partiarische Darlehen werden in der Regel zu einem Mindestsatz verzinst. Darüber hinaus erhalten die Darlehensgeber aber auch einen bestimmten Anteil am Unternehmensgewinn. Zinsen und Gewinnanteile unterliegen der Einkommensteuer.

7.4 Rentabilität und Risiko

Ohne attraktive oder zumindest marktübliche Renditeaussicht wird man auch für ökologische Projekte nur wenige Anleger finden. Doch gerade die Abschätzung der Rentabilität ist eine Wissenschaft für sich. Zu viele Parameter gehen in die Rechnung ein, jede Schätzmethode – wie z.B. über den sogenannten internen Zinsfuß – hat auch ihre Nachteile bzw. kann für den Laien irreführend wirken. Leider entsteht bei manchen Prospekten der Eindruck, das Beteiligungsangebot würde dem Anleger eine ähnlich sichere Rendite wie das Sparbuch bieten. Abgesehen davon, dass es diese Sicherheit nicht gibt, erweisen sich Schätzungen oft als fehleranfällig.

Dennoch sollte einigermaßen plausibel nachvollziehbar sein, wie sich eine Finanzplanung zusammensetzt. Für eine Abschätzung der Rentabilität eines Projektes für den Anleger sind zumindest folgende Teilrechnungen anzustellen:

- Gesamtkosten der Investition (ggf. inkl. Vertriebsprovisionen etc.),
- Gesamtfinanzierung (Eigenkapitalanteil, Zuschüsse, Agio etc.),
- Ergebnisprognose/Wirtschaftlichkeitsberechnung,
- steuerliche Aspekte.

Bei den Förderungen (z. B. nicht rückzahlbare Landes-, Bundes- und EU-Zuschüsse) sollte man wissen, an welche Auflagen bzw. Fristen diese gebunden sind. Alle Kosten sollten nach Betriebskosten, Verwaltungskosten, Abschreibungen und Zinsen aufgeschlüsselt sein. Nicht zu vergessen sind auch die Beträge für Rücklagen (z. B. Reparaturen) oder Unvorhergesehenes.

In jedem Prospekt sollten natürlich auch die steuerlichen Aspekte behandelt werden, vor allem wenn mit Verlustzuweisungen operiert wird (wie bei den Rechtsformen GmbH & Co. KG, GbR oder atypisch stille Gesellschaft). Nicht nur bei Auslandsbeteiligungen kann sich die Frage nach dem Währungsrisiko stellen. Verlustzuweisungen ausländischer Unternehmen werden vom inländischen Finanzamt oft nicht anerkannt. Umgekehrt müssen nicht alle von einem deutschen Beteiligungsunternehmen mit einem ausländischen Partner geschlossenen Verträge dort auch anerkannt werden. Weitere Risiken lauern in technischen Entwicklungen, in politischen Faktoren und in der Vertrauenswürdigkeit der handelnden Personen.

7.5 Beispiele für Beteiligungsangebote

Die im Kapitel 2.9.3 angeführten Beteiligungsangebote zeigen die Vielfalt der Branchen und Konzepte, vermitteln aber auch einen Eindruck von den Chancen und Risiken, denen man jeweils gegenübersteht. Wer sich über Beteilungsmöglichkeiten informieren will, kann sich in der entsprechenden Rubrik des Branchendienstes Öko-Invest oder bei Ecoreporter.de (siehe Kap. 6.2 und 6.3) über neue Angebote und deren wirtschaftliche Entwicklung informieren.

Man sollte jedoch nicht vergessen, dass auch bei detaillierten Prognosen und anscheinend einfacher Kalkulation selbst ein Windparkbetreiber insolvent werden kann – so geschehen 2002 beim Windpark Geisleden, der infolge der Insolvenz des Turbinenherstellers Frisia selbst insolvent wurde. Die Windpark-Anleger erlitten – trotz einer prognostizierten Rendite in Höhe von 12,9 Prozent – knapp drei Mio. Euro Verluste.

7.6 Der Kauf von Wertpapieren

Eine nur scheinbar banale Voraussetzung für den Ankauf von Wertpapieren ist der Besitz von Geld. Auf keinen Fall sollten Aktien auf Kredit gekauft werden. Denn liegt die Rendite der gekauften Papiere nicht über den Kreditzinsen, verliert man täglich Geld, und im schlimmsten Fall bleibt man auf einem Berg von Schulden sitzen. Auch bei Ansparplänen mit monatlichen Raten ist Vorsicht geboten, da nicht sicher ist, dass das momentane Monatseinkommen über die nächsten Jahre konstant bleibt. Aktien sollte man deshalb möglichst nur dann kaufen, wenn genügend Geld vorhanden ist, das mittelfristig nicht dringend benötigt wird.

Der erste Weg zum Aktienkauf führt meist über die Filiale einer Bank zu deren Wertpapierabteilung. Es muss nicht die Bank sein, bei der man schon ein Konto oder ein Sparbuch besitzt. Oft empfiehlt es sich, bei verschiedenen Instituten nachzufragen, denn die Qualität der Beratung und die Höhe der Bankgebühren können sehr unterschiedlich sein. Sogenannte Diskontbanken oder -broker bieten meist extrem niedrige Spesensätze, dafür allerdings auch kaum Beratung.

Wenn es sich bei den gewünschten Papieren um Werte handelt, die an einer in- oder ausländischen Börse »notieren«, d.h. gehandelt werden, sind folgende Schritte notwendig:

1. Eröffnen eines Wertpapierdepots.
2. Erteilen eines Kaufauftrages an die Bank.
Der Bankberater sucht die Wertpapierkenn- (oder ISIN-)Nummer bzw. den gebührengünstigsten Börsenplatz für das gewünschte Papier heraus, die Entscheidung liegt jedoch beim Kunden. Der Kunde erteilt seine Kauforder mit den weiteren Bedingungen: »bestens« möglich heißt z.B. zum momentanen Kurswert; bei »limitiert« wird eine Obergrenze für den Preis pro Stück festgelegt – sollte der Kurs in der vereinbarten Zeit darüber liegen, wird das Papier nicht gekauft. Über das Kundengespräch ist seit 2010 ein Beratungsprotokoll anzulegen und dem Kunden zukommen zu lassen.
3. Bereithalten des Gegenwertes (in bar oder üblicherweise auf einem Konto).

Wenn der Auftrag über die Bank ausgeführt ist, wird nach in der Regel zwei Börsentagen der Gegenwert fällig und das Wertpapier auf dem Depot »eingebucht«. Beim Verkauf der Papiere ist der Vorgang im Prinzip gleich: Auch hier ist ein »Limit« möglich, die Gutschrift des Verkaufserlöses erfolgt nach ebenso vielen Tagen wie beim Kauf.

Theoretisch könnten die meisten Aktien auch als Papier-Urkunden ausgehändigt werden (effektive Stücke). Für eine schnellere Handhabung bei An- und Verkauf, eine sichere Verwahrung und für die Gutschrift von Dividenden empfiehlt es sich jedoch, ein Bankdepot in Anspruch zu nehmen. Die jährlichen Depotgebühren sind für inländische Papiere sehr gering (z.B. 0,15% des Wertes), für die nur im Ausland gehandelten etwas höher (z.B. 0,5%). Jedoch sind Mindestbeträge je Posten bzw. Depot zu beachten.

Bei den Ankaufgebühren lohnt es sich, Preisvergleiche anzustellen, und ein guter Berater wird zusätzlich auch den günstigsten Börsenplatz herausfinden:

Manchmal ist es z.B. billiger, amerikanische Aktien nicht über die New Yorker Börse, sondern über den Freiverkehr oder den Telefonhandel an den Börsen von Frankfurt am Main oder Berlin anzukaufen. Böse Überraschungen lassen sich vermeiden, wenn man sich bei der Bank vor dem Kauf genau über alle anfallenden Gebühren erkundigt und sich die Auskunft am besten auch schriftlich bestätigen lässt.

Bei komplizierteren Vorgängen als Aktienkäufen ist es ratsam, sich bei der Bank nach den gültigen Devisenvorschriften und anderen Bestimmungen zu erkundigen, die oft auch zum Zwecke des Anlegerschutzes erlassen worden sind. Vorsicht geboten ist bei Haustürgeschäften oder telefonisch aus dem Ausland angepriesenen Geldanlagen, vor allem wenn hohe Renditen versprochen werden. Wer Überweisungen an eine Briefkastenfirma vornimmt, darf sich nicht wundern, wenn er sein Geld nie mehr wiedersieht.

7.7 Wichtige steuerrechtliche Bestimmungen

In einigen Ländern wie Belgien, Griechenland oder Großbritannien gibt es noch eine *Börsenumsatzsteuer* (BUSt). Diese wird bei jedem Wertpapieran- oder -verkauf fällig, ist aber in der Regel in der Summe der allgemeinen Bankspesen schon enthalten. In Deutschland bzw. Österreich gibt es seit 1991 bzw. 2000 keine BUSt. Als Folge der Finanzkrise wird jedoch das Thema einer EU- oder sogar weltweiten Finanztransaktionssteuer diskutiert, um die Steuerbasis der Staaten zu verbreitern und die Kurse zu stabilisieren, da insbesondere der sekundenschnelle (high frequency) Handel damit nicht mehr lukrativ wäre.

Die *Kapitalertragsteuer* (KESt) fällt immer dann an, wenn Erträge in Form von Dividenden ausgeschüttet werden. Dies ist meist nur einmal im Jahr, zum Kupontermin, der Fall; manchmal auch halbjährlich oder – vor allem bei amerikanischen Aktien – quartalsweise. Die Steuersätze sind je nach Ursprungsland sehr verschieden und liegen meist zwischen 10 und 35 Prozent. Für Finanzprodukte, bei denen keine Ausschüttungen stattfinden, z.B. bei den thesaurierenden Investmentfonds, gibt es von Land zu Land unterschiedliche Regelungen. In Deutschland ist die KESt seit 2009 als Abgeltungssteuer (Steuersatz: 25%) auf Erträge und Veräußerungsgewinne aus Wertpapieren geregelt. In Österreich hat die KESt auf Erträge schon länger abgeltende Wirkung, 2011 wurde eine Vermögenszuwachssteuer (Wertpapier-KESt) eingeführt, die (bei Käufen nach 2010) auf alle Kursgewinne unabhängig von der Behaltedauer anfällt und ebenfalls 25 Prozent beträgt.

Eine Einkommensteuer (EKSt) ist nicht mehr zu zahlen. Jedoch besteht für Anleger, deren persönlicher Steuersatz unter dem der einbehaltenen Steuerbeträge (Quellensteuer) liegt, die Möglichkeit, auf Antrag beim Finanzamt (einen Teil) der Steuer zurückerstattet zu bekommen. Um eine Doppelbesteuerung zu vermeiden, gibt es zwischen den meisten Industriestaaten entsprechende Doppelbesteuerungsabkommen.

Wenn die Summe aller Wertpapiere, Immobilieneinheitswerte und sonstigen Vermögensgegenstände eines Haushalts über gewissen Freibeträgen liegt, ist mancherorts auch eine *Vermögensteuer* zu entrichten (z.B. in Höhe von einem Prozent). Die Einführung einer Vermögensteuer wird auch in Österreich und Deutschland immer wieder thematisiert, obwohl es sie dort seit 1995 (A) bzw. 1997 (D) nicht mehr gibt.

Eine sogenannte *Spekulationssteuer* fiel vor den Steuerreformen in Deutschland und Österreich an, wenn Wertpapiere innerhalb von zwölf Monaten mit Kursgewinn wieder verkauft wurden und der dabei erzielte Reingewinn bestimmte Freigrenzen pro Kalenderjahr überschritt. Diese Frist ist aufgehoben worden, sodass künftig alle Veräußerungsgewinne – ggf. verrechnet mit Veräußerungsverlusten – steuerlich erfasst werden. Nach wie vor gibt es diese Steuer im Bereich der Immobilien.

Von den steuerlichen Bedingungen brauchen sich Anleger inzwischen bei einem gewinnbringenden Verkauf von Wertpapieren weniger leiten zu lassen. Sollte die Kursentwicklung noch keinen Verkauf zulassen, obwohl man das Geld dringend benötigt, so gibt es z.B. die Möglichkeit, seine Wertpapiere von einer Bank mittels eines sogenannten Lombardkredits belehnen zu lassen, anstatt sie zu verkaufen. Der Kreditnehmer zahlt dabei allerdings für den vereinbarten Zeitraum die üblichen Zinsen. Für Anleger bei Investmentfonds gilt dieser Tipp natürlich auch.

Die *Erbschaft- und Schenkungsteuer* betrifft auch Wertpapiere, deren Wert jedoch ähnlich wie bei der Vermögenssteuer nicht unbedingt in Übereinstimmung mit dem jeweiligen Börsenkurs, sondern durch einen sogenannten Steuerkurs festgelegt wird.

Für geschlossene Fonds, Investmentfondssparpläne, Bausparverträge und diverse andere Kapitalmarkt- bzw. Altersvorsorgeprodukte gibt es zahlreiche Steuerabsetzmöglichkeiten und Förderungen von staatlicher oder Arbeitgeberseite, die teilweise von sozialen Kriterien wie Einkommen oder Kinderzahl abhängig sind. Allerdings ist seitens der Politik geplant, manche dieser Förderungen zu kürzen oder ganz abzuschaffen.

7.8 Was muss ich beim Kauf von geschlossenen Fonds/ Direktbeteiligungen beachten?

Im Bereich der Investmentfonds und börsennotierten Aktien gibt es besondere Schutzbestimmungen für Anleger und vielfältige Publizitätspflichten. Trotzdem kommen immer wieder (Bilanz-) Skandale vor.

Kaum durch Schutzbestimmungen geregelt und damit auch riskanter sind alle Formen von Direktbeteiligungen (siehe Kap. 2.9 und 2.10). Bei Energieanlagen (Wind, Sonne, Wasser, Biomasse), Öko-Immobilien, Umwelttechnologiefirmen oder in der ökologischen Landwirtschaft können sich Anleger als Mitunternehmer direkt beteiligen. Die Angebote werden auf dem sogenannten freien oder grauen Kapitalmarkt offeriert, der vermehrt auch in den Blick der staatlichen Aufsicht gerückt ist. Unternehmer suchen z. B. über Zeitungsanzeigen oder Vertriebsmitarbeiter Anleger. Da es auch einige unseriöse Anbieter gibt, ist hier besondere Vorsicht geboten.

Andererseits haben Direktbeteiligungen zahlreiche Vorteile: Als Mitunternehmer lassen sich die steuerlichen Vorteile der Personengesellschaft nutzen, und man kann mit seiner Einlage tatsächlich darüber mitentscheiden, welche Projekte finanziert werden.

Nachteilig ist hingegen, dass die Anteile nicht handelbar sind. So ist man bei vielen Unternehmen oft langfristig gebunden, in der Windenergiebranche sind beispielsweise Zeiträume von 10 bis 15 Jahren die Regel. Abhilfe schaffen hier zum Teil Sekundärmarktangebote (siehe Kap. 2.3.4), wie es sie für einige Schiffs- oder Windparkbeteiligungen schon gibt. Umso wichtiger ist es daher, die Beteiligungsangebote nach mehreren Kriterien zu prüfen oder von einem Steuerberater prüfen zu lassen. Entscheidend sind u. a. die Prognosen bzw. Fristen für:

- Zeitpunkt und Höhe der Erträge,
- Beteiligungsdauer,
- Erfahrung und ggf. Leistungsbilanz der Initiatoren,
- Qualifikation der Geschäftsführung und Kontrollorgane,
- branchenspezifische Entwicklungen.

Öko-Investments sind vergleichsweise »jung«, häufig werden sogar Pilotprojekte aufgelegt. Deshalb sollten sie noch intensiver geprüft werden als konventionelle Beteiligungsarten auf dem freien Kapitalmarkt, bei denen – wie bei Schiffs- oder Immobilienfonds – jahrzehntelange Erfahrungswerte vorliegen.

Wer sich ein wenig umsieht, wird über die Palette staunen: Die Angebote Hunderter von »Öko-Anbietern« allein in Deutschland reichen von soliden Langfristinvestitionen bis zu riskanten, aber im Erfolgsfall hochrentablen

Erfindungsverwertungen. Darüber hinaus gibt es Umweltprojekte, die neben Geld auch noch persönliches Engagement erfordern. Es liegt nicht zuletzt an den Anlegern und ihrer Auswahl der Investitionsmöglichkeiten, welche Projekte realisiert werden können.

Wo werden Beteiligungsmöglichkeiten angeboten?

Wer als Initiator seine Beteiligungsangebote selbst vertreiben will, ist meist auf Anzeigen in den traditionellen Beteiligungsrubriken der überregionalen Zeitungen wie Süddeutsche Zeitung und Frankfurter Allgemeinen Zeitung angewiesen. Zunehmend findet man auch in Fach-, Messe- und Umweltzeitschriften oder der alternativen Tageszeitung Taz und im 14-täglichen Informationsdienst Öko-Invest aus Wien entsprechende Inserate, Werbebeilagen oder -veranstaltungen (Präsentationen) zu Öko-Beteiligungsangeboten.

Neben dem klassischen Anzeigenbereich läuft inzwischen ein immer größeres Volumen über Vermögensberater, die sich großteils oder sogar ausschließlich auf ökologische Beteiligungsangebote spezialisiert haben (siehe Kap. 4). Diese Vermittler haben in den letzten Jahren viel Know-how und Erfahrung angesammelt, sodass sie Chancen und Risiken relativ gut einschätzen können. Leider sind die Einnahmen auch hier größtenteils an Provisionen geknüpft, eine Honorarberatung hat sich in Deutschland noch kaum etablieren können. Andererseits ist das Bemühen um die Kunden groß. Schließlich sollen sie ja nicht nur für einen einmaligen Abschluss gewonnen werden, sondern als langjährige Stammkunden.

Wer steht hinter einem Beteiligungsangebot?

Der *Initiator* ist für das Projekt verantwortlich, das er konzipiert hat, und hat schon mehr oder weniger hohe Vorlaufkosten für Planung und Vorbereitung eines Angebots ausgelegt.

Der *Prospektherausgeber*, der nicht mit dem Initiator identisch sein muss, ist ebenfalls in der Haftung für alle Prospektangaben. Er prüft die Kalkulationen des Initiators und kann auch als Treuhänder fungieren, wodurch die Anlegergelder zusätzlich abgesichert werden können.

Der *Vertrieb* übernimmt gegebenenfalls die Vermittlung von Anlegern, wodurch sich der Initiator zumindest Zeit erspart, oder in manchen Fällen das Projekt überhaupt erst genügend Kapital erhält. Gelingt dies nicht, bleibt der Initiator auf seinen Vorlaufkosten sitzen, das Projekt kann nicht realisiert werden.

7.9 Schwarze Schafe und graugrüne Listen

Die Zeiten, in denen der Chefredakteur Kapferer vom *DFI gerlach report* ethische Anlagen überwiegend als »Abzockmodelle« bezeichnete, sind längst vorbei. Und zutreffend war dieses Urteil noch nie. Die Mehrzahl der ethisch-ökologischen Geldanlageangebote ist seriös und funktioniert seit vielen Jahren reibungslos. Trotzdem können natürlich auch bei seriösen Anbietern Verluste eintreten.

Wie in jeder Branche gibt es auch im ethisch-ökologischen Investmentbereich Insolvenzfälle, stille Liquidationen (mangels Masse) und sonstige Firmenzusammenbrüche, bei denen die Anleger oft bis zu 100 Prozent ihres eingesetzten Geldes verlieren. Von Managementfehlern oder äußeren Umständen, durch die sich der geschäftliche Erfolg nicht einstellen wollte, waren z. B. betroffen: B.A.U.M. AG, Call-a-Bike AG, EBES AG, Fairest/Fainest AG, Farmatic AG, Gumpp AG, Intensys Solar AG, Mr. Evergreen AG, Nevest AG, Oekoland AG, Oikos GmbH & Co. KG, Schmack Biogas AG, Stoffkontor Kranz AG, Sunline AG, Systaic AG, Treuhanf AG, Umweltkontor AG, Verlag der ökologischen Briefe GmbH & Co. KG.

Doppelt ärgerlich ist ein Verlust jedoch, wenn nicht die eigentliche Anlage, sondern die hohen Vertriebskosten oder gar Betrügereien oder Untreue für den Niedergang mitverantwortlich sind. Leider kommt es immer wieder vor, dass sich auch im grünen Bereich des sogenannten grauen Kapitalmarktes schwarze Schafe einschleichen. Zur Erinnerung hier einige Beispiele aus der Vergangenheit: Bienemann Vermögensverwaltung, Clean Concept-Gruppe, Concorde-Artus bzw. Artus Ethische Vermögensverwaltung GmbH; Donauwind GmbH & Co. KG, Ethik Vermögensverwaltung AG, Eurokapital AG, Finnova GmbH & Co. KG, Geo Vermögensverwaltung AG, Geo Bank AG, Hanseatische AG, Wabag-Gruppe.

Das Strickmuster von Anlagebetrügern gleicht sich häufig: Anleger werden mit hohen Renditeversprechungen geködert, Vermittler werden durch hohe Provisionssätze motiviert, im Fall von Aktien gibt es keinen unabhängigen Handel, sondern der »Kurs« wird durch den Initiator festgelegt (bzw. gesteigert). Hinzu kommt manchmal, wenn tatsächlich eine Veranlagung stattfindet, eine mangelnde Risikostreuung. Vorsicht ist auch bei Aktientauschangeboten angebracht, bei denen Aktien eingeführter Unternehmen gegen Aktien neuer branchenähnlicher zum Tausch angeboten werden.

Aus Platzgründen können hier natürlich nicht alle rechtliche Grundlagen, die für den Anlegerschutz wichtig sind, zitiert werden, z. B. das Aktiengesetz, das Börsengesetz, das Verkaufsprospektgesetz, das Wertpapierhandelsgesetz, das Kreditwesengesetz (KWG) oder die EU-Wertpapier-Dienstleistungsrichtlinie.

Staatliche Institutionen und Finanzmarktaufsichtsämter wie die Bundesanstalt für Finanzdienstleistungsaufsicht (siehe Anlegerschutz-Kontaktadressen) bzw. diverse Staatsanwaltschaften brauchen leider oft Jahre, bis sie bestimmte Produkte vom Markt nehmen oder Ermittlungsverfahren einleiten.

Die Medien sind meist wesentlich schneller, wenn es darum geht, Skandale oder Gefahren aufzudecken. Hier eine Auswahl von Anlegerschutz-Medien/Institutionen (der »Direkte Anlegerschutz Heinz Gerlach« wurde nach dem plötzlichen Tod seines Gründers 2010 eingestellt): Börse Online (Serie Graumarkt-Report), Deutsche Schutzvereinigung für Wertpapierbesitz e. V., Finanztest (Zeitschrift und Studien), Kapitalmarkt intern (kmi, inkl. CD-ROM), Öko-Invest (»Graugrüne Liste«), Schutzgemeinschaft der Kapitalanleger e. V. (SdK), Verbraucherzentrale Berlin e. V. (»Schwarze Liste«).

Die Graugrüne Liste

Der Öko-Invest-Verlag hat die sogenannte »Graugrüne Liste« erarbeitet (siehe Liste). Die Liste wird laufend aktualisiert und einmal im Quartal publiziert. Sie enthält – ohne Anspruch auf Vollständigkeit – diejenigen Anbieter von im weitesten Sinn ethisch-ökologischen Geldanlagen, die der Öko-Invest-Redaktion Informationen verweigern, die nötig wären, um die Angebote bzw. die Seriosität der Anbieter umfassend beurteilen zu können. Aufgrund dieser Informationsverweigerung rät Öko-Invest von einem Investment in die aufgeführten Unternehmen ab. Andererseits lässt dies nicht den Umkehrschluss zu, dass alle Unternehmen auf dieser Liste unseriös wären.

Graugrüne Liste des Öko-Invest-Verlages

D	Aquatec AG	D	Linner GmbH & Co. Industriebet. KG (EWW-Fonds)
D	ARRA TERRA Verbundstoff GmbH	D	Mabuse-Verlag GmbH
USA	AYUR-VEDA Investments Ltd.	D	Nordwestddt. Kulturhof e. V. (»Kunst-Sparen«)
CH	Belland AG	D	NTI AG
NL	EcoInvest Holding N.V.	D	ORISA GmbH
D	Ethik Vermögensverwaltung AG (»EthIK plus«)	T	Royal Forest Development Co., Ltd.
CH	FEBA Holding	CH	Solatera Energy Holding AG
A	First Energy Group GmbH	CH	Synthion AG
CH	Gesalfina AG	D	WFE Wings-for-Energy GmbH
D	Green Planet AG	CH	Windcraft AG
H	Jenni Liegenschaften AG		(Stand: Mai 2011)

Jüngster Neuzugang – im Mai 2011 – ist die Linzer Firma First Energy Group GmbH (www.firstenergygroup.eu), die stille Beteiligungen in der Pelletsbranche anbietet. Das Unternehmen wird von Johannes Kurzmann geleitet, der über seine frühere Firma (Quality Invest Beteiligungs AG) Genussrechtskapital in Aktien der Öko-Pellets AG (z. B. zum Preis von 40 Euro pro Stück) angelegt hat und in kurzer Zeit einen enormen Wertverlust verbuchen musste. Eine spätere Kapitalerhöhung im Sommer 2010 wurde mit sechs Euro gepreist, 2011 konnte man für die Aktien nicht einmal Käufer finden, die mehr als einen Euro geboten hätten. Zu der 2011 gestarteten »stillen Beteiligung« an First Energy wollte Kurzmann »keine näheren Auskünfte erteilen, da ich diese nur für bestehende Kunden anbiete.«

Nicht mehr auf der Liste – weil pleite – ist die Voltavis AG: Laut Homepage konnte der Verwaltungsrat der Voltavis AG »trotz aller Bemühungen und großer Hilfeleistungen aus Politik und Wirtschaft die Finanzierung der beschriebenen Dünnschichtproduktion nicht schließen« und hat sich »entschlossen, für die Firmen Insolvenz zu beantragen. Für die Voltavis AG wurde der Konkurs am 24.04.2010 eröffnet.« In der Öko-Invest-Solaraktienstudie vom Februar 2010 lautete der Abschnitt über die Voltavis AG so: »Die Aktie der Holding der beiden fast umsatzlosen Töchter Voltavis GmbH und Voltavis Research GmbH kam – ohne Prospekt und Bilanzzahlen – an die Börse, wo sie sich einige Zeit im Bereich des 1-Euro-Niveaus bewegte, bevor sie kürzlich in Richtung des tatsächlich einbezahlten Kapitals von 0,10 Franken (= 0,08 Euro) pro Aktie abstürzte. Trotz mehrfacher Anforderung (und mündlicher Zusage) stellte das in der Schweiz registrierte Unternehmen (www.voltavis.ch) der Öko-Invest-Redaktion keinerlei Unterlagen zur Bilanz bzw. der früheren Geschäftstätigkeit (unter den Namen Richard Hotel AG, CMC Cost Management Consulting AG oder Microdot AG) zu. Dafür gab es jede Menge Kaufempfehlungen des berüchtigten »Deutschen Investment Reports«, ebenfalls mit Sitz in Zug. Ob je etwas aus der geplanten Dünnschichtmodulproduktion wird, lässt sich nicht sagen, die Aktie scheint jedenfalls auch auf dem inzwischen auf rund 0,02 Euro gesunkenen Niveau noch überbewertet.«

Fazit

Anleger sollten sich – nicht nur im Öko-Bereich – ein möglichst genaues Bild von den Initiatoren und von der Qualifikation des Managements machen, bevor sie investieren. Vorsicht ist aber auf jeden Fall dann geboten, wenn jemand jährliche Renditen von weit über zehn Prozent verspricht. Vermittlern dieser Anlagen sollte man getrost die Gegenfrage stellen, warum sie nicht längst selbst ihr ganzes Geld in solche Anlagen stecken, statt sie unters Volk bringen zu wollen.

Und wer einmal auf unseriöse Anbieter hereingefallen ist, sollte möglichst bald prüfen (lassen), ob sich ein Gerichtsverfahren lohnt. Manchmal werden auch die Vermittler zu Schadenersatz verurteilt oder es gelingt eine Rückabwicklung oder ein dinglicher Arrest in das Vermögen von Anbieterfunktionären. Allein in Deutschland gibt es mehr als ein Dutzend Rechtsanwälte, die über eine langjährige Erfahrung mit Kapitalanlagebetrugsverfahren verfügen.

Anlegerschutz-Kontaktadressen

www.anlageschutzarchiv.de
www.anlegerschutz.at
Homepage des österreichischen Interessenverbandes für Anleger (IVA) (Feldmühlgasse 22, A-1130 Wien, Tel.: 0043/1/876334330), der u.a. gegen die Benachteiligung von Kleinaktionären (z.B. bei Abfindungsangeboten) kämpft.

www.ecoreporter.de
Finanzjournalistische Informationen finden sich auf dieser Website ebenso wie Übersichten zu nachhaltigen Produkten und Anbietern sowie eine Rubrik Wachhund zu Angeboten und Unternehmen, vor denen zu warnen ist.

www.dsw-info.de
Die 1947 gegründete Aktionärsvereinigung Deutsche Schutzvereinigung für Wertpapierbesitz e.V. (DSW, Peter-Müller-Straße 14, D-40468 Düsseldorf, Tel.: 0211/669702) vertritt jährlich in etwa 650 Hauptversammlungen Aktionäre gegenüber den Unternehmensverwaltungen und zählt rund 25000 Mitglieder.

www.gruenesgeld.at
Auf der Homepage finden sich u.a. Hinweise auf Anlageberater, die einschlägig im Bereich ethisch-ökologische Anlagen aus- und weitergebildet sind.

www.sdk.org
Schutzgemeinschaft der Kapitalanleger e.V. (SdK, Hackenstraße 7b, D-80331 München, Tel.: 089/2020846 0), die 1959 gegründete Organisation stellt bei vielen Hauptversammlungen kritische Fragen an das Management und vertritt rund 12000 Mitglieder.

www.stoppbetrug.ch
Anlegerschutz-Informationen der schweizerischen Kriminalprävention u.a. mit Links zu Finanzbetrug.

Nationale Bankenaufsicht

In Deutschland (2002), Österreich (2002) und der Schweiz (2009) sind integrierte Aufsichtsbehörden entstanden, die insbesondere Kreditinstitute, Versicherungen und den Wertpapierhandel umfassen.

www.bafin.de
Bundesanstalt für Finanzdienstleistungsaufsicht (BaFin, Graurheindorfer Straße 108, D-53117 Bonn, Tel.: 02 28/41 08-0 bzw. Wertpapieraufsicht, Lurgiallee 12, D-60439 Frankfurt am Main, Tel.: 02 28/41 08-0). Die Homepage enthält u.a. ein Verbraucherportal mit Infobroschüren, Gesetzestexte und eine Datenbank zu bedeutenden Stimmrechtsanteilen börsennotierter Unternehmen.

www.fma.gv.at
Die österreichische Finanzmarktaufsicht (FMA, Otto-Wagner-Platz 5, A-1090 Wien, Tel.: 00 43/1/249 59-0) bietet online eine umfangreiche Rubrik Verbraucher und eine Liste der konzessionierten Wertpapierdienstleister.

www.finma.ch
Die Homepage der Eidgenössischen Finanzmarktaufsicht (FINMA, Einsteinstraße 2, CH-3003 Bern, Tel.: 00 41/31/327 91 00) gibt u.a. Informationen zu einschlägigen Gesetzen und Verordnungen und den beaufsichtigten Unternehmen.

www.sec.gov
Homepage der US-Börsenaufsichtsbehörde SEC (Securities and Exchange Commission) mit zahlreichen umfangreichen Datenbanken.

Kundenbeschwerdestellen der Banken

Bei den Bankenverbänden gibt es Kundenbeschwerdestellen (Ombudsmänner), bei der Deutschen Bundesbank eine Schlichtungsstelle.

Gesetze

Die nationalen Gesetze für Deutschland, Österreich und die Schweiz:
www.gesetze-im-internet.de
www.ris.bka.gv.at
www.admin.ch/dokumentation/gesetz/index.html?lang=de

8 Anhang

8.1 Literatur

Die Literaturliste gibt eine Übersicht über relevante Bücher und Studien; einzelne Aufsätze sowie Beiträge in Sammelbänden wurden nicht aufgenommen.

Abbey, Deb und Michael Jantzi: The 50 Best Ethical Stocks for Canadians. High value investing. Toronto, 2001.

Aktion Finanzplatz Schweiz. Stiftung für Konsumentenschutz (Hrsg.): Damit Ihr Geld grün bleibt. Ein ökologisches Banken-Brevier für solche, die ihr Geld nicht auf Kosten ihrer Kindeskinder anlegen wollen. Bern, 1995.

Balz, Bernd-Christian: Ethisch-ökologische Geldanlage. Eine kapitalmarktorientierte Analyse. Frankfurt, 1999.

Bassler, Karin, Martinus Kuhlo und Peter Stoll (Hrsg.): Ethisches Investment. Strategien für kirchliche Geldanlagen. Stuttgart, 2001.

Baumgarten, Jörg, Karin Ritter, Stephan Schmidtlein und Dirk Wolter: Die Kirche und ihr Geld. Vom Geld begeistert – vom Geist bewegt? In: Südwind-Materialien 2. Aufl. Siegburg, 1994.

Benedikter, Roland: Social Banking and Social Finance. Answers to the Economic Crisis. New York, 2011.

Blisse, Holger: Stärkung der Kreditgenossenschaften durch verbundbezogenes Eigenkapital der Mitglieder. Ein Beitrag zur Corporate Governance-Diskussion. Schriftenreihe Finanzierung und Banken, Bd. 10. Sternenfels, 2006. Zugl. Diss. Univ. Potsdam 2005.

Bobikiewicz, Luc: Private Geldanlage in Sonne, Wind- und Wasserkraft. Freiburg, 1993.

Böttcher, Joachim H., Christian Klasen und Sandy Röder: Die nachhaltige Investmentrevolution. Neue Entwicklungen, Motive und Trends aus Sicht institutioneller Investoren. Finance, Insurance & Law, Bd. 2. Hamburg, 2009.

Bosch, Ise: Besser Spenden. Ein Leitfaden für nachhaltiges Engagement. München, 2007.

Brazda, Johann, Jost W. Kramer, Juhani Laurinkari und Robert Schediwy: Anders als die Anderen. Eine unbefangene Annäherung an Genossenschaften, Sozialwirtschaft und Dritten Sektor. Bremen, 2006.

Brill, Hal, Jack Brill und Cliff Feigenbaum: Investing With Your Values. Making money and making a difference. New York, 1999.

Bundesministerium für Umwelt, Naturschutz und Reaktorsicherheit, Umweltbundesamt (Hrsg.): Green Finance. Umweltmanagement in Banken, Sparkassen und Versicherungen. München, 2001.

Bundesministerium für Umwelt, Naturschutz und Reaktorsicherheit, Umweltbundesamt (Hrsg.): Mehr Wert: Ökologische Geldanlagen. Berlin, 2003.

Bundesverband Windenergie e. V.: Mit einer grünen Anlage schwarze Zahlen schreiben. Tipps für Ihre Beteiligung an einem Windkraftprojekt. Osnabrück, 2002.
Christian Ethical Investment Group (EIRIS): Ethical Investment. An Idea Whose Time Has Come. London, 1991.
Conrads, Jürgen: Geldanlage mit sozialer Verantwortung. Wiesbaden, 1994.
Co-op America: A Socially Responsible Financial Planning Guide. Washington, jährlich neu seit 1988.
Council on Economic Priorities (Hrsg.): Shopping for a Better World. New York, 1994.
Creutz, Helmut: Das Geldsyndrom. Wege zu einer krisenfreien Marktwirtschaft. München, 1993.
Deml, Max und Jörg Baumgarten: Grünes Geld. Jahrbuch für ethisch-ökologische Geldanlagen 1998/99. Ritterhude, Wien, 1998.
Deml, Max und Robert Hassler (Hrsg.): Öko-Rating. München, 1998.
Deml, Max und Michael Jungmeier: Grünes Geld. Handbuch für umweltbewusste Anleger. Wien, 1990.
Deml, Max und Hanne May: Grünes Geld. Jahrbuch für ethisch-ökologische Geldanlagen 2002/2003. Stuttgart, 2002.
Deml, Max und Hanne May: Grünes Geld. Jahrbuch für ethisch-ökologische Geldanlagen 2005/2006. Stuttgart, 2005.
Deml, Max und Hilmar Platz: Solaraktien-Studien 2005 bis 2011 (jährlich). Wien, 2005 bis 2011.
Deml, Max und Josef Wallner: Widerspruch zu Protokoll! Handbuch für kritische Aktionärinnen und Aktionäre. Wien, 1989.
Deml, Max und Jörg Weber: Grünes Geld. Jahrbuch für ethisch-ökologische Geldanlagen 2000/2001. München, 2000.
Deml, Max, Jörg Baumgarten und Luc Bobikiewicz: Grünes Geld. Jahrbuch für ethisch-ökologische Geldanlagen 1995/1996. Wien, 1994.
Deutsches Aktieninstitut: Ethisch orientierte Aktienanlage. Nische oder Wachstumsmarkt? Seminar-Dokumentation. Frankfurt am Main, 2002.
Dohmen, Caspar: Good Bank. Das Modell der GLS Bank. Freiburg, 2011.
Domini, Amy L. und Peter D. Kinder: Ethical Investing. How to make profitable investments without sacrificing your principles. Reading/USA, 1986.
Dziawgo, Leszek und Danuta Dziawgo (Hrsg.): Finance & Natural Environment. Torun, 2003.
Ecoreporter.de: Doppelte Dividende. Begleitstudie zur Kongressmesse Grünes Geld 2001 in Berlin. Dortmund, 2001.
Ecoreporter.de: Private Equity und Risikokapital-Finanzierung für Erneuerbare-Energie-Projekte und -Unternehmen. Dortmund, 2005.
Erklärung von Bern (Hrsg.): Ethisch-ökologische Geldanlagen in der Schweiz. Einführung, Handlungsvorschläge und Marktübersicht. Bern, 2000.
Ev. Akademie Tutzing (Hrsg.): Bibel und Börse. Ethisches Investment auf dem Kapital- und Arbeitsmarkt. Pressemappe Symposium. Tutzing, 1992.
Franck, Kirein: Grünes Geld. Der grüne Anleger – das unbekannte Wesen. Begleitstudie zur Kongressmesse Grünes Geld in Hamm, 1999.

Frerk, Carsten: Finanzen und Vermögen der Kirchen in Deutschland. Aschaffenburg, 2002.
Fricke, Anno / Stiftung Warentest: Grüne Geldanlage. Verantwortungsvoll investieren. Berlin, 2010.
Gabriel, Klaus: Nachhaltigkeit am Finanzmarkt. Mit ökologisch und sozial verantwortlichen Geldanlagen die Wirtschaft gestalten. München, 2007.
Gabriel, Klaus und Markus Schlagnitweit: Das gute Geld. Ethisches Investment. Hintergründe und Möglichkeiten. Innsbruck, Wien, 2009.
Gege, Maximilian: Die Zukunftsanleihe. Wie Deutschland ein Modell für nachhaltiges Wachstum und Wohlstand werden kann. München, 2004.
Gèrard, Jean-Luc: Börse oder Leben. Geld ökologisch-ethisch anlegen. Zürich, 2002.
Gottwald, Eckart und Folkert Rickers (Hrsg.): www.geld-himmeloderhölle.de. Die Macht des Geldes und die Religionen. Anstöße zum interreligiösen Lernprozess im Zuge der Globalisierung. Neukirchen-Vluyn, 2002.
Grieble, Peter: Ethisch-ökologische Geldanlagen. Einflussmöglichkeiten durch Beachtung von ethisch-ökologischen Gesichtspunkten bei der Anlage von Geld. Diss. Univ. Hohenheim. Frankfurt am Main, 2001.
Grün, Anselm und Thomas Kohrs: Ethisch Geld anlegen. Münsterschwarzach, 2008.
Harrington, John: Investing with your conscience. How to achieve high returns using socially responsible investing. New York, 1992.
Hassler, Robert, Gerald Geißler, Jacob Radloff und Harald Schwander: Fundraising für die Umwelt. Finanzierungsmöglichkeiten für Umweltinitiativen. München, 1994.
Hawken, Paul und Amory & Hunter Lovins: Öko-Kapitalismus. Die industrielle Revolution des 21. Jahrhunderts. Wohlstand im Einklang mit der Natur. Berlin, 1999.
Hochhuth, Stefan: Ethisches Investment. Wie ethisch ist die Anlagepolitik der Kirchen? Eine Analyse der Anlagestrategien der Kirchen in Deutschland und der Schweiz. Bern, 2003.
Hoffmann, Johannes und Gerhard Scherhorn: Saubere Gewinne. So legen Sie ihr Geld ethisch-ökologisch an. Freiburg: Herder, 2002.
Hoffmann, Johannes, Konrad Ott und Gerhard Scherhorn (Hrsg.): Ethische Kriterien für die Bewertung von Unternehmen – Frankfurt-Hohenheimer-Leitfaden. Frankfurt am Main, 1997.
Homolka, Walter: Umweltfonds. Investieren in die Zukunft. Bonn, 1990.
Institut für Markt-Umwelt-Gesellschaft (Imug) (Hrsg.): Der Markt für sozial-ökologische Geldanlagen in Deutschland. Ergebnisse einer repräsentativen Privatanlegerbefragung. (Arbeitspapier). Hannover, 2001.
Investor Responsibility Research Center (IRRC): Corporate Environmental Profiles, 3 Bd. Washington, 1993.
Janenz, Stefanie: Stiftungen im Umwelt-, Natur- und Landschaftsschutz. Ziele – Strategien – Projekte. München, 2002.
Jeucken, Marcel: Sustainable Finance and Banking. The Financial Sector and the Future of the Planet. London, Sterling (VA)/USA, 2001.
Kellermann, Daniel: Ratgeber Photovoltaik-Beteiligungen. Nürnberg, 2004 ff.
Kellermann, Daniel: Ratgeber Windkraftbeteiligungen. Nürnberg, 2002 ff.

Kessler, Wolfgang (Hrsg.): Geld und Gewissen. Kompass für ethisch motivierte Sparer. Oberursel, 2000.

Kinder, Peter D., Steven D. Lydenberg und Amy L. Domini (Hrsg.): Social Investment Almanac. New York, 1992.

Kinder, Peter D., Steven D. Lydenberg und Amy L. Domini (Hrsg.): Investing For Good. Making money while being socially responsible. New York, 1993.

Koch, Hannes: Soziale Kapitalisten. Vorbilder für eine gerechte Wirtschaft. Berlin, 2007.

Köllner, Thomas und Olaf Weber: Sustainability Rating. Analysis and Rating of Investment Funds. Zürich, 2005.

Kretschmer, Ralph: Kritische Analyse und Vergleich von Bewertungsmethoden für Unternehmen im Rahmen ökologischer Investmentfonds: Inhaltliche und institutionelle Aspekte. Diplomarbeit. St. Gallen, 1991.

Legett, Jeremy (Hrsg): Climate Change and the Financial Sector. The emerging threat – the solar solution. München, 1996.

Levering, Robert, Milton Moskowitz und Michael Katz: The 100 Best Companies to Work for in America. Reading/USA, 1984.

Lietaer, Bernhard A.: Mysterium Geld. Emotionale Bedeutung und Wirkungsweise eines Tabus. Berlin, 2000.

Lowry, Ritchie P.: Good Money. A guide to profitable social investing for the 1990s. New York, London, 1991.

Marthaler, Daniel, Elisabeth Stern und Martin Brenner: Grünes Geld für unsere Zukunft. Muri, 1997.

Meeker-Lowry, Susan: Economics as if the Earth Really Mattered. A Catalyst Guide to Socially Conscious Investing. Philadelphia, Santa Cruz, 1988.

Miller, Alan: Socially Responsible Investment. The financial impact of screened investment in the 1990s. London, 1991.

Miller, Alan J.: Socially Responsible Investing. How to invest with your conscience. New York, 1991.

Murphy&Spitz Research: Nachhaltigkeit und Social Responsibility in der Photovoltaik-Industrie. Bonn, 2010.

Öko-Institut e. V.: Umwelt- und Nachhaltigkeitstransparenz für Finanzmärkte (Zwischenbericht). Freiburg, 2001.

Öko-Zentrum NRW (Hrsg.): Rückenwind trotz Flaute. Marktstudie Grünes Geld. Hamm, 2002.

Övermöhle Consult & Marketing GmbH: Kurzanalyse des Marktes für Windkraftprojektierer in Deutschland. Hamburg, 2002.

Pauli, Gunter: Upcycling. Wirtschaften nach dem Vorbild der Natur für mehr Arbeitsplätze und eine saubere Umwelt. Berlin, 1999.

Pelikan, Edmund (Hrsg.): Anders investieren. Einführung in die nachhaltige Geldanlage. Landshut, 2010.

Pfeiffer, Hermannus: Grüne Anlagen. Geld anlegen mit ökologischer und sozialer Verantwortung. Köln, 1995.

Pinner, Wolfgang: Ethische Investments. Rendite mit »sauberen« Fonds. Wiesbaden, 2003.

Pinner, Wolfgang: Nachhaltig investieren & gewinnen. Profitieren vom ökologischen Megatrend. Wien, 2008.

Politische Ökologie Nr. 67/68: Aktie Grün. Investition in die Zukunft? München, 2000.

Powers, Charles W.: Social Responsibility & Investments. Nashville, New York, 1971.

Racek, Alfred: Befreiungsphilosophie des Geldes. Thaur, 2001.

Riha, Johannes: Konzeptions- und Konstruktionsmöglichkeiten eines Ethik- und Ökologie-Aktienindex am Beispiel des NAX-Index. Wirtschaftsuniversität Wien, 2001.

Roche, Peter, Johannes Hoffmann und Walter Homolka (Hrsg.): Ethische Geldanlagen – Kapital auf neuen Wegen. Frankfurt, 1992.

Roddick, Anita: Body and Soul. Erfolgsrezept Öko-Ethik. Düsseldorf, 1991.

Rosenstatter, Robert und Peter Daniell Porsche (Hrsg.): Die Kunst zu leben. Salzburg, 2010.

Rotthaus, Stephan: Grüne Geldanlagen. Ökologisch und ethisch bewusst investieren. Alle Anlageformen im Überblick. Niedernhausen, 2001.

Rotthaus, Stephan: Erfolgreich investieren in grüne Geldanlagen. Ökologisch, ethisch, nachhaltig. Frankfurt am Main u. a., 2009.

Rühle, Alf-Sibrand und Sven Geitmann (Hrsg.): Wasserstoff und Wirtschaft – Investieren in eine saubere Zukunft. Berlin, 2005.

Sallmutter, Hans und Fritz Freyschlag (Hrsg.): Ethische Investments. Sind Moral und Rendite vereinbar? Wien, 2001.

SAM Group und PricewaterhouseCoopers (Hrsg.): The Sustainability Yearbook 2005. Zürich, 2005 ff.

Schäfer, Henry: Sozial-ökologische Ratings am Kapitalmarkt. Transparenzstudie zur Beschreibung konkurrierender Konzepte zur Nachhaltigkeitsmessung auf deutschsprachigen Finanzmärkten. Düsseldorf, 2003.

Schäfer, Henry und Michael Schröder: Nachhaltige Kapitalanlagen für Stiftungen. Aktuelle Entwicklungen und Bewertung. ZEW Wirtschaftsanalysen, Bd. 92. Baden-Baden, 2009.

Schily, Otto: Flora, Fauna und Finanzen. Über die Wechselbeziehung von Natur und Geld. Hamburg, 1994.

Schmidheiny, Stephan und Frederico J. L. Zorraquin: Finanzierung des Kurswechsels. Die Finanzmärkte als Schrittmacher der Ökoeffizienz. Zürich, 1996.

Schneeweiß, Antje: Kursbuch Ethische Geldanlage. Aktien, Fonds, Beteiligungen. Frankfurt, 2002.

Schneeweiß, Antje und Institut für Ökonomie und Ökumene Südwind e. V. (Hrsg.): Mein Geld soll Leben fördern. Hintergrund und Praxis ethischer Geldanlagen. Mainz, Neukirchen-Vluyn, 1998.

Schneeweiß, Antje: Kursbuch ethische Geldanlagen. Frankfurt am Main, 2002.

Schneider, Hans-Albert: Ethisches Rating. Begründung, Bewertungsmöglichkeiten, Evaluation. Frankfurt am Main, 2001.

Scholand, Markus: Triple Bottom Line Investing und Behavioral Finance. Investorenverhalten als Determinante der Entwicklung nachhaltiger Geldanlageprodukte. Frankfurt, 2004.

Schössler, Christof und Leo Frühschütz: Öko-Investment. Mit gutem Gewissen zum großen Geld. München, 2001.

Schröder, Michael: Die Eignung nachhaltiger Kapitalanlagen für die Vermögensanlage von Stiftungen. ZEW-Wirtschaftsanalysen, Bd. 98. Baden-Baden, 2010.

Schweizerische Nationalkommission Justitia et Pax (Hrsg.): Wie verantwortlich Geld anlegen? Anstöße zur Diskussion über kirchliche Geldanlagen. Bern, 1989.

Simpson, Anne: The Greening of Global Investment. How the environment, ethics and politics are reshaping strategies. Dartford, 1991.

Söhner, Christian: Environmental Shareholder Value. TU Dresden, 2001.

Staiss, Frithjof: Jahrbuch Erneuerbare Energien 2001. Radebeul, 2001.

Staub-Bisang, Mirjam: Nachhaltige Anlagen für institutionelle Investoren. Zürich, 2011.

Tschandl, Martin: Sozialökologie und Unternehmenskultur. Unternehmen auf dem Prüfstand. Wien, 1994.

Unternehmensgrün (Hrsg.): Geld für den Umbau. Finanzierungskonzepte für zukunftsfähige Unternehmen. Neu-Ulm, München, 2001.

Upgang, Mechthild: Gewinn mit Sinn. Wie Sie Ihr Geld sicher anlegen – mit gutem Gewissen. München, 2009.

Verbraucherzentrale NRW (Hrsg.): Ethisches Investment. Rendite mit gutem Gewissen. Düsseldorf, 2001.

Wagner, Markus: How Does it Pay to Be Green? An analysis of the relationship between environmental and economic performance at the firm level and the influence of corporate environmental strategy choice. Marburg, 2003.

Weber, Jörg: Zukunftssicher anlegen. Ein Ratgeber für Nachhaltigkeits- und Umweltfonds. München, 2001.

Weber, Jörg und Christoph Lützenkirchen (Hrsg.): Wachstumsklima. Wie Risikokapital-Investoren Erneuerbare Energie finanzieren. Dortmund, 2008.

Weis, Mathias und Heiko Spitzeck (Hrsg.): Der Geldkomplex. Kritische Reflexion unseres Geldsystems und mögliche Zukunftsszenarien. St. Galler Beiträge zur Wirtschaftsethik 41. Bern, 2008.

Werner, Klaus und Hans Weiß: Schwarzbuch Markenfirmen. Die Machenschaften der Weltkonzerne – mit Firmenindex. Wien, 2001.

Werner, Thomas: Ökologische Investments. Chancen und Risiken grüner Geldanlagen. Wiesbaden, 2009.

Werner-Lobo, Klaus: Uns gehört die Welt! Macht und Machenschaften der Multikonzerne. München, 2008.

Widowitsch, Roland, Gerlinde Breiner und Sepp Wall-Strasser (Hrsg.): Im Roulette der Finanzmärkte. Alterssicherung in Zeiten des Neoliberalismus. Wien, 2002.

Winkler, Dennis: Schnellkurs Umwelt-Aktie. Gewinn mit grünen Anlagen. Regensburg, 2001.

Wolff, Hendrik: Das Management von Umweltfonds. Frankfurt, 1995.

Zagst, Rudi Theresa Krimm, Steffen Hörter und Barbara Menzinger: Responsible Investing. Verantwortlich investieren. München, 2011.

Zimmermann, Melanie, Stefan Rostock und Christoph Bals/Germanwatch: Wege zu mehr Nachhaltigkeit im Finanzsektor – Nachhaltig investieren. Bonn, 2004.

Zürcher Kantonalbank: Nachhaltigkeits-Rating für Staaten. Zürich, 2002.

8.2 Stichwort- und Namensregister

WIRZ
SARASIN
Nachhaltiges Investieren
ist kein Sprung
ins Ungewisse.
Mit Investitionen in erneuerbare Energien – wie Wasser – eröffnen sich interessante Anlagemöglichkeiten, die Welt nachhaltig mitzugestalten, für Sie und für kommende Generationen. Die Bank Sarasin ist führend auf dem Gebiet des nachhaltigen Investierens. Sie bietet auf Ihre persönlichen Bedürfnisse zugeschnittene Dienstleistungen und Anlagelösungen an.
Auch als Beitrag an die Welt von morgen.
www.sarasin.com
Nachhaltiges Schweizer Private Banking seit 1841.
BASEL · ABU DHABI · BERN · DOHA · DUBAI · DUBLIN · FRANKFURT · GENF · GUERNSEY · HONGKONG · KÖLN · LONDON · LUGANO
LUZERN · MANAMA · MASKAT · MUMBAI · MÜNCHEN · NEU-DELHI · NÜRNBERG · SINGAPUR · WARSCHAU · WIEN · ZÜRICH

8.3 Die Autoren

Dr. Holger Blisse

Wissenschaftlicher Mitarbeiter, geboren in Berlin, lebt seit 2009 in Wien.

Ausbildung zum Bankkaufmann. Wirtschaftswissenschaftliches Studium an der Freien Universität Berlin. Promotion an der Universität Potsdam (Finanzierung und Banken). Berufstätigkeit in der Deutschen Bank und der DG Bank Deutsche Genossenschaftsbank (DZ Bank), im Österreichischen Genossenschaftsverband sowie im Institut für Genossenschaftswesen an der Humboldt-Universität zu Berlin, seit 2009 im Institut für Betriebswirtschaftslehre der Universität Wien, Fachbereich für Genossenschaftswesen (Prof. Dr. Johann Brazda). Forschungsschwerpunkte und Veröffentlichungen zu (Kredit-)Genossenschaften, Sparkassen, Genossenschafts- und Bankgeschichte, (Verbund-/Mikro-)Finanzierung, Geldanlagemöglichkeiten und Stiftungen. Seit 1997 freier Redakteur des Öko-Invest, seit 2008 Lehrbeauftragter der Universität Passau (Finanzcontrolling) für Bankmanagement.

Max Deml

Publizist, geboren 1957 in Bayern, lebt seit 1979 in Wien, verheiratet, zwei erwachsene Kinder.

Studium der Psychologie, Philosophie und Politikwissenschaft an den Universitäten Regensburg und Wien; seit 1991 Geschäftsführer des Öko-Invest-Verlags und Chefredakteur des Börsenbriefs Öko-Invest; Autor des Handbuchs für kritische Aktionärinnen und Aktionäre (1989) und des Handbuchs »Grünes Geld« (seit 1990); Entwickler des Natur-Aktien-Index (1997) und des Photon Photovoltaik-Aktienindex PPVX (2001); Beiratsfunktionen u. a. bei der oeco capital Lebensversicherung AG, der Österreichischen Kontrollbank AG und dem WWF. Mitbegründer und Aufsichtsrat u. a. bei den österreichischen bzw. deutschen Unternehmen BioArt AG, gagster comedy AG, Greentec Invest AG und KlimaGut Immobilien AG. Seit 2009 tritt er mit dem Liedermacher und Kabarettisten Georg Bauernfeind im Programm »Grünes Geld und frische Blüten. Ein C(r)ashkurs« in Theatern und bei Kongressen sowie Firmen-Events auf.